全本全注全译丛书

中华经典名著

曲利丽◎译注

列女传

中华书局

图书在版编目(CIP)数据

列女传/曲利丽译注. —北京:中华书局,2025.5. —(中华经典名著全本全注全译丛书). —ISBN 978-7-101-17112-9

Ⅰ.K828.5

中国国家版本馆 CIP 数据核字第 2025NT6550 号

书　　名	列女传
译 注 者	曲利丽
丛 书 名	中华经典名著全本全注全译丛书
责任编辑	舒　琴
装帧设计	毛　淳
责任印制	韩馨雨
出版发行	中华书局
	(北京市丰台区太平桥西里 38 号　100073)
	http://www.zhbc.com.cn
	E-mail:zhbc@zhbc.com.cn
印　　刷	北京中科印刷有限公司
版　　次	2025 年 5 月第 1 版
	2025 年 5 月第 1 次印刷
规　　格	开本/880×1230 毫米　1/32
	印张 14¼　字数 300 千字
印　　数	1−10000 册
国际书号	ISBN 978-7-101-17112-9
定　　价	39.00 元

目录

前言

一、刘向的家世生平

《列女传》是西汉学者刘向编撰的一部著作。

刘向原名刘更生，字子政，沛郡丰邑（今江苏丰县）人。关于他的生卒年，前人争议甚多，笔者认同钱穆、徐兴无之说（《刘向评传（附刘歆评传）》附录《刘向生卒年考异》，南京大学出版社2005年版），即认为刘向生于汉昭帝元凤二年（前79），卒于汉成帝绥和元年（前8）。刘向是楚元王刘交（汉高祖刘邦的异母少弟）五世孙，阳城侯刘德之子，经学家刘歆之父。

楚元王刘交是高祖四位兄弟中唯一具有儒生气质的人，"好书，多材艺。少时尝与鲁穆生、白生、申公俱受《诗》于浮丘伯"（《汉书·楚元王传》），曾有《元王诗》行于世。也许是因为家族文化积累和较高的社会声望，楚元王一门虽然后来出现了楚王戊造反失败、被迫自杀的事件，但整个家族还算是相对平稳地渡过了政治上的惊涛骇浪，并且先后有六位子孙担任了宗正一职。所谓宗正，是九卿之一，官秩为中二千石，"必以宗室有德者为之"（司马贞语），掌管皇族的名籍簿，辨别他们的嫡庶身份及与皇帝的血缘亲疏关系。刘向的父亲刘德也曾担任宗正，还被汉武帝誉为"千里驹"，可以想见其智略。

刘向十二岁时，凭借父亲的地位荫任辇郎。二十岁，他被提拔为谏议大夫。汉宣帝选贤，刘向与王褒等人献赋颂数十篇，已经初步显露文采。《汉书·艺文志》载"刘向赋三十三篇"。班固《两都赋序》梳理汉大赋发展史曰："故言语侍从之臣，若司马相如、虞丘寿王、东方朔、枚皋、王褒、刘向之属，朝夕论思，日月献纳……抑亦雅颂之亚也。"可见，刘向的赋作在当时占有一席之地。此外，刘向还编辑了《楚辞》，对其传播起到了巨大的推动作用。

五凤二年（前56），刘向二十四岁。他博学广览，思维活跃，对世界充满了青年人的好奇。机缘巧合，刘向读到了淮南王刘安编撰的《枕中鸿宝》《苑秘》等书，书中有"神仙使鬼物为金之术，及邹衍重道延命方"（《汉书·楚元王传》）。当时宣帝追慕武帝，复兴神仙方术之事。于是刘向就向皇帝进献了神仙方术，说黄金可由人工炼成。宣帝就派刘向主管尚方铸作之事，结果可想而知，"费甚多，方不验"。作为惩罚，刘向被关进监狱，判以死刑。父亲刘德想要上书辩白求情，却突然去世，后来是哥哥阳城侯刘安民上书，把侯国食邑一半户数的贡赋上交国家，请求宽赦刘向之罪；宣帝也觉得刘向才华难得，他才得以免死。

对于刘向炼金入狱的人生挫折，后人难免会觉得惊奇，鸿儒刘向为何会犯下如此低智商的错误？竟然会迷信神仙炼金之术？清代学者全祖望在《鲒埼亭集》中为之开脱："此特向少年信道未笃之过，后世大儒，亦有泛滥于异端、而其后翻然知所转移者，何得于向独以此概其终身也？"实际上，除了个人性格、治学路径的因素外，还要考虑汉代的知识谱系问题。在后人看来属于迷信虚妄的神仙方术之说，汉人却认为是正当合理的知识门类。源于《七略》的《汉书·艺文志》中有"术数""方技"二类，赫然占据了那个时代知识谱系的三分之一。在当时社会各阶层普遍信奉阴阳五行宇宙模式的知识氛围中，刘向所说的黄金之术，没准儿还一度被认为是"高科技"呢。再加上刘向的家族受黄老之风影响甚深，祖父刘辟彊"清静少欲，常以书自娱，不肯仕"，父亲刘德"修黄老术”，而黄老在当时常和养生方技之术关联在一起。因此，虽然这次上书差点导致他丢了性命，但刘向依然对志怪之书、方士之学保有兴趣。例如，刘歆在《山海经叙录》中提到其父刘向熟悉此书，《神仙传》也被托名为刘向撰作。

　　第二年，刘向从狱中获释，赶上宣帝要尊立《穀梁春秋》这件经学大事。在此之前，立于汉朝学官的是《公羊春秋》，董仲舒、公孙弘等人都是著名的《公羊》学者。宣帝得知祖父卫太子曾“私问《穀梁》而善之”（《汉书·儒林传》），就下定决心要将其立于学官。这一方面是宣帝缅怀祖父，以及从民间被迎立为帝王宣扬血缘正统的需要；另一方面也有尊重经学发展的客观状况、广泛扶持各学派的学术因素在内。宣帝大概对刘向的聪敏博学印象深刻，因此命他跟随《穀梁春秋》学者江博士、周庆、丁姓等人学习此经。

　　经过充分的准备，甘露三年（前51），宣帝下诏在石渠阁召开经学讨论大会，“亲称制临决”，还有萧望之等人协助皇帝裁断各种经学意见。石渠阁会议涉及“五经”，但最重要的无疑是《春秋》经。据《汉书·儒林传》载，参加石渠阁会议的《公羊》学者有严彭祖（博士）、申挽（侍郎）、伊推（侍郎）、宋显（侍郎）、许广（内侍郎），《穀梁》学者有尹更始（议郎）、刘向（待诏）、周庆（待诏）、丁姓（待诏）、王亥（中郎），双方各五人，讨论了三十多个议题。刘向的发言现存一条，保存在《礼记正义》及《左传正义》中，是与《公羊传》《左传》都不同的关于哀公十四年获麟的看法，认为麟为周亡天下之异，不得为瑞。石渠阁会议之后，《穀梁春秋》被立于学官，其学大盛。与此同时，增立学官的还有梁丘《易》，大、小夏侯《尚书》，大、小戴《礼记》，这次增广道艺对经学发展影响甚巨。至于刘向自己，在石渠阁会议后，“复拜为郎中、给事黄门，迁散骑、谏大夫、给事中”（《汉书·楚元王传》），不仅官复原职而且还略有提升。

　　石渠阁会议结束之后第二年，宣帝驾崩（前49），元帝即位。元帝被后人视为汉室的“基祸之主”（崔寔《政论》），政道多失，其最突出的弊政是任用宦官和外戚，但这实际上是宣帝埋下的隐患。元帝即位之初，外戚侍中乐陵侯史高、太子太傅萧望之、少傅周堪，受遗诏辅政，领尚书事。萧望之、周堪又推荐刘向任散骑宗正给事中，再加上侍中金敞，四人同心辅政。此外，还有宦官弘恭、石显分别担任中书令和仆射，"久典枢机，明习文法"。这个辅政格局，是儒臣、外戚、宦官共同当政，当然矛盾重重。"外戚许、史在位放纵，而中书宦官弘恭、石显弄权"（《汉书·楚元王传》），对儒臣为政构成了极大的干扰。于是，萧望之提出中书一职应当任用贤明士人，"用宦者，非国旧制，又违古不近刑人之义"（《汉书·萧望之传》）。由此，两派展开了激烈斗争。元帝柔弱暗昧，导致儒臣一方损失惨重。先是刘向被出为宗正，接下来因为元帝竟然不懂"下廷尉"意味着交付司法审讯，把萧望之、周堪、刘向关进了监狱。后来元帝召问刘向、周堪，被告知他们关在监狱里，这才恍然大悟，放出了萧望之等，"收前将军光禄勋印绶，及堪、更生皆免为庶人"（《汉书·萧望之传》）。

几个月后，元帝封萧望之关内侯，打算让他做丞相；又征刘向、周堪，欲以为谏大夫，但在弘恭、石显的干扰下，改任为中郎。初元二年（前47）冬天，发生地震，刘向借其外亲之名上奏了"变事"。所谓"变事"，就是向皇帝揭发、报告谋反、叛乱、灾变等非常事件的奏疏。这封变事直接把地震灾异归因于弘恭、石显，认为宜退黜之。变事上呈后，弘恭、石显怀疑为刘向所写，审讯之下，外亲招认了实情。于是，刘向被免为庶人。与此同时，萧望之因为儿子萧伋上疏辩解之前的冤案，也遭到宦官的迫害，最终被迫自杀。

后悔莫及的元帝，"乃擢周堪为光禄勋，堪弟子张猛光禄大夫给事中，大见信任"（《汉书·楚元王传》）。这又引起了弘恭、石显的忌惮，数次谮毁。刘向见堪、猛在位，希望自己也能够复进，又担心被群小倾危，就再次上疏。奏疏引经据典，征引历史，广列灾异，披肝沥胆地表达了宗室忠臣的忧国忧民之情，但无疑又激起了宦官、外戚更深的怨恨。朝中周堪孤立无援，于是宦官外戚将当年"夏寒，日青无光"的灾异归因于周堪、张猛用事。犹豫不决的元帝咨询杨兴，杨兴趁机说了周堪许多坏话，再加上诸葛丰也上书批评周堪、张猛之失，于是这两人被逐出朝廷。三年多之后，"孝宣庙阙灾，其晦，日有蚀之"，元帝醒悟之前外放周堪、张猛之误，就召回了二人。但是，周堪虽领尚书，却被石显之党包围，无法作为，很快就患病去世。被任命为太中大夫给事中的张猛，遭到石显诬陷，被迫自杀。

至此，儒臣与宦官、外戚的三次交锋均告失败。这固然是因为政治斗争险恶残酷，权术的奸诈诡谲远超儒生君子的政治经验和处世底线，作为裁断者的元帝优柔寡断、难明是非，但是当时两派均借灾异攻击对方，儒臣并没有更多的理论资源胜出，也是重要原因。天人感应的话语体系中，灾异与人事有了道义上的关联，这关联并非客观必然，而是可以被主观阐释的，儒生并不具备解释灾异的天然优势和无上权威，"我以灾异推之人，人亦得以灾异归之我"（钱穆《刘向歆父子年谱》，收入《两汉经学今古文平议》，商务印书馆2001年版）。儒生精心建构起来的天人话语体系，反被宦官、外戚利用反过来攻击自己。缺乏有效的理论资源和落实政见的策略，这是儒生历史处境的尴尬之处。

萧望之、周堪、张猛去世后，刘向退废在家。如果从初元二年上变事被免为庶人算起，刘向"遂废十余年"，正处于33岁到48岁的壮年时期。在人生最好的年华却无法在政治上有作为，刘向的一腔愤懑只能借著作宣泄。他感伤同类，忧念国事，写下了"《疾谗》《摘要》《救危》及《世颂》，凡八篇"。这些著作大抵"依兴古事"，借古史材料来表达现实关怀，与后来的《新序》《说苑》《列女传》在著作方式上一脉相承。据学者考证，刘向模仿《九歌》《九章》《九辩》之类作品写作《九叹》，也应该是在这个时期。刘向虽然家居，但依然关注时事，曾以"故宗正"的身份上疏为立功绝域的将军陈汤讼功，终使其获得封赏。

竟宁元年（前33），成帝即位，刘向得以复用，迁光禄大夫。光禄大夫虽为二千石高官，但是刘向并没有加官，这意味着他没有进入权力中枢和近侍行列。成帝一朝，政治权力被外戚王氏把控。把政事交给舅舅的成帝，“遂谦让无所颛”，“政事大小皆自凤出，天子曾不一举手”（《汉书·元后传》）。甚至连任用刘向之子刘歆为中常侍这样的小事，都被左右以“未晓大将军”为理由力争，后来果然被王凤否定。成帝终日微服出访，游宴后宫，沉溺于女色当中。尤其是他后期专宠赵飞燕、赵合德姐妹，导致了多名皇子被杀、汉廷无继嗣的恶果。这在当时的皇权政治中，是非常严重的问题。

作为三朝元老，又是宗室子弟，刘向自然对成帝朝的政治状况忧心忡忡。他数次上奏，对成帝的错误行为进行了严厉的批评。成帝修建陵墓，制度奢泰，耗费人力物力无数，百姓愁怨。对此，刘向上疏，苦口婆心地劝成帝以史为鉴，崇俭去奢，弘扬汉家之德。这封情理兼具的奏疏，文风苍凉郁厚，徒然感动了成帝，却不能使其废止昌陵修建工程。对于外戚专权，刘向更是不顾个人安危，挺身而出，上疏进行严厉批评，文辞激烈，忧患深重，但结果只是“天子召见向，叹息悲伤其意，谓曰：‘君且休矣，吾将思之。’”（《汉书·楚元王传》）元延三年（前10），蜀郡岷山崩塌堵塞江水。汉家本兴起于蜀汉，所起之地山崩川竭，这对于笃信灾异五行的刘向来说，几乎等同于亡国之兆。于是他在惊恐不安、忧煎如焚的心态下再次上疏，历叙春秋至汉的种种灾异，请求面见皇帝、口述其要。成帝也召入了刘向，但是终不能采用其黜外戚、强汉宗的主张。此外，《汉书·礼乐志》还载录了刘向的《说成帝定礼乐疏》，呼吁成帝“兴辟雍，设庠序”，教化民众。但因为刘向很快去世，不久成帝也去世，疏中的建议也就不了了之。

如上，在成帝一朝，刘向虽有较高的威望，数次上献至诚至切的奏疏，却始终没有产生实际的政治作用。作为心念国事的宗室大臣，刘向无疑是深感郁愤的。《汉书》云刘向“卒后十三岁而王氏代汉”，显然视刘向为身系汉室安危的人物，也对其主张不能被落实而感到无限惋惜。

对于刘向自己来说，早去世十三年而没有目睹刘汉灭亡，幸耶？非耶？

虽然在政治上郁郁不得意，刘向却有幸在成帝朝主持了中国文化史上的一件大事——校理宫廷藏书。相比于他在宣帝朝参与的石渠阁论学、扶立《穀梁春秋》，刘向这次校书对中国学术的影响更加深远。

河平三年（前26），成帝"方精于诗书，观古文，诏向领校中五经祕书"（《汉书·楚元王传》）。校书不仅出于成帝个人对诗书古文的爱好，也与当时的礼制改革论争、经书异文、平当论议河间献王《乐记》等因素相关（邓骏捷《刘向校书考论》，人民出版社2012年版），所以还派了使者求书，"谒者陈农使，使求遗书于天下"（《汉书·成帝纪》）。此年，刘向54岁，正处于学问成熟完满的年龄。与他一起校书的同僚，据史料可考，还有刘歆、任宏、尹咸、李柱国、班斿、杜参、房凤、王龚、□望、刘伋、富参、□叙等（王承略、杨锦先《刘向校书同僚学行考论》，《文献》1998年第3期）。《汉书·艺文志》记载了校书人员的分工："光禄大夫刘向校经传诸子诗赋，步兵校尉任宏校兵书，太史令尹咸校数术，侍医李柱国校方技。"直到刘向去世，校书工作还没有完成，最后在其子刘歆等人的接力下，于建平元年（前6）完工。这一伟大的学术工程，前后历经20余年。

与之前校书相比，刘向、刘歆父子校书的划时代意义表现在：

（一）校书规模空前扩大。汉初废除秦朝的焚书政策，大量收录篇籍，萧何、韩信、叔孙通、杨仆等人也进行过文献整理工作，但"所校或仅谈兵，或只议礼，偏而不全，规模为廓"（余嘉锡《目录学发微》，巴蜀书社1991年版）。刘向、刘歆父子校书"凡万三千二百六十九卷"（荀悦《汉纪·孝成皇帝纪》），包括六艺、诸子、诗赋、兵书、术数、方技6大类38种596家，涵盖了当时几乎所有的知识门类。而且在校勘每一部典籍时，刘向等人还尽可能地参校了大量的版本。例如《管子》，"所校雠中《管子书》三百八十九篇，大中大夫卜圭书二十七篇，臣富参书四十一篇，射声校尉立书十一篇，太史书九十六篇，凡中外书五百六十四篇"。有学者推算，"刘向校书过程中所要整理校阅的典籍总体数量，起码应是《汉志》

所著录的五至十倍,多达10万卷以上"(邓骏捷《刘向校书考论》,人民出版社2012年版)。可以说,这个规模是空前的。

(二)创立了完备的校书流程和校书方法。孙德谦《刘向校雠学纂微》一书中细致总结了刘向校书的23项工作内容:"备众本""订脱误""删重复""条篇目""定书名""谨篇次""析内外""待刊改""分部类""辨异同""通学术""叙源流""究得失""撮旨意""撰序录""述疑似""准经义""征史传""辟旧说""增佚文""考师承""纪图卷""存别义"(孙德谦《刘向校雠学纂微》,《孙隘堪所著书》四益宦刻本1923年版)。这些工作包含了版本、校勘、目录、辨伪等广泛的文献学内容,开创了中国古典文献学的典范。之后历朝历代的官、私校书,都受到了刘向的影响。清代乾隆朝纂修《四库全书》及《四库全书总目》,依然遵循刘向创立的工作流程和方法。

(三)刘向校书时提出了许多学术观点,影响至今。例如《七略·辑略》梳理各类学术的源流,提出了"诸子出于王官"说。现代学者虽然不认同其"儒家者流,盖出于司徒之官""道家者流,盖出于史官""阴阳家者流,盖出于羲和之官"等的简单推论,但大多认为王官之学乃诸子学的共同背景。刘向在具体的书籍叙录中,也表现了很高的见识。例如《邓析子书录》梳理史料,驳斥了子产用邓析竹刑而诛之的传说,扎实有据。可以说,刘向等人对先秦至西汉文献的梳理、概括和论述,奠定了今人对此期文化的基本认知和思考框架。

刘向校书,接触到了大量的秘阁资料,也促成了他的著作高峰。据《汉书·楚元王传》载,刘向此期的著作有:《洪范五行传论》《新序》《说苑》《列女传》。《洪范五行传论》渊源于夏侯始昌所传的《洪范五行传》,主要是借春秋以至秦汉的史事推演证明阴阳五行化的天道,用以维护儒家理想中的王道,充满了急切的现实政治关怀。此书完本今已不见,但《汉书·五行志》引用了刘向的灾异解说152条,可见原著之一斑。刘向的《新序》《说苑》《列女传》是采校书所见的传记、杂事,进行编纂、改写、增补而成的。下面,我们主要谈谈《列女传》。

二、《列女传》的编撰策略

关于《列女传》的编撰缘起,《汉书·楚元王传》载曰:"向睹俗弥奢淫,而赵、卫之属起微贱,逾礼制。向以为王教由内及外,自近者始。故采取《诗》《书》所载贤妃贞妇,兴国显家可法则,及孽嬖乱亡者,序次为《列女传》,凡八篇,以戒天子。"也就是说,刘向是以《列女传》当谏书,通过赞美贤妃贞妇、批判亡国败家之女,警戒汉成帝遵循礼法,整肃后官,禁制赵氏姐妹的奢侈放荡之行,也为后妃及贵族妇女提供道德礼仪教育的范本。那么,刘向的著述动机是如何实现的呢?

(一)通过分类及小序寓褒贬

通过系统分类、排列史料来体现编撰者思想,这种著作方式成熟于《吕氏春秋》,又在《淮南子》《史记》等书中得到了进一步的发展。刘向继承了这一传统,将《列女传》中的女性人物传记分成了七类:《母仪》《贤明》《仁智》《贞顺》《节义》《辩通》《孽嬖》。前六类均为兴国显家的贤良女性,最后一类则为招致祸败的反面典型。两者的祸福荣辱形成鲜明对比,刘向的警戒教化之意自然表现于其中。

具体来说,《母仪传》载录那些贤明有德、宽仁慈惠、善于教子的女性。此类传记中有上古传说时代的人物,如恪尽妇道、助舜脱难的娥皇、女英,以及汤妃有䇒、启母涂山氏等;更多的是春秋、战国时期的贵族女性。例如鲁季敬姜,博达知礼,教导儿子严择师友,又用织机部件来晓喻官员职分,对民众物质生活与道德品格之间的关系有独到见解,熟悉多种礼仪,因此赢得了孔子的数次赞叹。还有令人感动的魏芒慈母,宁肯委屈三个亲生子,也绝不亏待芒卯前妻所生的五个儿子;又百般救助犯罪当死的前妻中子,最终赢得了五子发自内心的敬爱。其他,如楚国将军子发之母、邹国孟子之母、齐国田稷之母都能够见微知著,教导儿子改过,使其成为德才兼备之人。总之,《母仪传》中绝大部分人物为母亲、婆婆、傅母等长辈妇女，她们的言行均可为世表率。

《贤明传》主要选取贤能远识、廉正有节、遵守礼法的女性。例如王后姜氏以脱掉簪珥彩服、待罪永巷的方式，谏诤周宣王不要沉湎女色，最终使其成为有名的中兴之君。再如齐桓公的夫人卫姬，成功打消了桓公攻卫的想法。还有激励重耳离开安乐之齐的齐姜，以进女为喻讽刺虞丘子蔽贤的楚庄王夫人樊姬，等等，都表现出了胜过须眉的见识和品德。尤其需要注意的是，此类传记中还记载了几位贤者、隐士之妻，如柳下惠之妻、黔娄之妻、接舆之妻、老莱之妻。她们不仅安贫乐道，在丈夫犹豫时以果断的姿态坚持归隐，还对所选择的生活方式有理性自觉的思考，例如柳下惠之妻亲撰诔文、黔娄之妻谥夫为"康"等。

《仁智传》选取的是聪明仁智、能够预识祸福、避危趋安的女性。其中善于知人的有：判断晋公子重耳的随从皆有卿相之材、劝夫礼待他们、最终获得文公礼报的僖负羁之妻，从车轮声预知来者为蘧伯玉的卫灵公夫人，等等。通达事理、预知祸败的有：劝儿子将三女献给周王的密康公之母，预知莫敖必败和楚武王死于伐随之役的邓曼，固言儿子不可为将、预知其必败的赵括之母，等等。但是叔向之母预言杨食我、叔鱼败亡，则有神秘主义倾向。总之，此类传记表现了刘向对女性智慧的认可与褒扬。

《贞顺传》选取的是谨遵妇礼、忠贞不贰的女性。其中有以礼仪卫身自重的女子，例如：召南申女因为夫家婚礼不备，宁受狱讼也绝不出嫁；坚持让国君到家里吊丧的齐杞梁妻；被楚人俘虏纳之于官、与丈夫相约俱死的息夫人，等等。更多的是以身殉礼的女性，例如，因为保傅不至、宁愿被烧死也不逃离的宋恭伯姬；不愿乘无屏障的立车而自杀的华孟姬，等等。还有一些丈夫遭遇变故而决不改嫁的女子，例如卫宣夫人、蔡人之妻、黎庄夫人，等等。这些不改嫁的女子有的是出于夫妻情深、患难与共，如蔡人之妻；有的是践行信义，如陈寡孝妇；但更多的仅仅是遵从外在礼仪规范，信奉"一与之醮，终身不改"的妇女贞节观。其实在西汉早期，妇女改嫁是极为自然平常之事，见诸《史记》的就有薄姬初嫁魏豹、再嫁刘邦，王媼初嫁王更得、再嫁王乃始，平阳公主改嫁卫青等。但是这种豁达闳大之风在经学兴起之后，逐渐被挤压。刘向《列女传》"在中国古代思想史上，第一次系统而明确地提出女子不事二夫、从一而终的观点"（彭卫《汉代婚姻形态》，三秦出版社1988年版）。

《节义传》选取的是好善慕节、诚信勇敢、为义赴死的女性。其中有舍己为人、义薄云天的女性，如藏匿孝公称、以亲子代其被杀的鲁孝义保；以亲子代替继子接受死刑的齐义继母；还有梁节姑姊、珠崖二义，等等。有在家国变难之际自杀保持气节的女性，例如盖国将军之妻在戎人杀君灭国之际，不惜自杀以激励丈夫誓死抵抗；以及魏节乳母、楚成王夫人，等等。还有在多重角色规范冲突中尽量协调平衡以及无奈自杀的女性，如怀嬴放走丈夫子圉而不告发；代赵夫人以自杀表明自己不归不怨的心志；以及郃阳任延寿之妻、京师节女，等等。也有一些极端的为了所谓的义而死的例子，例如楚昭王的夫人越姬，之前拒绝了昭王游乐从死的约定，后因为昭王有德言，就在其病情危重之际自杀殉葬。总之，此类传记所载女性大都刚烈果断、舍生取义。后世史书中的女性人物传记逐渐由"列女传"演化为"烈女传"，与此类传记的影响密不可分。

《辩通传》选取的是聪颖机智、能言善辩、能够排忧解难的女性。其中有以慧心解出难解之辞或者博通设隐从而助成功业的女子，例如解出宁戚《白水》之歌、促成君臣遇合的管仲之妾婧；以及锺离春、楚处庄侄，等等。还有以言辞摆脱坎坷尴尬之境的女子，例如江乙之母、齐宿瘤女、齐女徐吾，等等。更有在亲人面临死亡危险时以一番言论转危为安的女性，如列其劳苦、辨明射法从而救出丈夫的晋国弓工之妻；还有伤槐衍之女、赵津女娟、佛肹之母、缇萦，等等。其他还有达情知礼、可与子贡言辞往来的阿谷处女；谈论国政甚有见识的齐国孤逐女，等等。总之，此类传记显示了刘向对女性才智博辩的欣赏和重视。后来《世说新语》"贤媛"类收录了聪明善对、文采杰出的女性，是对《列女传》女性观的继承和发扬。

《孽嬖传》选取的是背弃礼义、混淆是非、终致祸败的女性。其中有历来被认为是亡国祸首的夏桀之妃末喜、商纣王之妃妲己、周幽王之后褒姒，但实际上导致国家败亡的主要是帝王残暴无道，这些女子最多只是帮凶，其历史形象显然是被污名化的结果。其他多为春秋战国时期声名狼藉的女性，有欲立自己亲生子、阴谋残害太子导致国家祸乱的卫宣姜、晋骊姬、赵孟姚；还有放荡淫乱导致国家动荡并最终祸害自身的鲁桓公夫人文姜、鲁宣公夫人穆姜、陈女夏姬，等等；鲁庄公夫人哀姜、赵悼襄王之倡后，可谓兼有前两类恶行。这些女性确实道德败坏，其最终的悲惨结局对后人有极强的警示作用。

除了以上整齐系统的分类，刘向《列女传》还有小序。据南宋人蔡骥的《列女传》跋文可知，宋版《列女传》"将大序列于目录前，小序七篇散见目录中间，颂见个人传后"。但在流传过程中，《列女传》大序亡佚，仅存小序。小序是以四言韵语的形式，说明各类的选取标准及其教育意义。如《贤明传》的小序为："惟若贤明，廉正以方。动作有节，言成文章。咸晓事理，知世纪纲。循法兴居，终身无殃。妃后贤焉，名号必扬。"《贞顺传》的小序为："惟若贞顺，修道正进。避嫌远别，为必可信。终不更二，天下之俊。勤正洁行，精专谨慎。诸姬观之，以为法训。"而《孽嬖传》的小序为："惟若孽嬖，亦甚嫚易。淫妒荧惑，背节弃义。指是为非，终被祸败。"这些小序将各类传记的名目做了题解，概括归纳了各类人物的总体特点，而且还谆谆告诫女子应以贤者为法训楷模，使得编书的意旨更加显豁明畅。

（二）精心选择人物入传，通过人物的言语行为表现刘向的妇德观

为了突出教化警戒的著作意图，刘向选取的女性人物并非平凡妇女，而是史书有载、德才卓著、可为世范的杰出女性，或者恶名远扬、遭人唾弃的反面人物。例如，我们前面提到的汉代社会常见的改嫁妇女并没有出现在《列女传》中；汉代一些著名的女性，例如几危刘氏皇权的吕太后，刘向出于避讳或顾忌也不可能载其入传。这使《列女传》并非全面

客观反映汉代以前女性生活状况和精神面貌的通史，而更像一部贵族女性教育的读本。也就是说，《列女传》的女性人物传记是为了表现刘向设想的符合当时社会需要的妇德观，带有强烈的价值倾向和观念色彩。

那么，刘向通过女性人物传记要表达什么样的妇德观呢？

第一，重视婚礼程序。对于成年女性来说，最重要的事情就是婚姻。而讲究婚礼的完备庄重，是成为一个贞女的首要条件。当时的婚礼一般要经过纳采、问名、纳吉、纳徵、请期、亲迎几个环节，不可或缺。例如《召南申女》云："以为夫妇者，人伦之始也，不可不正。……女终以一物不具、一礼不备，守节持义，必死不往。"《赵津女娟》中赵简子欲请娟为夫人时，娟辞曰："夫妇人之礼，非媒不嫁。严亲在内，不敢闻命。"《齐宿瘤女》中宿瘤女拒绝齐闵王载于后车之请，曰："使妾不受父母之教，而随大王，是奔女也，大王又安用之？"又曰："贞女一礼不备，虽死不从。"

第二，婚后辅佐丈夫建功进德。在刘向看来，女子婚后最大的事业就是做丈夫的贤内助，帮他治国理家、增进学行。所以他赞美助舜脱难的娥皇、女英，谏诤周宣王贪恋女色的姜后，激励重耳不要留恋安乐生活的齐姜，提醒楚庄王辨明贤才的樊姬，深明大义、戒惕丈夫懈怠王事的周南大夫之妻，等等。至于贤明、仁智、辩通等品德才能，则是妻子做好贤内助所需要的内在品质。

第三，婚后循礼修身处世。妻子在家庭中的行为准则，《宋鲍女宗》进行了描述："妇人一醮不改，夫死不嫁，执麻枲，治丝茧，织纴组纫，以供衣服，以事夫室。澈漠酒醴，羞馈食，以事舅姑。以专一为贞，以善从为顺。贞顺，妇人之至行也。岂以专夫室之爱为善哉！……且妇人有七见去，夫无一去义。七去之道，妒正为首，淫僻、窃盗、长舌、骄侮、无子、恶病，皆在其后。"也就是说，妻子要勤于纺绩，主管酒食，侍奉公婆，专一贞顺，不能嫉妒丈夫的其他宠妇。这种观念来自《礼记·内则》《大戴礼记·本命》等篇。《齐杞梁妻》中云："夫妇人必有所倚者也。父在则倚父，夫在则倚夫，子在则倚子。"《邹孟轲母》云："妇人无擅制之义，而有三从之道也。故年少则从乎父母,出嫁则从乎夫,夫死则从乎子。""三从"之义,来自《仪礼·丧服》《礼记·郊特牲》等篇。这里,刘向显然是借鲍苏之妻、杞梁之妻、孟轲之母的言论宣扬这种经学规范。

对于贵族妇女,有更多的行为规范约束。例如皇后、诸侯夫人等侍奉君王:"夫礼,后夫人御于君,以烛进。至于君所,灭烛,适房中,脱朝服,衣亵服,然后进御于君。鸡鸣,乐师击鼓以告旦,后夫人鸣佩而去。"(《周宣姜后》)不仅行为要适度,还要积极为国君搜罗其他女子以示不妒,如:"妾执巾栉十一年,遣人之郑卫,求美人进于王。今贤于妾者二人,同列者七人。"(《楚庄樊姬》)贵族妇女还要分清楚内朝、外朝,不干预外朝之事:"天子及诸侯合民事于内朝,自卿大夫以下,合官职于外朝,合家事于内朝。寝门之内,妇人治其职焉。上下同之。夫外朝……皆非吾所敢言也。"(《鲁季敬姜》)贵族妇女平日不能抛头露面,"保傅不俱,夜不下堂"的行为规范,则见之于《宋恭伯姬》《齐孝孟姬》等篇。

第四,丈夫死后守节尽责。妻子不仅在丈夫活着时尽心侍奉,不能因为丈夫恶疾、冷待或失德就改嫁(《蔡人之妻》《黎庄夫人》《鲁秋洁妇》),而且在丈夫死后也要不避艰险、坚持守寡,并替其承担养老抚幼的家庭职责。例如宁愿毁容、誓死不再嫁的梁国寡妇,丈夫死后替其奉养老母的陈寡孝妇,抚养幼子更是寡母责无旁贷的职责。

第五,承担母职教养后代。女子婚后最重要的社会角色之一就是母亲及婆母,而善于教子、保持家庭关系和睦也是社会对女性的要求。母亲从怀孕起,就要重视胎教,以求生出一个天资优异、聪明端正的孩子。例如周文王之母太姒,"古者妇人妊子,寝不侧,坐不边,立不跸,不食邪味,割不正不食,席不正不坐,目不视于邪色,耳不听于淫声"(《周室三母》)。孩子在成长过程中,母亲要给孩子创造好的成长环境,例如"孟母三迁"(《邹孟轲母》)。母亲要从才学、品德等方面教导孩子,例如姜嫄教弃种树桑麻(《弃母姜嫄》),简狄教契"理顺之序"(《契母简狄》),敬姜教子交友(《鲁季敬姜》)。甚至在儿子成年后,母亲还有教导其为官、处世之道，例如敬姜以织机喻官职并教子待客之道（《鲁季敬姜》），楚子发母教子为将（《楚子发母》），孟轲母教子处理夫妻关系（《邹孟轲母》），田稷母教子清廉为官（《齐田稷母》），等等。如果儿子娶妻，女子就成了婆婆，慈爱地对待儿媳也是对其的角色期待。例如卫姑定姜、鲁之母师，等等。其他，还有类似母亲的傅母，也一样负有教导后代成才、遇险时保全其性命的责任，例如齐女傅母、鲁孝义保、魏节乳母，等等。

第六，遵从大义、割舍私恩。女子作为一个社会人物，要承担多重角色，比如女儿、儿媳、妻子、母亲以及国家民众。这些角色的行为规范并不总是和谐一致，当其发生冲突时，刘向的期待是牺牲其个人恩爱，舍身取义。例如《节义传》所载的女性，都具有这种品质，此处不再赘述。

总结上述，不难发现，刘向的妇德观是由男性树立的规范来塑造女性，用以确立并巩固以男性为主导的社会秩序。这当然不符合现代社会的女性价值观，但代表了古代社会的一种历史认识。就刘向呈书汉成帝的目的来说，他是为了劝谏皇帝建立一个稳定不逾矩的后宫秩序，从而巩固刘氏皇权。当时"赵卫之属"逾礼制，西汉最终亡于王莽代表的外戚家族，刘向的努力并非杞人忧天。

（三）在单传中叙议结合，表明作者的观点

现代史学一般要求作者尽可能客观冷静地呈现现实，但实际上任何史学家都不可能摆脱"永恒的偏见"，即因为时代、才学、视域、见识、追求等因素而使史学著作带上了鲜明的个人主观印记。刘向《列女传》在强烈的进谏成帝、干预现实之目的下，不可能超然冷静。具体到单篇人物传记的写作中，虽然大部分内容都采自其他文献，但刘向并非原样照搬，而是时不时地插入自己的议论。这主要表现为以下几种形式：

第一种形式是君子谓。借"君子"之口对史事、人物发表看法，始于《左传》。《史记》有了进一步的发展，几乎每篇结尾都有"太史公曰"，其角度和内容比《左传》中的"君子曰"更加丰富。刘向《列女传》沿袭了这一形式，在每篇结束时都加了"君子谓"发表对传主的看法，而且还引

《诗经》等经典进行印证或引申。例如：

> 君子谓涂山强于教诲。《诗》云："釐尔士女，从以孙子。"此之谓也。（《母仪传·启母涂山》）

> 君子谓命妇知善。故贤人之所以成者，其道博矣，非特师傅朋友相与切磋也，妃匹亦居多焉。《诗》曰："高山仰止，景行行止。"言当常向为其善也。（《贤明传·齐相御妻》）

> 君子谓妃明而有序。《诗》云："窈窕淑女，君子好逑。"言贤女能为君子和好众妾，其有媵之谓也。（《母仪传·汤妃有媵》）

《列女传》引《诗》，是在用《诗》，而非释《诗》。刘向所引诗句基本上都脱离了原有诗篇的背景、主题和整体内容，而转化为独立、普遍的意义。这种"断章取义"的用《诗》方式，始于周代的宴饮、朝聘等典礼仪式，又在诸子的著作中得到了进一步的发展，如《孟子》《荀子》等都大量引用《诗》来说理。汉代经生讲究通经致用，更是极力拓展《诗》的内涵，例如《韩诗外传》就用故事的方式赋予了诗句新的意义。至于大臣奏疏引《诗》做出符合自己用意的解说，更是普遍现象。刘向《列女传》的引《诗》用《诗》，正是这种时代风气的反映。通过引用《诗经》，《列女传》具有了宗经证圣的特点，其努力表达的道德教化更具有权威色彩。

第二种形式是结尾的颂。《列女传》每篇传记末尾都有一篇短颂，形式极为整齐，均为四言八句。这些颂词原本和小序、大序合起来单列为一卷，但是宋人把颂散到了每篇结尾，这样就在形式上构成了互相对照的关系：传文正文以散体的形式、较大的篇幅讲述人物的行迹，颂则以简短凝练的韵语对传文主要内容进行了概括。按照颂的内容，也可分为两类：一类是纯叙事，对原文的情节进行概括。例如《赵将括母》的颂词曰："孝成用括，代颇距秦。括母献书，知其覆军。愿止不得，请罪止身。括死长平，妻子得存。"同时，在看似客观的概括中，也可以看到作者的情感倾向，如叙述赵括母"妻子得存"，隐约透出赞赏之意。另一类颂，是在概括叙事之外，加入了简短的评论，阐明传主的德行和作者的赞颂，例如《周宣姜后》的颂词："嘉兹姜后，厥德孔贤。由礼动作，匡配周宣。引过推让，宣王悟焉。夙夜崇道，为中兴君。"这类颂词在104篇颂词中占了多数。总之，通过颂的形式，刘向在《列女传》单传中最为看重的人物的品德行事得以集中的表达，给读者留下了鲜明的印象。

综上，通过分类、小序、精心选择入传人物、叙议结合几种方式，《列女传》虽是杂采各种典籍，但却鲜明地带上了刘向个人的印记，其针对现实政治、努力拯救时弊的用意得以充分表达。

三、《列女传》的成就与流传

除了上述内容方面的特点，《列女传》还在史学和文学上达到了较高的成就：

（一）广采史料，撰成了中国历史上第一部大规模的女性总传

虽然自古以来，人类社会都是由男、女两性共同组成，但是限于社会地位、政治地位和经济地位，史书中女性身影仅为偶见，而由男性占了绝大部分的篇幅。刘向之前，司马迁在《史记》中设置了《吕太后本纪》《外戚世家》，但这些都为社会金字塔顶端、与皇帝直接相关的少数女性，普通女性如缇萦、赵括母等人的事迹仅在传主事迹中零星附见，并没有专传。

刘向的贡献，首先在于广采文献，把经说史传中的女性人物资料系统整理到了一起，形成了中国历史上第一部女性总传。根据何志华等主编的《〈古列女传〉与先秦两汉典籍重见史料汇编》，《列女传》广采《周易》《尚书》《诗经》《春秋》"三传"、《仪礼》《礼记》《大戴礼记》《论语》《孟子》《庄子》《荀子》《韩非子》《管子》《晏子春秋》《吕氏春秋》《国语》《战国策》《尚书大传》《韩诗外传》《淮南子》《史记》《孔子家语》《新书》等文献，几乎涵盖了刘向之前所有的经传诸子文献。其中，《列女传》传文叙事直接引述传世典籍有五十四传（全书共一百零五传，今佚去一传）；还有二十三传的传文叙事与传世典籍的史料能够形成对应，

但在具体叙事内容上不完全一致，可能属于不同的版本；其余的史料来源不见于传世典籍，但其中也可能一大部分是刘向采自今已散佚的典籍，仅有十篇可能来源于民间传说而非典籍（刘赛《刘向〈列女传〉及其文本考论》，复旦大学2010年博士学位论文）。刘向编撰了《列女传》，使得中国史学在之前的编年、国别、纪传之外，有了人物总传这类新的体裁。这种专门类型的人物总传，开魏晋六朝杂传兴盛之先河。

其次，刘向保存了历史夹缝中女性人物的资料。一些重大的历史事件，必然有女性牵涉其中，但是传统史学往往聚焦于男性人物，女性人物的经历和命运往往是阙载的，刘向《列女传》则收录了这样一些史料，可以弥补之前史学之不足。例如鲁定公四年（前506），伍子胥帅吴师入郢都，《左传》仅记载曰："庚辰，吴入郢，以班处宫。"《公羊传》曰："其反夷狄奈何？君舍于君室，大夫舍于大夫室，盖妻楚王之母也。"《穀梁传》记载稍详："君居其君之寝，而妻其君之妻；大夫居其大夫之寝，而妻其大夫之妻。盖有欲妻楚王之母者。"但是，楚王后宫的这些女子，尤其是传中提到的楚王之母，在君王出逃、国家残破的情况下究竟怎样面对她们的命运？史书是空白的。《列女传》中的《楚平伯嬴》则提供了具体丰富的描写：面对吴王的残暴无礼，昭王之母伯嬴持刃卫身，义正词严地数落了吴王的违礼行为，维护了自己的尊严。其壮烈无畏之气概，堪为女中豪杰，理应留存于历史记忆之中。再如秦国灭掉魏国，《史记·魏世家》仅载曰"三年，秦灌大梁，虏王假，遂灭魏以为郡县"，那么魏国其他的公子结局如何？《魏节乳母》有具体的描述，"秦攻魏，破之，杀魏王瑕，诛诸公子，而一公子不得"，于是重金悬赏，乳母与公子俱逃，藏于深泽之中，最后依然被秦军射死。此篇将魏国的灭亡史描述得惊天动地，远超简质的史书。

再次，《列女传》的一些传记反映了当时的某些制度，丰富了历史的细节。比如西汉的珠崖郡，《汉书·地理志》记载了其位置、设置时间、民俗物产及其与中央王朝的关系，"自初为郡县，吏卒中国人多侵陵之，故率数岁壹反。元帝时，遂罢弃之"。但是，中央对珠崖郡的具体管理制度有哪些？史书阙载。通过《珠崖二义》，我们可以知道当时有"内珠入于关者死"的法令。再如《齐孝孟姬》记载孟姬出嫁时父母的告诫祝福，可以看作《仪礼·士婚礼》的具体演绎。

（二）熔铸史料，形成完整的女性人物传记

《列女传》的史料，在原始文献中多为零碎的片段，不够完整系统，而刘向对之进行了加工，使其变成了一篇篇首尾具足的完整传记。具体来说，他主要采用了以下几种加工方式：

第一，把来源不同的史料系统有序地组合在一起，形成完整的人物传记。例如《母仪传·鲁季敬姜》由教子文伯交友、以织机喻治国、论劳逸与品德、训文伯待客、儿子与丈夫的不同居丧安排、论内朝和外朝之别几个情节单元构成，其中后四个故事见于《国语·鲁语下》，分列为五条语录，前面两个故事不见于传世文献。刘向将这些不同的史料按照文伯成长及至死亡的顺序整合到一起，每个故事结束时又加了"君子谓"的赞语，塑造出了一个博雅守礼、见识高远的贵族女性形象。再如《孽嬖传·晋献骊姬》所载的内容，见于《国语·晋语》《左传·庄公二十八年》《左传·僖公四年》《左传·僖公九年》《穀梁传》《史记·晋世家》，牵涉人物众多，时间跨度长。刘向以《左传》《晋世家》的叙事为纲，概述了某些背景和情节，又吸收了《晋语》中生动的场面描写，以骊姬为中心，砍去了其中的枝蔓型人物如史苏、优施、荀息等，形成了一篇结构紧凑、情节紧张、细节丰富、人物形象鲜明的优秀传记。

第二，转移视角，剪裁史料，使原始文献中的主人公由男性转为女性。例如晋公子重耳逃亡十九年，在《左传·鲁僖公二十三年》《国语·晋语四》《史记·晋世家》中均以重耳为主人公，其在齐的经历仅为一个小插曲。《贤明传·晋文齐姜》则概述了重耳出逃的缘由，略去了其在他国的经历，而集中描述齐姜对重耳的劝诫，以及与子犯谋划趁重耳酒醉带其离开齐国等内容。这样，故事的主人公便变为齐姜，突出了女性成就晋文公霸业的巨大作用。再如《仁智传·赵将括母》的内容出自《史记·廉颇蔺相如列传》，是太史公为了表现赵括的性格和预示其失败而插入的一则佚事，赵括母亲的形象是掩映在此篇传主廉颇、蔺相如、赵奢、赵括、李牧之后的配角。刘向将其行事单独抽出来之后，赵括母亲就成了主角，突出了其先见之明和冷静审慎的品质。

第三，增加人物的身份介绍，使史料变为人物传记。例如《仁智传·密康公母》基本袭用了《国语·周语上》"密康公母论小丑备物终必亡"条，但是添加了开头的"密康公之母，姓隗氏"，就使《国语》中偏重记言的史料变为人物传记。再如《母仪传·有虞二妃》取自《尚书·尧典》，但是开头就点明二妃的身份，把《尧典》中以舜为主的记事变成了二妃的传记。即使是刘向采自寓言、明显为虚构的人物，如《周主忠妾》采自《战国策·燕策一》及《史记·苏秦列传》，原是苏秦说辞中讲的一个寓言，但刘向在开头加上了身份介绍："周主忠妾者，周大夫妻之媵妾也"，就使其具有了史传的外貌。

（三）增添了虚构内容和细节描写，生动传神地塑造出女性人物形象

《列女传》大部分单传都取自之前的文献，但刘向在编撰时，为了塑造完整的人物形象，或者突出教化内容，往往会添加甚至改编某些内容。例如《仁智传·曹僖氏妻》记载僖负羁之妻的远见，使其在晋军入曹时不仅保全了自家，还保护了闾里乡亲。实际上据《左传·僖公二十八年》记载，僖负羁之妻的见识并没有带来完满结果，而是其家被烧。刘向抹去这一史实，显然是为了突出僖负羁之妻的完满形象，增加教化的说服力。息夫人之事见载于《左传·庄公十四年》，但《列女传》将原文中息夫人嫁给楚文王生堵敖及成王却一直不说话的结局，改成了息夫人选择与息君同日自杀，使得故事更加惊心动魄。再如《贞顺传·齐杞梁妻》的基本材料来源于《左传·襄公二十三年》和《孟子·告子下》，但是又增加了杞梁妻哭"十日，而城为之崩"的夸张，以及自杀前的一段独白，就使这个故事更具悲剧的情感冲击力，其礼教色彩也更加浓厚。

　　《列女传》中还有一些夸张的描写,增添了故事的幽默色彩,例如《辩通传·齐锺离春》写锺离春的外貌:"其为人极丑无双,白头深目,长壮大节,印鼻结喉,肥项少发,折腰出胸,皮肤若漆。"这样长相的女子凭借其智慧成了齐宣王之正后,喜剧性的情节让人过目难忘。

　　《列女传》中还有一些细致的心理描写,例如《珠崖二义》写继女初面对关吏搜出违禁携带的珠子时,"心恐母去置镜奁中",继母听说此事后内心想法是"母意亦以初为实,然怜之",就将二人相互体谅爱护的情意表达了出来。还有许多例子,读者自可在阅读时悉心体会,此处不再赘述。

　　《列女传》在内容上符合经学教化的时代文化主流,艺术上又达到了很高的水准,所以在撰成之后很快就流传开来,对中国文化和教育产生了深远的影响。

　　陈直《汉书新证》论述了《列女传》早期的传播,"《敦煌汉简校文》一百零二页有'□□分《列女传》书'之残简文,在西汉中晚期此书已流传于边郡。在东汉时则盛行为石刻画像之题材,如武梁祠画像有'梁节姑姊''齐继母''京师节女''锺离春''梁高行''鲁秋胡''齐姑姊''楚昭贞姬''王陵母'九事,皆本于刘向《列女传》"(中华书局2008年版)。

　　东汉班昭曾为《列女传》作注,将传文7篇分为上下,加上颂,共15篇,此为当时最为通行的版本。三国时期还有桐乡令虞韪妻赵母注释过《列女传》,《隋书·经籍志》录曰:"《列女传》七卷,赵母注。"到了晋代,綦毋邃曾注《列女传》七卷,顾恺之重新为《列女传》绘了图画。这些都有力地促进了该书的传播。因此,文人的诗赋文章、文献注释频繁引用《列女传》,普通民众的墓葬绘画中也常见此书中的故事,也有一些后人编撰的故事掺入了原文。

　　宋代版刻书兴起,文献被重新整理定型。嘉祐年间集贤殿校理苏颂对通行本《列女传》的颂义、篇次重新整理,复定为8篇。之后,王回再加整理,将全书"删为八篇,号《古列女传》","有母仪、贤明、仁智、贞慎(今本作顺)、节义、辩通、孽嬖等篇,而各颂其义,图其状,总为卒篇"(王回《列女传序》),自《周郊妇人》至《梁夫人嫕》二十传,为后人掺入,以时相次,号《续列女传》。南宋嘉定年间,武夷人蔡骥在苏颂、王回定本的基础上,整理刊刻了《列女传》,"以向所撰《列女传》七篇,并《续列女传》二十传为一篇,共计八篇","将颂义大序列于目录前,小序七篇散见目录中间,颂见各人传后"(《列女传跋》)。后来所见的《列女传》各本,都从此本而来。

元代建安余氏勤有堂基于蔡骥调整本,刊刻了《列女传》,此本曾被历代藏书家误认为南宋本,现在学者断定其刻于元代(孙闻博《刘向〈列女传〉流传及版本考》,《北大史学》第15辑,2010年10月)。此本后来转入清廷,四库全书本《列女传》即以此为底本。之后元和(今江苏苏州)顾之逵和扬州阮元先后得内殿本,各重刊一部,即为顾氏小读书堆本、小琅嬛仙馆本,后者又称《文选楼丛书》本。

明代《列女传》大量刊印,用于推行女德教育。重要的版本有正德年间刊六卷本刘向《古列女传》、嘉靖三十四年(1552)黄鲁曾刻《刘向古列女传》七卷《续列女传》一卷本、万历年间行人司官刻本、万历三十四年(1606)徽州黄嘉育刻《刘向古列女传》七卷《续列女传》一卷本(《四部丛刊》据此影印)、崇祯年间张溥刻本等。

清代除了翻刻宋、明重要版本外,更重要的是出现了三家著名的《列女传》校注本:

王照圆《列女传补注》八卷、《叙录》一卷、《校正》一卷,清嘉庆(1796—1821)《郝氏遗书》刻本。王照圆(1763—1851),原名瑞玉,字照圆,号婉佺,后改名为王照圆,字瑞玉,福山(今山东烟台福山)人,出身书香门第,幼时遍读经史,为清代学者郝懿行之妻。《补注》书名取补班昭注之意,书前有上谕、顺天府府尹毕道远和周家楣的奏折、臧庸序和马瑞辰序。《补注》以嘉庆顾之逵小读书堆本为底本,包括《列女传》注七卷和《续传》注一卷,注文附于每传之后。书中辑录了曹大家、虞贞节、綦毋邃之注,博采众说,疏解精严,"考伪正谬,必广证乎群书;订异参同,亦兼综夫众说。博而不芜,精而不凿,洵足传子政之家法,绍蕙姬之懿范"(马瑞辰序)。书后附有《校正》一卷,收录臧庸、王念孙父子、阮元、马瑞辰、胡承珙、牟房、王绍兰等人校勘《列女传》的成果。此本的学术价值极高,无论在当时还是后世都得到了学者极大的认可。

梁端《列女传校注》八卷,道光十一年(1831)钱塘汪氏振绮堂刻本。梁端(?—1825),字无非,钱塘(今浙江杭州)人,梁玉绳之孙女,汪远孙之妻,1825年因难产而亡。梁端注《列女传》受其祖父影响,又时与丈夫参酌字句,去世后丈夫不胜悲痛,"惧是书之终无善本,而端之名与身没也,遂更为之整比,条分件系,三月而毕"(汪远孙序)。《校注》亦以嘉庆顾之逵小读书堆本为底本,校语和注释以双行小字插入句中。《校注》精于校勘,"音义并述,才削精好"(潘介繁《列女传校注跋》)。与王照圆注本相比,"王氏之书长于诠释而远希班注,故训每不详所从来。梁氏之书长于校勘而近征王本,引据或不免于重出,然其得多失少,则固以远追班、赵而无不及,可无疑也"(萧道管《列女传集注自序》)。《校注》于同治十三年(1874)进行翻刻,光绪十七年(1891)进行三刻,《四部备要》本《列女传》以此为底本。

萧道管《列女传集注》十卷(包括《补遗》一卷、《附录》一卷),清光绪(1875—1907)刻本。萧道管(1859—1907),字君佩,一字道安,福建侯官(今福建福州)人,出身儒学世家,刻苦好学,博学多才,1874年嫁同邑举人陈衍,光绪九年(1883)随陈衍入京师,1907年病逝于京师。《集注》基于王照圆、梁端的研究,"乃取王、梁二家注校所未及与已及而犹未安者,引书疏证,且时下己意"(《列女传集注自序》)。此本以王本为底本,注解皆先列王说,有传文必须校改者,则从梁本而先列梁说,又集合了臧庸、王念孙父子、阮元、马瑞辰、胡承珙、牟房、王绍兰等人的注释成果,依据必确,不为无证之言,可谓汇集众注于一书、又时有己见的《列女传》校注集大成之作。

　　进入现代，各种《列女传》版本层出不穷。当下最为通行的两个版本是张涛的《列女传译注》（山东大学出版社1990年初版，人民出版社2017年再版）和张敬的《列女传今注今译》（台湾商务印书馆1994年版）。二书均有注释和白话翻译，张涛先生的注释细致简明，翻译准确典雅，以直译为主；张敬先生的注释略简，亦时有创见，翻译典雅，偏重意译。

　　本书正文以萧道管《列女传集注》为底本，萧本已经校改的，基本不再出注，如有需要特别说明或参校他本的内容则进行注释；注释和翻译在前人已有成果的基础上，又加斟酌改益，力求准确简明。本书又为每篇传记撰写了题解，交代传记的材料来源、主要内容以及后世流传情况，力求体例更加完备，便于读者理解传文内容。另外，将原置于目录中的小序分置各卷卷首，分别进行译注。由于笔者水平有限，书中错误之处在所难免，敬请读者指正。

曲利丽

2024年10月15日于北京

卷之一　母仪传

惟若母仪①，贤圣有智②。行为仪表，言则中义。胎养子孙，以渐教化③。既成以德④，致其功业。姑母察此⑤，不可不法。

【注释】

①惟若母仪：为母的典范。惟，助词，用于句首，无实义。若，连词，用在句首以引起下文，相当于"至于"。母仪，指做母亲的仪范，即为母之道，后来多用于皇后。按，此段文字为小序，原书置于目录中，为阅读理解方便，移至各卷卷首进行译注。以下各卷同。

②有：通"又"。

③以渐教化：用逐渐感化的手段进行教育。

④既：已经完成。

⑤察：仔细看，明察。

【译文】

那些为母典范女，贤明高尚又睿智。做事堪为世表率，说话句句合于义。怀胎养育子和孙，循序善诱来教育。使其养成好品德，最终成就大功绩。婆婆母亲察此道，不可不去效仿之。

有虞二妃

【题解】

　　舜与二妃的故事，最早见于《尚书·尧典》：帝尧年老，四岳推荐舜为接班人，舜的家庭环境为"父顽，母嚚，象傲"，但舜能够和亲尽孝，于是尧将两个女儿嫁给舜来考察他的德行。到了《孟子·万章上》，舜的故事中加入了"焚廪""浚井"等情节。《山海经》《楚辞》记载了舜葬于苍梧和湘水之神的传说。《史记·秦始皇本纪》中出现了湘水之神即为尧女舜妻的说法，《史记·五帝本纪》对《尚书·尧典》《孟子》中舜与二妃的婚姻故事进行了初步整合。

　　与之前的文献相比，此篇内容更加丰富。例如，增加了二女使舜药浴不醉的情节，还出现了新角色——舜的妹妹。更重要的是，之前典籍中舜与二妃的故事，多以舜为主角，对二妃的描述较为简单；此篇则以二妃为主角，突出了其谦虚恭俭、聪明机智、理家相夫、坚贞深情的品质，从而使其成了中国古代社会中理想妻子的形象。这一形象被后人广泛接受和传播，不仅见于文人的诗文创作、典籍注释，还出现于民间社会的图画媒介中。例如，山西大同石家寨出土的北魏时期司马金龙墓漆画屏风的第一层，依次为"虞帝舜""帝舜二妃娥皇女英""舜父瞽叟与弟象傲填井""舜后母烧廪"，再现了此篇文本的内容。在漫长的历史流变中，舜之二妃的故事后来又加入了"斑竹""鼓瑟"等元素，更加深情缠绵、瑰丽传奇。

　　有虞二妃者①，帝尧之二女也②。长娥皇，次女英。舜父顽母嚚③，父号瞽叟④，弟曰象，敖游于嫚⑤。舜能谐柔之⑥，承事瞽叟以孝⑦。母憎舜而爱象，舜犹内治⑧，靡有奸意。四岳荐之于尧⑨，尧乃妻以二女，以观厥内⑩。二女承事舜于畎亩之中^⑪,不以天子之女故而骄盈怠嫚,犹谦谦恭俭,思尽妇道。

【注释】

①有虞:"有"为语首助词,配"虞"以成文,无义。"有虞"即舜。舜,姚姓,虞氏,史称虞舜,传说中的古代帝王和著名孝子。

②尧:陶唐氏,名放勋,史称唐尧。传说中的古代帝王。

③父顽母嚚(yín):"顽""嚚"意为愚顽、凶狠,不顾德义,不守忠信。

④瞽(gǔ)叟:瞎眼老头。瞽,瞎眼,尤指有眼珠却看不见的盲人。《史记·舜本纪》:"舜父瞽叟盲,而舜母死,瞽叟更娶妻而生象。"

⑤敖游于嫚:举止轻慢,四处游荡。敖,同"遨"。嫚,同"慢"。侮易,轻慢。于,相当于"而"的连词。

⑥谐柔:谐和柔安。

⑥承事:侍候,侍奉。

⑦内治:约束自己。

⑧四岳:上古传说中的唐尧四大臣:羲和、羲仲、和仲、和叔,分管四方的诸侯,所以叫四岳。

⑨厥:其,他的。

⑩畎(quǎn)亩:田地,田间,引申指民间。

【译文】

虞舜的两个妃子,是帝尧的两个女儿。大的叫娥皇,小的叫女英。舜的父亲顽固母亲愚蠢,他的父亲人称瞽叟,弟弟名叫象,举止轻慢,整天到处游逛。舜能与他们融洽相处,以孝道奉事父亲。母亲非常厌恶舜而偏爱象,舜仍然严格要求自己,对母亲没有不好的念头。四岳将舜推荐给尧,尧就把两个女儿嫁给了舜,以观察舜如何治理家政。两个女儿侍奉在田间干活的舜,不因为自己是天子的女儿而骄傲怠慢,总是谦恭节俭,时刻想着尽力遵守妇人的规范。

瞽叟与象谋杀舜,使涂廪①。舜归告二女曰:"父母使我涂廪,我其往?"二女曰:"往哉②!"舜既治廪,乃捐阶③,瞽叟焚廪,舜往飞出④。象复与父母谋,使舜浚井⑤。舜乃告二女,二女曰:"俞⑥,往哉!"舜往浚井,格其出入⑦,从掩⑧,舜潜出⑨。时既不能杀舜,瞽叟又速舜饮酒⑩,醉将杀之。舜告二女,二女乃与舜药,浴汪⑪,遂往。舜终日饮酒,不醉。舜之女弟繫怜之⑫,与二嫂谐。父母欲杀舜,舜犹不怨。怒之不已,舜往于田号泣,日呼旻天,呼父母⑬。惟害若兹⑭,思慕不已,不怨其弟,笃厚不怠。既纳于百揆⑮,宾于四门,选于林木,入于大麓⑯。尧试之百方,每事常谋于二女。

【注释】

①涂廪:修理粮仓。涂,涂抹缝隙。

②往哉:《金楼子·后妃篇》中作"衣鸟工往"。鸟工,一说即鸟裳,或者绘着鸟形、施了法术的衣服,后面舜能够飞出,可能是得到这种衣服的帮助。

③捐阶:移开梯子。捐,除去。阶,梯子。

④舜往飞出:此处没有说明舜究竟是怎样飞出的。《史记·五帝本纪》载"舜乃以两笠自捍而下",即舜用两个斗笠保护着自己,像长了翅膀一样跳下来得以不死,或可补充此处信息。

⑤浚(jùn)井:淘井,取出井中的污泥浊水。浚,疏通、挖深的意思。

⑥俞:叹词,表示同意。

⑦格:堵塞,阻止。

⑧从掩:《孟子·万章上》作"从而掩之",即接着掩埋。

⑨潜出:《史记正义》引《通史》曰:"舜穿井,又告二女。二女曰:'去汝裳衣,龙工往。'入井,瞽叟与象下土实井,舜从他井出去也。"

龙工,绘制了龙形、有法力的服饰。

⑩速:招致,邀请。

⑪汪:池。

⑫繄:《汉书·古今人表》"上下"有"敤手",即舜妹。颜师古注"流俗本作'擎'字者误",或又误写为"繄"。

⑬曰呼旻天,呼父母:二"呼"字,《孟子·万章上》俱作"于"。于,同"吁",呼声,近叹息之意。旻天,泛指天,《尔雅·释天》:"春为苍天,夏为昊天,秋为旻天,冬为上天。"郭璞注:"旻,犹愍也,愍万物雕落。"

⑭惟:虽然。

⑮纳于百揆(kuí):综理百官。纳,入。百揆,揆度管理庶事的官。

⑯麓:山脚。此指山林。

【译文】

　　瞽叟和象密谋杀害舜,安排他修理粮仓。舜回家告诉二女说:"父母让我去修理粮仓,我能去吗?"二女回答说:"去吧!"舜刚登上粮仓,梯子就被拿走了,瞽叟还放火烧粮仓,舜飞逃出来。象又与父母密谋,让舜去掏水井。舜又把这事情告诉二女,二女说:"噢,去吧!"舜一到地下掏井,出入口就被堵住了,接着井也被掩埋,舜设法钻出来逃走了。这些办法一时不能杀死舜,瞽叟又想邀请舜来喝酒,待舜醉酒之后趁机杀死他。舜把这事告诉了二女,二女给了舜解药,让他在池子里洗浴后就去了。舜一整天都在饮酒,没有醉。舜的妹妹繄同情舜,与两位嫂子关系融洽。父母要杀害舜,舜依然不怨恨他们。父母对舜的愤怒却没有停止,舜到田地里号啕大哭,呼唤苍天,呼喊父母。虽然父母这样加害于他,舜对父母依然十分恋慕,不忌恨弟弟,他的笃实忠厚没有改变。后来舜受命综理百官,到四方之门迎接宾客,还经常进入田野上的树丛中和山脚下的树林里。尧用多种方法来考验舜,舜经常与二女商量处理事情。

舜既嗣位，升为天子，娥皇为后，女英为妃。封象于有
庳①，事瞽叟犹若初焉②。天下称二妃聪明贞仁。舜陟方③，
死于苍梧④，号曰重华。二妃死于江、湘之间，俗谓之湘君。
君子曰：二妃德纯而行笃。《诗》云："不显惟德，百辟其刑
之⑤。"此之谓也。

颂曰：元始二妃⑥，帝尧之女。嫔列有虞⑦，承舜于下。
以尊事卑，终能劳苦。瞽叟和宁，卒享福祜⑧。

【注释】

①庳（bì）：地名。一作"有鼻"，在今湖南道县北。

②初：萧道管注曰："梁云'初'字旧脱，从《太平预览·皇亲部》引
　增。"

③陟（zhì）方：天子外出巡视。

④苍梧：地名。即九嶷山，在湖南宁远南。

⑤不显惟德，百辟（bì）其刑之：语见《诗经·周颂·烈文》。意谓：
　显扬伟大的美德，诸君应当效仿。不，通"丕"，丕显即大显。惟，
　犹"其"。辟，君主，故后世称君主复位为复辟，此指诸侯。刑，通
　"型"，示范，效法。

⑥元始：清人王照圆《列女传补注》曰："元，大也。始，初也。夫妇
　为人之大始，刘氏作传又于此托始也。"

⑦嫔（pín）：即妇。此处用作动词，做媳妇。

⑧祜（hù）：福气。

【译文】

舜继承了帝位，升为天子，以娥皇为皇后，女英为妃。舜把象封在
有庳，侍奉瞽叟仍然恭顺。天下人都称赞二妃聪明忠贞仁厚。舜外出巡
视，死于苍梧，号称重华。二妃死于长江、湘水之间，俗称湘君。君子说：

二妃德行纯正、行为笃实。《诗经》里说："显扬伟大的美德，百国之君奉为典范。"说的就是这种情况。

颂说：起初二后妃，帝尧之爱女。双双嫁虞舜，谦卑顺奉之。尊贵奉卑下，终身耐劳苦。瞽叟安且宁，晚年享福祉。

弃母姜嫄

【题解】

姜嫄（yuán）是周人记忆中的女性始祖，据说她踩了大脚印而受孕，生下了后稷。由于受孕过程不合常理，姜嫄曾数次抛弃后稷，后稷因此得名为弃。后稷自孩童始，就表现出了高超的农业种植本领，懂得选种育种，种下的禾麻菽麦等农作物都能丰收，遂带领周人走向强大，拥有了邰这块居住地。这个故事见载于《诗经·大雅·生民》，实际上表达了周人母系氏族社会和以农业自处的文化记忆。《尚书·尧典》又记载，黎民为饥荒阻困，舜命令弃为后稷，播植百谷，与夏禹、商契、皋陶、垂等同时得到任用。《史记·周本纪》依据《诗经》《尚书》等材料，整理出了关于周部族兴起的历史文本。

此篇虽与《周本纪》内容基本相同，但也有重要区别。例如："姜嫄之性，清静专一，好种稼穑。及弃长，而教之种树桑麻"的记载，将其他文献中后稷天生神异的种植本领归功于姜嫄；姜嫄"邰侯之女也"的记载，表明后稷被封于邰地与姜嫄有关；结尾处引用《诗经·鲁颂·閟（bì）宫》的诗句突出了姜嫄之功德。这些区别，若非刘向采用了某些今已散佚的古籍材料，便是其为了教化女子母仪而进行的改写。这些加工改写，使得姜嫄故事进一步褪去了神话色彩，而更接近合理化的历史文本。

弃母姜嫄者①，邰侯之女也②。当尧之时，行见巨人迹③，好而履之④，归而有娠⑤，浸以益大⑥。心怪恶之，卜筮禋祀^⑦，以求无子。终生子，以为不祥，而弃之隘巷，牛羊避而不践^⑧。乃送之平林之中^⑨，后伐平林者咸荐之覆之^⑩。乃取置寒冰之上，飞鸟伛翼之^⑪。姜嫄以为异，乃收以归，因命曰弃^⑫。

【注释】

①弃：后稷，传说中周人的始祖。

②邰（tái）侯：邰氏部族的首领。邰，在今陕西武功。

③迹：足迹，脚印。

④履：踩。

⑤娠（shēn）：怀孕。

⑥浸：渐渐，逐渐。

⑦卜筮（shì）禋（yīn）祀：即占卜祭祀。卜筮，占卜，古人把用龟甲占卜叫卜，用蓍草占卜叫筮。禋祀，祭祀。

⑧践：踩踏。

⑨平林：平原上的树林。

⑩荐之覆之：用草铺盖上。王照圆《列女传补注》曰："荐，席也；履，盖也。"

⑪伛（yǔ）翼：曲翼掩盖。

⑫命：给予（名称等），取名。

【译文】

弃的母亲姜嫄，是邰侯的女儿。帝尧时期，姜嫄有一次走在路上，看见了一个巨人的脚印，好奇地踩了上去，回家后就有了身孕，肚子渐渐大了起来。她心里感到奇怪又厌恶这件事情，就卜筮祀神，祈求不要生孩子，最终孩子还是生了下来。姜嫄认为孩子不吉利，就把他丢弃在窄巷子里，牛羊都躲开而不践踏他。姜嫄又把孩子丢到平原的树林里，伐木人都用草给他做铺盖。姜嫄又把孩子放到寒冰之上,飞鸟用翅膀遮盖保护他。姜嫄认为很神奇,就把孩子抱回了家,给他取名为弃。

    姜嫄之性,清静专一,好种稼穑①。及弃长,而教之种树桑麻。弃之性明而仁②,能育其教③,卒致其名。尧使弃居稷官④,更国邰地⑤,遂封弃于邰,号曰后稷。及尧崩,舜即位,乃命之曰:"弃! 黎民阻饥⑥,汝居稷,播时百谷⑦。"其后世世居稷,至周文、武而兴为天子。君子谓姜嫄静而有化。《诗》云:"赫赫姜嫄,其德不回,上帝是依⑧。"又曰:"思文后稷,克配彼天,立我烝民⑨。"此之谓也。

    颂曰:弃母姜嫄,清静专一。履迹而孕,惧弃于野。鸟兽覆翼,乃复收恤。卒为帝佐,母道既毕。

【注释】

①稼穑(sè):种植和收割,这里指农作物。

②明而仁:聪明而且仁厚。

③能育其教:言弃能接受并按照母亲的教育成长。育,养育,培养。

④稷(jì)官:掌管农政的官员。

⑤国:动词,立国。

⑥黎民阻饥:老百姓挨饿。阻饥,困厄于饥。

⑦时:通"莳(shì)",种植。

⑧"赫赫姜嫄"几句:语见《诗经·鲁颂·闷(bì)官》。意谓:伟大的姜嫄,她的品德正直不邪僻,受到上天太多的眷顾。赫赫,显赫的样子。回,邪。依,助,一说关怀、眷顾。

⑨"思文后稷"几句:语见《诗经·周颂·思文》。意谓:那有文德的后稷,能够配享于天,养育我们老百姓。文,文德。克,能。配,配

享。立，通"粒"，谷粒，此处用如动词，指种粮养人。烝（zhēng）
民，众民。

【译文】

姜嫄的性情，清净专一，喜欢种植庄稼。等弃长大以后，姜嫄就教他
种植桑麻。弃聪明且仁厚，能接受服习母亲的教导，终于成就了他的大
名。尧安排弃担任农官，又在邰地立国，封赐给了他，弃因此号称后稷。
尧去世，舜即位后，就下令说："弃，百姓正在挨饿。你做农官，播种百谷
吧。"弃的后人世代都做农官，等到周文王、武王就兴盛起来做了天子。
君子认为姜嫄娴静而能教化。《诗经》里说："伟大显赫的姜嫄，品德纯
正，上帝格外眷顾佑助。"又说："有文德的后稷，能够配享于天，使老百
姓得到养育。"说的就是这种情况。

颂说：弃的母亲是姜嫄，性格清净又专一。踩下脚印生儿子，恐惧抛
弃在野地。鸟兽覆盖护翼之，方才收回自养育。最终佐助尧和舜，为母
之道终身履。

契母简狄

【题解】

殷商始祖奇异诞生的故事最早见载于《诗经》，"天命玄鸟，降而生
商"（《商颂·玄鸟》），"有娀方将，帝立子生商"（《商颂·长发》）。两首
诗文字不多，仅说殷商始祖的诞生与玄鸟接受天命有关，其母为有娀氏
女。玄鸟应为燕子，是商人的图腾。上博简《子羔》完整记载了有娀氏
之女简狄吞玄鸟卵怀孕生契的故事，其中神奇的是，简狄怀孕三年剖胸
生契，契出生时就呼"钦"。至《吕氏春秋·音初》，这个故事变得更加瑰
丽奇幻：有娀氏变成了两位佚女，居于九层高台之上，饮食以鼓伴奏，天
帝令燕子前去探望，二女因为喜欢燕子而将其罩住，最后燕子留下两个
蛋飞走。

与神话传说并行的，还有历史化的文本。《尚书·尧典》中记载了契的事迹：舜命契做司徒，以改变"百姓不亲，五品不逊"的状况，而且告诫契推行五教的原则"在宽"。《大戴礼记·帝系》载有娀氏为帝喾次妃。

《史记·殷本纪》融合了上述传说和史料，描述了商人始祖半人半神的历史。此篇与《史记·殷本纪》叙述内容基本相同，但没有简狄为帝喾次妃的说明，而突出了其博学好施的品德，并指出契是在其母的教导下才养成聪明宽仁之德，因而成为帝辅，为后代汤做天子打下了基础。此篇对简狄功德的描述，突出了其贤明母亲的形象。

契母简狄者①，有娀氏之长女也②。当尧之时，与其妹娣浴于玄丘之水③。有玄鸟衔卵④，过而坠之，五色甚好，简狄与其妹娣竞往取之。简狄得而含之，误而吞之，遂生契焉。简狄好人事之治⑤，上知天文，乐于施惠。及契长，而教之理，顺之序⑥。契之性聪明而仁，能育其教，卒致其名。尧使为司徒⑦，封之于亳⑧。及尧崩，舜即位，乃敕之曰⑨："契！百姓不亲，五品不逊⑩，汝作司徒，而敬敷五教⑪，在宽。"其后世世居亳，至殷汤兴为天子。君子谓简狄仁而有礼。《诗》云："有娀方将，立子生商⑫。"又曰："天命玄鸟，降而生商⑬。"此之谓也。

颂曰：契母简狄，敦仁励翼⑭。吞卵产子，遂自修饰。教以事理，推恩有德。契为帝辅，盖母有力⑮。

【注释】

①契（xiè）：古代传说中商部族的始祖。

②有娀（sōng）氏：部落名。其活动区域据《史记·殷本纪》张守节

正义"当在蒲州",即今山西永济蒲州镇一带。

③娣娣(dì):《太平御览》作"姊妹"。娣,妹妹或妯娌,尤指随姐姐
　　出嫁的妹妹。玄丘之水:即黑水,《太平御览·地部》引《张掖记》
　　曰:"黑水出县界鸡山,亦名玄圃,有娀氏女简狄浴于玄丘之水,即
　　黑水也。"

④玄鸟:黑色的鸟,一般认为是燕子,一说为凤凰。

⑤人事:人类社会的事务,如五教之类。王照圆《列女传补注》曰:
　　"契之能明人伦,亦母教使之然。"

⑥顺:通"训"。

⑦司徒:三公之一,主管国家土地和民众教化。

⑧亳(bó):地名。这里指的是南亳,在今河南商丘东南。

⑨敕(chì):帝王的命令。

⑩五品不逊:五常之序不和顺。五品,指五常,一家之内父、母、兄、
　　弟、子之间的尊卑等差。品,品秩。逊,和顺。

⑪敬敷(fū)五教:恭敬地实行五品之教。敷,布,施行。五教,五品
　　之教,即父义、母慈、兄友、弟恭、子孝。

⑫有娀方将,立子生商:语见《诗经·商颂·长发》。意谓:有娀氏
　　族部落正壮大时,其女生下了契,兴起了商。将,借为"壮"。

⑬天命玄鸟,降而生商:语见《诗经·商颂·玄鸟》。意谓:上天命
　　令玄鸟,降临人间生下了商祖先契。

⑭励翼:勉力辅佐。

⑮盖:连词,承接上文,说明原因或理由。

【译文】

契的母亲简狄,是有娀氏的大女儿。帝尧时期,有一次简狄和妹妹
们在黑水里洗浴。一只燕子衔着鸟蛋经过,鸟蛋落了下来,蛋有五彩颜
色非常漂亮,简狄和妹妹们争着去拾蛋。简狄得到了鸟蛋,含在嘴巴里,
一不小心吞了下去,于是就生下了契。简狄喜欢处理人世事务,又上知

天文,乐于布施恩泽。契长大后,简狄教给他道理、人伦秩序。契的性格聪明仁厚,能够服习母教,最终获得了好名声。尧任命契做司徒之官,封于亳地。尧去世后,舜即位,命令契说:"契!百姓不亲睦,五常不和顺,你做司徒,要恭敬地实施五常之教,重点在于宽容。"契的后人世世居于亳地,到殷汤时兴起做了天子。君子评论简狄仁厚有礼。《诗经》说:"有娀族部落正壮大时,其女生下契兴起了商。"又说:"上天命令燕子降下,孕育了商人。"说的就是这种情况。

颂说:契的母亲名简狄,仁厚辅翼常勉励。吞下鸟蛋生儿子,于是自我勤修饬。教导儿子明事理,推行恩惠有德义。契能成为帝辅臣,全仗母亲之德力。

启母涂山

【题解】

此篇当采用了《尚书·益稷》(伪古文《尚书》分今文《尚书·皋陶谟》后半篇而成)的材料,因为有相同的文句,"辛壬癸甲,启呱呱泣"。但《益稷》是以大禹第一人称自述的口吻叙述离家别子治水、终成大功的事迹,此篇则采用了第三人称客观叙述的视角,专为启母涂山氏立传,此为两者重要区别之处。

涂山氏与夏禹的婚姻,因为家国利益冲突而变得艰难沉重。启出生仅四天,父亲大禹便为了民众利益而出门治理水患,忙碌辛劳以至于三过家门而无暇回家,养育启的重任就由母亲涂山氏一人承担。但母亲的言传身教弥补了婴儿成长过程中父亲缺位的遗憾,启依然成长为接任父职的合格嗣君。深明大义、坚毅贤智、相夫教子的涂山氏,显然是此篇文字聚焦于女性后才塑造出来的人物形象。这一形象作为母仪典范,也被后人广泛传颂,如曹植有《禹妻》赞文,山西大同石家寨出土的北魏时期司马金龙墓漆画屏风其二上画有"启母涂山",等等。

　　启母者，涂山氏长女也①，夏禹娶以为妃。既生启，辛壬癸甲②，启呱呱泣，禹去而治水，惟荒度土功③，三过其家，不入其门。涂山独明教训，而致其化焉。及启长，化其德而从其教，卒致令名④。禹为天子，而启为嗣，持禹之功而不殒⑤。君子谓涂山强于教诲。《诗》云："釐尔士女，从以孙子⑥。"此之谓也。

　　颂曰：启母涂山，维配帝禹。辛壬癸甲，禹往敷土⑦。启呱呱泣，母独论序。教训以善，卒继其父。

【注释】

①涂山氏：部族名。居于涂山。涂山的地理位置说法不一，最为人采信的是今安徽怀远涂山之说。

②辛壬癸甲：古代干支纪日法，从辛日到甲日共四天。此处是说夏启出生三天后，大禹外出治水。《史记·夏本纪》载"予娶涂山，辛壬癸甲，生启予不子"，是说与涂山氏婚后三天出门治水，后来生了启之后也无暇照顾。两处记载有异，附录于此，供读者参考。

③荒度（duó）土功：忙着谋划治理水土之事。荒，通"忙"（孙星衍说）。度，谋虑。

④令名：美名。

⑤殒（yǔn）：坠落，丧失。

⑥釐（lí）尔士女，从以孙子：语见《诗经·大雅·既醉》。意谓：上天赐予你有德行的嫔妃，又赐给你孝子贤孙。釐，给予，一说通"赉（lài）"，赐。尔，你。士女，传世《毛诗》作"女士"。从，重，增益。

⑦敷土：治理水土。

【译文】

启的母亲,是涂山氏的长女,夏禹娶以为妻。启出生才四天,呱呱而泣,禹就离家去治水,一心忙于谋划治理水土之事,曾经三次经过家门,而不进入。涂山氏独自担负起教导儿子的重任,使儿子得以训育。启长大后,受母亲的影响,遵从教诲,最终获得了好名声。禹做了天子,启成为嗣君,能够保持禹的功业而不失坠。君子认为涂山氏擅长教诲。《诗经》说:"赐给你贤妃,又赐给你好子孙。"说的就是这种情况。

颂说:启的母亲涂山氏,嫁给大禹为夫妇。生下儿子才四天,禹出家门治水土。夏启呱呱哭得响,母亲独自勤教育。教训取得好结果,夏启最终继其父。

汤妃有㜪

【题解】

《墨子·尚贤中》《孟子·万章上》《吕氏春秋·本味》《史记·殷本纪》等篇记载了汤任用伊尹的故事,提到了伊尹为有㜪氏的媵臣。除此之外,现存文献看不到太多关于有㜪氏的记载。此篇内容较为单薄,当与这种材料基础有关。

此篇对有㜪氏的描写,在生育仲壬、外丙的母职外,主要强调了其统领九嫔、使后宫秩序井然的贤德。联想到《列女传》编纂的时代背景,赵飞燕姐妹猜忌妒媚、狐媚奢淫、专宠于成帝后宫,读者不难理解此篇之讽谏用心。

汤妃有㜪者[①],有㜪氏之女也。殷汤娶以为妃。生仲壬、外丙[②],亦明教训,致其功。有㜪之妃汤也[③],统领九嫔[④],后宫有序,咸无妒媚逆理之人[⑤],卒致王功。君子谓妃明而有序。《诗》云:"窈窕淑女,君子好逑[⑥]。"言贤女能为君子和好众妾,其有㜪之谓也。

颂曰:汤妃有㜪,质行聪明。媵从伊尹⑦,自夏适殷⑧。勤㤴治中⑨,九嫔有行。化训内外,亦无愆殃⑩。

【注释】

①汤:打败了夏桀、建立商王朝的开国之君。有㜪(shēn):此指有㜪氏部落之女。有㜪氏,亦称有莘氏、有辛氏,生活在今山东曹县西北的一个部族。

②仲壬、外丙:《史记·殷本纪》载:"汤崩,太子太丁未立而卒,于是乃立太丁之弟外丙,是为帝外丙。帝外丙即位三年,崩,立外丙之弟中壬,是为帝中壬。"可知外丙应为仲壬之兄,此处顺序有误。

③妃(pèi):同"配",婚配。

④九嫔(pín):帝王的诸多妃子。九,虚指,泛言多。

⑤咸:都。媢(mào):嫉妒。

⑥窈窕(yǎo tiǎo)淑女,君子好逑(qiú):语见《诗经·周南·关雎》。意谓:美丽有德的女子,是君子的好配偶。窈窕,姿态婀娜美好。逑,配偶。

⑦媵(yìng)从伊尹:陪嫁仆从伊尹。媵,古代贵族女子出嫁时陪嫁的人。伊尹,辅佐商汤灭掉夏桀的著名贤臣。

⑧适:往。

⑨㤴(què):诚实,恭谨。

⑩愆(qiān):过失,罪过。

【译文】

汤的后妃有㜪,是有㜪氏的女子。汤娶她为后妃。有㜪生下了仲壬、外丙,也能够明于教化训导,使儿子们有所成就。有㜪做汤的配偶,总领后宫诸妃,秩序井然,都没有嫉妒争宠的背理之人,最终成就了商汤的王业。君子认为有㜪贤明而懂得伦序。《诗经》说:"漂亮贤淑的姑娘,是君子的好配偶。"说的是贤惠女子能为君子处理好众妾之间的关系，大概就是有㜪这样的吧。

颂说：汤的后妃有㜪氏，性情良善又聪明。陪嫁仆从有伊尹，从夏来到商王廷。勤谨诚朴治家事，后宫众妃有德行。有㜪教化行内外，从无小错与过行。

周室三母

【题解】

周人能够完成克商大业，不仅有赖于太王、文王、武王等几代贤王之励精图治，还得益于其背后的几位贤明女性。因此，周人在祭祀先祖时，也以尊敬感激之心缅怀几位先妣，《诗经·大雅》的《大明》《思齐》中就有对太姜、太任、太姒的歌唱。之后，《国语》也记载了春秋时期这几位先妣的相关传说："臣闻昔者大任娠文王不变，少溲于豕牢，而得文王不加疾焉"（《晋语四》）。贾谊《新书·胎教》则从儒家学者的视角，论述了后妃在王子气质才貌生成过程中的重要作用："故凤凰生而有仁义之意，虎狼生而有贪戾之心，两者不等，各以其母""周妃后妊成王于身，立而不跛，坐而不蹉，独处不倨，虽怒不骂，胎教之谓也。"《大戴礼记·保傅》也有类似文字。

此篇综合了上述材料，又进行了阐发，浓墨重彩地突出了周人兴起过程中三位贤明女性人物的功德。这些形象在后世得到了广泛传颂，例如山东东汉桓灵时期武氏祠前石室第七石第二层左方图像，表现了周文王的王后太姒生十子的故事；内蒙古格林尔汉墓也有王季母太姜、文王母太任、武王母太姒的题榜，等等。文章中重视胎教和品德教化的理念，即使在今天看来也有积极意义。

三母者，大姜、大任、大姒[①]。

大姜者，王季之母，有吕氏之女②。大王娶以为妃③。生大伯、仲雍、王季④。贞顺率导，靡有过失⑤。大王谋事迁徙，必与大姜⑥。君子谓大姜广于德教。

【注释】

①大：同"太"。以下同。

②有吕氏：姜姓部族，活动区域在今河南南阳西。

③大王：即太王古公亶父，周部族的贤王，曾率领族人从豳地迁徙到岐山周原，周人由此走向强大。经过太王之子王季（季历）、孙姬昌（周文王）的进一步发展，周武王（太王曾孙）灭掉了殷商，建立了周王朝。

④大伯、仲雍、王季：即吴太伯、虞仲、季历，兄弟之中，季历最有贤名，且其子昌（后来的周文王）更具贤君之才。周太王有意让季历、昌父子继承王位，太伯、仲雍二人于是避地句（gōu）吴。太伯无子，死后由其弟仲雍继位。后周文王之子周武王伐纣灭商胜利之后，派人找到仲雍的后人周章，册封他为吴国君主。

⑤靡有：没有。

⑥与：和，偕。

【译文】

周人的三母，是太姜、太任、太姒。

太姜，是王季的母亲，有吕氏的女子。太王娶她为妃。太姜生下了太伯、仲雍和王季。她忠贞和顺，率育化导，没有过失。太王谋划政事，率族迁徙，都一定和太姜商量。君子认为太姜德教广布。

大任者，文王之母，挚任氏中女也①。王季娶为妃。大任之性，端一诚庄，惟德之行。及其有娠，目不视恶色，耳不听淫声,口不出敖言②,能以胎教,溲于豕牢而生文王③。文王生而明圣,大任教之,以一而识百,卒为周宗④。君子谓大任为能胎教。古者妇人妊子,寝不侧,坐不边,立不跸⑤,不食邪味,割不正不食,席不正不坐,目不视于邪色,耳不听于淫声。夜则令瞽诵诗⑥,道正事。如此,则生子形容端正,才德必过人矣。故妊子之时,必慎所感,感于善则善,感于恶则恶。人生而肖万物者⑦,皆其母感于物,故形音肖之。文王母可谓知肖化矣。

【注释】

①挚任氏:挚国国君,任姓,挚国在今河南平舆一带。中女:次女。

②敖言:矜慢之言。

③溲(sōu)于豕(shǐ)牢:便溺于茅厕。溲,小便。豕牢,猪圈,农业社会中厕所常在猪圈旁边,这里以猪圈代指厕所。

④卒为周宗:四字旧脱,据萧道管本补。

⑤跸(bì):站立时重心偏向一方。

⑥瞽(gǔ):有眼珠的盲人。

⑦肖:相似。

【译文】

太任,是文王的母亲,挚国国君的次女。王季娶她为妃。太任的性格,专一端庄又诚敬,只做有德的事情。等怀孕后,她的眼睛不看丑恶之色,耳朵不听淫靡之声,嘴巴不说矜慢之言,能够进行胎教,在厕所小便时生下了文王。文王生下来就聪明仁圣,太任教育他,能够闻一而知百,最终成为周人的尊祖。君子认为太任擅长胎教。古时妇女怀了孕,睡觉不倾斜,坐不靠席边,不用一只脚站立,不吃怪味东西,食物切割不正就不吃,席子摆不正就不坐,眼睛不看邪僻的颜色,耳朵不听放荡之声。晚上令盲人诵诗,讨论正经的事情。这样,生下来的孩子就会容貌端正,才德过人。所以,怀孕时,母亲一定要谨慎感触,感触到善孩子就会善良,感触到恶孩子就丑恶。孩子生下来同某物很像,都是因为母亲感触到此物,孩子的音容笑貌就像它。文王的母亲可算是懂得胎教中相似化育的道理。

　　大姒者①,武王之母,禹后有莘姒氏之女②。仁而明道。文王嘉之,亲迎于渭③,造舟为梁④。及入,大姒思媚大姜、大任⑤,旦夕勤劳,以进妇道⑥。大姒号曰文母,文王治外,文母治内。大姒生十男:长伯邑考、次武王发、次周公旦、次管叔鲜、次蔡叔度、次曹叔振铎、次霍叔武、次成叔处、次康叔封、次聃季载⑦。大姒教诲十子,自少及长,未尝见邪僻之事。及其长,文王继而教之,卒成武王、周公之德。君子谓大姒仁明而有德。《诗》曰:"大邦有子,俔天之妹。文定厥祥,亲迎于渭。造舟为梁,不显其光⑧。"又曰:"大姒嗣徽音,则百斯男⑨。"此之谓也。

　　颂曰:周室三母,大姜任姒。文武之兴,盖由斯起。大姒最贤,号曰文母。三姑之德⑩,亦甚大矣!

【注释】

①大姒:即太姒。姒姓,据说为夏禹之后。

②有莘姒氏:地在今陕西合阳东南。

③渭:渭水,今称渭河,源出甘肃,流入陕西,会合泾水流入黄河。

④造舟为梁:把船连在一起造成浮桥。

⑤媚:爱,喜爱。

⑥进：张守节《史记正义》作"尽"，古通。

⑦"大姒生十男"几句：《史记·管蔡世家》载太姒所生十男的次序为："其长子曰伯邑考，次曰武王发，次曰管叔鲜，次曰周公旦，次曰蔡叔度，次曰曹叔振铎，次曰成叔武，次曰霍叔处，次曰康叔封，次曰冉季载"，与此处略有不同。聃（dān）季载，又作"冉系载""南季载"。十子中，武王姬发、周公姬旦最贤。其他则伯邑考早死，后嗣无闻；管叔、蔡叔、霍叔在武王去世后发动了武庚之乱，最终管叔被杀，后嗣无闻；蔡叔被流放，后嗣能改过而被封于蔡；曹叔，其后为曹；成叔，后嗣无闻；霍叔，其后为霍；康叔封于卫；聃季载，后嗣无闻。

⑧"大邦有子"几句：语见《诗经·大雅·大明》。意谓：莘国有位好姑娘，和那天仙一个样。卜得婚姻很吉祥，文王亲迎渭水旁。造船相连作渡桥，婚礼隆重很荣光。大邦，指莘国。伣（qiàn），如，好比。天之妹，天上的美女。文，占卜的文辞。祥，吉。不，通"丕"，大。光，荣光，荣耀。

⑨太姒嗣徽音，则百斯男：语见《诗经·大雅·思齐》。意谓：太姒继承了美好家风，就生下了许多好儿郎。嗣，继承，继续。徽音，美誉，美好典范。百，虚指，泛言其多。斯，语助词，无义。男，男孩，这里指子孙。

⑩姑：婆母。

【译文】

太姒，是武王的母亲，大禹后人莘国姒姓国君的女儿。她天性仁厚，明于事理。文王褒美太姒，亲自到渭河边迎娶，把船连在一起造成浮桥接她过河。太姒嫁到周家后，思慕太姜、太任之德，从早忙到晚，以尽妇道。太姒被称为文母，文王治理国家事务，文母治理家内事情。太姒生了十个儿子：老大伯邑考，接下来依次是武王发、周公旦、管叔鲜、蔡叔度、曹叔振铎、霍叔武、成叔处、康叔封、聃季载。太姒教诲十个儿子，从小到大，未曾见过邪僻之事。孩子们长大后，文王接着教导儿子，最终成就了武王、周公这样的德行。君子认为太姒仁厚明达有德行。《诗经》说："莘国有个女孩子，长得好似天仙样。婚姻占卜呈吉祥，文王亲迎渭水旁。造船相连作浮桥，婚礼隆重显荣光。"又说："太姒效法了好榜样，生下许多好儿郎。"说的就是这种情况。

颂说：周家三位贤良母，太姜、太任和太姒。周文周武之兴旺，大概由此三母起。太姒品德最贤惠，被人赞誉为文母。三位母亲之德行，一样伟大需永记！

卫姑定姜

【题解】

关于《诗经·邶风·燕燕》一诗的本事，《毛序》曰"卫庄姜送归妾也"，郑玄引《左传》笺注曰："庄姜无子，陈女戴妫生子，名完，庄姜以为己子。庄公薨，完立，而州吁杀之，戴妫于是大归。庄姜远送之于野，作诗以见己志。"《列女传》此篇则认为是定姜送儿媳所作。清代学者王先谦根据刘向的家学渊源，认为此篇记载了今文三家诗中鲁诗的说法，与齐诗的说法相通。

定姜的事迹，见于《左传》成公十四年、襄公十年、襄公十四年等。主要包括以下内容：劝定公纳孙林父以保全卫国；预言献公将使卫国败亡；擅长占卜，指引卫军俘获了入侵之郑将皇耳；献公出奔时论明其罪。这些都表现了定姜超出普通女性的政治远见、智慧学养和社会影响力。

此篇突破了《左传》编年体的限制，对散见于各处的原材料进行了归纳梳理，使得文章条理清晰、主题集中。又综合了《诗经》相关材料，塑造出定姜更加丰富完整的形象：深于情，厚于德，长于智，明于断，是一位可亲可敬的女性。

卫姑定姜者①，卫定公之夫人②，公子之母也。公子既娶而死，其妇无子。毕三年之丧③，定姜归其妇④，自送之，至于野⑤。恩爱哀思，悲心感恸。立而望之，挥泣垂涕⑥。乃赋诗曰："燕燕于飞，差池其羽。之子于归，远送于野。瞻望不及，泣涕如雨⑦。"送去，归泣而望之。又作诗曰："先君之思，以畜寡人⑧。"君子谓定姜为慈姑，过而之厚。

【注释】

①卫姑定姜：卫国的老夫人定姜。卫，周朝的姬姓诸侯国，周初平定三监之乱后，封周武王弟弟康叔于卫，都于朝歌（今河南淇县）。定姜，"定"为夫谥，"姜"为姓氏。

②卫定公：名臧，春秋时卫国国君，前588—前577年在位。

③三年之丧：周礼中，丈夫去世，妻妾要服斩衰之礼。斩衰是"五服"中最重的等级，丧期是三年，但并非三个周年，只要经过两个周年外加第三个周年的头一个月，就算服满三年之丧，所以实际上是二十五月而毕。也有一种意见认为，三年之丧应服二十七个月。

④归：即大归，永归母家，不返夫家。

⑤野：郊野。

⑥泣：眼泪。

⑦"燕燕于飞"几句：语见《诗经·邶风·燕燕》，《毛诗》"不"作"弗"。意谓：燕子飞翔，翅膀不齐。这个妇女要大归，远送她到郊野。远望不见她的身影，让我泪下如雨。燕燕，即燕子。差（cī）池，义同"参差"，不整齐的样子。瞻，往前看。弗，不能。

⑧先君之思，以畜寡人：语见《诗经·邶风·燕燕》。意谓：追思已故的国君，用来勉励我的德行。先君，已故的国君。畜，《毛诗》作"勖"，勉励。寡人，自我的谦称，后被皇帝专用。

【译文】

卫姑定姜，是卫定公的夫人，公子的母亲。公子娶妻后去世，他妻子没有孩子。三年之丧期满后，定姜送儿媳大归娘家，亲自送行，送到了国都郊野。定姜恋恋不舍，触目伤怀，内心悲伤哀恸。她长久站立目送儿媳远去，泪水涟涟。于是赋诗说："燕子展着翅膀飞，翅膀长短不整齐。这个妇人要大归，远送送到城郊区。睁大眼睛望不见，不觉泪下如落雨。"定姜送走儿媳后，回家睹物思人又哭泣。又作诗说："对先君的追思，常记心里勉励我。"君子认为定姜称得上是慈爱婆婆，待儿媳仁义厚道。

定公恶孙林父①，孙林父奔晋。晋侯使郤犨为请还②，定公欲辞，定姜曰："不可，是先君宗卿之嗣也③。大国又以为请，而弗许，将亡。虽恶之，不犹愈于亡乎！君其忍之。夫安民而宥宗卿④，不亦可乎！"定公遂复之。君子谓定姜能远患难。《诗》曰："其仪不忒，正是四国⑤。"此之谓也。

【注释】

①孙林父：春秋中期卫国世卿，孙良夫之子，谥号"文"，史书中多称为"孙文子"。

②晋侯：此指晋厉公，前580—前574年在位。郤犨（xì chōu）：晋国卿大夫，"三郤"之一，后被晋厉公所杀。

③先君：卫定公之父卫穆公。宗卿：同宗之卿，指孙林父之父孙良夫。

④宥（yòu）：宽容。

⑤其仪不忒（tè），正是四国：语见《诗经·曹风·鸤鸠》。意谓：他的仪容没有偏差，是四方的学习榜样。忒，偏差，差错。正，长，领导，指榜样。

【译文】

定公厌恶孙林父，孙林父出逃晋国。晋厉公派郤犨替孙林父请求回国，定公想要拒绝，定姜说："不行，孙林父是先君同宗卿大夫孙良夫的后嗣。大国又替他求情，如果不同意，卫国将被攻打走向灭亡。虽然讨厌孙林父，让他回国不是比亡国好些吗？您就忍耐一下吧。让百姓安定而宽容宗卿，不也可以吗？"于是定公允许了孙林父回国。君子评论定姜能够远离患难。《诗经》说："他的仪容没有差错，是四方之国的学习榜样。"说的就是这种情况。

定公卒，立敬姒之子衎为君[①]，是为献公。献公居丧而慢[②]。定姜既哭而息，见献公之不哀也，不内食饮[③]，叹曰："是将败卫国，必先害善人，天祸卫国也！夫吾不获鱄也[④]，使主社稷[⑤]。"大夫闻之皆惧。孙文子自是不敢舍其重器于卫。鱄者，献公之弟子鲜也，贤，而定姜欲立之而不得。后献公暴虐，慢侮定姜，卒见逐走[⑥]。出亡至境，使祝宗告亡[⑦]，且告无罪于庙。定姜曰："不可。若令无，神不可诬[⑧]。有罪，若何告无罪也？且公之行，舍大臣而与小臣谋，一罪也。先君有冢卿以为师保[⑨]，而蔑之，二罪也。余以巾栉事先君[⑩]，而暴妾使余[⑪]，三罪也。告亡而已，无告无罪。"其后赖鱄力，献公复得反国[⑫]。君子谓定姜能以辞教。《诗》云："我言惟服[⑬]。"此之谓也。

【注释】

①敬姒：卫定公之妾。衎（kàn）：卫献公之名。

②慢：简慢不遵礼。

③内：同"纳"，进。

④鱄（zhuān）：人名。即公子鱄，卫献公之弟，字子鲜。

⑤社稷（jì）：土神和谷神的总称，社为土神，稷为谷神。在古代中国，社稷是最重要的原始崇拜对象，代表着国家的根本，因此社稷也常被用来代指国家或朝廷。

⑥卒见逐走：指卫献公被孙文子驱逐，逃奔于齐。见，被。

⑦祝宗：古代主持祭祀的官员。

⑧若令无，神不可诬：《左传·襄公十四年》载定姜语："无神何告？若有，不可诬也。"意谓：如果没有神，何必告罪呢？如果有神灵，不可以欺骗神。

⑨先君：指卫定公。师保：教导辅佐王的大臣。

⑩巾栉（zhì）：手巾和梳篦，伺候梳洗的用具，此处代指妇职。

⑪暴妾使余：暴慢对待我，像使唤婢妾一样。

⑫其后赖鱄力，献公复得反国：前547年，公子鱄迫于母亲压力，出面代替卫献公与宁喜结盟，宁喜打败了孙林父，迎接卫献公复国，事见《左传·襄公二十六年》。

⑬我言惟服：语见《诗经·大雅·板》。维，是。服，用。

【译文】

定公去世后，立了敬姒的儿子衎做国君，就是献公。献公在居丧期间简慢违礼。定姜哭丧结束后休息时，看到献公没有一点悲伤之情，就不吃不喝，叹息说："这人将会使卫国败亡，一定先要伤害善人，这是上天给卫国降下的灾祸啊！可惜我没有得到鱄的同意，由他来主持卫国事务。"大夫听说后都觉恐惧。孙文子从此以后不敢把贵重器物存放在卫国。鱄是卫献公的弟弟子鲜，贤明，定姜想要立他为国君而不得。后来献公暴虐，怠慢羞辱定姜，最后被逐出卫国。卫献公出逃到国家边境，派祝宗向宗庙祖先神灵报告自己流亡之事，而且诉说自己没有罪过。定姜说："不可以。如果无神便罢，如果有神灵，神是不可被欺骗的。有罪过，怎能说无罪呢？而且国君之为人，舍弃大臣而与小臣谋划，是第一重罪。先君安排了可以作为师保的卿大夫，国君却轻视他们，是第二重罪。我以妇人之道侍奉先君为嫡妻，国君暴慢对待我，像使唤婢妾一样，是第三重罪。向宗庙报告逃亡就行了，不要表白自己无罪。"后来靠着鱄的助力，献公得以返回卫国。君子认为定姜能够用言辞教诲。《诗经》说："我的言语得到听从。"说的就是这种情况。

郑皇耳率师侵卫①，孙文子卜追之，献兆于定姜曰②："兆如山林③，有夫出征而丧其雄。"定姜曰："征者丧雄，御寇之利也。大夫图之④。"卫人追之，获皇耳于犬丘⑤。君子谓定姜达于事情。《诗》云："左之左之，君子宜之⑥。"此之谓也。

颂曰：卫姑定姜，送妇作诗，恩爱慈惠，泣而望之。数谏献公⑦，得其罪尤⑧。聪明远识，丽于文辞。

【注释】

①皇耳：郑国大夫，奉楚命率师侵卫，事件详载于《左传·襄公十年》。

②兆：指古人占卜时烧灼甲骨所呈现的预示吉凶的裂纹，后引申指预兆、兆头。

③林：《左传》作"陵"，当是。

④图：谋划。

⑤犬丘：宋地名。在今河南永城西北。

⑥左之左之，君子宜之：语见《诗经·小雅·裳裳者华》。意谓：马车左转有人来辅佐，君子非常适宜。

⑤数（shuò）：屡次。

⑥罪尤：罪过。

【译文】

郑国大夫皇耳率领军队侵略卫国，孙文子占卜是否追击，把占卜兆象呈给定姜说："卜得山陵之兆，有出国远征的，丧失了头目。"定姜说："征伐的人丧失头目，是防御一方的好处。大夫考虑应对吧。"卫人追击，在犬丘这个地方俘获了皇耳。君子评论定姜通达世事。《诗经》说："马车左转有人辅，君子安定又适宜。"说的就是这种情况。

颂说：卫国夫人曰定姜，送别儿媳作诗歌。有恩有爱多慈惠，哭泣远望不忍别。多次进谏卫献公，明论他的罪与过。聪慧明敏有远见，文辞漂亮擅言说。

齐女傅母

【题解】

关于《诗经·卫风·硕人》的本事，《左传·隐公三年》载曰"卫庄公娶于齐东宫得臣之妹，曰庄姜，美而无子，卫人所为赋《硕人》也"，毛诗遵此说法。此篇则解《硕人》为傅母教诫庄姜之作，可能为鲁诗家的说法。

但此篇重点并不在于解读诗歌，而是将重点放在了傅母对庄姜的教化砥砺和庄姜的感而自修上。庄姜出身高贵，难免骄傲放纵，然而仅凭出身并不能带来真正的尊荣，必有内在高贵品德的支持方能不辱祖先、为民榜样。傅母洞达世事，深明此理，因此防患于未然，语重心长地教导庄姜修身，又作诗以砥砺之。幸而庄姜天资高明，知错即改，遂遵行妇道，又养育了戴妫之子桓公。此篇强调的贵德修身思想，可视为刘向对同时代贵族女性所进的箴言。

傅母者①，齐女之傅母也②。女为卫庄公夫人③，号曰庄姜。姜交好④。始往，操行衰惰，有冶容之行、淫泆之心⑤。

傅母见其妇道不正,谕之云⑥:"子之家⑦,世世尊荣,当为民法则。子之质,聪达于事,当为人表式⑧。仪貌壮丽,不可不自修整。衣锦䌹裳⑨,饰在舆马⑩,是不贵德也。"乃作诗曰:"硕人其颀,衣锦䌹衣。齐侯之子,卫侯之妻,东宫之妹,邢侯之姨,谭公维私⑪。"砥厉女之心以高节⑫,以为人君之子弟,为国君之夫人,尤不可有邪僻之行焉。女遂感而自修。君子善傅母之防未然也。

【注释】

①傅母:古代负责辅导、保育贵族子女的老妇人。

②齐:国名。周初封国,姜姓,始封君为太公望(姜子牙),都于营丘(后称临淄,今山东淄博临淄区),春秋时期四大国之一,前386年被田齐取代。

③卫庄公:卫国君主,姓姬,名扬,前757—前737年在位。

④交好:"交"同"姣","交好"即"姣好"。

⑤冶容:打扮得很妖媚。淫泆(yì):恣纵逸乐。

⑥谕:告诉(一般用于上对下)。

⑦子:尊称,相当于"您"。

⑧表式:指表率、楷模。

⑨䌹(jiǒng):通"褧",罩在表面的单衣。

⑩舆马:车马。

⑪"硕人其颀(qí)"几句:语见《诗经·卫风·硕人》。意谓:高大的美人,穿着锦衣,披着麻布罩衣,是齐庄公的女儿、卫庄公的妻子、齐太子得臣的妹妹、邢侯妻子的亲姐妹、谭国国君的小姨子。硕人,高大壮硕的美人,当时以身材高大为美,此指卫庄公夫人庄姜。颀,修长貌。衣锦,穿着锦衣。衣,作动词用,即穿。齐侯,指

齐庄公。子,这里指女儿。卫侯,指卫庄公。东宫,太子居处,这
里指齐太子得臣。邢,春秋国名,在今河北邢台。姨,这里指妻子
的姐妹。谭公维私,意谓谭公是庄姜的姐夫。谭,春秋国名,在今
山东历城。维,其。私,女子称其姊妹之夫。

⑫砥(dǐ)厉:磨炼,勉励。

【译文】

傅母,是齐国一个女子的傅母。这个女子是卫庄公的夫人,被称为
庄姜。庄姜容貌美丽。她刚嫁到卫国时,操行懈怠不谨慎,打扮得很妖
媚,心思逸乐放荡。傅母见庄姜不严格遵行妇道,就告诫她说:"您的家
族,世世尊荣,应当成为民众的行为典范。您资质聪明,通达世事,应当
为人们的榜样。您的仪容体貌健壮美丽,不可不自我修饰整饬。穿着锦
衣,披着麻布罩衣,过于修饰车马,这是不重视品德的行为。"于是傅母
作诗说:"美丽壮硕的女子,穿着锦服罩麻衣。她是齐庄公的女儿,卫国
庄公的正妻,太子得臣的妹妹,邢侯妻子的姐姐,谭公称她小姨子。"傅
母用高尚的节操来磨炼砥砺庄姜的心志,认为国君的子弟,又是其他国
君的夫人,尤其不能有邪恶不正的行为。于是庄姜心里感动而奋起自
修。君子认为傅母能够防祸于未然。

庄姜者,东宫得臣之妹也。无子,姆戴妫之子桓公①。
公子州吁,嬖人之子也②,有宠,骄而好兵,庄公弗禁。后州
吁果杀桓公。《诗》曰:"毋教猱升木③。"此之谓也。

颂曰:齐女傅母,防女未然。称列先祖,莫不尊荣。作
诗明指④,使无辱先。庄姜姆妹⑤,卒能修身。

【注释】

①姆:王照圆《列女传补注》云:"即母字也。"这里作动词用,养育

的意思。

②嬖（bì）人：身份卑下而受宠爱的人。

③毋教猱（náo）升木：语见《诗经·小雅·角弓》。意谓不要教猿猴上树（因为猿猴本来就善于攀援）。猱，猿类，善攀援。

④指：意旨，意向。

⑤姆妹：王照圆《列女传补注》云："当作'母妣'，言为妣氏子之母也。或曰当是'姆姑'。"

【译文】

庄姜，是东宫得臣的妹妹。她没有儿子，养育戴妣的儿子桓公。公子州吁，是庄公宠妾的儿子，州吁受宠，骄纵而爱好兵事，庄公不加禁止。后来州吁果然杀死了桓公。《诗经》说："不要教猿猴上树。"说的就是这种情况。

颂说：齐女庄姜之傅母，预先提防女过误。称道罗列众先祖，莫不尊贵有声誉。又作诗歌表意旨，教女不要辱先祖。庄姜养育妹之子，最终能够自修饬。

鲁季敬姜

【题解】

此传为全书最长的一篇，计有一千七百余字，由数段来源不同的史料组成。

传文开头对敬姜身份的介绍有误。莒女戴己载于《左传·文公七年》，为孟孙氏穆伯公孙敖之妻，文伯谷之母。敬姜乃齐女，季孙氏穆伯公甫靖之妻，文伯歜之母，"公甫"之称首见于《左传·昭公二十五年》。两者前后相差了一百多年，此处以穆伯、文伯相涉而致误。敬姜的生活年代当与孔子同时而略早，故此篇多引孔子对其言行的评论。

敬姜诫其子文伯交友之事，不见于现存先秦两汉其他史书，但其中礼贤下士的理念则为儒家常谈。文伯听了母亲教训，就立即"择严师贤友而事之"，以至"引衽攘卷而亲馈之"，恐有作者夸张的因素在内。

文伯相鲁、敬姜以织机喻治国之理的记载，不见于现存史料，若非采自佚书，便出于作者虚构。其中敬姜论述官职之设头头是道，似与后文妇人不参与外朝之事有异。饶有趣味的是，这段记载引起了科技史专家的兴趣。他们通过敬姜提及织机的八个部件，对当时织机究竟是双轴织机还是手提综竿式斜织机进行了众多讨论。

敬姜由纺绩论劳逸与品德关系的文字，与《国语·鲁语下》的记载几乎全同，当采自后者。君子居高位而不能贪图安逸的思想，最早见于《尚书·无逸》。周公谆谆教导成王"先知稼穑之艰难"，才能够"怀抱小民，惠于鳏寡"。这反映了周公卓越的政治远见，也表现了以农业兴起的周人勤勉素朴、不忘本业的观念。但敬姜的这段论述，在重视辛勤劳作以砥砺德行的同时，"无逸"所涉的对象却由统治者变成了万民百姓，而且变成了一种统治手段，"昔圣王之处民也，择瘠土而处之，劳其民而用之，故长王天下"。两相对照，可以感受到"无逸"思想的流变与异化。长远来看，敬姜"劳民而王"的言论开启了后来法家穷民愚民、驱民耕战之治国理论的先河。

文伯请南宫敬叔饮酒而招待以小鳖之事，亦见于《国语·鲁语下》。《礼记·礼运》说："夫礼之初，起于饮食。"周礼盛行的时代，饮食活动"为生活的一个重大的焦点"，周代几乎所有的礼数都离不开吃饭，宴饮诗因此成为《诗经》中的一大门类。在饮食聚餐中，周人通过礼品馈赠、音乐舞蹈、仪式酬酢等活动，凝聚了君臣朋辈、同族亲人之间的各种关系，并塑造出谦让诚敬、致尊远慢、贵礼轻财的品德。明乎此，便可理解敬姜对文伯招待客人不够大方的愤怒，也可以体会到敬姜处事的谨慎。

文伯去世，敬姜戒其妾、敬姜朝哭穆伯夕哭文伯之事，见于《国语·鲁语下》《礼记·檀弓下》。当时，一些贵族子弟对于丧礼操办的具体细节已经茫然无知，如鲁国恤由之丧，哀公派遣孺悲到孔子那里学

"士丧礼",于是有了《仪礼·士丧礼》的撰写(《礼记·杂记下》)。而敬姜作为一位女性,能够对丈夫、儿子的丧礼安排得当,并能够"明其子之令德",实属可贵。还可补充的是,敬姜对丧礼安排的一些细节,比如哭夫时帷殡而避嫌,被《檀弓》记录后,丰富了儒家的礼仪内容。敬姜戒文伯之妾的故事,涉及士人的品德与声名,引起了后人的广泛传播,例如《韩诗外传·卷一》《战国策·赵策三》均有记载。

敬姜对季康子论内外朝之别和参加季悼子葬礼事,亦见载于《国语·鲁语下》。这里涉及当时的贵族宫室制度,据《周礼·秋官》郑玄注,王有"五门三朝":皋门、雉(中)门、库门、应(正)门、路(寝、虎、毕)门;外朝、治朝、燕朝,后两者又总称内朝。外朝,在库门之外,是聚集万民询问重大事务之所,不是经常的朝见之处;治朝,在路门外,是王每日上朝听政之处;燕朝,在路门内,是与公族、宗人议事和退朝后处理事务之处。诸侯的朝寝之制与王室基本相同,只是在规模和某些名称上有差异。卿大夫也有与之相应的居寝组织——家朝,它也有内朝、外朝、正寝和燕寝之分。不过,就卿大夫而言,一般又称自己的家朝为内朝,是处理宗族事务的地方;而称天子和诸侯的朝寝为外朝,是其履行国家行政职责的地方。敬姜对季康子所说的内、外朝实际上就指的是这个内涵。但无论是天子、诸侯还是卿大夫,其居处以寝门为界,其内是女人活动的范围,处理家庭内务;其外则是男人起主导作用。《礼记·内则》云:"男不言内,女不言外。"敬姜不仅认同这一规范,而且将其内化为一种自觉意识,体现于日常生活的方方面面。在参加悼子祭礼时,敬姜也表现出了女性谨慎庄重以避嫌的意识。

综上,此篇传记综合了多种史料,不仅表现了敬姜教子有方、博达守礼的品德,还透露了多方面的历史文化信息。

鲁季敬姜者[①],莒女也[②],号戴己[③]。鲁大夫公父穆伯之妻[④],文伯之母[⑤],季康子之从祖叔母也[⑥]。博达知礼。穆伯先死，敬姜守养。文伯出学而还归，敬姜侧目而盼之⑦，见其友上堂，从后阶降而却行⑧，奉剑而正履⑨，若事父兄。文伯自以为成人矣。敬姜召而数之曰⑩："昔者武王罢朝，而结丝袜绝⑪，左右顾，无可使结之者，俯而自申之，故能成王道。桓公坐友三人⑫，谏臣五人，日举过者三十人，故能成伯业⑬。周公一食而三吐哺，一沐而三握发⑭，所执贽而见于穷间隘巷者七十余人⑮，故能存周室。彼二圣一贤者，皆霸王之君也，而下人如此。其所与游者，皆过己者也。是以日益而不自知也。今以子年之少而位之卑，所与游者，皆为服役。子之不益，亦以明矣。"文伯乃谢罪。于是乃择严师贤友而事之，所与游处者皆黄耄倪齿也⑯。文伯引衽攘卷而亲馈之⑰。敬姜曰："子成人矣。"君子谓敬姜备于教化。《诗》云："济济多士，文王以宁⑱。"此之谓也。

【注释】

①鲁季敬姜：鲁国的贵族妇女。鲁，国名。姬姓，周武王弟弟周公的封国，都于曲阜（今山东曲阜）。季，夫姓，为当时鲁国的三大家族之一。敬，谥号。姜，母家姓氏。

②莒（jǔ）：周代诸侯国名。在今山东莒县一带。

③戴己：应有误，姜、己不同姓，季敬姜不可能有此号。

④公父穆伯：即穆伯公甫靖，是春秋时期鲁国三桓之一季悼子之子，季平子的兄弟。公父，《左传》写作"公甫"。

⑤文伯：名歜（chù），又曰公父歜，季悼子之孙，穆伯之子。

⑥季康子：即季孙肥，春秋时期鲁国的正卿。季平子生季桓子，季桓子生季康子。季康子事鲁哀公，此时鲁国公室衰弱，季氏宗主季

康子位高权重，是当时鲁国的权臣。

⑦侧目而盼：斜着眼睛看。盼，看。

⑧阶降而却行：走下台阶，倒退而行，以示恭敬。

⑨奉剑而正履(lǚ)：恭敬地捧着剑，摆正鞋子。奉，捧。履，鞋子。

⑩数(shǔ)：责备。

⑪结丝袜绝：系袜子的带子断了。结，系。丝，当为"系"之误，或为后人注"结"字，写于旁边，后误入正文。

⑫桓公：指齐桓公(？—前643)，姜姓，名小白，前685—前643年在位，"春秋五霸"之一。坐友，身份平等、能和自己坐着对谈争辩的朋友。

⑬伯业：霸业。伯，通"霸"。

⑭周公一食而三吐哺(bǔ)，一沐而三握发：洗一次头与吃一顿饭要停顿多次，形容周公渴求贤才，谦恭下士，为延揽贤才而忙碌。哺，口中含的食物。三，泛指多次。沐，洗头。捉，用手攥住。

⑮执贽(zhì)而见于穷闾(lú)隘巷者七十余人：拿着礼物到穷街陋巷拜见了七十多人。执贽，拿着礼物，古代交际礼仪初次见人时应带礼物。闾，里巷。

⑯黄耄(mào)倪(ní)齿：阅世很深、经验丰富的老年人。黄耄，老人头发黄，八十、九十曰耄，故以黄耄称老年人。倪，通"齯"，老人齿落后又重新长出的牙齿，后以"倪齿"指高寿之人。

⑰引衽(rèn)攘卷而亲馈之：拉住衣襟、卷起袖子亲自捧送饭食。引衽攘卷，拉住衣襟，卷起袖子。衽，衣襟。馈，赠送。

⑱济济多士，文王以宁：语见《诗经·大雅·文王》。意谓：众多贤士济济一堂，文王才得以安宁。济济，盛多、整齐美好的样子。

【译文】

鲁国的季敬姜，是莒国的女子，号称戴己。她是鲁国大夫公父穆伯的妻子，文伯的母亲，季康子的从祖叔母。博学通达，熟悉礼仪。穆伯早先去世，敬姜守寡抚养儿子。文伯出外求学而归，敬姜在一旁侧目而瞧，见他的朋友先走上堂，又从后面走下台阶倒退行走，恭敬地捧着剑、摆正鞋子，像对待父兄一样侍奉文伯。文伯自以为成人了。敬姜把他召唤过来数落说："过去周武王退朝，系袜子的带子断了，左右观望，没有可帮他系带子的人，就俯下身子自己结系，所以能够成就王道。齐桓公有三个坐而论道的朋友，五个直言进谏的大臣，每天有三十人指出他的过错，所以能够成就霸业。周公忙于延揽人才，吃一顿饭多次吐出口中所含食物，洗一次头而多次中断手握头发，他拿着礼物到穷街陋巷拜见了七十多人，所以能够保存周家王业。那两个圣人一个贤人，都是可以称王称霸的君王，而能够如此礼贤下士。他们所交游的，都是超过自己的人。因此每天能够进步而不自知。现在你年少位卑，所交游的，都是为自己服役的人。你不能进步，也是很明白的了。"于是文伯道歉谢罪。然后他就选择严师贤友侍奉，所交游的都是年老有智慧的人。文伯拉起衣襟卷起袖子亲自捧送饭食。敬姜说："你成人了。"君子认为敬姜具备教化的本领。《诗经》说："人才济济聚一堂，文王才得兴家邦。"说的就是这种情况。

文伯相鲁。敬姜谓之曰："吾语汝[①]，治国之要，尽在经矣[②]。夫幅者[③]，所以正曲枉也，不可不强，故幅可以为将[④]。画者[⑤]，所以均不均、服不服也[⑥]，故画可以为正[⑦]。物者[⑧]，所以治芜与莫也[⑨]，故物可以为都大夫[⑩]。持交而不失，出入而不绝者，捆也[⑪]，捆可以为大行人也[⑫]。推而往，引而来者，综也[⑬]，综可以为关内之师[⑭]。主多少之数者，均也[⑮]，均可以为内史[⑯]。服重任，行远道，正直而固者，轴也[⑰]，轴可以为相[⑱]。舒而无穷者，摘也[⑲]，摘可以为三公[⑳]。"文伯再拜受教。

【注释】

①语汝：告诉你。汝，你。

②治国之要，尽在经矣：这里以经纬喻治国之理。《太平御览·资产部六》引注曰："经者，总丝缕以成文采，有经国治民之象。"

③幅：织布时控制织物幅宽的幅撑。

④"所以正曲枉也"几句：织布时，幅撑在织口附近的布幅上，两端分别系在布幅的两侧，使布面张直，便于投纬和打纬动作的顺利进行。因此，这里说幅是正曲直的，不可不坚强，具有这样性格特征的人可以做将军。

⑤画：即打纬用的筘（kòu），织布机上把纬纱推向织口并控制织物经纱密度和幅宽的一种机件。

⑥均不均：把经丝均匀地分开穿入筘中。服不服：把不服帖的纬丝通过筘的打纬而使其服帖。

⑦正：官长。

⑧物：据孙毓棠考证，"物"乃"茀"的假借字，为清除经纱上疵点的工具，棕刷之类的东西。

⑨治芜与莫：清除丝结疙瘩和细丝。治，清除。芜，原指芜秽，这里指颣（lèi）结，即丝上的疙瘩。莫，煮练时分离出来的细丝或茸丝。

⑩都大夫：掌都邑行政的长官。

⑪捆：《太平御览》作"梱（kǔn）"，即开口杆，其形制为一根扁直的木杆，以平放的状态插入由综或豁丝木开的梭口，插入后将其竖起，使梭口增大而清晰，这就是"持交而不失"；等一梭投完后，抽出开口杆，再插入下一个新的梭口，这就是"出入而不绝"。

⑫大行人：主管天子诸侯间重大交际礼仪的职官。

⑬综：缠绕在木杆上提升经丝的绳线。至于综的"推而往，引而来"，指的是提综的时候，综离梭口很近，织工看不清梭口，但把综拉得近一些，就可清楚地看清梭口，很容易地插入开口杆；但等插

入开口杆后,综又被推回原处,暂无大用。

⑭关内之师:主管国境内的师众。

⑮均:指分经木,又称豁丝木,把经丝按一定规律上下分层的工具。
因为均的一齿分一缕丝,可以分清经丝的多少,所以敬姜说均
"主多少之数"。

⑯内史:协助天子收纳会计、管理爵禄废置等政务的官职。

⑰轴:卷布轴。卷布轴要安装得正直坚固,否则布就会被卷歪或者
机架晃动,此即敬姜说的"正直而固"。

⑱相:协助国君管理政务的官员。

⑲摘:当为"㨉(dí)",织机上的卷经轴。学者根据敬姜所说的织机
部件,复原出了当时的织机,见下图。

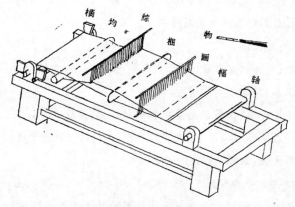

双轴鲁极的复原图

(引自赵丰《〈敬姜说织〉与双轴织机》,《中国科技史料》1991年第1期)

⑳三公:是中国古代地位最尊显的三个官职的合称,具体官职名称
有异,一般指的是司马、司徒、司空。

【译文】

文伯做了鲁国的相。敬姜对他说:"我告诉你,治理国家的要道,都

包含在综理经纬丝缕的纺绩里了。幅撑,是用来控制布幅曲直的,不能不坚硬牢固,所以像幅撑这样的人可以做将军。打纬筘,把经丝均匀分开,让纬丝服帖,所以具有这样性格的人可以做官长。苇刷,用于去除丝线上的结节和茸毛,所以像苇刷这样的人可以管理都邑行政。使梭口增大而不开裂,不断从一个梭口抽出又进入下一个梭口的,是梱,像这样的人可以做大行人。把梭口推过去,又能够把它拉过来的,是综,像综这样的人可以治理国内的师众。分清丝缕多少之数的,是均,像均这样的人可以做内史。承担重任,行走远道,始终正直而牢固的,是卷布轴,像这样的人可以做相。源源不断卷经丝的,是楠,像楠这样的人可以做三公。"文伯拜了两次接受教诲。

　　文伯退朝①,朝敬姜,敬姜方绩②。文伯曰:"以歜之家,而主犹绩,惧干季孙之怒③,其以歜为不能事主乎④!"敬姜叹曰:"鲁其亡乎! 使童子备官而未之闻耶⑤! 居⑥,吾语汝。昔圣王之处民也,择瘠土而处之,劳其民而用之,故长王天下。夫民劳则思⑦,思则善心生;逸则淫,淫则忘善,忘善则恶心生。沃土之民不材,淫也⑧。瘠土之民向义,劳也。是故天子大采朝日⑨,与三公、九卿组织地德⑩,日中考政,与百官之政事,使师尹维旅牧宣叙民事⑪;少采夕月⑫,与太史、司载纠虔天刑⑬;日入监九御⑭,使洁奉禘郊之粢盛⑮,而后即安⑯。诸侯朝修天子之业令⑰,昼考其国⑱,夕省其典刑⑲,夜儆百工⑳,使无慆淫㉑,而后即安。卿大夫朝考其职,昼讲其庶政㉒,夕序其业,夜庀其家事㉓,而后即安。士朝而受业,昼而讲隶㉔,夕而习复,夜而讨过㉕,无憾,而后即安。自庶人以下,明而动,晦而休㉖,无自以怠。王后亲织玄紞㉗，公侯之夫人加之以紘、綖㉘，卿之内子为大带㉙，命妇成祭服㉚，则士之妻加之以朝服㉛，自庶士以下皆衣其夫㉜。社而赋事㉝，烝而献功㉞，男女效绩㉟，否则有辟㊱，古之制也。君子劳心，小人劳力，先王之训也。自上以下，谁敢淫心舍力？今我寡也，尔又在下位，朝夕处事㊲，犹恐忘先人之业，况有怠惰，其何以辟㊳？吾冀汝朝夕修我曰：'必无废先人！'尔今也曰：'胡不自安㊴？'以是承君之官，余惧穆伯之绝嗣也。"仲尼闻之曰："弟子记之，季氏之妇不淫矣！"《诗》曰："妇无公事，休其蚕织㊵。"言妇人以织绩为公事者也，休之非礼也。

【注释】

①退朝：朝见国君后回家。

②方绩：正在绩麻。绩，把麻纤维劈开再连续起来搓成线，也泛指织布。

③干季孙之怒：触犯了季氏宗主的怒气。干，触犯。季孙，指季氏宗主，可能为季康子。

④事主：侍奉主母。

⑤童子：未成年的人，这里指幼稚无知、德行不备的人。

⑥居：坐下。

⑦思：思考。

⑧淫：梁端认为当作"逸"，后人据误本《国语》改之。

⑨大采朝日：春分穿五彩礼服祭祀太阳。"采"通"彩"，"大采"指五彩礼服，是最高等级的礼服。朝日，祭祀太阳的典礼，春分清晨举行。

⑩组织：王照圆曰："此盖作'祖识'，因字形相涉，遂误作'组织'。"

⑪使师尹维旅牧宣叙民事：让师尹、众官、州牧宣布依次施行的百姓事务。师尹，泛指各属官的官长。师，太师，周之三公也。尹，尹

氏,为太师。维,陈。旅,众士。牧,州牧。宣叙,原误作"宣敬",此处据梁端本改。宣,遍布。叙,次序,安排。

⑫少采夕月:秋分穿上三色礼服祭祀月亮。少采,和大采相对,也是礼服,只有三色。夕月,祭祀月亮的典礼,每年秋分举行。

⑬与太史、司载纠虔天刑:和太史、司载一起恭敬地考察上天的运行规律。太史,掌管天文历算等的职官。司载,官名。负责考察天文。纠虔,韦昭注:"纠,恭也;虔,敬也。"天刑,上天运行的规律。

⑭九御:即九嫔,宫中女官,掌女工及侍御之事。帝王后宫女子共八十一人,分九组轮流侍御,九嫔每一人领管女御九人,故称九御。

⑮洁奉禘(dì)郊之粢盛(zī chéng):供奉清洁的祭祖祭天用的各种谷物。禘,对祖先的祭祀。郊,对上天的祭祀。粢盛,指古代盛在祭器内以供祭祀的谷物。

⑯安:安寝。

⑰朝修天子之业令:早上处理天子的事情和命令。修,整治,安排。业令,事情和命令。

⑱昼考其国:《国语》"国"下有"职",此处应补,白天处理自己国家的政务。考,考察,处理。

⑲夕省(xǐng)其典刑:傍晚检查法律和规章制度。省,检查。典刑,典章法度。

⑳夜儆(jǐng)百工:晚上警戒百官。儆,使人警醒,不犯过错。百工,百官。

㉑慆(tāo)淫:怠慢放纵。

㉒讲其庶政:讲习各种政务。讲,讲习,研究。庶政,各种政务。

㉓庀(pǐ):治理。

㉔讲隶:"隶"当作"肄",讲肄即讲习。

㉕讨过:搜求自己的过错。

㉖晦:天黑,夜晚。

㉗玄纮（dǎn）：古代礼冠上系塞耳玉的丝带。

㉘纮綖（hóng yán）：古代冠冕上的系绳，主要用于固定冠冕。纮，古代冠冕上的带子，由颌下向上系于笄，垂余者为缨。綖，古代覆盖在帽子上的一种装饰物。

㉙内子为大带：卿大夫的嫡妻编织礼服腰带。内子，古代卿大夫的嫡妻。大带，又称为绅，服饰，为古代礼服所用腰带。

㉚命妇成祭服：大夫的妻子缝制祭祀礼服。命妇，古大夫之妻称命妇，后指有封号的妇女。祭服，古代祭祀时所用的礼服，为各类冠服中最庄严的服饰。

㉛则士之妻加之以朝服：上士的妻子还要做好丈夫上朝穿的衣服。则士，有误，当为"列士"。意谓上士。朝服，古时君臣上朝时所穿的礼服。

㉜衣其夫：为丈夫做衣服。

㉝社而赋事：春分祭祀土地神，分配劳作之事。社，春分祭祀土地神。赋事，分配劳作之事。

㉞烝（zhēng）而献功：冬天祭祀，献上五谷、布帛等。烝，冬天祭祀。献功，献五谷、布帛等。

㉟效绩：考察成绩。

㊱辟（pì）：罪，惩罚。

㊲处事：治理事务，办事。

㊳辟（bì）：通"避"，避免。

㊴胡：为什么。

㊵妇无公事，休其蚕织：语见《诗经·大雅·瞻卬》。意谓：妇女没有朝廷之事，却停止了其应做的纺织蚕桑之事。

【译文】

文伯从朝廷回家，拜见敬姜，敬姜正在织布。文伯说："以我们这样的家庭，主母依然织布，我担心触怒季孙宗主，大概会认为我不能好好照顾主母吧!"敬姜叹了一口气,说:"鲁国快是要灭亡了吧! 竟然让幼稚无知的人做官,不懂得道理! 坐下,我来告诉你。古代圣王安排民众,选择贫瘠的地方居住,使百姓劳苦而后利用他们,所以能长期统有天下。民众劳苦就会思考,思考就会萌发善心;民众安逸就会放荡,放荡就忘了善德,忘了善德就会生出邪恶的心思。肥沃之地的民众多不成材,是因为安逸。贫瘠之地的民众讲究礼义,是因为劳苦。所以,天子春分时穿五彩礼服祭祀太阳,与三公、九卿一起学习、分辨土地的属性,中午考察政事,以及百官事务,让师尹、众官、州牧宣布依次施行的百姓事务;秋分时节,天子穿三色礼服祭祀月亮,与太史、司载恭敬地考察上天的运行规律;太阳落山后,天子监督九嫔,让她们供奉清洁的祭祖祭天用的各种谷物,然后才敢安睡。诸侯早上从事天子安排的事务和命令,白天处理他的国政,傍晚检查各项制度,晚上告诫百工不要怠慢放纵,然后才敢安睡。卿大夫早上考察职事,白天处理各项政务,傍晚依次安排他的事务,晚上治理家事,然后才敢安睡。士早上接受教诲,白天讲习研究,傍晚练习重温,晚上反思过错,没有失误遗憾,然后才敢安睡。从庶人以下,天亮劳动,天黑休息,不能够让自己懈怠。王后亲自编织天子礼冠上系塞耳玉的黑丝带,公侯的夫人还要加上冠冕上的两种装饰品纮和綖,卿的妻子要织礼服的大带,大夫之妻要完成祭服,上士的妻子还要做好朝服,自庶士以下的妻子都要为丈夫做衣服。春分祭祀土地神时分配劳作之事,冬天大祭时献上劳动成果,男女都要考察成绩,不这样做就有罪过,这是古来的制度。居于高位的君子操心费神,居于下位的百姓出力劳作,这是先王的教训。从上到下,哪个敢放纵心思、不尽力劳作呢? 现在我寡居,你又在下位,从早到晚忙于事务,还恐怕忘记先祖的功业,何况有所懈怠懒惰,那怎么能够避免罪过呢? 我希望你早晚提醒我说:'一定不要废弃先人功业!'现在你却说:'为什么不自己安逸些?'以此态度从事你的官职,我担心穆伯绝后啊。"仲尼听到后说:"弟子记下了,季氏敬姜不放纵啊!"《诗经》说:"妇女不该理朝政,蚕织女工全抛开。"说妇女以织布纺绩为职事,放弃它就违背了礼仪。

文伯饮南宫敬叔酒①,以露堵父为客②。羞鳖焉③,小,堵父怒。相延食鳖④,堵父辞曰:"将使鳖长而食之。"遂出。敬姜闻之,怒曰:"吾闻之先子曰⑤:'祭养尸,飨养上宾⑥。'鳖于人何有?而使夫人怒⑦!"遂逐文伯。五日,鲁大夫辞而复之⑧。君子谓敬姜为慎微。《诗》曰:"我有旨酒,嘉宾式宴以乐⑨。"言尊宾也。

【注释】

①南宫敬叔:姬姓,鲁国南宫氏,名阅或说,一名绦,谥敬,是孟僖子的儿子,孟懿子的弟弟。

②露堵父:鲁国大夫,堵或作"睹"。

③羞:同"馐",精美的食物,这里指进献精美的食物。鳖,甲鱼。

④相延食鳖:司仪邀请大家吃鳖。相,相礼的司仪。延,招引。

⑤先子:可以泛指祖先,也可用于称亡父或丈夫的亡父,这里指的是丈夫的亡父。

⑥尸:祭祀时代替去世先祖受祭的人。飨(xiǎng):以酒食款待人。

⑦夫人:那个人。

⑧辞:请求宽恕。

⑨我有旨酒,嘉宾式宴以乐:语见《诗经·小雅·鹿鸣》。意谓:我有美酒,宴请嘉宾心中欢乐。旨酒,美酒。

【译文】

文伯邀请南宫敬叔喝酒,露堵父为陪客。进献美食甲鱼,甲鱼有些小,堵父发怒了。相礼的人招引大家吃甲鱼,堵父推辞说:"等到甲鱼长大了再吃。"于是就走出了门。敬姜听说后,生气地说:"我听去世的公公说：'祭祀要让尸吃好，宴饮要让上宾吃好。'甲鱼对人来说有什么重要的呢？而让那个人生气！"于是驱逐了文伯。五天后，鲁国大夫请求宽恕，敬姜才让文伯回来。君子认为敬姜谨小慎微。《诗经》说："我有美酒，宴请宾客多欢乐。"说的就是尊重客人啊。

　　文伯卒，敬姜戒其妾曰："吾闻之：'好内，女死之；好外，士死之。'今吾子夭死，吾恶其以好内闻也。二三妇之辱共祀先祀者①，请毋瘠色②，毋挥涕，毋陷膺③，毋忧容，有降服④，毋加服⑤，从礼而静，是昭吾子。"仲尼闻之曰："女知莫如妇，男知莫如夫，公父氏之妇知矣！欲明其子之令德。"《诗》曰："君子有穀，贻厥孙子⑥。"此之谓也。

　　敬姜之处丧也，朝哭穆伯，暮哭文伯。仲尼闻之曰："季氏之妇可谓知礼矣，爱而无私，上下有章。"

【注释】

①辱：屈辱，屈尊。共祀先祀者：王照圆曰："'先'上'祀'字衍。"是。

②瘠色：损其容貌。

③陷膺："陷"字误，《国语》作"掏膺"，韦昭注"掏，扣也"，即捶打胸膛表示悲伤。

④降服：穿的丧服轻于礼仪规定。

⑤加服：穿的丧服重于礼仪规定。

⑥君子有穀（gǔ），贻（yí）厥孙子：语见《诗经·鲁颂·有駜》，《毛诗》无"厥"字。意谓：君子有福禄善德，留给他的子孙。穀，福禄，一说"善"。贻，遗留。

【译文】

文伯去世，敬姜告诫他的妻妾说："我听说：'喜好女色，女子能为他去死;喜好结交外人,士能为他去死。'现在我儿子早死,我讨厌他有喜好女色的名声。你们几位妇人屈尊供奉我们祖先的祭祀,请不要憔悴毁容,不要挥泪,不要捶胸大哭,不要有忧伤的神色,穿轻于礼制的丧服,不要穿重于礼制的丧服,遵从礼仪安静处丧,这才能显扬我儿子的名声。"仲尼听到后说:"处女的智慧比不上妇人,童男的智慧比不上丈夫,公父氏的这位妇女可算是有智慧的了! 想要宣扬她儿子的美德。"《诗经》说:"君子有善德,留赠给子孙。"说的就是这种情况。

敬姜处理丧事,早上哭穆伯,晚上哭文伯。仲尼听到后说:"季氏敬姜可以算作知礼了,慈爱而无私心,父子上下有别。"

敬姜尝如季氏[①],康子在朝[②],与之言,不应。从之,及寝门[③],不应而入。康子辞于朝,而入见曰:"肥也不得闻命,毋乃罪耶[④]?"敬姜对曰:"子不见耶? 天子及诸侯合民事于内朝[⑤]。自卿大夫以下,合官职于外朝,合家事于内朝[⑥]。寝门之内,妇人治其职焉。上下同之。夫外朝,子将业君之官职焉;内朝,子将庀季氏之政焉。皆非吾所敢言也。"康子尝至,敬姜闳门而与之言[⑦],皆不逾阈[⑧]。祭悼子,康子与焉,酢不受[⑨],彻俎不宴[⑩],宗不具不绎[⑪],绎不尽饮则退。仲尼谓敬姜别于男女之礼矣。《诗》曰:"女也不爽[⑫]。"此之谓也。

颂曰:文伯之母,号曰敬姜。通达知礼,德行光明。匡子过失,教以法理。仲尼贤焉,列为慈母。

【注释】

①尝如季氏:曾经到季氏家里去。尝,曾经。如,往,到……去。

②康子在朝：康子在朝堂。分封制度下，卿大夫也有朝堂，处理家族封邑事务，接受属大夫和家臣的朝见，称为家朝。

③寝门：古礼天子五门，诸侯三门，大夫二门。最内之门曰寝门，即路门。后泛指内室之门。

④毋乃：大概，恐怕。

⑤合民事于内朝：此句《国语·鲁语》作"合民事于外朝，合神事于内朝"，梁端、王照圆都认为应以《国语》为是，此处脱"于外朝，合神事"六字。关于内、外朝，有两种说法，一种是本篇题解提到的郑玄注《周礼·秋官》的说法，即认为外朝在库门外，皋门之内的内朝有二：一为路门之外的治朝，一为路门之内的燕朝；还有一种是郑众的说法，认为外朝在路门外，内朝在路门内。天子和诸侯王在外朝处理国家事务，在内朝处理祭祀和家族内部事务。合，考合，研究。

⑥"自卿大夫以下"几句：卿大夫以下，在国君的公朝履行为国的职事，在自己的家朝处理家族内部事务。

⑦阅（wěi）门：开门，此处指开寝门。

⑧阈（yù）：门槛。

⑨酢（zuò）：客人以酒回敬主人。

⑩彻俎（zǔ）不宴：祭祀结束撤掉俎后，不与康子宴饮。俎，古代祭祀时用来盛放祭品的器具。

⑪宗不具不绎（yì）：主持祭祀的宗老不在，就不参加第二天的绎祭。宗，大夫的家臣，典祭祀及宗族的事。不具，不在。绎，正祭次日续祭称"绎祭"。

⑫女也不爽：语见《诗经·卫风·氓》。意谓女子也没有什么过错。爽，差错。

【译文】

敬姜曾经到季氏家里去，季康子在家朝听政，与她说话，她不回应。

季康子跟随敬姜，到了寝门，她还不回应，直接走了进去。康子退了家朝，走入寝门见敬姜说："我没有听到过您的教诲，恐怕是我得罪您了吧？"敬姜回答说："您没听说过吗？天子和诸侯王在外朝处理民政事务，在内朝处理家事和祭祀。从卿大夫以下，在国君的外朝处理公家职事，在内朝处理家族事务。寝门之内，妇人才履行职事。上下都是这样。您在外朝完成您官职要求的责任，在内朝治理季氏家族的事务，这些都不是我敢说话的地方。"康子曾经到敬姜家，敬姜打开寝门然后与他说话，都不越过门槛。祭祀悼子，康子参加了，敬姜不接受回敬的酒，祭祀结束撤俎后不再宴饮，宗老不在时不举行第二天的绎祭，绎祭时酒没喝尽兴就退下了。仲尼评论敬姜懂得男女有别之礼啊。《诗经》说："女子也没有过错。"说的就是这种情况。

颂说：文伯的母亲，谥号为敬姜。通达知礼仪，德行很光明。匡正子过失，教导法和理。仲尼认为贤，称她为慈母。

楚子发母

【题解】

楚国将军子发的事迹，散见于《荀子·强国》《战国策·楚策四》《淮南子·道应训》《淮南子·人间训》《新序·杂事》等文献，其生活时代文献记载多有歧异。据石光瑛考证，子发可能为楚惠王时的一位宗室将军，曾带兵攻克蔡国而辞赏（《新序校释》，中华书局2009年版）；在对齐国的战争中，曾善待集市上的小偷而获得他的帮助，使得楚国反败为胜；子发用兵，据说是"破敌陷陈，莫能雍御，泽战必克，攻城必下"（《淮南子·修务训》），即冲锋陷阵、攻城野战，无不取胜。

此篇表现了子发成为优秀将军的过程中母亲对他的教导和培育。与士卒同甘共苦，这不仅是子发母亲教导儿子作为将军的取胜之术，也是对其人格上戒骄戒泰的培养和磨炼。联想一下汉代名将霍去病"重车余弃粱肉,而士有饥者。其在塞外,卒乏粮,或不能自振,而骠骑尚穿域蹋鞠"的做派(《史记·卫将军骠骑列传》),让人不由得对子发母的见识与品德肃然起敬。

楚将子发之母也①。子发攻秦,绝粮,使人请于王②,因归问其母③。母问使者曰:"士卒得无恙乎④?"对曰:"士卒并分菽粒而食之⑤。"又问:"将军得无恙乎?"对曰:"将军朝夕刍豢黍粱⑥。"子发破秦而归,其母闭门而不内⑦,使人数之曰:"子不闻越王勾践之伐吴耶⑧?客有献醇酒一器⑨,王使人注江之上流,使士卒饮其下流,味不及加美,而士卒战自五也⑩。异日有献一囊糗糒者⑪,王又以赐军士,分而食之,甘不逾嗌⑫,而战自十也。今子为将,士卒并分菽粒而食之,子独朝夕刍豢黍粱,何也?《诗》不云乎:'好乐无荒,良士休休⑬。'言不失和也。夫使人入于死地⑭,而自康乐于其上,虽有以得胜,非其术也。子非吾子也,无入吾门。"子发于是谢其母⑮,然后内之。君子谓子发母能以教诲。《诗》云:"教诲尔子,式穀似之⑯。"此之谓也。

颂曰:子发之母,刺子骄泰。将军稻粱,士卒菽粒。责以无礼,不得人力。君子嘉焉,编于母德。

【注释】

①楚:国名。西周时立国,后来疆域逐渐扩大,主要包括河南南部、安徽东部以及今湖南、湖北一带,前223年被秦国消灭。

②请于王:向王请求援助。

③因:顺便。

④无恙（yàng）：多用作日常交际问候语。意谓：没有疾病，没有忧患。

⑤并分菽（shū）粒：都在分吃豆粒。菽，豆类的总称。

⑥朝夕刍豢（chú huàn）黍粱：早晚能吃上牛羊肉和精粮。刍豢，泛指牛羊犬猪之类的家畜。刍，本义为割草，引申为吃草的牲畜，如牛羊等。豢，设围栏以谷物养猪，这里指猪。黍粱，泛指精粮。黍，黄米。粱，泛指谷类。

⑦内：同"纳"。

⑧越王勾践：春秋时期越国君主（前496—前464），"春秋五霸"之一。他即位第三年（前494），被吴军败于夫椒，被迫向吴求和。三年后被释放回越国，卧薪尝胆，使越国国力渐渐恢复起来。越王勾践二十四年（前473），破吴都，迫使夫差自尽，灭吴称霸。

⑨器：王照圆曰："'器'下有'者'字，脱。"

⑩作战自五：作战的勇气增加五倍。自，自然。

⑪糗糒（qiǔ bèi）：干粮。

⑫嗌（yì）：咽喉。

⑬好乐无荒，良士休休：语见《诗经·唐风·蟋蟀》。意谓：爱好娱乐但又不费正业，贤良之士安闲自得。荒，沉溺享乐耽误正事。休休，安闲自得的样子。

⑭死地：极度危险的地方。

⑮谢：道歉，谢罪。

⑯教诲尔子，式穀似之：语见《诗经·小雅·小宛》。意谓：教诲你们的儿子，希望他们能继承祖先的好风采。式，句首语气词。穀，善。似，借作"嗣"，继承。

【译文】

楚子发母，是楚国将军子发的母亲。子发攻打秦国，粮食断绝，派人向楚王请求救援，顺便回家问候他的母亲。母亲问使者说："士兵们无大碍吧？"回答说："士兵们都在分吃豆粒。"又问："将军无大碍吧？"回答说:"将军早晚能吃上牛羊肉和细米精粮。"子发攻破秦国回家,他的母亲关门不让他进去,派人数落他说:"你没听说过越王勾践攻打吴国的事情吗?有客人进献一坛美酒,越王派人倒进江水上游,让士卒在下游喝,味道没有变得更美,而士卒作战的勇气就增加了五倍。另一日又有人进献了一袋干粮,越王又赐给军士,让他们分着吃,香甜的食物还没咽下喉咙,战士的勇气就增加了十倍。现在你做将军,士兵们都在分吃豆粒,你却早晚吃着大肉和细粮,为什么呢?《诗经》不是说吗:'爱好娱乐但又不费正业,贤良之士安闲自得。'说的就是不失和气。让人进入战场这样危险的地方,而自己高高在上安逸享乐,虽然有些胜利,也不是用兵之道啊。你不是我的儿子,不要进入我家门。"子发向他母亲道歉,然后才被允许进门。君子认为子发的母亲能够教诲儿子。《诗经》说:"教诲你们的儿子,继承祖先的善德。"说的就是这种情况。

颂说:将军子发的母亲,批评儿子骄且逸。将军早晚吃稻粱,士卒分着吃豆粒。责备儿子无礼义,这样不能得人力。君子褒奖此母亲,编入母德传后世。

邹孟轲母

【题解】

《韩诗外传·卷九》记载了孟母断织教子、东家杀豚、劝止孟子休妻的故事,但都比较简略。此篇在《韩诗外传》的基础上,做了加工和改编,例如去掉了东家杀豚的故事,增加了孟母断织后发表的一番言论以及教导效果,将《韩诗外传》中孟子妻在室内"踞"改为"袒",等等。此篇所载的孟母三迁、赞成孟子去齐之事,除其中妇人"三从之道"见于《穀梁传·隐公二年》外,其他不见于现存史料,可能为刘向在闾里杂说的基础上虚构出来的。

通过以上的加工改造、虚构发挥,此篇叙事更加生动传神、细节丰富,展现了孟母多智善教、深明大义、宽厚待人的智慧母亲形象。到了后世,孟母逐渐被奉为母仪典范,成了世人教子的楷模。例如,山东出土的东汉晚期的画像石中,就画有"孟母断织"的故事;魏明帝曾于许昌宫内的景福殿墙壁上绘有孟母三迁的故事(《景福殿赋》)。直到今天,孟母教子的故事依然被广泛传播于各类媒体中。

　　邹孟轲之母也[1],号孟母。其舍近墓。孟子之少也,嬉游为墓间之事,踊跃筑埋[2]。孟母曰:"此非吾所以居处子也。"乃去[3],舍市傍。其嬉戏为贾人衒卖之事[4]。孟母又曰:"此非吾所以居处子也。"复徙舍学宫之傍。其嬉游乃设俎豆[5],揖让进退[6]。孟母曰:"真可以居吾子矣。"遂居之。及孟子长,学"六艺"[7],卒成大儒之名。君子谓孟母善以渐化[8]。《诗》云:"彼姝者子,何以予之[9]?"此之谓也。

【注释】

①邹:周代诸侯国名。在今山东邹县东南。

②踊(yǒng)跃:古代丧礼上为表示哀痛之深边哭边跳跃的动作。

③去:离开。

④贾(gǔ)人衒卖之事:商人沿街叫卖的事情。贾人,商人。"衒"同"炫",夸耀。"衒卖"即沿街叫卖。

⑤俎(zǔ)豆:古代祭祀用的两种盛器,此指祭礼仪式。

⑥揖(yī)让进退:即打躬作揖、进退朝堂等古代宾主相见的礼仪。揖,作揖。

⑦六艺:原指中国周朝贵族教育体系中的六种技能,即礼、乐、射、御、书、数;后来也用于指称儒家的六经,即《诗》《书》《礼》《乐》《易》《春秋》。

⑧渐化:逐渐熏陶的教育方式。

⑨彼姝(shū)者子,何以予之:语见《诗经·鄘风·干旄》。意谓:那个美好贤良的人啊,该给您什么呢。姝,美好。

【译文】

邹孟轲母,是邹国孟轲的母亲,号称孟母。他们的房舍靠近墓地。孟子小时候,游戏玩耍的都是墓地里的事情,诸如捶胸顿足哭丧和修坟埋葬之类。孟母说:"这里不合适我带孩子安住。"于是就离开了,居住于市场附近。孟子又以商人沿街叫卖之事来游戏玩耍。孟母又说:"这里不合适我带孩子安住。"再次迁徙居住于学校附近。于是孟子嬉游玩耍的是儒生的祭祀、打躬作揖、进退朝堂等礼仪。孟母说:"这里才真是适合我儿子居住的地方。"于是就定居了下来。孟子长大后,学习"六经",最终成就为千古大儒。君子认为孟母善于利用环境熏染教育孩子。《诗经》说:"那个美丽贤良的人啊,该给您什么呢?"说的就是这种情况。

孟子之少也,既学而归。孟母方绩,问曰:"学何所至矣①?"孟子曰:"自若也②。"孟母以刀断其织。孟子惧而问其故,孟母曰:"子之废学,若吾断斯织也。夫君子学以立名,问则广知,是以居则安宁,动则远害。今而废之,是不免于厮役③,而无以离于祸患也。何以异于织绩而食,中道废而不为,宁能衣其夫子,而长不乏粮食哉?女则废其所食,男则堕于修德,不为盗窃,则为虏役矣④。"孟子惧,旦夕勤学不息,师事子思⑤,遂成天下之名儒。君子谓孟母知为人母之道矣。《诗》云:"彼姝者子,何以告之⑥?"此之谓也。

【注释】

①学何所至矣:原文脱"何",据梁端本补。

②自若：和原来一样，意指长进不大。

③厮（sī）役：旧称干杂事劳役的奴隶，后泛指受人驱使的奴仆。

④虏役：奴役，这里指奴隶、奴仆。

⑤子思：名孔伋（jí），字子思，鲁国人，孔子之孙、孔鲤之子。子思上承孔子之学，下开孟子心性之论，在儒家学派发展史上占有重要地位。

⑥彼姝者子，何以告之：语见《诗经·鄘风·干旄》。意谓：那个美好贤良的人啊，该告诉您什么呢。

【译文】

孟子小时候，放学回家。孟母正在织布，问他："学到什么程度了？"孟子曰："还和原来一样。"孟母拿刀割断了正在织的布。孟子害怕地问起原因，孟母说："你废弃学业，就像我割断所织的布一样。君子通过学习立身扬名，通过问问题增广知识，这样才能够居家安宁，行动远离祸害。现在你废弃学问，是不能够避免成为仆役之类的人，也无法远离祸患。这与靠织布养活自己、中间废弃不做有什么区别呢？这难道能够让丈夫孩子穿上衣服而长期不缺乏粮食吗？女子废弃生业，男子中断修德之事，即使不为盗贼，也会成为奴仆啊。"孟子恐惧，从早到晚勤学不停，拜子思为师，最终成为天下有名的大儒。君子认为孟母懂得为人母亲的道理啊。《诗经》说："那个美好贤良的人啊，该告诉您什么呢？"说的就是这种情况。

孟子既娶，将入私室，其妇袒而在内①。孟子不悦，遂去不入。妇辞孟母而求去，曰："妾闻夫妇之道②，私室不与焉③。今者妾窃堕在室，而夫子见妾，勃然不悦，是客妾也④。妇人之义，盖不客宿⑤。请归父母。"于是孟母召孟子而谓之曰："夫礼，将入门，问孰存⑥，所以致敬也。将上堂，声必扬，所以戒人也。将入户，视必下，恐见人过也。今子不察于礼，而责礼于人，不亦远乎？"孟子谢，遂留其妇。君子谓孟母知礼，而明于姑母之道。

【注释】

①袒（tǎn）：脱去或敞开上衣，露出（身体的一部分）。

②妾：旧时女子用于自称的谦辞。

③不与：不及，不包括在内。

④客妾：以我为客人。

⑤客宿：住在客人家。

⑥孰存：谁在。

【译文】

孟子娶妻后，一次他将要进入卧室，他的妻子在房间里袒露身体。孟子看到后很不高兴，就离开不进卧室。儿媳向孟母辞别，请求永回娘家，说："我听说夫妇相处之道，私人卧室不包括在内。今天我在卧室里怠惰，丈夫看见我勃然大怒，这是把我当客人了。妇人的规矩，大概是不能住在客人家，请让我大归回娘家吧。"于是孟母把孟子招过来对他说："按照礼的规定，要进门的时候，先问一下谁在，以此来表达对别人的敬重。将要上堂时，一定要发出声音，用来提醒别人。将要进入户内，目光要往下看，唯恐看见别人的过失。现在你不能够深察礼仪，却以礼责备别人，难道不是远离正道了吗？"孟子道歉，于是挽留妻子。君子认为孟母懂礼，又明晓婆母之道。

孟子处齐，而有忧色。孟母见之，曰："子若有忧色，何也？"孟子曰："不敏①。"异日闲居，拥楹而叹②。孟母见之曰："乡见子有忧色③，曰'不也'，今拥楹而叹，何也？"孟子对曰:"轲闻之:君子称身而就位④,不为苟得而受赏⑤,不贪荣禄。诸侯不听,则不达其上;听而不用,则不践其朝。今道不用于齐,愿行而母老,是以忧也。"孟母曰:"夫妇人之礼,精五饭⑥,幂酒浆⑦,养舅姑⑧,缝衣裳而已矣。故有闺内之修⑨,而无境外之志⑩。《易》曰:'在中馈,无攸遂⑪。'《诗》曰:'无非无仪,惟酒食是议⑫。'以言妇人无擅制之义⑬,而有三从之道也。故年少则从乎父母,出嫁则从乎夫,夫死则从乎子,礼也。今子成人也,而我老矣。子行乎子义,吾行乎吾礼。"君子谓孟母知妇道。《诗》云:"载色载笑,匪怒伊教⑭。"此之谓也。

颂曰:孟子之母,教化列分。处子择艺,使从大伦⑮。子学不进,断机示焉。子遂成德,为当世冠。

【注释】

①不敏:王照圆曰:"据下文'敏'当作'也',或作'敢',字形之误耳。"是也。

②楹(yíng):堂屋前部的柱子。

③乡:同"向",以往。

④称身:衡量自己的才德。

⑤苟得:不当得而得。

⑥精五饭:精制稻、黍、稷、麦、菽这五谷之饭。

⑦幂:指遮盖东西的巾,这里用作动词,覆盖。

⑧舅姑:公婆。

⑨闺内之修:料理家内的事务,即家务事。闺,内室,旧时特指女子的居室。修,整治。

⑩境外之志：闺房之外的志向。

⑪在中馈，无攸遂：语见《周易·家人》，今本作"无攸遂，在中馈"。意谓：女子职责在主持家中饮食之事，不可有所自专。中馈，指家中酒食诸事。遂，自专。

⑫无非无仪，惟酒食是议：语见《诗经·小雅·斯干》。意谓：女人不要议论家中的是非、说长道短，只负责办理酒食之事。非，错误。仪，通"议"，谋虑，操持。

⑬擅制：专断。

⑭载色载笑，匪怒伊教："伊"原作"匪"，盖与"匪怒"相涉而误，因此据传世本《毛诗》改。此句出自《诗经·鲁颂·泮（pàn）水》。意谓：面容和蔼又带着笑容，不是通过发怒来教诲。色，指容颜和蔼。伊，语助词，无义。

⑮大伦：大道，大原则。

【译文】

孟子在齐国时，曾流露出忧虑的神色。孟母看见说："你似乎神色忧虑，是为了什么呢？"孟子说："没有。"另一日闲居无事，孟子抱着楹柱叹息。孟母见了说："以往见你有忧虑神色，你说'没有'，现在抱柱叹息，是为什么呢？"孟子回答说："我听说：君子衡量自己的才德而就任官职，不能贪图所得而接受赏赐，不能贪享荣禄。诸侯不听自己的建议，就不必往上面表达；听了建议而不实施，就不登他的朝廷。现在我的主张不被齐国任用，想要离开，但是母亲年事已高，因此而发愁。"孟母说："妇人的礼仪，精制五谷之饭，盖好酒浆，奉养公婆，缝制衣裳就罢了。所以妇人有做家务的职责，而无闺房之外的志向。《周易》说：'女子职责在主持家中饮食之事，不可自专。'《诗经》说：'女人不要议论是非、说长道短，只负责办理酒食之事。'都说的是妇人不应该专断，而要遵守三从之道。因此，女人年少时听从父母，出嫁以后听从丈夫，丈夫去世后听从儿子，这才是礼。现在你已经长大成人了，而我也老了。你行你的义，我行我的礼。"君子认为孟母懂得妇人之道。《诗经》说:"面容和蔼带着笑容,不是通过发怒来教诲。"说的就是这种情况。

颂说:邹国孟子的母亲,教化布陈有声誉。迁徙住处择所习,使儿立志大道慕。儿子求学不精进,谆谆教诲断织布。儿子最终勤修德,名冠当世成大儒。

鲁之母师

【题解】

古代神话传说里有一位九子母,即女岐,没有丈夫却生了九个儿子,《楚辞·天问》中有"女岐无合,夫焉取九子"。颜师古注《汉书·成帝纪》云,汉元帝画堂中绘有九子母。此篇中的九子母则变为鲁国的一位寡母,与之前故事的意味全然不同。这里的记载若非采自佚书,便为编者根据自己的编撰目的,利用典籍中的人名来阐述自己所欲表达的礼制内容。

此篇的九子母以遵礼守信赢得了母师的尊号。九子之母所遵的礼,是"三从"。这在今天看来当然是加诸女性身上的枷锁,但在当时,出嫁之女不能轻易回娘家,是一种约束力甚强的礼俗,不能要求九子之母超越时代而具备现代价值理念。但至今也不过时的是,九子之母严格遵守夕时归家的约定,哪怕是从娘家提前回来也不进入家门,理由是担心儿子、儿媳节日期间聚餐醉饱,被母亲撞见而觉尴尬。这种长者对晚辈的宽厚和体谅,以及对人情的洞达,依然有可取之处。

母师者,鲁九子之寡母也。腊日休作者[1],岁祀礼事毕[2],悉召诸子[3],谓曰:"妇人之义,非有大故,不出夫家。然吾父母家多幼稚,岁时礼不理。吾从汝谒往监之[4]。"诸子皆顿首许诺[5]。又召诸妇曰:"妇人有三从之义,而无专制之行。少系于父母^⑥，长系于夫，老系于子。今诸子许我归视私家^⑦，虽逾正礼，愿与少子俱，以备妇人出入之制。诸妇其慎房户之守，吾夕而反。"于是使少子仆^⑧，归辨家事^⑨。天阴，还失早^⑩，至闾外而止^⑪，夕而入。

【注释】

①腊日：蜡祭之日，岁末祭祀众神的祭祀叫蜡祭，南北朝以后腊日逐渐固定在十二月初八。

②岁祀：每年在一定时间的祭祀。

③悉：尽，全。

④吾从汝谒往监之：我请求你们允许我去父母家探视一下。谒，请。监，视。

⑤顿首：磕头，叩头下拜。

⑥系：联结，约束，这里指受管束。

⑦私家：娘家。

⑧仆：驾车。

⑨辨：王照圆曰："具也，俗字作'办'。"

⑩失早：太早。

⑪闾（lú）：里巷的门。

【译文】

母师，是鲁国有九个儿子的寡居母亲。腊日家事都办完了，过年祭祀的各项礼节也都完成了，她把所有的儿子都招过来，说："妇人的规矩，没有重大的事情，不离开丈夫家。然而我父母家的孩子多年幼之辈，过年祭祀礼不能够办理妥善。我请求你们允许我去父母家探视一下。"几个孩子都叩头答应。母师又招来几位儿媳妇说："妇人有三从的规矩，而不能有专制的行为。妇人小的时候受父母管束，长大后遵从丈夫，年老后听从儿子们安排。现在儿子们允许我回去探视娘家，虽然逾越了正礼，但希望和小儿子一起回去，以完备遵行妇人的出入制度。媳妇们要谨慎守着房户，我到傍晚时回来。"于是母师让小儿子赶车，回娘家处理家事。阴天，导致回家太早，母师到里门外停了下来，到傍晚时才进入。

鲁大夫从台上见而怪之，使人间视其居处①。礼节甚修②，家事甚理③。使者还，以状对。于是大夫召母而问之曰："一日从北方来，至间而止，良久，夕乃入。吾不知其故，甚怪之，是以问也。"母对曰："妾不幸早失夫，独与九子居。腊日礼毕事闲，从诸子谒归视私家，与诸妇孺子期夕而反④。妾恐其酺醵醉饱⑤，人情所有也。妾反太早，不敢复返，故止间外，期尽而入。"大夫美之，言于穆公⑥。赐母尊号曰母师，使朝谒夫人⑦，夫人诸姬皆师之。

【注释】

①间（jiàn）：秘密地，悄悄地。

②修：齐整。

③理：修整。

④期：约定。

⑤酺醵（pú jù）：指聚会饮食，出钱为醵，出食为酺。

⑥穆公：本名姬显，前410—前377年在位，战国初期鲁国国君。他注重礼贤下士，使鲁国一度出现安定局面。

⑦朝谒：原作"明请"，据梁端本改。

【译文】

鲁国大夫从台上看见了母师，觉得奇怪，派人偷偷地去查看她的居处。母师家礼节甚为齐整，家事办理得井井有条。使者回来后，报告了这些情况。于是大夫召来母师问她说:"有一天你从北边回来,到里门外停下来,停了好久,傍晚才进入。我不知道缘故,觉得很奇怪,因此问一下。"母师回答说:"我不幸丈夫早逝,独与九个儿子一块儿居住。腊日那天祭礼结束后有空闲,向儿子们请求回去探望娘家,与儿媳妇和孩子们约定傍晚回家。我担心他们聚会饮食以致醉饱,这也是人情常有之事。我回来得太早,不回家,以免撞见尴尬,所以在停在里门外,到了约定时间再进家门。"大夫赞赏这件事,报告给了鲁穆公。穆公赏赐这位母亲尊号为母师,让她朝见自己的夫人,夫人姬妾们都拜她为师。

　　君子谓母师能以身教。夫礼,妇人未嫁,则以父母为天;既嫁,则以夫为天。其丧父母则降服一等[1],无二天之义也。《诗》云:"出宿于济,饮饯于祢,女子有行,远父母兄弟[2]。"
　　颂曰:九子之母,诚知礼经。谒归还反,不掩人情。德行既备,卒蒙其荣。鲁君贤之,号以尊名。

【注释】

①丧父母则降服一等:按照周礼的规定,丧服有五等,斩衰(cuī)、齐(zī)衰、大功、小功、丝麻,丧期和孝服各有不同,对应着不同的亲属关系。子女应为父母服三年之丧,穿最重的丧服,即斩衰。女子出嫁后,父母去世只能服丧一年,即齐衰。

②"出宿于济"几句:语见《诗经·邶风·泉水》。意谓:出行住宿于济地,摆酒饯行在祢邑,女子出嫁到别国,远离父母和兄弟。宿,歇息。济,《毛诗》作"泲(jǐ)",地名。一说济水。饯,以酒送行。祢(nǐ),卫国地名。行,指女子出嫁。

【译文】

君子认为母师能够以身作则进行教化。按照礼节,女子没有出嫁时，就以父母为天；出嫁之后，就以丈夫为天。出嫁女子在父母去世时服丧降低一等，就是因为没有两个天的道理。《诗经》说："出行住宿于济地，摆酒饯行在祢邑，女子出嫁到别国，远离父母和兄弟。"

颂说：鲁国九子之母师，确实懂得遵礼经。探视娘家返回家，不早进门顺人情。德行已经都具备，得到奖励很光荣。鲁国君主称她贤，赐以母师尊贵名。

魏芒慈母

【题解】

芒卯作为战国时期魏国的将军，曾在前273年率领魏、韩、赵三国军队抵御秦军，在华阳大败而逃，其事迹见诸《战国策·魏策三》《史记·魏世家》和《史记·白起王翦列传》。但其后妻的行事，不见于现存其他文献。

此篇塑造了一个有情有义的好后母形象。后母与继子之间没有天然的血缘联结关系，又生活在一个家庭里，少不了磕绊嫌隙，所以历来难处。魏芒慈母一片真情厚意对待继子，甚至使前妻所生的五个孩子在衣服饮食上都比亲生儿子好很多，但依然没有得到继子的敬爱。到了前妻中子犯法当死的险境时，魏芒慈母没有袖手旁观以报前怨，而是视如亲生匍匐救之，才彻底感动了继子。她的忠恕仁义之道，体现了人性的美好光辉，具有不可磨灭的价值。

魏芒慈母者①，魏孟阳氏之女，芒卯之后妻也②。有三子。前妻之子有五人，皆不爱慈母。遇之甚异③，犹不爱。慈母乃命其子，三人不得与前妻子齐衣服饮食，起居进退，甚相远，前妻之子犹不爱。

于是前妻中子犯魏王令④,当死。慈母忧戚悲哀,带围减尺⑤,朝夕勤劳,以救其罪。人有谓慈母曰:"人不爱母至甚也,何为勤劳忧惧如此?"慈母曰:"如妾亲子,虽不爱妾,犹救其祸而除其害,独于假子而不为⑥,何以异于凡母?其父为其孤也,而使妾为其继母。继母如母,为人母而不能爱其子,可谓慈乎?亲其亲而偏其假⑦,可谓义乎?不慈且无义,何以立于世?彼虽不爱,妾安可以忘义乎?"遂讼之。魏安釐王闻之⑧,高其义,曰:"慈母如此,可不救其子乎?"乃赦其子,复其家⑨。自此五子亲附慈母,雍雍若一⑩。

【注释】

①魏:战国七雄之一。开国君主魏文侯(名斯),和赵、韩一起瓜分晋国,前403年被周威烈王承认为诸侯。建都安邑(今山西夏县西北),魏惠王时迁都大梁,故又称梁。前225年被秦所灭。

②芒卯:又作"孟卯",战国时齐国人,出仕于魏,曾做过魏司徒,前273年败于华阳后,事迹不详。

③遇:对待。异:特殊。

④中子:排行居中的儿子,此指前妻所生的五个儿子中的老三。

⑤带围:腰围。

⑥假子:非亲生的儿子,这里指丈夫与前妻生的儿子。

⑦亲其亲而偏其假:亲近自己的亲生子而疏远继子。亲亲,亲爱自己的亲人。偏,疏远。

⑧魏安釐(xī)王:名圉,战国时期魏国第六任君主,前276—前243年在位。

⑨复其家:免除她家的赋税徭役。

⑩雍雍:和乐的样子。

【译文】

　　魏芒慈母，是魏孟阳氏的女儿、芒卯续娶的妻子。她生了三个儿子。芒卯前妻生了五个儿子，他们都不喜欢慈母。慈母对待前妻儿子特殊照顾，但他们仍不喜欢。慈母于是命令自己的三个儿子，不得与前妻儿子吃饭穿衣相同，日常起居出入比他们差很多，前妻的儿子仍然不喜欢继母。

　　这个时候，前妻所生的第三个儿子触犯了魏王的法令，应当被处死。慈母忧虑悲哀，腰围减了一尺，从早忙到晚，尽力解救他的性命。有人对慈母说："人家非常不喜爱继母，又为何如此操劳担忧恐惧呢？"慈母说："如果我亲生的儿子，虽然不爱我，我仍然会为他解祸除害，单单对于继子不这样做，这与普通的母亲有什么区别呢？他的父亲因为他失去了母亲，而让我做他的继母。继母和母亲一样，作为人母而不能爱护自己的儿子，可以称得上慈爱吗？亲近自己的亲生子而疏远继子，可以称得上义吗？不慈不义，靠什么立足于世间呢？他虽然不爱我，我怎可以忘掉义呢？"于是就去诉讼。魏安釐王听到后，认为她行义高尚，说："慈母这样做，能不救她的儿子吗？"于是赦免了她的儿子，免除了她家的赋税徭役。从此以后，五个前妻所生的儿子亲近附从慈母，弟兄和谐安乐如一母所生。

　　慈母以礼义之渐，率导八子，咸为魏大夫卿士，各成于礼义。君子谓慈母一心。《诗》云："尸鸠在桑，其子七兮。淑人君子，其仪一兮。其仪一兮，心如结兮①。"言心之均一也。尸鸠以一心养七子，君子以一仪养万物。一心可以事百君，百心不可以事一君。此之谓也。

　　颂曰：芒卯之妻，五子后母。慈惠仁义，扶养假子。虽不吾爱，拳拳若亲②。继母若斯，亦诚可尊。

【注释】

①"尸鸠在桑"几句：语见《诗经·曹风·鸤鸠》。意谓：在桑树上的布谷鸟，它的孩子有七个。贤良高尚的君子，仪表容貌始终如一。那始终如一的容貌，是因君子用心专一。尸鸠，毛诗作"鸤鸠"，即布谷鸟。其子七，旧说布谷鸟有七子，早晨喂食从头到尾，下午喂食从尾到头，始终均平如一。淑人君子，有才德的人。仪，容颜仪态。一，始终如一。心如结，比喻用心专一，朱熹《诗集传》："如物之固结而不散也。"

②拳拳：本意为奉持之貌、紧握不舍，引申为诚挚、勤勉。

【译文】

慈母用礼义濡染教化，引导八个儿子，都成了魏国的大夫卿士，各自在礼义上有所成就。君子认为慈母用心平均专一。《诗经》说："在桑树上的布谷鸟，它有许多小小鸟；贤良高尚的君子，有着始终如一的容貌；那始终如一的仪表，是因君子专心有节操。"说的是内心的平均专一。布谷鸟用平均专一的心意养育七个孩子，君子用平均专一的仪容养育万物。平均专一的心意可以侍奉多位君主，不断变化的心意不能够事奉一个君主。说的就是这种情况。

颂说：芒卯的后妻，五子的后母。慈惠又仁义，扶养五继子。虽然不爱我，诚挚如亲母。继母能如此，真令人叹服。

齐田稷母

【题解】

此篇大体采用了《韩诗外传·卷九》中齐田稷母的故事，但又作了加工改造。在《韩诗外传》中，田母的话语较为简单，仅表达了对田稷得到百镒黄金的怀疑和拒收不义之物的态度。此篇田母的话语，则讨论了士人修身面临的义利言行问题，又论述了忠信廉洁的事君原则，这更多地体现了刘向的思想观念。

田母教子养成忠孝清廉的品德,得到了后人的赞颂和广泛接受。例如,内蒙古和林格尔东汉墓葬西壁至北壁的壁画中就绘有齐田稷母的图像,篇中的"不义之财"成了汉语的一个成语。

齐田稷子之母也①。田稷子相齐,受下吏之货金百镒②,以遗其母③。母曰:"子为相三年矣,禄未尝多若此也,岂修士大夫之费哉④? 安所得此?"对曰:"诚受之于下。"其母曰:"吾闻士修身洁行,不为苟得。竭情尽实,不行诈伪。非义之事,不计于心。非理之利,不入于家。言行若一,情貌相副。今君设官以待子,厚禄以奉子⑤,言行则可以报君。夫为人臣而事其君,犹为人子而事其父也。尽力竭能,忠信不欺,务在效忠,必死奉命,廉洁公正,故遂而无患。今子反是,远忠矣。夫为人臣不忠,是为人子不孝也。不义之财,非吾有也。不孝之子,非吾子也。子起!"田稷子惭而出,反其金,自归罪于宣王⑥,请就诛焉。宣王闻之,大赏其母之义,遂舍稷子之罪,复其相位,而以公金赐母。君子谓稷母廉而有化。《诗》曰:"彼君子兮,不素飧兮⑦。"无功而食禄,不为也,况于受金乎!

颂曰:田稷之母,廉洁正直。责子受金,以为不德。忠孝之事,尽材竭力。君子受禄,终不素食。

【注释】

①田稷:又称田稷子,生卒不详,曾做过战国时齐宣王的丞相。

②受下吏之货金百镒(yì):接受了下属官吏贿赂的百镒黄金。货

金,贿赂之金。镒,古代重量单位,一镒合二十两(一说二十四两)。

③遗(wèi):赠与、送给。

④修:梁端注云"疑伪",张涛采陈汉章注,认为是收、聚之意,可通。

⑤奉:供养。

⑥宣王:名辟疆(一作疆),战国时期田齐第五位国君(前320—前301年在位),齐威王田因齐之子。执政期间,齐国得到快速发展,国势继续上升。

⑦彼君子兮,不素飧(sūn)兮:语见《诗经·魏风·伐檀》。意谓:那些有权位的君子啊,可不要白吃饭啊。素,空,有名无实或有实无名。飧,熟食,这里泛指吃饭。

【译文】

齐田稷母,是齐国田稷子的母亲。田稷子做齐国的丞相,曾接受了下属官吏贿赂的百镒黄金,送给他母亲。母亲说:"你做了三年丞相,俸禄未曾有这么多啊,是从别的士大夫那里收取的钱财吧?要不然是从哪里得到的?"田稷子回答说:"确实是接受了下属的钱财。"他母亲说:"我听说士人处世修身,行为高洁,不做贪得之事。心胸坦荡,不行诈伪之事。不正义的事情,不在心里谋划。不合规矩的利益,不入家门。言行一致,内心与外表相符。现在国君设置官位来安排你,用丰厚的酬禄供养你,你的言语和行为要能够报答君王。作为人臣而侍奉国君,就像作为人子侍奉父亲一样。尽力尽能,忠诚守信不欺骗,重在尽忠,不顾自己性命奉行君命,廉洁公正,这样才会顺遂而没有祸患。现在你违背了这些,离忠诚差太远了。作为人臣不够忠诚,就是为人子不够孝顺。不义之财,不是我应该接受的。不孝顺的儿子,也不是我的儿子。你起来吧!"田稷子惭愧地走出去,返还了金子,主动向齐宣王认罪,请求被处死。宣王听到后,非常赞赏田稷母亲的义行,于是赦免了稷子的罪过,恢复了他的相位,而用国家的钱财赏赐了他的母亲。君子认为田稷子的母亲廉洁而能够教化。《诗经》说:"那些君子啊,可不要白白吃饭啊。"没有功劳而接受俸禄,这样的事情不能做,更何况接受贿金呢!

颂说:齐国田稷的母亲,廉身洁行又正直。责怪儿子受人财,认为不能遵德义。忠孝之事要尽力,竭尽才智不爱惜。贤人接受君俸禄,终究不要吃白食。

【补】鲁师氏母①

【题解】

《列女传》一书,其他各卷均包括十五篇传记,只有此卷为十四篇,显然佚去一篇。对于所佚之传,历来有"鲁师氏母"和"黄帝妃嫫母"两种看法。前者见于《毛诗正义》《太平御览》,后者见于《北堂书钞》《艺文类聚》和《太平御览》。张涛先生《〈列女传〉在北宋中期以前的流传》一文综合清代诸家学者意见,并结合类书节引、《列女传》题旨和体例,推断今本《列女传》卷一所缺之传应为《鲁师氏母(鲁师春姜)》。此外,司马金龙墓漆画屏风中也有《鲁师春姜》,可知今本《列女传》卷一所缺之传为《鲁师春姜》不误。今遵萧道管《列女传集注》之例,将《太平御览·礼仪部》卷二十中有关"鲁师氏母"的材料补入(其中"鲁师氏之母齐姜戒其女云'平旦缅笄而朝,则有君臣之严'"句,曾被《毛诗正义·齐风·鸡鸣》引用),以尽可能恢复原书全貌。

鲁师春姜者,鲁师氏之母也。嫁其女,三往而三逐。春姜问故,以轻其室人也②。春姜召其女而答之曰③:"夫妇人以顺从为务,贞悫为首④,故妇事夫有五:平旦缅笄而朝⑤,则有君臣之严;沃盥馈食⑥,则有父子之敬;报反而行⑦,则有兄弟之道;必期必诚⑧,则有朋友之信;寝席之交,然后有夫妇之际。"君子谓春姜曰,知阴阳之顺逆也。(《太平御

览·礼仪部》卷二十）

【注释】

①萧道管注曰："此标题从王（照圆）本，曹（元忠）云'据全书例，当称《鲁师春姜》'。"

②室人：家中的人，这里指丈夫。

③笞（chī）：用鞭杖或竹板打。

④贞悫（què）：坚贞诚信。

⑤平旦缅笄（lí jī）而朝：天亮时梳洗整齐拜见丈夫。平旦，古人根据天色把夜半以后分为鸡鸣、昧旦、平旦三阶段，昧旦指天将亮而未亮的时间，平旦指天亮的时间。缅笄，束发加簪。缅，绳索，引申为系住、盛装的样子。笄，古代的一种簪子，用来插住挽起的头发，或插住帽子。

⑥沃盥（guàn）：浇水洗手。

⑦反：同"返"。

⑧必期必诚：约定一定实现，出于诚心。

【译文】

鲁国的师春姜，是鲁国师氏的母亲。她的女儿出嫁，嫁了三次都被驱逐回家。春姜问原因，是因她轻视丈夫。春姜把女儿召唤过来，痛打了一顿说："妇人重要的是要顺从，以坚贞诚信为第一要务，所以妻子侍奉丈夫有五种原则：天亮时梳洗整齐拜见丈夫，有君臣那样的严肃恭敬；浇水洗手，做好饭食，有父子这样的敬爱；报告返回之期而出行，有兄弟相处的道理；约定守信，出于诚意，有朋友之间的信誉；床寝上的亲近，然后才有夫妇之道。"君子评论春姜说，懂得阴阳顺逆的道理。

卷之二 贤明传

　　惟若贤明，廉正以方。动作有节，言成文章。咸晓事理①，知世纪纲。循法兴居②，终身无殃。妃后贤焉③，名号必扬。

【注释】

　　①咸：全，都。

　　②兴居：指日常生活，犹言起居。

　　③妃后贤焉：王念孙曰："'贤'当为'览'字之误也。此云'妃后览焉'，下云'夫人省兹'，又云'诸姬观之'。观、省、览，义并相近也。"

【译文】

　　那些贤德聪明女，廉洁正直又端方。举止动作有节制，言语出口成文章。她们都能明事理，通达社会之纪纲。遵循规矩来起居，终身不会遭祸殃。皇后妃子观览之，声名德号必显扬。

周宣姜后

【题解】

　　此篇史料来源不见于传世典籍，可能为刘向采自古史逸事。

篇中记载周宣王某次早睡晚起、乐色忘德，姜后依礼规谏，终使周宣王惕然改过，成了勤于政事的中兴之君。姜后见微知著，谨慎遵礼，堪称贤内助。刘向借姜后的故事，阐发了一套王后、夫人进御于君的礼仪规则，这显然含有规谏"湛于酒色"之汉成帝的现实用意。

与此相类的是，《诗经》鲁诗家解说《周南·关雎》的创作背景为"（康王）一朝晏起，夫人不鸣璜，宫门不击柝，《关雎》之人见几而作"（袁宏《后汉纪》载杨赐之语），也表现了对君王沉溺后妃之色的忧惧。由此可见，君王的婚姻问题在当时已经成为时代的焦虑，可惜呼唤一个像姜后这样的贤妃或者勇于谏诤的诗人来解决问题，显然只能是一种幻梦。出于这种文化心理，姜后在后世被奉为贤妃榜样，例如东汉崔琦的《外戚箴》曰"宣王晏起，姜后脱簪"，用以劝诫梁冀；南朝王僧孺《礼佛唱导发愿文》也提到了姜后。

周宣姜后者①，齐侯之女也。贤而有德，事非礼不言，行非礼不动。宣王尝早卧晏起②，后夫人不出房。姜后脱簪珥③，待罪于永巷④，使其傅母通言于王曰⑤："妾不才，妾之淫心见矣，至使君王失礼而晏朝，以见君王乐色而忘德也。夫苟乐色，必好奢穷欲，乱之所兴也。原乱之兴，从婢子起⑥。敢请婢子之罪⑦。"王曰："寡人不德，实自生过，非夫人之罪也。"遂复姜后，而勤于政事，早朝晏退，卒成中兴之名。君子谓姜后善于威仪而有德行。

【注释】

①周宣：名静，一作靖，周厉王之子，西周第十一代君主（前828—前782年在位），曾一度恢复西周的国力，史称"中兴"，但最终没有挽回西周的颓势。

②晏起：晚起。

③簪珥（ěr）：发簪和耳饰，古代妇女的首饰。

④永巷：原为宫内供宫女、嫔妃所在的地方，后专指宫中用来幽闭有罪宫女的地方。

⑤通言：传话，转告。

⑥婢子：古代妇人自称的谦辞。

⑦敢：谦辞，有冒昧的意思。

⑧威仪：仪表庄重严肃。

【译文】

周宣王的姜后，是齐侯的女儿。贤良有德，不谈论不合于礼的事情，不做非礼的事情。宣王曾经早睡晚起，后夫人没有走出房间。姜后去掉簪珥，在永巷等待判罪，让她的傅母转告于宣王说："我没有才干，我出现了放荡的心意，使得君王违礼而晚上朝，显得君王乐色忘德。只要乐于女色，一定会喜好奢侈穷尽欲望，这是祸乱萌生的原因。推究祸乱的兴起，是从我这里萌生的，因此冒昧请求治罪。"王说："我不够有德，实为自己犯错，不是夫人的罪过。"于是恢复姜后的位置，勤恳处理政事，早朝晚退，最终成就了中兴之名。君子认为姜后擅长威仪而且有德行。

夫礼，后夫人御于君^①，以烛进。至于君所，灭烛，适房中^②，脱朝服^③，衣亵服^④，然后进御于君。鸡鸣，乐师击鼓以告旦，后夫人鸣佩而去。《诗》曰："威仪抑抑，德音秩秩^⑤。"又曰："隰桑有阿，其叶有幽。既见君子，德音孔胶^⑥。"夫妇人，以色亲，以德固，姜氏之德行可谓孔胶也。

颂曰：嘉兹姜后，厥德孔贤。由礼动作，匡配周宣。引过推让，宣王悟焉。夙夜崇道^⑦，为中兴君。

【注释】

①御:侍奉。

②适:往,到。

③朝服:君臣百官上朝议政及参加典礼穿的衣服,这里泛指礼服。

④亵(xiè)服:家居所穿的便服。

⑤威仪抑抑,德音秩秩:语见《诗经·大雅·假乐》。意谓:仪表威严庄重,政教法令清明。抑抑,通"懿懿",庄美的样子。秩秩,清明的样子。

⑥"隰(xí)桑有阿(ē)"几句:语见《诗经·小雅·隰桑》。意谓:洼地桑树婀娜,叶子茂盛碧绿。见到君子,情话缠绵。隰桑,长在低湿地里的桑树。隰,低湿的地方,洼地。有阿,犹"阿阿",柔美的样子。幽,通"黝",青黑色。德音,美好的声音,此指情话。孔胶,很缠绵;一说很盛,很多。

⑦夙(sù):早。

【译文】

按照礼仪规矩,王后夫人侍奉君王,拿着火烛前去。到达君王之处,灭掉火烛,进入房中,脱掉礼服,穿上家居服装,然后侍奉君王。鸡叫时,乐师敲鼓告知天亮,后夫人叩响玉佩离开君王。《诗经》说:"仪表威严庄重,政教法令清明。"又说:"湿洼之地桑婀娜,叶子碧绿密又多。见到所思之君子,情话缠绵说不尽。"妇女因为容颜得以亲近,因为德行感情牢固,姜氏的德行称得上是很茂盛啊。

颂说:赞美这位周姜后,她的德行很贤良。依礼行动和做事,匡正匹配周宣王。自担罪过知推让,宣王感悟遵朝纲。从早到晚遵行道,终于成为中兴王。

齐桓卫姬

【题解】

此篇内容，《左传·僖公十四年》《管子·小问》《韩诗外传·卷四》《吕氏春秋·重言》《吕氏春秋·精谕》均有记载，但除《吕氏春秋·精谕》外，其他典籍均记载劝阻齐桓公与管仲谋划伐卫的是东郭牙。显然，此篇采用了《吕氏春秋·精谕》的说法，但又作了细节补充，如"桓公好淫乐，卫姬为之不听郑卫之音"，又引《诗经·鄘风·君子偕老》赞美卫姬。更重要的是，刘向在重新编撰中不动声色地转换了故事主题，《吕氏春秋·精谕》是借卫姬和管仲观察齐桓公神色而预知其内心意愿，来说明"圣人相谕不待言，有先言言者也"的道理；此篇则侧重表现了卫姬于无形当中消弭卫国祸患的智慧。德智超群的卫姬形象，自然也引起了后人的关注与赞咏，例如早在东汉秦嘉《述婚诗》、班昭《上和帝奏疏》等诗文中已有引用，后世亦传颂不衰。

　　卫姬者，卫侯之女，齐桓公之夫人也①。桓公好淫乐，卫姬为之不听郑、卫之音②。桓公用管仲、宁戚③，行霸道，诸侯皆朝，而卫独不至。桓公与管仲谋伐卫。罢朝入闺，卫姬望见桓公，脱簪珥④，解环佩⑤，下堂再拜⑥，曰："愿请卫之罪。"桓公曰："吾与卫无故，姬何请耶？"

　　对曰："妾闻之：人君有三色：显然喜乐容貌淫乐者，钟鼓酒食之色；寂然清静意气沉抑者，丧祸之色；忿然充满手足矜动者⑦，攻伐之色。今妾望君举趾高⑧，色厉音扬⑨，意在卫也，是以请也。"桓公许诺。明日临朝，管仲趋进曰⑩："君之莅朝也⑪，恭而气下，言则徐，无伐国之志，是释卫也。"桓公曰："善。"乃立卫姬为夫人，号管仲为仲父。曰：

"夫人治内,管仲治外。寡人虽愚,足以立于世矣。"君子谓卫姬信而有行。《诗》曰:"展如之人兮,邦之媛也^⑫。"

颂曰:齐桓卫姬,忠款诚信。公好淫乐,姬为修身。望色请罪,桓公加焉^⑬。厥使治内,立为夫人。

【注释】

①齐桓公:姜姓,名小白,春秋时期齐国国君(前685—前643年在位),春秋五霸之首。

②郑、卫之音:春秋战国时郑、卫等国的民间音乐,儒家认为这两国的音乐不是正统的雅乐,后泛指淫靡的音乐或靡丽的文风。

③管仲、宁戚:齐桓公任用的贤臣。管仲(? —前645),齐国国相,辅佐齐桓公尊王攘夷、九合诸侯,被尊称为"仲父"。宁戚,卫人,传说曾经通过喂牛唱歌的方式干谒齐桓公,从而得以任用,成为齐桓公的主要辅佐者之一。

④簪珥(zān ěr):发簪和耳饰,古代多为贵族妇女的首饰。

⑤环佩:女子所佩的环形玉饰。

⑥再拜:拜了两次。

⑦矜(jīn)动:舞动。

⑧举趾:举足,抬脚。

⑨色厉:表情强硬、严肃。

⑩趋(qū)进:小步疾行而前,表示敬意的一种动作。

⑪莅(lì)朝:临朝。

⑫展如之人兮,邦之媛(yuàn)也:语见《诗经·鄘风·君子偕老》。意谓:这样的人啊,确实是国中的美女! 展,确实。邦,国。媛,美女。

⑬加:通"嘉",赞美。

【译文】

卫姬,是卫侯的女儿,齐桓公的夫人。桓公喜欢淫靡之乐,卫姬因此不听郑、卫之声。桓公任用管仲和宁戚，施行霸道，诸侯都来朝拜，而卫侯单单不来。桓公与管仲谋划讨伐卫国。桓公退朝进入闺门，卫姬远远望见桓公，脱下发簪耳饰，解下环佩，走到堂下拜了两次，说："愿请告知卫国的罪过。"桓公说："我与卫国没有嫌隙，姬请求什么罪过呢？"

卫姬回答说："我听说，君王有三种神色：明显欢喜高兴、容貌非常快乐的，是敲着钟鼓、饮酒吃饭的神色；沉寂清静、意气深沉压抑的，是遭遇丧祸的神色；怒气满面、手脚舞动的，是攻打讨伐的神色。现在我看见君王您抬脚很高，神色严厉、声音高扬，是有意图卫，因此请罪。"桓公许诺不再攻打卫国。第二天桓公上朝，管仲小步疾行到面前说："君王上朝，神色恭敬而怒气已歇，说话缓慢，没有了伐国的心志，看来是放过了卫国。"桓公说："是的。"于是他尊立卫姬为夫人，尊称管仲为仲父，说："夫人治理宫内事务，管仲治理宫外事务。我虽然愚笨，也足可以自立于世了。"君子认为卫姬诚信而有品行。《诗经》说："这样的美女，确实是国中的美女。"

颂说：齐桓夫人名卫姬，品行忠厚又诚信。桓公喜好淫靡乐，卫姬因此勤修身。望见君怒请罪行，桓公赞叹不攻卫。遂使卫姬治宫内，擢拔尊立为夫人。

晋文齐姜

【题解】

此篇主要采自《国语·晋语四》，《左传·僖公二十三年》《史记·晋世家》亦有相关记载。但在这些典籍中，齐姜劝重耳离开齐国寻找返晋机会，仅为重耳流亡过程中的一个插曲，重点还是表现重耳经过流亡磨炼成长为成熟政治家的过程。此篇则将姜氏劝勉重耳的内容单独挑选出来，又补充了姜氏的身份，并虚构了后来的结局，遂成为一篇较为完整的齐姜传记。传文通过姜氏抛却自己的家庭安稳、激励重耳归晋止乱的事迹，生动表现了其眼光长远、果断机智的人格形象。

　　齐姜，齐桓公之宗女[1]，晋文公之夫人也[2]。初文公父献公纳骊姬，谮杀太子申生[3]。文公号公子重耳，与舅犯奔狄[4]。适齐，齐桓公以宗女妻之，遇之甚善，有马二十乘[5]，将死于齐[6]，曰："人生安乐而已，谁知其他！"子犯知文公之安齐也，欲行而患之[7]，与从者谋于桑下，蚕妾在焉。妾告姜氏，姜杀之，而言于公子曰："从者将以子行[8]，闻者吾已除之矣。公子必从，不可以贰[9]，贰无成命。自子去晋，晋无宁岁。天未亡晋，有晋国者，非子而谁，子其勉之！上帝临子[10]，贰必有咎。"公子曰："吾不动，必死于此矣。"姜曰："不可。《周诗》曰：'莘莘征夫，每怀靡及[11]。'夙夜征行[12]，犹恐无及，况欲怀安，将何及矣！人不求及，其能及乎！乱不长世[13]，公子必有晋。"公子不听。姜与舅犯谋，醉，载之以行。酒醒，公子以戈逐舅犯曰[14]："若事有济[15]，则可；无所济，吾食舅氏之肉，岂有餍哉[16]？"遂行，过曹、宋、郑、楚而入秦。

【注释】

①宗女：同宗的女儿。

②晋文公：姬姓，名重耳，春秋时期晋国国君，在位九年（前636—前628），春秋五霸之一，开创了晋国长达一个多世纪的中原霸权。

③初文公父献公纳骊姬，谮（zèn）杀太子申生：此事详见于卷七《晋献骊姬》。谮，无中生有地说坏话诬陷别人。

④舅犯：一作"咎犯"，因是晋文公重耳的舅父，故称舅犯。舅犯即狐偃（约前715—前629），姬姓，狐氏，字子犯，大戎（今山西交

城)人,曾跟随重耳流亡在外十九年,后助晋文公回到晋国,成为晋国重臣,晋文公七年去世。

⑤二十乘(shèng):即八十匹马,一乘四匹马。

⑥将死于齐:将安居于齐,直到老死。

⑦患之:担心重耳不肯离开齐国。

⑧以:与,跟随。

⑨贰:怀疑,担心不能有晋国。

⑩上帝临子:上天在高处看着你。临,从高处往低处察看。

⑪莘莘(shēn)征夫,每怀靡及:语见《诗经·小雅·皇皇者华》。意谓:衔着使命疾行的使臣,常忧虑难以完成任务。莘莘,众多疾行貌。征夫,这里指使臣及其属从。靡及,不及,无及。

⑫夙夜征行:从早到晚前行。征行,远行,从正道前行。

⑬乱不长世:祸乱不会长过一世。世,古称三十年为一世,也指父子相承而形成的辈分(一世就是一代)。

⑭戈(gē):古代的一种兵器,横刃,用青铜或铁制成,装有长柄。

⑮济:实现,完成。

⑯餍(yàn):吃饱,满足。

【译文】

齐姜,是齐桓公同宗的女儿,晋文公的夫人。当初晋文公的父亲献公纳娶骊姬,她诬陷杀死了太子申生。文公号称公子重耳,与舅舅子犯逃亡到狄。又到了齐国,齐桓公把同宗的女儿嫁给重耳,待他很好,重耳拥有八十四马,打算终老于齐国,说:"人活着追求安乐罢了,谁知道其他呢!"子犯知道文公安于齐国,想要出行又担心他不愿离开,与其他随从之人在桑树下谋划,养蚕的婢女在桑树上听见了。婢女把听到的计谋告诉给姜氏,姜氏杀了她,而对公子重耳说:"随从之人打算与你一起离开齐国,听到计谋的人我已经除掉了。公子一定要听从他们,不可以犹豫怀疑,怀疑就实现不了天命。自从你离开晋国,晋国就没有安宁日子。

上天没有灭亡晋国,将拥有晋国的人,除了你还会是谁呢?你一定要努力啊!上天在高处看着你,犹豫一定会带来灾祸。"公子说:"我不走,一定要老死于此地。"姜氏说:"不行。《周诗》说:'衔着使命疾行的使臣,常忧虑难以完成任务。'从早到晚前行,还担心完不成使命,何况还想贪恋安逸,能做什么呢!人自己不追求达到目的,目的能达到吗?祸乱不会长过一世,公子定会拥有晋国。"公子不听。姜氏与子犯设下计谋,公子喝醉后,把他载到车上离开了齐国。公子酒醒后,用戈驱逐子犯说:"如果事情能够完成,还说得过去;如果不能完成,我吃舅舅的肉,难道会满足吗?"于是他们出行,经过曹、宋、郑、楚而到了秦国。

秦穆公乃以兵内之于晋①,晋人杀怀公而立公子重耳②,是为文公。迎齐姜以为夫人③。遂霸天下,为诸侯盟主。君子谓齐姜洁而不渎④,能育君子于善⑤。《诗》曰:"彼美孟姜,可与寤言⑥。"此之谓也。

颂曰:齐姜公正,言行不怠。劝勉晋文,反国无疑。公子不听,姜与犯谋。醉而载之,卒成霸基。

【注释】

①内:同"纳"。

②怀公:晋惠公之子,重耳之侄,名圉,前637年9月—前636年正月在位。重耳即位,怀公逃到高梁,不久被杀。

③迎齐姜以为夫人:《左传》《国语》中记载晋文公夫人为文嬴,与此异。

④渎(dú):轻慢,不敬。

⑤育:培育,养成。

⑥彼美孟姜,可与寤言:《毛诗》中的《陈风·东门之池》作"彼美淑姬,可与晤言",《郑风·有女同车》作"彼美孟姜,洵美且都",王

　　照圆注曰："此本二诗传，以意合之。'瘖'与'晤'同。"此句意谓：
　那个美丽的孟姜，可以与她对谈。

【译文】

　　秦穆公于是用军队将重耳送回晋国，晋国人杀死怀公而拥立公子重
耳，就是晋文公。文公迎接齐姜到晋国立为夫人，于是称霸天下，成为诸
侯的盟主。君子认为齐姜高洁而不轻慢，能够培育君子的善德。《诗经》
说："那个美丽的孟姜，可与她诉衷肠。"说的就是这个意思。

　　颂说：齐姜公平又正直，言行丝毫不懈怠。规劝勉励晋文公，尽力返
国勿疑虑。公子不愿听劝告，姜氏子犯设计谋。重耳酒醉被载走，最终
成就霸业基。

秦穆公姬

【题解】

　　此篇史料见于《左传·僖公十四年》《左传·僖公十五年》，以及
《国语·晋语三》《史记·秦本纪》《史记·晋世家》。晋惠公虽然多次有
负穆姬，但当他在韩原之战中被俘、面临被杀的命运时，穆姬不计前嫌，
挺身而出，以自己及子女性命相威胁，迫使秦穆公同意与晋国讲和并释
放晋惠公。这个故事在《左传》《国语》《史记》中属于历史小插曲，但
是穆姬宽宏刚毅、尽力维护母国利益的形象，给人们留下了深刻的印象。
刘向将这个故事摘选出来，又补充了太子䓨送舅氏重耳的故事，使得穆
姬的形象更加完整生动，增强了感染力。

　　穆姬者，秦穆公之夫人①，晋献公之女，太子申生之同
母姊，与惠公异母②。贤而有义。献公杀太子申生，逐群公
子。惠公号公子夷吾，奔梁③。及献公卒，得因秦立。始即
位，穆姬使纳群公子曰："公族者，君之根本。"惠公不用，

又背秦赂④。晋饥⑤，请粟于秦，秦与之。秦饥，请粟于晋，晋不与。秦遂兴兵与晋战，获晋君以归。秦穆公曰："扫除先人之庙，寡人将以晋君见⑥。"穆姬闻之，乃与太子罃、公子宏⑦，与女简璧，衰绖履薪以迎⑧。且告穆公曰："上天降灾，使两君匪以玉帛相见⑨，乃以兴戎⑩。婢子娣姒⑪，不能相教，以辱君命。晋君朝以入，婢子夕以死。惟君其图之。"公惧，乃舍诸灵台⑫。大夫请以入，公曰："获晋君以功归，今以丧归，将焉用！"遂改馆晋君⑬，馈以七牢而遣之⑭。穆姬死，穆姬之弟重耳入秦，秦送之晋，是为晋文公。太子罃思母之恩，而送其舅氏也，作诗曰："我送舅氏，曰至渭阳。何以赠之？路车乘黄⑮。"君子曰："慈母生孝子。"《诗》云："敬慎威仪，维民之则⑯。"穆姬之谓也。

颂曰：秦穆夫人，晋惠之姊。秦执晋君，夫人流涕。痛不能救，乃将赴死。穆公义之，遂释其弟。

【注释】

①秦穆公：嬴姓，名任好，春秋时期政治家，秦国第九位国君（前659—前621年在位），"春秋五霸"之一。

②惠公：名夷吾，晋献公之子，重耳同父异母弟弟，晋怀公之父，前651—前637年在位。

③奔梁：出奔梁国，夷吾母亲是梁国人，所以奔梁。

④背秦赂：违背了送给秦国礼物的诺言。据《左传·僖公十五年》载，晋惠公由秦归晋之前，曾经许诺给秦国黄河以西和以南的五座城池，后又反悔不给。

⑤饥：饥荒。

⑥以晋君见：用晋君拜见先祖，即杀掉晋君祭祀先祖。

⑦太子罃（yīng）：即后来的秦康公，前620—前609年在位。

⑧衰绖（cuī dié）履薪：穿着丧服，踩着柴草，表示要自焚之意。衰绖，泛指丧服。古人丧服胸前当心处缀有长六寸、广四寸的麻布，名衰；围在头上的散麻绳为首绖，缠在腰间的为腰绖。履薪，踩着柴草，表示自焚之意。

⑨匪以玉帛相见：不以玉帛礼物相见。匪，同"非"。玉帛，泛指诸侯会盟朝聘的礼物，表示和好之意。

⑩兴戎：发动战争。

⑪娣姒（dì sì）：一般是古代同夫诸妾互称，年长的为姒，年幼的为娣；还指妯娌，兄妻为姒，弟妻为娣。这里的"娣"指晋惠公，"姒"为穆姬自谓。《史记·秦本纪》作"妾兄弟不能相救"。

⑫舍诸灵台：安置在灵台。灵台，国君修建的观察天文星象的高台，一般在国都之郊。

⑬改馆：改为让晋惠公位于客馆。

⑭牢：猪、牛、羊为一牢。

⑮"我送舅氏"几句：语见《诗经·秦风·渭阳》。意谓：我送舅舅回国去，一直送到渭水阳。什么礼物送给他？一辆大车四黄马。渭，渭水。路车，古代诸侯乘坐的大车。乘黄，四匹黄马。

⑯敬慎威仪，维民之则：语见《诗经·大雅·抑》。意谓：举止行为要谨慎，人民以此为标准。

【译文】

　　穆姬，是秦穆公的夫人，晋献公的女儿，太子申生的同母姐姐，与惠公同父异母。她贤良而有义气。献公杀死太子申生，驱逐众多公子。惠公号称公子夷吾，逃奔到梁国。到献公去世后，夷吾得到秦国帮助而立为国君。夷吾刚即位的时候，穆姬让他召回群公子说："公族，是国君的根本。"惠公不听，又违背了送给秦国土地的诺言。晋国闹饥荒，向秦国请求粮食救援，秦国给了。秦国闹饥荒，向晋国求粮，晋国不给。于是秦国派兵与晋国作战，俘获晋惠公归来。秦穆公说："打扫先祖宗庙，我将把晋国国君进献给先人。"穆姬听说后，就与太子罃、公子宏以及女儿简璧，穿着丧服踩着柴草以将要自焚的态度迎接秦穆公。而且告诉穆公说："上天降下灾祸，使两国国君不是拿着玉帛礼物相见，而是兴动甲兵。我作为姐姐，不能够教育好弟弟，使得君王您下达那样的命令。晋君早上被带进来，我晚上就死。希望您考虑一下。"穆公害怕，就把晋君安置在灵台。大夫请求把晋君带进来，穆公说："俘获晋君取得大功归来，现在变成引起丧亡的事情，将有什么用处呢！"于是把晋君改置于客馆，赠送他七牢之礼而释放了他。穆姬去世后，穆姬的弟弟重耳进入秦国，秦国送他返回晋国，就是晋文公。太子罃怀念母亲的恩情，为舅氏送行，作诗说："我送舅舅回国去，一直送到渭水阳。什么礼物送给他？一辆大车四黄马。"君子说："慈爱的母亲生下孝顺的儿子。"《诗经》说："举止行为要谨慎，人民以此为标准。"说的就是穆姬啊。

颂说：秦穆公夫人，晋惠公姊姊。秦国执晋君，夫人痛流涕。苦于不能救，将要去赴死。穆公感义气，释放其弟弟。

楚庄樊姬

【题解】

樊姬的故事见于《韩诗外传·卷二》，又被刘向编录于《说苑·至公》和《新序·杂事一》。故事中的"虞丘子"在《韩诗外传》中被称为"沈令尹"，行事没有区别，应为同一个人。樊姬机智巧谏，以不吃禽兽之肉的方式阻止了楚庄王耽好田猎；又慧眼知人，以己之谦让不妒、推荐美人类比，批评虞丘子蔽君塞贤，最终促使孙叔敖被举，楚国大治。可以说，楚庄王能够成就一番霸业，与樊姬的贤明辅助密不可分。这种理想化的贤内助形象引起了后人的赞美和追慕，例如蔡邕《琴操》就收录了由樊姬故事改编的《列女引》："忠谏行兮正不邪，众妾夸兮继嗣多。"

樊姬，楚庄王之夫人也①。庄王即位，好狩猎。樊姬谏不止，乃不食禽兽之肉。王改过，勤于政事。王尝听朝罢晏②，姬下殿迎曰："何罢晏也，得无饥倦乎③？"王曰："与贤者语，不知饥倦也。"姬曰："王之所谓贤者何也？"曰："虞丘子也。"姬掩口而笑。王曰："姬之所笑何也？"曰："虞丘子贤则贤矣，未忠也。"王曰："何谓也？"对曰："妾执巾栉十一年④，遣人之郑卫，求美人进于王。今贤于妾者二人，同列者七人。妾岂不欲擅王之爱宠哉！妾闻'堂上兼女，所以观人能也'。妾不能以私蔽公，欲王多见知人能也。今虞丘子相楚十余年，所荐非子弟，则族昆弟⑤，未闻进贤退不肖，是蔽君而塞贤路。知贤不进，是不忠；不知其贤，是不智也。妾之所笑，不亦可乎！"王悦。明日，王以姬言告虞丘子，丘子避席⑥，不知所对。于是避舍，使人迎孙叔敖而进之⑦，王以为令尹⑧。治楚三年，而庄王以霸。楚史书曰："庄王之霸，樊姬之力也。"《诗》曰："大夫夙退，无使君劳⑨。"其君者，谓女君也。又曰："温恭朝夕，执事有恪⑩。"此之谓也。

颂曰：樊姬谦让，靡有嫉妒。荐进美人，与己同处。非刺虞丘，蔽贤之路。楚庄用焉，功业遂伯。

【注释】

①楚庄王：芈（mǐ）姓，熊氏，名旅（一作侣、吕），楚穆王之子，春秋时期楚国国君，前613—前591年在位，曾问鼎中原，春秋五霸之一。

②晏：晚，迟。

③得无：能不。

④执巾栉（zhì）：古时为人妻妾的谦辞。巾，手巾。栉，梳篦之总名。

⑤族昆弟：同族兄弟。

⑥避席：古人席地而坐，离席起立，以示敬意。

⑦孙叔敖（前630—前593）：芈姓，名敖，字叔敖，楚国期思邑（今河南淮滨）人，楚国名相，春秋时期杰出的政治家。

⑧令尹：春秋战国时期楚国的最高官职，相当于其他国家的相，总揽军政大权于一身。

⑧大夫夙退，无使君劳：语见《诗经·卫风·硕人》。意谓：大夫早早退朝，不要使国君劳累。

⑨温恭朝夕，执事有恪（kè）：语见《诗经·商颂·那》。意谓：从早到晚温和恭谨，做事谨慎诚笃。恪，恭敬诚笃貌。

【译文】

樊姬，是楚庄王的夫人。庄王即位为国君后，喜欢打猎。樊姬劝谏不能制止，于是就不吃禽兽之肉。庄王改正了错误，勤劳处理政事。庄王曾经听朝，下朝迟晚，樊姬走下殿迎接说："为何这么晚退朝，能不饥饿疲倦吗？"庄王说："与贤人说话，不觉得饥饿疲倦。"樊姬说："王所说的贤人是谁呢？"回答说："虞丘子。"樊姬捂嘴而笑，庄王说："樊姬笑什么呢？"回答说："虞丘子也许贤良，但不算忠诚。"庄王说："为何这么说呢？"回答说："我做你的妻子十一年了，还派遣人到郑国、卫国，寻求美人进献于王。现在比我贤良的有二人，与我同等的有七人。我难道不想专擅王的爱宠吗？我听说'堂上有多个女子，用来观察人的才能'。我不能够以私心遮蔽了公务，是想让王多观察从而认识人的才能。现在虞丘子做楚相十多年了，所推荐的人才不是子弟，就是同族兄弟，没有听说他荐引贤人斥退庸才，这是蒙蔽国君堵塞贤人进身之路。如果知道贤才而不推荐，就是不忠；如果不知道谁是贤才，就是不智。我因此发笑，不也是可以的吗？"庄王很高兴。第二天，庄王把樊姬的话告诉了虞丘子，虞丘子离开席子，不知道该怎么对答。于是虞丘子让出官位，派人迎接孙叔敖推荐给朝廷，庄王让他做了令尹。孙叔敖治理楚国三年时间，庄王得以称霸。楚史书说："庄王的霸业，是樊姬的功劳。"《诗经》说："大夫早早退朝，不要使国君劳累。"这里的"君"，是女君主。又说："从早到晚温和恭谨，做事谨慎诚笃。"说的就是这种情况。

　　颂说：樊姬谦虚又推让，没有私心和嫉妒。寻求推荐众美人，与己同宠和共处。非议批评虞丘子，遮蔽阻挡贤人路。楚庄采用樊姬言，建功立业遂称伯。

周南之妻

【题解】

　　此篇可能采自鲁诗家相传的《诗经·周南·汝坟》之本事，其中"家贫亲老，不择官而仕"又与《韩诗外传·卷一》"曾子仕于莒"中的语句相同。周南之妻勉励丈夫不懈于王事的理由是：虽然国家政令暴虐，大夫超期服役，但因父母尚在，所以不能惰于王事以致罪谴，而让父母担忧。这种观念虽然有消极隐忍之嫌，但在乱世也不失为一种保身免灾之道。

　　周南之妻者①，周南大夫之妻也。大夫受命，平治水土。过时不来，妻恐其懈于王事，盖与其邻人陈素所与大夫言②："国家多难，惟勉强之，无有谴怒，遗父母忧。昔舜耕于历山，渔于雷泽，陶于河滨③。非舜之事，而舜为之者，为养父母也。家贫亲老，不择官而仕；亲操井臼④，不择妻而娶。故父母在，当与时小同，无亏大义，不罹患害而已⑤。夫凤凰不离于蔚罗⑥，麒麟不入于陷阱，蛟龙不及于枯泽。鸟兽之智，犹知避害，而况于人乎！生于乱世，不得道理，而迫

于暴虐,不得行义,然而仕者,为父母在故也。乃作诗曰:
'鲂鱼赪尾,王室如毁。虽则如毁,父母孔迩⑦。'盖不得已
也。"君子以是知周南之妻而能匡夫也⑧。

颂曰:周大夫妻,夫出治土。维戒无怠,勉为父母。凡
事远周⑨,为亲之在。作诗鲂鱼,以敕君子⑩。

【注释】

①周南:西周初期周成王时代,为加强统治力量,周公旦和召公奭分
　陕(今河南三门峡陕州区)而治。陕之东为周公管理,周公居东
　都洛邑(即成周),统治东方诸侯。周南当是周公统治下的南方
　地区,范围包括洛阳(其北限在黄河)以南,直到江汉一带地区,
　即今河南西南部及湖北西北部。

②盖与其邻人陈素所与大夫言:与邻居陈说平日常与大夫说的话。
　盖,虚词,无义。素,平日。

③"舜耕于历山"几句:语见《墨子·尚贤中》,据说舜家境清贫,故
　从事各种体力劳动,曾在历山(今地不详,一说即今山西南部境
　内的中条山,一说菏泽境内历山,一说济南千佛山)耕耘种植,在
　雷泽(今属山东菏泽)打渔,在黄河之滨制作陶器。

④亲操井臼(jiù):母亲操持家务。井臼,打水舂米,泛指家务劳动。

⑤罹(lí):遭遇,遭受(灾祸或疾病)。

⑥离于蔚罗:陷于罗网。离,同"罹"。蔚,同"蔚(wèi)",古代捕鸟
　的网。

⑦"鲂(fáng)鱼赪(chēng)尾"几句:语见《诗经·周南·汝坟》。
　意谓:鲂鱼劳累鱼尾变红,人民劳苦,只因王室暴政。虽然王室暴
　虐,但是父母迫近饥寒之境。鲂鱼,即鳊鱼,细鳞。赪,红色。毁,
　《毛诗》作"燬",火,齐人谓火为毁。孔,甚,很,非常。迩(ěr),

近，此指迫近饥寒之境。

⑧而能：段玉裁曰：“疑‘而’即‘能’，浅人又添‘能’耳。”

⑨远周：王念孙曰“周”当作“害”，隶书“周”与“害”字形似。

⑩敕（chì）：告诫。

【译文】

周南之妻，是周南大夫的妻子。大夫接受王命，平治水土。超过了约定的回家时间，还没有归来，妻子担心他懈怠王事，就与邻居陈说平日常与大夫说的话：“国家多难，只能勉力从事，不要遭人指责怨怒，给父母带来忧愁。以往舜在历山耕种，在雷泽打渔，在黄河边上烧制陶器。这些都不是舜的职事，而舜却努力去做，是因为要奉养父母。家境贫困，父母年老，就不选择官职而入仕；母亲操持家务琐事，就不选择女子而娶妻。所以父母还在世，应当与时世大致相同，不要亏损大义，不遭受祸害就行了。凤凰不陷于罗网，麒麟不跳入陷阱，蛟龙不到干枯的沼泽。鸟兽的智慧，还知道远离祸害，何况人呢！生活在乱世，得不到公正天理，而被暴虐的王法统治，不能够施行仁义，然而入仕做官，是因为父母还在世。于是作诗说：‘鲂鱼劳累尾变红，人民劳苦因暴政。虽然王政很暴虐，父母迫近饥寒境。’大概就是不得已啊。”君子因此知道周南之妻能够匡正丈夫。

颂说：周南大夫妻，丈夫治水土。告诫勿懈怠，勉力为父母。凡事远祸害，因为父母在。写诗唱鲂鱼，想把君子诫。

宋鲍女宗

【题解】

鲍女宗这个人物不见于其他典籍，但故事中描述的为妻之道则杂见于《礼记·郊特牲》《礼记·昏义》《大戴礼记·本命》等文献。故事中宣扬的为妇之道：奉养公婆、涵容外妻、从一而终、以“七出”自警，都为男权社会强加在女性身上的枷锁,也制造了无数的人间悲剧。对于这些陈腐观念,今之读者弃之可矣。

女宗者①,宋鲍苏之妻也②。养姑甚谨。鲍苏仕卫三年,而娶外妻③,女宗养姑愈敬。因往来者请问其夫④,赂遗外妻甚厚⑤。女宗姒谓曰⑥:“可以去矣。”女宗曰:“何故?”姒曰:“夫人既有所好,子何留乎?”女宗曰:“妇人一醮不改⑦,夫死不嫁,执麻枲⑧,治丝茧,织纴组紃⑨,以供衣服,以事夫室。澈漠酒醴⑩,羞馈食⑪,以事舅姑。以专一为贞,以善从为顺。贞顺,妇人之至行也。岂以专夫室之爱为善哉! 若其以淫意为心,而扼夫室之好,吾未知其善也。夫礼,天子十二,诸侯九,卿大夫三,士二。今吾夫诚士也,有二,不亦宜乎! 且妇人有七见去⑫,夫无一去义。七去之道,妒正为首,淫僻、窃盗、长舌、骄侮、无子、恶病,皆在其后。吾姒不教吾以居室之礼,而反欲使吾为见弃之行,将安所用此!”遂不听,事姑愈谨。宋公闻之,表其闾⑬,号曰女宗。君子谓女宗谦而知礼。《诗》云:“令仪令色,小心翼翼,故训是式,威仪是力⑭。”此之谓也。

颂曰:宋鲍女宗,好礼知理。夫有外妻,不为变己。称引妇道,不听其姒。宋公贤之,表其闾里。

【注释】

①女宗:女性楷模。

②宋:周朝诸侯国名。建都商丘,在今河南东部与山东、江苏、安徽之间。

③外妻：犹外妇，即丈夫私通的妇女。

④因往来者请问其夫：通过来往的人向丈夫请安问好。因，通过。

⑤赂遗（wèi）：以财物赠送他人。

⑥姒（sì）：古时对姐姐、丈夫的嫂子或者同事一夫的长者的称呼。

⑦一醮（jiào）不改：女子一旦结婚，终身就不能改嫁。醮，古代婚娶时用酒祭神的礼仪，此处指女子嫁人。

⑧麻枲（xǐ）：指麻的种植、纺绩之事。

⑨织纴（rèn）组紃（xún）：泛指古代女子做的女红。织纴，纺纱时经线与纬线纠缠在一起，称织纴。组紃，把两个以上的异色纬线或经线按一定规律编结在一起，称组紃。

⑩澂漠酒醴（lǐ）：使酒醴澄清。澂漠，使之澄清。酒醴，酒和醴，亦泛指各种酒。醴，甜酒。

⑪羞馈食：进献饭食。羞，通"馐"，进献。馈食，食物，熟食；也指献熟食。

⑫妇人有七见去：妻子有法定的七种情形可被丈夫休弃，即"七出"。见，被。

⑬表其闾（lǘ）：标识她的里巷大门，以表彰其功德。闾，里巷的大门。

⑭"令仪令色"几句：语见《诗经·大雅·烝民》，《毛诗》"故"作"古"。意谓：仪态端庄和颜悦色，小心谨慎，遵从古训，勉力追求合礼节。令，善。色，对人的和颜悦色。翼翼，谨慎的样子。古训，先人的遗教。式，用，效法。威仪，指礼节。力，勤，熟习。

【译文】

女宗，是宋国鲍苏的妻子。她奉养婆婆非常谨慎。鲍苏在卫国做官三年，娶了外妻，女宗奉养婆婆更加恭敬。她通过来往的人向丈夫请安问好，赠送很多财物给外妻。女宗的姐姐说："可以离开丈夫了。"女宗说："为什么呢？"姐姐说："那个人既然有新欢，你何必还要留在他家呢？"女宗说："女子一旦结婚绝不改嫁，丈夫去世也不改嫁，种麻纺绩，抽冶丝茧，纺织布帛，来供给衣服，侍奉丈夫。做成清澈的酒醴，进献熟食，来侍奉公婆。女子以专一为贞洁，以善听丈夫为顺从。贞洁顺从，是妇人最高的品行。哪里能以专享丈夫的宠爱为最好的呢？如果心存淫念，阻止丈夫所好，我不知道有什么好处。按照礼仪，天子可以有十二个妻子，诸侯有九个妻子，卿大夫有三个妻子，士有两个妻子。现在我的丈夫是士，有两个妻子，不也是应该的吗？而且妇女有七条被遣归之法，丈夫却没有一去之条。七条被遣归之法，嫉妒正是第一条，淫邪、偷盗、搬弄是非、骄横欺侮别人、没有子女、身生恶疾，都还在它的后面。姐姐不教给我持家礼仪，反而想让我做出被人摈弃的行为，哪里能听这些话呢！"于是女宗不听姐姐的话，侍奉婆婆更加谨慎。宋国国君听到后，标识她的里巷大门，褒扬她为女宗。君子认为女宗谦卑懂礼。《诗经》说："仪态端庄容颜亲切，小心谨慎，遵从古训，勉力追求合乎礼节。"说的就是这种情况。

　　颂说：宋国鲍女宗，好礼懂道理。丈夫有外妻，不为此变己。引经说妇道，不听从其姒。宋公认为贤，标榜其闾里。

晋赵衰妻

【题解】

　　此篇内容采自《左传·僖公二十三年》《左传·僖公二十四年》《左传·宣公二年》《史记·晋世家》《史记·赵世家》。但在《左传》和《史记》中，主角都为重耳和赵衰，他们的流亡故事占了较多篇幅，赵姬仅为配角。此篇则聚焦于赵姬的行事和言语，又在开端直接介绍了赵姬的身份，从而形成了一篇较为完整的赵姬传。赵姬劝赵衰迎回叔隗，与前篇鲍苏之妻的做法看起来类似，都表现了宽容不妒的特点。但实际上，鲍苏之妻是固守迂腐教条、卑微地讨好丈夫，而赵姬则是从情理恩义的角度接纳丈夫的患难之妻，两人的人格高下判然有别。赵姬又因赵盾贤能而立为嫡子,使自己所生的三子居于其下。这种举贤知人、谦让不私的品德,于家于国均有裨益,实属可贵。

　　晋赵衰妻者①,晋文公之女也,号赵姬。初文公为公子时,与赵衰奔狄②。狄人入其二女叔隗、季隗于公子,公以叔隗妻赵衰③,生盾。及反国,文公以其女赵姬妻赵衰。生原同、屏括、楼婴④。赵姬请迎盾与其母而纳之,赵衰辞而不敢。姬曰:"不可。夫得宠而忘旧,舍义。好新而嫚故⑤,无恩。与人勤于隘厄⑥,富贵而不顾,无礼。君弃此三者,何以使人!虽妾亦无以侍执巾栉⑦。《诗》不云乎:'采葑采菲,无以下体,德音莫违,及尔同死⑧。'与人同寒苦,虽有小过,犹与之同死而不去,况于安新忘旧乎!又曰:'宴尔新婚,不我屑以⑨。'盖伤之也。君其逆之⑩,无以新废旧。"赵衰许诺,乃逆叔隗与盾来。姬以盾为贤,请立为嫡子,使三子下之⑪。以叔隗为内妇⑫,姬亲下之。及盾为正卿,思赵姬之让恩,请以姬之中子屏括为公族大夫⑬。曰:"君姬氏之爱子也⑭,微君姬氏,则臣狄人也,何以至此!"成公许之。屏括遂以其族为公族大夫。君子谓赵姬恭而有让。《诗》曰:"温温恭人,维德之基⑮。"赵姬之谓也。

　　颂曰:赵衰姬氏,制行分明。身虽尊贵,不妒偏房。躬事叔隗,子盾为嗣。君子美之,厥行孔备。

【注释】

①赵衰:即赵成子,嬴姓,赵氏,字子余,亦称成季、孟子余。春秋时晋国大夫,辅佐晋文公称霸的五贤士之一。

②狄：古代中国北方的部族，散处在北方诸侯国之间。

③公："公"字下应脱"子"字。

④原同、屏括、楼婴：即赵同、赵括、赵婴齐，因其采邑分别为原、屏、楼，所以称为原同、屏括、楼婴。

⑤嫚（màn）：轻视，侮辱。

⑥勤于隘厄：在穷困的处境中劳苦努力。隘厄，穷困、苦难。

⑦执巾栉（zhì）：古时为人妻妾的谦辞。巾，手巾。栉，梳篦之总名。

⑧"采葑（fēng）采菲"几句：语见《诗经·邶风·谷风》。意谓：采摘萝卜和蔓菁（jīng），难道要叶不要根？往日良言不要抛弃；到死与你不离分。葑，蔓菁也，叶、根可食。菲，萝卜之类。无以下体，意指要叶不要根，比喻恋新人而弃旧人。以，用。下体，指根。德音，指丈夫曾对妻子说过的好话。

⑨宴尔新婚，不我屑以：语见《诗经·邶风·谷风》。意谓：你们新婚多快乐，就不顾惜我心伤痛。屑，顾惜，介意。以，与，友好。

⑩逆：迎。

⑪下之：居于……之下。

⑫内妇：王照圆曰："妇"当作"子"。内子，古代卿大夫的嫡妻。

⑬公族大夫：官名。春秋时晋国置，掌管公族及卿大夫子弟的官职。

⑭君姬氏：赵盾将赵姬视为嫡母，所以称君姬氏。

⑮温温恭人，维德之基：语见《诗经·大雅·抑》。意谓：温和恭敬的人，是好品德的根基。温温，指柔和润泽貌。

【译文】

晋国赵衰的妻子，是晋文公的女儿，号赵姬。当初晋文公还是公子时，与赵衰一起逃奔到狄国。狄国人将他们的两个女孩叔隗、季隗献给了公子，公子把叔隗嫁给赵衰，生下了赵盾。等到返回晋国，文公把他的女儿赵姬嫁给赵衰为妻，生下了赵同、赵括、赵婴齐。赵姬请求把赵盾和他母亲迎接回家，赵衰推辞而不敢答应。赵姬说："不行。受到宠爱就忘记旧人,是舍弃了义。喜欢新人而轻慢故人,没有恩情。与人一起在穷困的处境中劳苦,富贵了就不顾念旧情,是没有礼。您抛弃了这三点,怎么能使唤别人呢!即使是我,也无法再做您的妻子了。《诗经》不是说吗?'采摘萝卜和蔓菁,难道要叶不要根?往日良言不要抛弃:到死与你不离分。'与人共同忍受过饥寒劳苦,虽然有小过失,还与她同处至死而不抛弃,更何况安于新人而忘记旧人呢!又说:'你们新婚多快乐,就不顾惜我心伤痛。'大概就是感伤啊。您还是迎接吧,不要因为新人就抛弃旧人。"赵衰应允,就接回了叔隗和赵盾。赵姬认为赵盾贤良,请求立他为嫡子,而使自己的三个儿子居于其下。赵姬让叔隗做正妻,自己亲处其下。等到赵盾做了正卿,怀思赵姬的推让之恩,请求让赵姬的儿子赵括做公族大夫。说:"嫡母赵姬的爱子,如果没有赵姬,那我就是狄人,哪里能到今天这样呢!"成公答应。赵括就率他的族人做了公族大夫。君子认为赵姬谦恭而能推让。《诗经》说:"温和恭敬的人,是好品德的根基。"说的就是赵姬。

颂说:赵衰妻姬氏,制度区分明。自身虽尊贵,不妒居偏房。亲身事叔隗,子盾为嫡嗣。君子赞美她,德行很完备。

陶答子妻

【题解】

此篇提到的令尹子文之事见于《国语·楚语下》《左传·庄公三十年》《战国策·楚策一》,但陶答子妻的形象乃为首见。她明于义利之辩,在家族众亲皆沉溺于眼前的富贵逸乐之时,独能清醒地看到不义之财背后隐藏的祸患,主动带领少子请求离开,最终避免了连带之罪。这种廉于取财、远祸全身的智慧和德行,赢得了后人的广泛传颂。例如,中国画像石全集编辑委员会编的《山东汉画像石》中就收录了一块表现"陶答子妻"的画像石。故事中对南山玄豹的描述,成了古诗文中一个常见的典故，例如：谢朓《之宣城郡出新临浦向板桥》"虽无玄豹姿，终隐南山雾"，庾信《哀江南赋序》"畏南山之雨，忽践秦庭"，李白《经乱后将避地剡中留赠崔宣城》"我垂北溟翼，且学南山豹"，等等。

　　陶大夫答子之妻也①。答子治陶三年，名誉不兴，家富三倍，其妻数谏不用。居五年②，从车百乘归休③。宗人击牛而贺之④，其妻独抱儿而泣。姑怒曰："何其不祥也！"妇曰："夫子能薄而官大⑤，是谓婴害⑥。无功而家昌，是谓积殃。昔楚令尹子文之治国也⑦，家贫国富，君敬民戴，故福结于子孙，名垂于后世。今夫子不然。贪富务大，不顾后害。妾闻南山有玄豹⑧，雾雨七日而不下食者，何也？欲以泽其毛而成文章也⑨，故藏而远害。犬彘不择食以肥其身⑩，坐而须死耳⑪。今夫子治陶，家富国贫，君不敬，民不戴，败亡之征见矣⑫。愿与少子俱脱。"姑怒，遂弃之。处期年⑬，答子之家果以盗诛，唯其母老以免。妇乃与少子归养姑，终卒天年⑭。君子谓答子妻能以义易利，虽违礼求去，终以全身复礼，可谓远识矣。《诗》曰："百尔所思，不如我所之⑮。"此之谓也。

　　颂曰：答子治陶，家富三倍。妻谏不听，知其不改。独泣姑怒，送厥母家。答子逢祸，复归养姑。

【注释】

①陶：地名。在今山东菏泽定陶区。

②居五年：过了五年。

③从车百乘归休：带领一百乘车辆回家省亲。

④宗人击牛而贺之：同宗族的人敲着牛角祝贺。

⑤夫子：妻子对丈夫的称呼。

⑥婴害：遭遇祸害。婴，遭受，触犯。

⑦楚令尹子文：即斗谷於菟（wū tú），斗伯比之子，名子文，与楚王同族。楚成王八年至三十五年间（前664—前637）任令尹，史称令尹子文，为楚国贤相。

⑧玄豹：黑色的豹子。

⑨文章：错杂的色彩或花纹。

⑩彘（zhì）：猪。

⑪须死：等死。

⑫见：同"现"，显露。

⑬期（jī）年：一年。

⑭天年：自然的寿数。

⑮百尔所思，不如我所之：语见《诗经·鄘风·载驰》。意谓：你们考虑上百次，不如我采取行动。之，往，指行动。

【译文】

陶答子妻，是陶地大夫答子的妻子。答子治理陶地三年，没有得到好的声誉，家庭富裕了三倍，他的妻子数次劝告，答子不听。过了五年，答子带领百辆车回家省亲。同宗族的人敲着牛角庆贺，独有答子妻抱着儿子哭泣。婆婆生气地说："多么不吉祥啊！"答子妻说："我的丈夫才能不足而做了大官，这是遭害。没有功劳而家庭昌盛，这是积殃。以前楚国令尹子文治理国家，家庭贫穷而国家富裕，国君敬重民众拥戴，所以能够造福子孙，声名留于后世。现在我的丈夫不是这样。贪图财富追求大官，不考虑将来的祸害。我听说南山有只黑色的豹子，七天大雾阴雨而不下山寻找食物，为什么呢？是想要皮毛有光泽形成好看的花纹，所以躲藏起来远离祸害。狗猪不挑选食物使身子肥胖，是要坐着等死罢了。现在我丈夫治理陶地，家庭富裕国家贫穷，国君不敬重，民众不拥戴，败亡的征兆已经显现了。我请求和小儿子一起离家。"婆婆很愤怒，就休弃了她。一年之后，答子家果然因为盗贼被害，只有他的母亲因为年老而免于被杀。于是答子妻与小儿子回家奉养婆婆，使她得以终享天年。君子认为答子妻能够用义换利，虽然违背礼节自请离去，最终却能够全身遵礼，可以算是见识长远了。《诗经》说："你们考虑上百次，不如我采取行动。"说的就是这种情况。

颂说：答子治理陶之地，家庭富裕达三倍。妻子劝谏不听从，知他最终也不改。独哭蕙怒老婆婆，被她休弃回娘家。答子后来遭大祸，妻子归来养婆婆。

柳下惠妻

【题解】

柳下惠即展禽，活动年代在鲁国庄、闵、僖、文四朝（前706—前609）之间，因食邑在柳下，私谥曰惠，故称柳下惠。他是鲁国著名的贤人，诚信之名传到了齐国。齐孝公伐鲁时，臧文仲曾向柳下惠咨询对策；柳下惠还批评过臧文仲祭祀海鸟"爰居"不合礼制（《国语·鲁语》）。孔子也曾数次称道柳下惠，《论语》中就有如下几条记录："臧文仲其窃位者与？知柳下惠之贤而不与立也！"（《卫灵公》）"柳下惠为士师，三黜。人曰：'子未可以去乎？'曰：'直道而事人，焉往而不三黜？枉道而事人，何必去父母之邦？'"（《微子》）等。

后来孟子对柳下惠的人格又做了更多阐释，如"柳下惠不羞污君，不卑小官。进不隐贤，必以其道"（《公孙丑上》）；"柳下惠不羞污君……故闻柳下惠之风者，鄙夫宽，薄夫敦"；"柳下惠，圣之和者也"（《万章下》）；等等。到了《荀子·大略》，云"柳下惠与后门者同衣，而不见疑，非一日之闻也"，"后门者"是为君守后门的贫贱之人。意谓柳下惠虽然与贫贱之人同衣，也不会被别人怪疑，因为素有安于贫贱的声誉。但到了《孔子家语》，逐渐附会出"柳下惠坐怀不乱"的故事，实属匪夷所思。总之，在儒家学者的称述中，柳下惠是一个正直高洁又随顺世俗、安贫乐道的贤者形象。

此篇第一次出现了柳下惠之妻的形象，但其中一些语句显然来自《孟子》。故事篇幅不长，但是表现了妻子逐渐深入了解柳下惠为人的过程：先是觉得三黜受耻，敦促柳下惠离开鲁国；柳下惠解释之后，逐渐接受；柳下惠死后亲撰诔文哀悼。这不仅表现了柳下惠的高尚人格，也表现了伉俪知己的深情厚意，感人至深。

　　鲁大夫柳下惠之妻也①。柳下惠处鲁，三黜而不去，忧民救乱。妻曰："无乃渎乎②？君子有二耻：国无道而贵，耻也；国有道而贱，耻也。今当乱世，三黜而不去，亦近耻也。"柳下惠曰："油油之民③，将陷于害，吾能已乎？且彼为彼，我为我，彼虽裸裎④，安能污我？"油油然与之处⑤，仕于下位。

【注释】

①柳下惠：见题解。

②渎：王照圆曰："'渎'与'黩'同，握持垢污也。"

②油油：王照圆曰："油油犹悠悠也。"悠悠，众多。

③裸裎（chéng）：赤身露体，没有礼貌。

④油油然：悠然安然的样子。

【译文】

柳下惠妻，是鲁国大夫柳下惠的妻子。柳下惠在鲁国，三次被罢免而不离开，担忧民众尽力救乱。妻子说："不是太玷污自己了吗？君子有两种耻辱：国家无道而自己尊贵，耻辱；国家有道而自己卑贱，耻辱。现在处于乱世，三次被罢黜而不离开，也是近于耻辱啊。"柳下惠说："众多民众，将陷于祸乱，我能离开不管吗？而且他们是他们，我是我，他们虽然赤身露体毫无礼貌，又怎能污染我呢？"柳下惠安然和悦地与其他人相处，处于下级职位。

柳下既死，门人将诔之^①。妻曰："将诔夫子之德耶？则二三子不如妾知之也。"乃诔曰："夫子之不伐兮^②，夫子之不竭兮^③。夫子之信诚，而与人无害兮。屈柔从俗，不强察兮^④。蒙耻救民，德弥大兮。虽遇三黜，终不蔽兮^⑤。恺悌君子^⑥，永能厉兮^⑦。嗟乎惜哉^⑧，乃下世兮。庶几遐年^⑨，今遂逝兮^⑩。呜呼哀哉，魂神泄兮^⑪。夫子之谥^⑫，宜为惠兮。"门人从之以为诔，莫能窜一字^⑬。君子谓柳下惠妻能光其夫矣^⑭。《诗》曰："人知其一，莫知其他^⑮。"此之谓也。

颂曰：下惠之妻，贤明有文。柳下既死，门人必存^⑯。将诔下惠，妻为之辞。陈列其文，莫能易之。

【注释】

①门人将诔（lěi）之：弟子想为他写诔词。门人，弟子，门生。诔，叙述死者生前事迹，以表示哀悼的文章。

②伐：夸耀自己。

③不竭：言其德行深远。

④察：仔细观看。

⑤不蔽：德行不能被掩盖。

⑥恺悌（kǎi tì）：态度和蔼，容易接近。

⑦厉：同"砺"。

⑧嗟乎：感叹词，相当于"唉"。

⑨庶几遐年：或许可以长寿。庶几，表示希望的语气词，或许可以。遐年，长寿。

⑩遂：竟然。

⑪泄：离去。

⑫谥（shì）：帝王、贵族、大臣等死后，依其生前事迹所给予的称号。

⑬窜：修改。

⑭光：使……光大。

⑮人知其一，莫知其他：语见《诗经·小雅·小旻》。意谓：人们只知道一件事情，不知道还有其他。

⑯存：存问劳抚。

【译文】

柳下惠去世后，门生想为他写诔词悼念。柳下惠妻子说："将要诔表夫子的德行吗？那你们两三个学生不如我知道得多。"于是写诔文说："夫子不自夸耀啊，夫子德行深无穷。夫子确实讲诚信，而无害人之心啊。屈身和柔顺世俗，不会强去察分明。蒙收耻辱救民众，品德愈加高大啊。虽然三次被罢黜，终究不能掩蔽他。和蔼亲切的君子，永远能激励人啊。哎呀真是可惜呀，他竟然离开人世。希望他能够长寿，现在竟然早逝世。呜呼哀伤啊，魂神离人世。夫子的谥号，应当称为惠。"门生将这些话作为诔词，不能修改一个字。君子认为柳下惠的妻子能够使丈夫的德行光大。《诗经》说："人们只知道一件事情，不知道还有其他。"说的就是这种情况。

颂说：柳下惠之妻，贤明有文辞。柳下惠去世，门生存哀思。将诔柳下惠，妻子撰诔辞。陈列其文词，不能再改易。

鲁黔娄妻

【题解】

此篇记载黔娄为鲁国人，但《汉书·艺文志》道家《黔娄子》四篇，注云："齐隐士，宁道不诎，威王下之。"黔娄究竟是齐人还是鲁人，材料不足,只能存疑。但黔娄是一个安贫守道的贤士,则是确定的。后来皇甫谧《高士传》中载有黔娄,晋陶渊明《咏贫士》之四云:"安贫守贱者,自古有黔娄。"

此篇首次出现了黔娄之妻的形象。黔娄去世后所覆布被不能完整地掩盖手足,可见其生活之穷困。但对于曾子斜引布被以盖身的建议,黔娄之妻断然拒绝,道出了黔娄"邪而有余,不如正而不足"的人生操守,初步表现了一个守道贫士的形象。接下来,黔娄之妻对谥号"康"的解释,提到黔娄曾拒绝国相高位和三十钟的赏赐,进一步渲染了其"不戚戚于贫贱,不忻忻于富贵。求仁而得仁,求义而得义"的高贵品格。故事通过黔娄之妻的言行来表达黔娄的高尚人格,也暗示了黔娄之妻为同道之人。这种人生境界也打动了陶渊明,他在《五柳先生传》中对其进行了致敬。

鲁黔娄先生之妻也。先生死,曾子与门人往吊之①。其妻出户,曾子吊之。上堂②,见先生之尸在牖下③,枕墼席稿④,缊袍不表⑤,覆以布被,手足不尽敛。覆头则足见,覆足则头见。曾子曰:"斜引其被,则敛矣。"妻曰:"斜而有余,不如正而不足也。先生以不斜之故,能至于此。生时不邪,死而邪之,非先生意也。"

【注释】

①曾子:名参,字子舆,曾点之子,鲁国南武城(今山东平邑,一说山东嘉祥)人。孔子的弟子,七十二贤之一,儒家学派的代表人物之一。吊:吊唁。

②堂:正屋。

③牖(yǒu):窗户。

④枕墼（jī）席稿：枕着砖坯，垫着草席。墼，砖坯，未烧的土坯。稿，
　当作"藁（gǎo）"，禾茎。

⑤缊（yùn）袍不表：用乱麻作絮的袍子，没有罩衫。缊袍，用乱麻作
　絮的袍子。不表，没有罩衫。

【译文】

　　鲁黔娄妻，是鲁国黔娄先生的妻子。先生去世后，曾子和门生前往
吊唁。他的妻子走出户外，曾子上前表示哀悼。走上堂，看见先生的尸
体安放在窗下，枕着砖坯，垫着草席，穿着麻絮作的袍子，没有罩衫，盖着
布被，头和脚不能完全被盖住。盖住头脚就露出来，盖住脚头就露出来。
曾子说："斜着拉被子，就能盖住了。"妻子说："斜着拉被子有余，不如正
着盖而不足。先生因为不做邪恶的事情，才到了这般境地。活着的时候
不偏邪，死后斜着盖被子，这不是先生的意愿。"

　　曾子不能应，遂哭之曰："嗟乎，先生之终也！何以为
谥？"其妻曰："以'康'为谥。"曾子曰："先生在时，食不充
虚①，衣不盖形。死则手足不敛，旁无酒肉。生不得其美，死
不得其荣，何乐于此，而谥为'康'乎？"其妻曰："昔先生君
尝欲授之政，以为国相，辞而不为，是有余贵也。君尝赐之
粟三十钟②，先生辞而不受，是有余富也。彼先生者，甘天下
之淡味，安天下之卑位。不戚戚于贫贱③，不忻忻于富贵④。
求仁而得仁，求义而得义，其谥为'康'，不亦宜乎！"曾子
曰："唯斯人也⑤，而有斯妇。"君子谓黔娄妻为乐贫行道。
《诗》曰："彼美淑姬，可与寤言⑥。"此之谓也。

　　颂曰：黔娄既死，妻独主丧。曾子吊焉，布衣褐衾⑦。
安贱甘淡，不求丰美。尸不掩蔽⑧，犹谥曰康。

【注释】

①食不充虚：吃饭不能够填饱肚子。

②君尝赐之粟三十钟：国君曾经赏赐过三十钟粮食。粟，谷子，也泛指粮食。钟，六石四斗为一钟。

③戚戚：忧惧、忧伤的样子。

④忻忻（xīn）：欣喜得意貌。

⑤斯人：这个人。

⑥彼美淑姬，可与寤言：语见《诗经·陈风·东门之池》。意谓：那个美丽贤淑的女子，可以与她对谈。姬，古代对妇女的美称。寤言，《毛诗》作"晤言"，对面谈话。

⑦褐衾（qīn）：粗布被子。

⑧掩蔽：掩盖，埋没。

【译文】

　　曾子不能回答，就哭着说："哎呀，先生去世了！以什么为谥号呢？"他的妻子说："谥号为'康'。"曾子说："先生在世时，吃不饱饭，衣不蔽体。去世后手脚不能完全蒙盖，旁边没有酒肉祭品。活着生活不够丰美，去世后也得不到荣耀，为什么乐于这种生活而谥号为'康'呢？"他的妻子说："以前先生的国君曾经想授给他官职，让他做国相，他推辞不做，这是有尊贵有余啊。国君曾经赏赐三十钟粮食，先生推辞而不接受，这是富裕有余啊。先生那人，甘享天下的淡味，安于天下的低位。不忧伤于贫贱，也不欢欣于富贵。追求仁而得到了仁，追求义而得到了义，其谥为'康'，不也合适吗！"曾子说："只有黔娄这样的人，才有这样的妻子。"君子认为黔娄的妻子能够乐贫行道。《诗经》说："那个美丽贤淑的女子，可以和她对谈。"说的就是这种情况啊。

　　颂说：黔娄先生去世后，妻子独力来主丧。曾子前往表哀悼，黔娄布被粗衣裳。安于贫贱甘淡味，不求富贵丰美享。被子不能掩尸体，依然谥号拟为"康"。

齐相御妻

【题解】

此篇采自《晏子春秋·内篇·杂上》及《史记·管晏列传》，但又增补了如下一些内容：仆御道歉后，其妻讲了具体的改过之道；仆御之妻被景公尊显为命妇。这些内容显然是虚构想象出来的细节，却使仆御之妻深诚虚骄的人生导师形象更加生动和完整。故事结尾的议论发挥，更表现了刘向对"匡夫以道"之女性的热情赞美。

齐相晏子仆御之妻也①，号曰命妇②。晏子将出，命妇窥其夫为相御，拥大盖③，策驷马④，意气洋洋，甚自得也。既归，其妻曰："宜矣，子之卑且贱也。"夫曰："何也？"妻曰："晏子长不满三尺，身相齐国，名显诸侯。今者吾从门间观其志气，恂恂自下⑤，思念深矣⑥。今子身长八尺，乃为之仆御耳⑦，然子之意洋洋若自足者，妾是以去也。"其夫谢曰："请自改，何如？"妻曰："是怀晏子之智，而加以八尺之长也。夫躬仁义⑧，事明主，其名必扬矣。且吾闻宁荣于义而贱，不虚骄以贵。"于是其夫乃深自责，学道谦逊，常若不足。晏子怪而问其故，具以实对。于是晏子贤其能纳善自改，升诸景公⑨，以为大夫，显其妻以为命妇。君子谓命妇知善。故贤人之所以成者，其道博矣，非特师傅朋友相与切磋也，妃匹亦居多焉⑩。《诗》曰："高山仰止，景行行止⑪。"言当常向为其善也。

颂曰：齐相御妻，匡夫以道。明言骄恭，恂恂自效。夫改易行，学问靡已。晏子升之，列于君子。

【注释】

①晏子：即晏婴（？—前500），姬姓（一说子姓），字仲。春秋时夷维（今山东高密）人，齐国大夫，历事灵公、庄公、景公三朝，春秋后期齐国重要政治家、思想家、外交家。

②命妇：古时被赐予封号的妇女，一般为官员的母亲、妻子。

③大盖：大的伞状车篷。

④策驷（sì）马：挥动着鞭子赶着四匹马。驷马，指显贵者所乘的驾四匹马的高车。

⑤恂恂（xún）：恭谨温顺的样子。

⑥思念：思虑，想法。

⑦乃：只，仅仅。

⑧躬：亲自，亲身。

⑨升：推荐。

⑩妃匹：配偶，指夫或妻。

⑪高山仰止，景行（háng）行（xíng）止：语见《诗经·小雅·车辖（xiá）》。意谓：巍峨高山要仰视，平坦大道能纵驰，经常比喻人的品行才学像高山一样，让人仰视，不禁效仿他的举止行事。止，通"之"。

【译文】

　　齐相御妻，是齐相晏子车夫的妻子，号为命妇。晏子将要出门，命妇偷偷看到她的丈夫为齐相赶车，手拥大车盖，挥动鞭子赶着四匹马，意气昂昂，非常自得。车夫回家后，他的妻子说："你地位卑贱，也是应该的啊。"丈夫说："为什么这么说呢？"妻子说："晏子身高不满三尺，做了齐国国相，在诸侯中声名显扬。现在我从门口观看他的神色气度，温和自谦，思虑深沉。现在你身高八尺，只是晏子的车夫，却洋洋得意自满自足，所以我请求回归娘家。"她的丈夫道歉说："我改正错误，该怎么样呢？"妻子说："就是怀有晏子的智慧，再加上八尺的身高。亲身践行仁义，侍奉明主，声名一定会得以远扬。而且我听说宁可光荣行义而地位低贱，也不愿虚伪骄傲以获得尊贵。"于是她的丈夫深深自责，学习正道而变得谦逊，常常好像学不够的样子。晏子奇怪地问起原因，车夫就把具体情况如实告对。于是晏子认为车夫贤于听从善言改正错误，就把他推荐给景公，让他做了大夫，尊显他的妻子为命妇。君子认谓命妇懂得善德。贤人之所以成就善行，他的途径是很多的，不仅是师傅朋友相互切磋，配偶也是有很大作用的。《诗经》说："巍峨高山要仰视，平坦大道能纵驰。"说的就是应当常常向善啊。

颂说：齐相晏子车夫妻，匡正丈夫以善道。言其骄傲应恭敬，晏子愉愉应仿效。丈夫改变言与行，学习正道不停止。晏子推荐给国君，车夫后来列君子。

楚接舆妻

【题解】

楚狂接舆最早见于《论语·微子篇》："楚狂接舆歌而过孔子曰：'凤兮凤兮，何德之衰？往者不可谏，来者犹可追。已而已而，今之从政者殆而！'孔子下，欲与之言，趋而辟之，不得与之言。"虽寥寥数语，但是接舆孤高避世、潇洒狂傲、来去无踪的形象让人印象深刻。至《庄子·人间世》，又对《论语》中的这则故事进行了再创造，使接舆成为庄子思想的代言人，道出了"方今之时，仅免刑焉"的时代感受，并激烈批评了孔子"临人以德""画地而趋"的治世思路。

此篇故事采自《韩诗外传·卷二》，但是接舆之妻拒斥富贵的话语更加完整丰富。这应是刘向为了树立女性德义楷模所做的进一步发挥和有意渲染。故事经过刘向加工后，接舆之妻乐道远害、是非鲜明的形象也更加生动突出。

　　楚狂接舆之妻也[①]。接舆躬耕以为食，楚王使使者持金百镒、车二驷[②]，往聘迎之，曰："王愿请先生治淮南。"接舆笑而不应，使者遂不得与语，而去。妻从市来，曰："先生以而为义[③]，岂将老而遗之哉！门外车迹，何其深也？"接舆曰："王不知吾不肖也，欲使我治淮南，遣使者持金驷来聘。"其妻曰："得无许之乎？"接舆曰："夫富贵者，人之所欲也，子何恶？我许之矣。"妻曰："义士非礼不动，不为贫而易操，不为贱而改行。妾事先生，躬耕以为食，亲绩以为衣，食饱衣暖，据义而动，其乐亦自足矣。若受人重禄，乘人坚良[④]，食人肥鲜，而将何以待之？"接舆曰："吾不许也。"妻曰："君使不从，非忠也。从之又违，非义也。不如去之。"夫负釜甑[⑤]，妻戴纴器[⑥]，变名易姓而远徙，莫知所之。君子谓接舆妻为乐道而远害。夫安贫贱而不怠于道者，惟至德者能之。《诗》曰："肃肃兔罝，椓之丁丁[⑦]。"言不怠于道也。

　　颂曰：接舆之妻，亦安贫贱。虽欲进仕，见时暴乱。楚聘接舆，妻请避馆[⑧]。戴纴易姓，终不遭难。

【注释】

①接舆：一般指陆通，字接舆，春秋时楚国著名隐士，具体见题解。

②镒（yì）：古代重量单位，一镒合二十两（一说二十四两）。

③以：王照圆曰："'以'当作'少'，见《外传》。"

④坚良：牢固的车子和良马。

⑤负釜甑（fǔ zèng）：背着做饭的锅和蒸笼。釜，古代的炊事用具，相当于现在的锅。甑，古代炊具，底部有许多小孔，放在鬲（lì）上蒸食物，类似蒸笼。

⑥戴纴（rèn）器：头顶着纺织的工具。纴，纺织。

⑦肃肃兔罝（jū），椓（zhuó）之丁丁（zhēng）：语见《诗经·周南·兔罝》。意谓：兔网结得紧又密，设网打桩声声响。肃肃，整饬貌，密密。罝，捕兽的网。椓，打击。丁丁，击打声。布网捕兽，必先在地上打桩。

⑧避馆：离开家，到别处居住。

【译文】

楚接舆妻，是楚国狂人接舆的妻子。接舆亲身耕作而食，楚王派使者带着百镒黄金和两辆四匹马拉的车，前去聘请接舆，说："王希望能够延请先生治理淮南。"接舆笑而不答，于是使者没能够和他说话而离开。妻子从市场回来，说："先生小时候就开始追求义，难道快老时而遗弃它吗！门外的车辙，怎么这么深呢？"接舆说："王不知道我不才，想让我治理淮南，派遣使者带着黄金驷车来聘请。"他的妻子说："该不会答应了吧？"接舆说："富贵是人人所想要的，你为何厌恶呢？我答应了。"妻子说："义士不做非礼的事情，不因为贫穷而改变操行，不因为低贱而改变行为方式。我侍奉先生，亲身耕种而吃饭，亲身纺织而穿衣，吃饱穿暖，根据义的标准做事，快乐自足。如果接受人家的厚禄，乘坐人家的坚车良马，吃着人家肥厚鲜美的食物，你将如何回报人家呢？"接舆说："那我就不答应了。"妻子说："国君使唤而不听从，不算忠诚。听从又违抗，就是不义。不如离开这里。"于是丈夫背着锅笼等炊具，妻子顶着纺织工具，改名换姓迁到了远处，没有人知道他们去了哪里。君子认为接舆的妻子乐于行道而远离祸害。安于贫贱而不懈怠行道，只有德行至高的人才能做到。《诗经》说："兔网结得紧又密，设网打桩声声响。"说的就是不懈怠地行道啊。

颂说：楚狂接舆的妻子，也能安于贫和贱。虽然想要入仕途，看到时代暴又乱。楚王派人聘接舆，妻子请求离家园。顶着织器改姓名，最终不会遭祸难。

楚老莱妻

【题解】

老莱子的行事见于《史记·韩非列传》。他与老子是一人还是二人，司马迁已觉恍惚难辨，仅简单记曰："老莱子亦楚人也，著书十五篇，言道家之用，与孔子同时云。"

老莱子妻的形象首见于此篇。老莱子逃世隐居，但在楚王亲自登门求贤之后，犹豫变志。老莱子妻则对仕宦得失有更清醒的判断，果断离家至江南，坚守自己安贫舒放的生活方式。这不仅激励了老莱子，也感化了普通百姓。在这种描述中，女性也成了中国传统隐士文化的重要构建者。郭璞在《游仙诗·其一》中称颂曰"漆园有傲吏，莱氏有逸妻"，将其与庄周并列。

楚老莱子之妻也。莱子逃世，耕于蒙山之阳①。葭墙蓬室②，木床蓍席③，衣缊食菽④，垦山播种。人或言之楚王曰："老莱，贤士也。"王欲聘以璧帛，恐不来。楚王驾至老莱之门，老莱方织畚⑤。王曰："寡人愚陋，独守宗庙，愿先生幸临之⑥。"老莱子曰："仆山野之人，不足守政。"王复曰："守国之孤，愿变先生之志。"老莱子曰："诺。"王去，其妻戴畚莱、挟薪樵而来⑦，曰："何车迹之众也？"老莱子曰："楚王欲使吾守国之政。"妻曰："许之乎？"曰："然。"妻曰："妾闻之：可食以酒肉者，可随以鞭捶⑧。可授以官禄者，可随以铁钺⑨。今先生食人酒肉，授人官禄⑩，为人所制也。能免于患乎？妾不能为人所制。"投其畚莱而去。老莱子曰："子还，吾为子更虑。"遂行不顾，至江南而止，曰："鸟兽之解毛⑪，可绩而衣之。据其遗粒⑫，足以食也。"老莱子乃随其妻而居之。民从而家者一年成落⑬，三年成聚⑭。君子谓老莱妻果于从善。《诗》曰："衡门之下，可以栖迟。泌之洋洋，可以疗饥⑮。"此之谓也。

颂曰：老莱与妻，逃世山阳。蓬蒿为室，莞葭为盖⑯。楚王聘之，老莱将行。妻曰世乱，乃遂逃亡。

【注释】

①蒙山之阳：蒙山的南面。蒙山，据说为今位于湖北荆门城的西象山。阳，山之南、水之北为阳。

②葭（jiā）墙蓬室：以芦苇作墙，以蓬蒿搭的房屋。葭，芦苇。

③蓍（shī）席：蓍草编织的席子。

④衣缊（yùn）食菽（shū）：穿着旧绵絮做的衣服，吃着豆类粗粮。缊，乱麻，旧绵絮。菽，豆类的总称。

⑤畚（běn）：畚箕，用竹、木等做的撮东西的器具。

⑥幸临：亲临。

⑦戴畚莱、挟薪樵：顶着一畚箕野草，夹着柴草。

⑧鞭捶（chuí）：鞭子。此作用动用，鞭打。

⑨铁钺（fū yuè）：斫刀和大斧，此作动词用。

⑩授：梁端云："授"当作"受"。

⑩解毛：脱掉的毛。

⑪遗粒：遗落的粮食。

⑫落：小村落。

⑬聚：大村落。

⑭"衡门之下"几句：语见《诗经·陈风·衡门》。意谓：横木做门框的房子，也可以栖息。泌水清澈流淌，也可以充饥肠。衡门，即

横门，横木为门，极言其简陋。栖迟，叠韵联绵词，游息之意。洋洋，水流不竭貌。

⑮莞（guān）葭为盖：蒲草芦苇为房顶。莞，俗称席子草，水葱一类的植物。

【译文】

楚老莱妻，是楚国老莱子的妻子。老莱子逃离世俗，在蒙山南面耕种。住着芦苇作墙、以蓬蒿搭盖的房屋，睡着木棍做的床、蓍草编织的席子，穿着旧绵絮做的衣服，吃着豆类粗粮，开垦山地播种。有人对楚王说："老莱，是个贤士。"楚王想用玉璧丝帛聘请老莱子，担心他不来。楚王就驾车到老莱子的家门，老莱子正在织畚箕。楚王说："我愚笨浅陋，单独守着宗庙，希望先生能够亲临助我。"老莱子说："我是山野粗人，不能够主持国政。"王又说："独自守国的我，希望能够改变先生的志向。"老莱子说："好吧。"王离开后，老莱子的妻子顶着一畚箕野草、夹着柴草回来了，说："怎么这么多车辙呢？"老莱子说："楚王想让我守护国政。"妻子说："答应了吗？"回答说："是的。"妻子说："我听说：可以喂给你酒肉的人，同时也可以鞭打你。可以授给你官职爵禄的人，同时也可以拿着斧头砍刀杀死你。现在先生接受人家的酒肉，领受人家的官职俸禄，就是被人所控制啊。能够免于祸患吗？我不能被别人控制。"老莱子妻抛下畚箕草莱离去。老莱子说："你回来，我为你改变想法。"妻子坚决离开而不回头，一直到江南才停下来，说："鸟兽脱掉的毛，可以纺织穿衣。依靠鸟兽遗留的粮食，也足够我吃了。"于是老莱子跟随他的妻子居住下来。民众跟随他们安家的，一年就形成了小村落，三年形成了大村落。君子认为老莱子的妻子果断地追求善。《诗经》说："横木做门框的房子，也可以栖息。泌水清澈流淌，也可以充饥肠。"说的就是这种情况。

颂说：老莱与其妻，逃世蒙山阳。蓬蒿搭成屋，莞葭房顶盖。楚王聘请他，老莱欲前往。妻说世道乱，最终竟逃亡。

楚於陵妻

【题解】

此篇与《韩诗外传·卷九》"楚庄王使使赍金百斤聘北郭先生"的故事内容和主要情节相同，但是主人公的名字由北郭先生变为了於陵子终，当为传述异文所致。於陵子终在面临出仕隐居的人生重大选择时，首先想到的是咨询其妻，可见於陵之妻平日的威望与德行。於陵之妻对于仕、隐两种生活方式有鲜明的价值判断：前者不过得容膝之安、一肉之味，却要怀性命之忧；后者自食其力，又有琴书之乐。两者相比，高下自见。於陵之妻对隐士人生哲学所做的精辟阐释，引起了后代文士的强烈共鸣。例如，孙绰《遂初赋》序言："余少慕老庄之道，仰其风流久矣，却感於陵贤妻之言，怅然悟之。"

楚於陵子终之妻也①。楚王闻於陵子终贤，欲以为相，使使者持金百镒，往聘迎之。於陵子终曰："仆有箕帚之妾②，请入与计之。"即入，谓其妻曰："楚王欲以我为相，遣使者持金来。今日为相，明日结驷连骑③，食方丈于前④，可乎？"妻曰："夫子织屦以为食⑤，非与物无治也⑥。左琴右书，乐亦在其中矣。夫结驷连骑，所安不过容膝⑦。食方丈于前，所甘不过一肉。今以容膝之安、一肉之味，而怀楚国之忧，其可乎！乱世多害，妾恐先生之不保命也。"于是子终出，谢使者而不许也。遂相与逃，而为人灌园。君子谓於陵妻为有德行。《诗》云："愔愔良人，秩秩德音⑧。"此之谓也。

颂曰：於陵处楚，王使聘焉。入与妻谋，惧世乱烦。进往遇害，不若身安。左琴右书，为人灌园。

【注释】

①楚於（wū）陵子终："楚"乃"齐"之误。今山东济南长山县有於陵仲子墓。於陵子终，即陈仲子，据皇甫谧《高士传》，陈仲子为战国时齐国人，陈姓之族，其兄戴相于齐，食禄万钟，以为不义，乃离家隐居于於陵。於陵，古地名。主要在今山东周村及邹平东南。子终，亦被写作"子中""子仲"。

②箕（jī）帚之妾：持畚箕、扫帚的奴婢，借作妻妾之谦称。

③结驷连骑：随从、车马众多，形容排场阔绰。

④食方丈于前：吃饭时面前一丈见方的地方摆满了食物，形容吃的阔气。

⑤织屦（jù）：用麻、草、丝、革等为材料编织鞋子。

⑥非与物无治：《韩诗外传》此句无"非"字。无治，没有关系。

⑦容膝：仅能容纳双膝，多形容容身之地狭小。

⑧惜惜（yīn）良人，秩秩德音：语见《诗经·秦风·小戎》，《毛诗》作"厌厌良人"。意谓：安静柔和的那个人，彬彬有礼声誉高。厌厌，安静柔和貌。良人，指女子的丈夫。秩秩，有礼节，一说聪明多智貌。德音，好声誉。一说善言，口才好。

【译文】

楚於陵妻，是楚国於陵子终的妻子。楚王听说於陵子终贤能，想让他做国相，派遣使者带着百镒黄金，前去聘任迎接。於陵子终说："我有妻子，请让我进门和她商量一下。"於陵子终走进室内，对妻子说："楚王想让我做国相，派遣使者拿着黄金来迎接。今天做了相，明天就会有许多随从和车马，吃饭时面前摆满一丈见方的饭菜，可以吗？"妻子说："您编织鞋子养活自己，与外面的事物不相干。左琴右书，自有其乐。随从和车马众多，所安身的只需要很小的地方。饭菜在面前摆满一丈见方，所喜欢吃的不过是一味肉食。现在因为安身的一小块地方、一味肉食，而担负楚国的忧患，这可以吗？乱世多祸害，我担心先生不能保全性命。"于是子终走出来,谢绝使者而不答应做官。于是子终带着妻子一起逃走,替别人浇灌园田为生。君子认为於陵妻子称得上有德行。《诗经》说:"安静柔和的那个人,彬彬有礼声誉高。"说的就是这种情况。

　　颂说:於陵子终居于楚,楚王派人聘为官。子终进门与妻谋,忧惧世道多烦乱。前去做官会遇害,不若退隐身平安。左琴右书乐其间,后又替人去灌园。

卷之三 仁智传

惟若仁智，豫识难易①。原度天道，祸福所移。归义从安，危险必避。专专小心②，永惧匪懈③。夫人省兹④，荣名必利。

【注释】

①豫：通"预"，事先，预先。

②专专：专一，集中。

③匪懈：不懈怠。匪，通"非"。

④省（xǐng）：泛指观看、阅览，引申为检查（多指对自己的思想行为）。

【译文】

那些仁爱聪慧女，预先能知难与易。推究揣度天之道，懂得祸福所转移。归附正义求心安，危险一定能躲避。专一小心常谨慎，永怀畏惧不松懈。夫人省察其中理，光荣声名必增益。

密康公母

【题解】

此篇内容取材于《国语·周语》，但添加了密康公之母姓隗氏的介绍以及文后的评论。由此，故事的主题从原来对嘉言智语的记录，变为密康公之母的简短传记。密康公之母劝儿子将泾河边上得到的三位私奔之女献给周王，理由在于密为小国，不能超越权位名分贪图众女。但是密康公不听，最终导致了灭国之祸。密康公母亲谨慎谦卑和睹祸于未萌的先见之明，令人敬佩。

密康公之母[①]，姓隗氏。周共王游于泾上[②]，康公从，有三女奔之[③]。其母曰："必致之王[④]。夫兽三为群，人三为众，女三为粲[⑤]。王田不取群[⑥]，公行下众[⑦]，王御不参一族[⑧]。夫粲美之物归汝，而何德以堪之[⑨]？王犹不堪，况尔小丑乎[⑩]！"康公不献，王灭密。君子谓密母为能识微。《诗》云："无已大康，职思其忧[⑪]。"此之谓也。

颂曰：密康之母，先识盛衰。非刺康公，受粲不归。公行下众，物满则损。俾献不听[⑫]，密果灭殒[⑬]。

【注释】

①密康公：西周诸侯国密国国君。密国，在今甘肃灵台一带。

②周共王游于泾（jīng）上：周共王到泾水一带游玩。周共王，姬姓，名繄扈（yī hù，一作伊扈），周穆王姬满之子，西周第六位君主，前922—前900年在位，谥共王，一作恭王。泾，泾河，水名，发源于宁夏，经甘肃、陕西流入渭河。

③奔：私奔，女子私自投奔所爱的人，不遵依聘娶礼仪而与男子结合。

④致：进献。

⑤粲：美好。

⑥王田不取群：王者田猎，获三只野兽，王不尽取，因其害深也。田，同"畋"，打猎。

⑦公行下众：诸侯登车而行，遇到三人则下车。

⑧王御不参一族：王者娶妻不同时娶一族的三人。参，同"三"。

⑨堪：承受。

⑩小丑：小人物之类。丑，类。

⑪无已大（tài）康，职思其忧：行乐不可太过度，还应考虑它可能带来的忧愁。无，勿。已，甚，过度。一说通"以"，用。大康，过于享乐。大，同"太"。职，当，应该。

⑫俾（bǐ）：使。

⑬殒：丧失生命，死亡。

【译文】

密康公母，是密国康公的母亲，姓隗氏。周共王在泾河边上游玩，康公跟随，有三个女子私奔追随他。他的母亲说："一定要献给王。三只野兽称为群，三个人称为众，三个女子称为粲。王打猎不收尽三只野兽，诸侯出行遇到众人下车，王娶妻不娶同一族的三个女子。粲美的三个女子归于你，你有什么德行来承受呢？王还不能承受，何况你这样的小人物呢！"康公没有把三个女子献给王，王灭掉了密国。君子认为密康公的母亲能够识别微小的先机。《诗经》说："行乐不可太过度，还应考虑它可能带来的忧愁。"说的就是这种情况。

颂说：密国康公的母亲，预先识别盛衰因。批评儿子密康公，接受三女而不归。诸侯出行犹下众，事情盈满则招损。劝公献女不听从，密国果然被灭殒。

楚武邓曼

【题解】

此篇整合了散见于《左传·桓公十三年》《左传·庄公四年》的历史片段，更加完整生动地表现了邓曼的远见卓识。莫敖率兵攻罗，斗伯比预判其会失败,但提出的建议是增援军队。这在群帅尽领楚兵出战的情形下,并不现实。邓曼认为应该通过严明的刑罚使莫敖不得不谨慎防备,以避免败乱,显然更为高明合理。邓曼又能够预知天命,楚王伐随之前心跳失常,邓曼判断其为死于军中的征兆,后来果然如此。总之,邓曼明智谨慎,是楚王的贤内助。

邓曼者①,武王之夫人也②。王使屈瑕为将③,伐罗④。屈瑕号莫敖⑤,与群帅悉楚师以行⑥。斗伯比谓其御曰⑦:"莫敖必败。举趾高⑧,心不固矣。"见王曰:"必济师⑨。"王以告夫人邓曼,曰:"大夫非众之谓也,其谓君抚小民以信,训诸司以德⑩,而威莫敖以刑也。莫敖狃于蒲骚之役⑪,将自用也⑫,必小罗⑬。君若不镇抚,其不设备乎!"于是王使赖人追之⑭,不及。莫敖令于军中曰:"谏者有刑。"及鄢⑮,师次乱济⑯。至罗,罗与卢戎击之⑰,大败。莫敖自经荒谷⑱,群帅因于冶父以待刑⑲。王曰:"孤之罪也。"皆免之。君子谓邓曼为知人。《诗》云:"曾是莫听,大命以倾⑳。"此之谓也。

【注释】

①邓:古国名。在今河南邓州。

②武王:芈(mǐ)姓,熊氏,名通,楚厉王(楚蚡冒)之弟,春秋时期楚国国君,前740—前690年在位。

③屈瑕(? —前699):楚宗室后裔,或谓楚武王子,春秋初楚国大臣。

④罗:国名。与楚国同族,在今湖北宜城西。

⑤莫敖:春秋战国时楚国设置,军吏,卿爵。

⑥悉:尽,全。

⑦斗(dòu)伯比:亦名熊伯比,春秋时期楚国君主若敖熊仪之幼子,

霄敖熊坎弟,斗邑人(今湖北郧西)。春秋时期著名楚国令尹,斗氏鼻祖。

⑧举趾:举足,抬脚。趾,脚。

⑨济师:增援军队。

⑩诸司:各类官吏。

⑪狃(niǔ)于蒲骚之役:习惯了蒲骚之战。狃,拘泥,因袭,习惯了不愿改变。蒲骚之役,周桓王十九年(前701),楚大夫屈瑕率军在蒲骚(今湖北应城西北)以少胜多击败郧军的战役。郧国,亦作鄙国,统治地域在今湖北安陆一带。

⑫自用:凭主观意图行事,自以为是。

⑬小罗:轻视罗国。

⑭赖人:在楚国做官的赖国人。赖国,周代分封的诸侯国,国君为姬姓,子爵,其地望说法不一,有湖北随州说、河南鹿邑说等。

⑮鄢(yān):古水名。即今湖北中部汉水支流蛮河。

⑯次乱:行列次序混乱。

⑰卢:国名。妫姓,在今湖北南漳东北,中原诸国称其为卢戎。

⑱自经荒谷:自己在荒谷上吊。

⑲冶父:地名。在今湖北江陵南。

⑳曾是莫听,大命以倾:语见《诗经·大雅·荡》。意谓:怎么这样不听人劝告,国家法度将要倾亡。曾是,怎么这样。大命,国家重要政令,法度。

【译文】

邓曼,是楚武王的夫人。王让屈瑕做将军,讨伐罗国。屈瑕号称莫敖,他与将军们率领楚国的全部军队出发了。斗伯比对他的车夫说:"莫敖一定会失败。他抬脚高,心思不稳固啊。"于是他去见王说:"一定要增援军队。"武王把这件事情告诉了夫人邓曼,邓曼说:"大夫的意思不是指增加军队人数,他说的是国君用信用镇抚小民,用德行训导各类官吏,而用刑法威慑莫敖。莫敖习惯了蒲骚之战的胜利，将会自作主张，一定会轻视罗国。国君如果不镇抚，他大概不会严备设防！"于是武王派赖人追赶军队，没有追上。莫敖在军中下命令说："敢于进谏的人会被处刑。"到了鄢水，军队过河的次序混乱。到了罗，罗与卢戎合击，楚军大败。莫敖自己在荒谷上吊自杀，其他将领被囚禁在冶父等待处罚。楚王说："这是我的罪过。"于是赦免了所有人。君子认为邓曼可以称得上知人。《诗经》说："怎么这样不听人劝告，国家法度将要倾亡。"说的就是这种情况。

王伐随且行①，告邓曼曰："余心荡②，何也？"邓曼曰："王德薄而禄厚，施鲜而得多③。物盛必衰，日中必移。盈而荡，天之道也。先王知之矣，故临武事，将发大命，而荡王心焉。若师徒毋亏④，王薨于行⑤，国之福也。"王遂行，卒于樠木之下⑥。君子谓邓曼为知天道。《易》曰："日中则昃，月盈则亏，天地盈虚，与时消息⑦。"此之谓也。

颂曰：楚武邓曼，见事所兴。谓瑕军败，知王将薨。识彼天道，盛而必衰。终如其言，君子扬称。

【注释】

①伐随且行：讨伐随国，即将出发。随，西周初在湖北分封的一个姬姓诸侯国，故地在今湖北随州等地区。且，将近。

②心荡：心跳不安。

③鲜：少。

④师徒毋亏：军队没有败亡。毋，无，没有。

⑤薨（hōng）：古代称天子、诸侯或有爵位的大官之死为薨。

⑥樠（mán）木：一种木材像松木的树木。

⑦"日中则昃（zè）"几句：语见《周易·丰卦·彖（tuàn）传》。意

谓：太阳运行到中天就会向西偏移，月亮圆满之后就会亏缺，天地间的圆满与缺失，都是随着时间而消亡、生息。昃，太阳偏西。消，消减。息，生长。

【译文】

武王讨伐随国即将出发，告诉邓曼说："我心跳不安，为什么呢？"邓曼说："王的德行薄而福禄丰厚，施舍少而所得很多。事物盛极必衰，太阳过了中午一定会西移。盈满而震荡，这是天道。先王知道这些，所以面临战事，将要发布重大命令，而让王心震荡。如果军队没有亏损败亡，王在行伍中去世，就是国家的福气了。"武王于是率军出发，死在了樠树之下。君子认为邓曼懂得天道。《周易》说："太阳运行到中天就会向西偏移，月亮圆满之后就会亏缺，天地间的圆满与缺失，都是随着时间而消亡、生息。"说的就是这种情况。

颂说：楚武王之妻邓曼，能够看到事所兴。认为屈瑕军必败，也能预知王将薨。邓曼懂得天之道，极盛之后衰败兴。最终果然如她言，君子称道扬美名。

许穆夫人

【题解】

许穆夫人赋《载驰》之诗，见于《左传·闵公二年》《韩诗外传·卷二》，但许穆夫人在齐、许之间选嫁之事并不见于刘向之前的传世典籍。周代贵族的婚姻，并非个人家庭私事，而是承担着联络异姓诸侯、结成同盟阵营的政治功能。正是基于这种认识，许穆夫人出嫁前讽劝父亲答应齐之求婚，以便于国有危难之时有所求助，但卫懿公虑不及此。后来许国果然不能够在狄人入侵卫国时提供帮助，反倒是齐桓公有再造卫国之功，这验证了许穆夫人的先见之明。

还需一提的是，依据《左传》记载，许穆夫人为公子顽与宣姜所生，而公子顽与卫懿公之父卫惠公为同父异母的兄弟，因此许穆夫人与卫懿公应为同辈关系，而非父女。此篇记载的卫懿公与许穆夫人的关系错误，或为小说家虚构，但这无疑有利于渲染许穆夫人超出父辈的智慧，增强了故事的戏剧性。

　　许穆夫人者[①]，卫懿公之女[②]，许穆公之夫人也[③]。初，许求之，齐亦求之，懿公将与许。女因其傅母而言曰："古者诸侯之有女子也，所以苞苴玩弄[④]，系援于大国也。言今者许小而远[⑤]，齐大而近。若今之世，强者为雄。如使边境有寇戎之事[⑥]，维是四方之故，赴告大国，妾在，不犹愈乎？今舍近而就远，离大而附小，一旦有车驰之难[⑦]，孰可与虑社稷？"卫侯不听，而嫁之于许。其后翟人攻卫[⑧]，大破之，而许不能救。卫侯遂奔走涉河，而南至楚丘。齐桓往而存之，遂城楚丘以居[⑨]。卫侯于是悔不用其言。当败之时，许夫人驰驱而吊唁卫侯，因疾之[⑩]，而作诗云："载驰载驱，归唁卫侯。驱马悠悠，言至于漕。大夫跋涉，我心则忧。既不我嘉，不能旋反。视尔不臧，我思不远[⑪]。"君子善其慈惠而远识也。

　　颂曰：卫女未嫁，谋许与齐。女讽母曰[⑪]，齐大可依。卫君不听，后果遁逃。许不能救，女作《载驰》。

【注释】

①许：国名。周初所封，姜姓，统治区域包括今河南许昌及临颍北、鄢陵西南一带广大地域。

②卫懿公：姬姓，名赤，惠公子，前668—前660年在位。他淫乐奢侈，爱好养鹤，臣民多怨，狄人破卫，被杀。

③许穆公：姜姓，许氏，名新臣，为春秋诸侯国许国君主之一，前
　697—前656年在位。

④苞苴（jū）：指包装鱼肉等用的草袋，也指馈赠的礼物。

⑤言：王照圆曰："'言'字衍也。"

⑥寇戎：敌军来犯。

⑦车驰之难：遇到敌人驾车奔驰前来进攻的祸难。

⑧翟（dí）：同"狄"，我国古代对北方民族的称呼。

⑨楚丘：古地名。春秋卫地，在今河南滑县东。

⑩疾：痛伤。

⑪"载驰载驱"几句：语见《诗经·鄘风·载驰》。意谓：快马加鞭
　驾着车，回去吊唁悼卫侯。路途漫长又遥远，终于到达卫漕邑。
　大夫远途跋涉来，使我内心发悲愁。既然不肯赞同我，哪能返身
　回许地。虽然你们亏待我，我忧宗国难消愁。载，语助词。驰，孔
　疏："走马谓之驰，策马谓之驱。"唁（yàn），向死者家属表示慰问，
　此处不仅是哀悼卫侯，还有凭吊宗国危亡之意。悠悠，形容道路
　悠远。漕（cáo），卫国邑名。跋涉，登山涉水。嘉，认为好，赞许。
　旋反，回归。反，同"返"。视，表示比较。臧，好，善。思，忧思。
　远，摆脱。

⑫讽：用含蓄委婉的话暗示、规劝或指责。

【译文】

　　许穆夫人，是卫懿公的女儿，许穆公的夫人。当初许国向她求婚，齐国也求婚，懿公将答应许国。女儿通过傅母而向卫侯说："古代诸侯生了女儿，就是把她当作礼物玩好，用来与大国联系和求得援助。现在许国又小又远，齐国又大又近。像现在这样的世道，强大者称雄。假如边境上出现敌寇戎人来侵犯的事情，想要与四方友邦联系，去向大国求助，我在，不是好些吗？现在舍弃近国而去远国，疏离大国而亲附小国，一旦有了敌人驾车奔驰前来进攻的祸难，谁可以与我们一块儿考虑社稷呢？"卫

侯不听，而将女儿嫁到了许国。后来翟人进攻卫国，大破卫军，而许国不能救援。卫侯于是逃过了黄河，向南到了楚丘。齐桓公前往存护卫侯，就在楚丘建城安居了下来。卫侯也后悔没听女儿的话。当卫国败亡的时候，许夫人驾着快车前去吊唁卫侯，痛伤他的不幸，而作诗说："快马加鞭驾着车，回去吊唁悼卫侯。路途漫长又遥远，终于到达卫漕邑。大夫远途跋涉来，使我内心发悲愁。既然不肯赞同我，哪能返身回许地。虽然你们亏待我，我忧宗国难消愁。"君子称赞许穆夫人慈惠而又有远见卓识。

颂说：卫侯女儿未出嫁，思忖嫁许还是齐。女儿讽劝父母说，齐国强大可凭依。卫侯不听女儿言，后来仓皇去逃离。许国小弱不能救，女儿痛伤作《载驰》。

曹僖氏妻

【题解】

僖负羁及其妻的故事，见于《左传·僖公二十三年》《左传·僖公二十八年》《国语·晋语四》《韩非子·十过》《史记·晋世家》等文献。僖负羁之妻，由流亡晋公子重耳从臣的才干，预判重耳将来定会成为晋国国君并称霸诸侯，因此劝夫礼遇他。僖负羁在其妻的劝说之下，通过赠送壶餐加璧的方式，表达了对重耳的善意。最终，这一行为带来了僖负羁家族邻里在晋军入境之时的保全，僖负羁之妻的先见之明和知人之慧跃然纸上。

实际上，根据《左传·僖公二十八年》记载，晋军入曹时，确实下令"无入僖负羁之宫，而免其族，报施也"，但是引起了魏犨、颠颉的嫉妒和不平，于是烧了僖负羁之家。也就是说，僖负羁之妻的见识最终并没有带来完满结果。此篇为了突出僖负羁之妻的形象，抹去了这一史实，表现了编者的价值倾向和主观塑造。

曹大夫僖负羁之妻也①。晋公子重耳亡，过曹，恭公不礼焉②。闻其骈胁③，近其舍，伺其将浴，设微薄而观之④。负羁之妻言于夫曰："吾观晋公子，其从者三人⑤，皆国相也。以此三人者皆善戮力以辅人⑥，必得晋国。若得反国，必霸诸侯而讨无礼，曹必为首。若曹有难，子必不免，子胡不早自贰焉⑦？且吾闻之：'不知其子者，视其父；不知其君者，视其所使。'今其从者皆卿相之仆也⑧，则其君必霸王之主也。若加礼焉，必能报施矣⑨。若有罪焉，必能讨过。子不早图，祸至不久矣。"负羁乃遗之壶餐⑩，加璧其上，公子受餐反璧。及公子反国，伐曹，乃表负羁之闾，令兵士无敢入。士民之扶老携弱而赴其闾者，门外成市。君子谓僖氏之妻能远识。《诗》云："既明且哲，以保其身⑪。"此之谓也。

颂曰：僖氏之妻，厥知孔白⑫。见晋公子，知其兴作。使夫馈餐，且以自托。文伐曹国，卒独见释。

【注释】

①曹：周初封国，姬姓、伯爵，疆域大致辖今山东西南部。

②恭公：姬姓，名襄，曹昭公之子，春秋时期曹国第十六位国君，前652—前618年在位。

③骈胁：肋骨密排相连，宛如一骨。

④设微薄而观之：设置了一个隐蔽的帘子，去窥探他。微，隐蔽。薄，帘子。

⑤其从者三人：据《左传·僖公二十三年》，当时跟随重耳的有狐偃、赵衰、颠颉、魏犫、胥臣等，不止三人。

⑥戮（lù）力：协力，合力，尽力。戮，通"勠"，并力。

⑦子胡不早自贰焉：您为什么不早点把自己和曹君区别开呢？贰，两样。

⑧卿相之仆：可做卿相的仆从。

⑨报施：报酬，报答。

⑩壶飱：用壶盛的汤饭或其他熟食。

⑪既明且哲，以保其身：语见《诗经·大雅·烝民》。意谓：既明事理又聪慧，善于应付保自身。哲，智。保，守。

⑫知：同"智"。孔白：非常显著。

【译文】

曹僖氏妻，是曹国大夫僖负羁的妻子。晋公子重耳流亡，经过曹国，曹恭公不以礼相待。曹恭公听说重耳的肋骨连在了一起，就靠近他的房舍，趁他将要洗澡的时候，设置了一张隐蔽的薄帘子去窥探他。僖负羁的妻子对丈夫说："我观察晋国公子，他的三个随从，都是具有相国才干的人。因这三个人都善于齐心协力辅佐一个人，公子一定能得到晋国君位。如果公子能够返回晋国，一定会称霸诸侯而讨伐对他无礼的人，曹国必然首当其冲。如果曹国有难，您必然不能免除，您为什么不早点把自己和曹君区别开呢？而且我听说：'不了解儿子的，就观察他父亲；不了解国君的，就观察他所使唤的臣子。'现在他的随从者都是具有卿相之才的，那么他的君主一定会是霸主。如果施以礼敬，将来一定能得到报答。如果犯下罪过，将来一定受到讨伐。您不早做打算，灾祸到来就不远了。"僖负羁就赠给重耳一壶食物，在上面放了玉璧，公子接受了食物返回了玉璧。等到公子回国后，讨伐曹国，就在僖负羁的闾里做了标识，命令兵士不准进入。士民扶老携幼到僖负羁的闾巷躲藏，门外形成了集市。君子认为僖负羁的妻子有远见。《诗经》说："既明事理又聪慧，善于应付保自身。"说的就是这种情况。

颂说：曹国僖负羁之妻，她的智慧很显著。一见晋国之公子，就知他会成霸主。劝说丈夫赠餐食，也是希望得照顾。晋文后来伐曹国，单有僖氏被保护。

孙叔敖母

【题解】

这个故事最早见于贾谊《新书·春秋》，刘向除了将其采录于本书外，还收入了《新序》。孙叔敖遭遇两头蛇，担心将来会有他人看见而致死，于是杀了两头蛇，由自己一人承担可能带来的不幸后果。这种善良的品性，应为孙叔敖母平日言传身教的结果。孙叔敖之母安慰儿子：阴德会有阳报，德行能够战胜灾祥，天助有德。这种观念是周初以来天佑有德思想的延续和发展，后来逐渐沉淀为中国人最深层的道德信念。孙叔敖之母珍视儿子的道德品质，并预言其会振兴楚国，后来孙叔敖果然成为一代贤臣。孙叔敖之母教子以德的形象，赢得了后人的赞赏。1965年山西大同发现的北魏司马金龙墓葬屏风中，就绘有孙叔敖母的形象。诗文中也多引用此典，例如东汉《李翊夫人碑》中云"敬姜诲子，叔敖阴恩"。

　　楚令尹孙叔敖之母也①。叔敖为婴儿之时，出游，见两头蛇②，杀而埋之。归见其母而泣焉，母问其故，对曰："吾闻见两头蛇者死。今者出游见之。"其母曰："蛇今安在？"对曰："吾恐他人复见之，杀而埋之矣。"其母曰："汝不死矣。夫有阴德者③，阳报之。德胜不祥，仁除百祸。天之处高而听卑。《书》不云乎：'皇天无亲，惟德是辅④。'尔嘿矣⑤，必兴于楚。"及叔敖长，为令尹。君子谓叔敖之母知道德之次。《诗》云："母氏圣善⑥。"此之谓也。

　　颂曰：叔敖之母，深知天道。叔敖见蛇，两头歧首。杀而埋之，泣恐不及⑦。母曰阴德，不死必寿。

【注释】

①令尹：楚国在春秋战国时期的最高官衔，对内主持国事，对外主持战争，总揽军政大权于一身，多由楚国同姓贵族担任，亦有少数外姓之人为之。孙叔敖（前630—前593），芈姓，名敖，字叔敖，楚国名相，春秋时期杰出的政治家。

②两头蛇：一种无毒蛇，因尾与头部相似，并有与头部相同的行动习性，故称两头蛇。

③阴德：暗中做的有德于人的事。

④皇天无亲，惟德是辅：见于今《尚书·蔡仲之命》。意谓：上天公正无私，总是帮助品德高尚的人。

⑤嘿：同"默"，不说话，不出声。

⑥母氏圣善：语见《诗经·邶风·凯风》。意谓：母亲明理有美德。

⑦及：王照圆曰："'及'字失韵，或当作'久'。"

【译文】

孙叔敖母，是楚国令尹孙叔敖的母亲。孙叔敖还是儿童的时候，外出游玩，看见两头蛇，杀死并埋掉了它。孙叔敖回到家看见母亲而哭泣，母亲问原因，他回答说："我听说看见两头蛇的人会死去，今天我出去玩耍看见了。"他的母亲说："现在蛇在哪里？"回答说："我担心其他人又看见它，就把它杀死埋掉了。"他的母亲说："你不会死的。在暗地里积德的人，必定在阳世得到回报。德行战胜不祥，仁爱消除百祸。天位于高处但能听到低处。《尚书》不是说吗：'上天公正无私，总是帮助品德高尚的人。'你不用说这件事，将来你一定能在楚国兴起。"等到孙叔敖长大，果然做了令尹。君子认为孙叔敖的母亲懂得道德因果关系。《诗经》说："母亲明理有美德。"说的就是这种情况。

颂说：楚国叔敖的母亲，深知天道祸福因。叔敖外出看见蛇，奇怪长着两只头。叔敖杀蛇掩埋掉，哭泣唯恐命不久。母亲说此积阴德，不会死去必长寿。

晋伯宗妻

【题解】

此篇乃据《左传·成公十五年》《国语·晋语五》演绎成文。晋厉公时期，国君与卿大夫之间的矛盾异常尖锐，后来还发生了晋厉公灭三郤、厉公又被栾书等人杀死的政变。在这种复杂的政治形势下，伯宗喜好直辩凌人的性格，确实容易招来杀身之祸。伯宗妻为避免此灾，不断劝诫伯宗要谨慎远谋，但也清醒地看到其天性难易，就退而求其次，最终使得儿子伯州犁在灾祸来临之际得以逃至楚国。伯宗妻明敏、冷静、睿智的形象，丰富了中国古代女性人物形象的画廊。

晋大夫伯宗之妻也。伯宗贤，而好以直辩凌人。每朝①，其妻常戒之曰："盗憎主人，民爱其上②。有爱好人者，必有憎妒人者。夫子好直言，枉者恶之③，祸必及身矣。"伯宗不听，朝而以喜色归。其妻曰："子貌有喜色，何也？"伯宗曰："吾言于朝，诸大夫皆谓我知似阳子④。"妻曰："实谷不华⑤，至言不饰⑥，今阳子华而不实，言而无谋，是以祸及其身，子何喜焉！"伯宗曰："吾欲饮诸大夫酒，而与之语，尔试听之。"其妻曰："诺。"于是为大会⑦，与诸大夫饮。既饮，而问妻曰："何若？"对曰："诸大夫莫子若也⑧，然而民之不能戴其上久矣⑨，难必及子。子之性固不可易也⑩，且国家多贰⑪，其危可立待也。子何不预结贤大夫，以托州犁焉⑫？"伯宗曰："诺。"乃得毕羊而交之⑬。及栾不忌之难⑭，三郤害伯宗⑮，谮而杀之⑯。毕羊乃送州犁于荆，遂得免焉。君子谓伯宗之妻知天道。《诗》云："多将熇熇，不可救药⑰。"伯宗之谓也。

　　颂曰：伯宗凌人，妻知且亡。数谏伯宗，厚许毕羊。属以州犁[18]，以免咎殃。伯宗遇祸，州犁奔荆。

【注释】

①朝：上朝。

②爱：当为"恶"，涉下而误。恶，厌恶。

③枉者：不正的人，邪恶者。

④知：同"智"，智慧。阳子：即阳处父（？—前621），春秋时晋国大夫，因封邑于阳地（今山西太谷阳邑村），遂以阳为氏，曾在晋文公时期协助晋、楚两国恢复正常的外交关系，襄公时任太傅。

⑤实谷不华：饱满的谷粒不见有花。

⑥至言不饰：至当的言论不用修饰。

⑦为大会：组织盛大的宴会。

⑧莫：原作"慕"，据王照圆本改。

⑨戴：拥戴。

⑩易：改易，改变。

⑪贰：背离，怀有二心。

⑫州犁（？—前541）：伯氏，名州犁，晋国大夫伯宗之子，其父伯宗遇难时逃到楚国，做了楚国的太宰。

⑬毕羊：春秋时期晋国大夫。

⑭栾不忌（？—前576）：也作"栾弗忌"，晋国大夫，伯宗同党，三郤害伯宗，并害及弗忌。

⑮三郤（xì）：原脱"三"，据梁端本补。三郤指郤氏家族的郤锜、郤犨（chōu）、郤至的合称，他们曾经掌握晋国大权，后被晋厉公所杀。

⑯谮（zèn）：说坏话诬陷别人。

⑰多将熇熇（hè），不可救药：语见《诗经·大雅·板》。意谓：多做
　不义的事情不收场，将会不可救药。将，行，做。熇熇，火势炽烈
　的样子，此指一发不可收拾。

⑱属：同"嘱"，托付。

【译文】

　　晋伯宗妻，是晋国大夫伯宗的妻子。伯宗贤能，但喜欢直言博辩凌
驾于人。每次上朝，他的妻子经常告诫他说："盗贼憎恨主人，百姓厌恶
在上者。一个人有人爱好喜欢，也一定有人憎恶嫉妒。您喜欢直言不
讳，邪恶的人厌恶你，一定会让灾祸降临啊。"伯宗不听，一次上朝回来，
面带喜色。他的妻子说："你面带喜色，为什么呢？"伯宗说："我在朝中
发言，诸位大夫都说我的智慧类似阳子。"妻子说："饱满的谷粒看不见
花，至当的言论不用修饰，现在阳子华而不实，说话没有谋略，因此灾祸
降身，你有什么可高兴的呢？"伯宗说："我想要请诸大夫饮酒，而与他们
谈论，你试着听听。"他的妻子说："好。"于是伯宗大会宾客，和诸大夫饮
酒。饮完酒后，伯宗问妻子："怎么样呢？"回答说："诸大夫没有比得上
你的，然而民众不能拥戴统治者已经很久了，灾难一定会波及你。你的
性格固然不可改变，而且国家多有怀着二心的人，危险可能马上就出现
了。你为何不预先结交贤大夫，把州犁托付给他呢？"伯宗说："好。"于
是认识了毕羊与他结交。等到栾不忌之难的时候，三郤忌恨伯宗，诬陷
杀死了他。毕羊就把州犁送到了楚国，州犁于是得以幸免。君子认为伯
宗的妻子懂得天道。《诗经》说："多做不义的事情不收场，将会不可救
药。"说的就是伯宗啊。

　　颂说：伯宗好凌人，妻知其将亡。数次谏伯宗，厚礼交毕羊。州犁托
给他，身以免咎殃。伯宗遇灾祸，州犁逃楚邦。

卫灵夫人

【题解】

此篇故事在传世文献中找不到明确出处,应为蘧伯玉系列传闻故事之一。蘧伯玉是春秋卫灵公时期的一位贤士,与孔子关系良好,孔子周游列国期间曾两次寄居于蘧伯玉家。孔子曾经称赞蘧伯玉人品曰:"君子哉,蘧伯玉! 邦有道,则仕;邦无道,可卷而怀之。"(《论语·卫灵公》)其他,《论语·宪问》《左传》《吕氏春秋》《淮南子》《新书》等典籍也描述过蘧伯玉的言行。

此篇的关注重点不在蘧伯玉,而在卫灵公夫人。不知该夫人是否即为南子,南子亦以知人著称,但因其名声不佳(例如本书《卫二乱女》所载),此处有可能讳称其名。卫灵公夫人由车声至阙而止,判断乘车之人当为蘧伯玉,因其在暗昧之处也不会懈怠放松。这种观念,与儒家的慎独思想不无相通之处。

卫灵公之夫人也①。灵公与夫人夜坐,闻车声辚辚②,至阙而止③,过阙复有声。公问夫人曰:"知此谓谁④?"夫人曰:"此必蘧伯玉也。"公曰:"何以知之?"夫人曰:"妾闻:礼,下公门,式路马⑤,所以广敬也。夫忠臣与孝子,不为昭昭信节⑥,不为冥冥堕行⑦。蘧伯玉,卫之贤大夫也,仁而有智,敬于事上。此其人必不以暗昧废礼,是以知之。"公使视之,果伯玉也。公反之,以戏夫人曰:"非也。"夫人酌觞⑧,再拜贺公⑨。公曰:"子何以贺寡人?"夫人曰:"始妾独以卫为有蘧伯玉尔,今卫复有与之齐者,是君有二贤臣也。国多贤臣,国之福也,妾是以贺。"公惊曰:"善哉!"遂语夫人其实焉。君子谓卫夫人明于知人道⑩。夫可欺而不可罔者⑪,

其明智乎!《诗》云:"我闻其声,不见其人⑫。"此之谓也。

颂曰:卫灵夜坐,夫人与存⑬。有车辚辚,中止阙门。夫人知之,必伯玉焉。维知识贤,问之信然。

【注释】

①卫灵公(前540—前493):姬姓,名元,春秋时期卫国第二十八代国君,前534—前493年在位。

②辚辚(lín):雷鸣声,车行声。

③阙:古代宫殿前的高台,通常左右各一,台上起楼观,二阙之间有道路。

④谓:通"为"。

⑤下公门,式路马:语见《礼记·曲礼》。意谓:过君主之门,必下车马;途遇君主之车马,则凭依车上横木以示敬意。式,车前的横木。

⑥不为昭昭信(shēn)节:不因为在明处人人都看得到而表现节义。昭昭,明。信,同"伸",伸展。

⑦不为冥冥堕行:不因为在暗处无人看见而怠堕行为。冥冥,晦暗。

⑧酌觞(shāng):把酒倒进杯子里。酌,斟酒。觞,酒器。

⑨再拜:拜了两次。

⑩人道:王照圆曰:"'道'字疑衍。"梁端曰:"'道'上疑脱'之'字。"二说皆可通。

⑪罔(wǎng):蒙蔽。

⑫我闻其声,不见其人:语见《诗经·小雅·何人斯》。意谓:我听到了他的声音,却没见到他的身影。

⑬与存:参与其间。

【译文】

卫灵夫人,是卫灵公的夫人。灵公与夫人夜晚同坐,听到车声辚辚,到宫阙停止了,过阙之后又有了声音。灵公问夫人说:"知道这是谁吗?"

夫人说:"这一定是蘧伯玉。"公说:"怎么知道呢?"夫人说:"我听说:按照礼仪,过君主之门,必下车马;途遇君主之车马,则凭依车上横木致敬,这些礼仪是用来增广敬意的。忠臣孝子,不因为在明处人人都看得到而表现节义,也不因为在暗处无人看见而怠堕行为。蘧伯玉,是卫国的贤大夫,仁爱而有智慧,恭敬地事奉君上。这样的人一定不会因为在暗处就废除礼仪,因此知道是他。"灵公派人探视,果然是蘧伯玉。灵公返回后,戏逗夫人说:"不是蘧伯玉。"夫人斟上酒,拜了两次祝贺灵公。灵公说:"你为什么祝贺我呢?"夫人说:"我一开始认为卫国只有一个蘧伯玉,现在卫国又有了与他不相上下的人,这是国君有二位贤臣。国君多贤臣,是国家的福气,我因此祝贺您。"灵公惊叹:"好啊!"于是就把实际情况告诉了夫人。君子认为卫夫人善于知人。可以欺骗而不可以蒙蔽的人,是很明智的啊!《诗经》说:"我听到了他的声音,却没见到他的身影。"说的就是这种情况。

颂说:卫国灵公夜晚坐,夫人与他在一起。车声辚辚远处来,经过阙门又中止。夫人由此就推知,必是贤臣蘧伯玉。夫人懂得识贤才,问讯之后确如此。

齐灵仲子

【题解】

此篇采自《左传·襄公十九年》。嫡长子继承制是周人确立的宗法制度,其原则为"立嫡以长不以贤,立子以贵不以长"。这有效保障了继承人的唯一性,避免了阴谋纷争。但在实际的政治运作中,嫡长子继承制常常由于种种原因而受到扰乱,从而导致了春秋时期列国政治的动荡。故事中,齐灵公无视嫡长子继承制规则,和仲子敬畏规则形成了鲜明对照,二人的愚、智之别由此可见。

齐灵仲子者，宋侯之女，齐灵公之夫人也①。初，灵公娶于鲁，声姬生子光②，以为太子。夫人仲子与其娣戎子③，皆嬖于公④。仲子生子牙，戎子请以牙为太子代光，公许之。仲子曰："不可。夫废常，不祥；闻诸侯之难⑤，失谋。夫光之立也，列于诸侯矣⑥。今无故而废之，是专绌诸侯⑦，而以难犯不祥也。君心悔之⑧。""在我而已。"仲子曰："妾非让也⑨，诚祸之萌也。"以死争之，公终不听，遂逐太子光，而立牙为太子，高厚为傅⑩。灵公疾，高厚隐迎光⑪。及公薨，崔杼立光而杀高厚⑫。以不用仲子之言，祸至于此。君子谓仲子明于事理。《诗》云："听用我谋，庶无大悔⑬。"仲子之谓也。

颂曰：齐灵仲子，仁智显明。灵公立牙，废姬子光。仲子强谏⑭，弃适不祥⑮。公既不听，果有祸殃。

【注释】

①齐灵公（？—前554）：姜姓，名环，齐顷公之子，春秋时期齐国国君，前581—前554年在位。

②声姬：据《左传》，齐灵公娶于鲁曰颜懿姬，无子，其陪嫁侄女鬷（zōng）声姬生子光，以为太子。

③娣（dì）：陪嫁的妹妹。

④嬖（bì）：受宠爱。

⑤难：责难，质问。

⑥列于诸侯：指公子光已经数次以太子身份参加诸侯盟会。

⑦绌：通"黜"，废免。

⑧君心悔之：王照圆曰："'心'当作'必'。'悔之'下脱'公曰'二字，见《左传》。"

⑨让：责让。

⑩高厚：齐国正卿。

⑪高厚隐迎光：据《左传》，此处的"高厚"应为"崔杼"。隐，暗中。

⑫崔杼（？—前546）：姜姓，崔氏，名杼，又称崔子、崔武子，春秋时期齐国大夫，在齐执政二十多年，后家族发生内讧，庆封乘机攻灭崔氏，崔杼上吊自杀。

⑬听用我谋，庶无大悔：语见《诗经·大雅·抑》。意谓：如果听用我的谋略，也许不致落到败亡的地步，而感到后悔不已。

⑭强（qiǎng）：竭力，尽力。

⑮适：繁体为"適"，通"嫡"。

【译文】

　　齐灵仲子，是宋侯的女儿，齐灵公的夫人。当初，灵公从鲁国娶妻，声姬生下儿子光，立光为太子。夫人仲子和她的陪嫁妹妹戎子，都受宠于齐灵公。仲子生下儿子牙，戎子请求让公子牙代替公子光为太子，灵公答应。仲子说："不行。废除常制，不吉祥；听到诸侯的责难，失策。光立为太子，已经名列诸侯。现在无故废弃，是专擅已意而轻视诸侯，以难办的事情犯了不祥的忌讳。您一定会后悔。"灵公说："这事情我做主。"仲子说："我不是责备你，是因其确实是祸端。"仲子以死抗争，灵公最终不听，于是驱逐太子光，而立公子牙为太子，高厚为师傅。灵公生病，崔杼暗地里迎回公子光。等到灵公去世，崔杼拥立光为国君而杀死了高厚。因为不听仲子的话，灾祸竟然到了这个地步。君子认为仲子明于事理。《诗经》说："如果听用我的谋略，也许不致后悔不已。"说的就是仲子这种情况啊。

　　颂说：齐灵夫人为仲子，仁爱智慧名显扬。灵公欲立公子牙，废掉声姬之子光。仲子竭力来劝谏，废除嫡子不吉祥。灵公最终没有听，后来果然有祸殃。

鲁臧孙母

　　此篇内容不见于之前的传世文献，可能采自古史逸事，小说家的意味甚浓。臧文仲历事鲁国庄公、闵公、僖公、文公四位国君，大体可以算是贤臣。例如，他曾因鲁国饥荒主动请缨去齐国请籴（《国语·鲁语上》），谏止过鲁僖公"焚巫、尪"以求雨（《左传·僖公二十一年》），在外交上也多有作为。但臧文仲也曾经违背礼制祭祀海鸟"爰居"，孔子曾疑其不足以称"知"，"臧文仲居蔡，山节藻梲，何如其知也"（《论语·公冶长》），也批评过其不推荐柳下惠（《论语·卫灵公》）。此篇所载臧文仲曾被困于齐的事迹，不见于他书，恐非史实。

　　故事的价值在于运用各种文学技巧塑造了臧孙母这个智慧聪颖的女性形象。在臧文仲出使齐国之前，臧孙母就对儿子"爱而知其恶"，看出其性格缺点及其可能会导致的危险，预告其免祸之方。接下来，臧文仲果然被拘于齐之后，写了模糊隐微的书信。在众人不知所云的情况下，臧孙母准确读出书信背后的信息。这不仅成功解救了儿子，也使鲁国避免了齐国的偷袭。可以看到，故事是将人物置于激烈的矛盾冲突中表现其性格特点，又用了渲染、烘托、对比的艺术手法，所以人物形象鲜明生动，让人过目不忘。

　　臧孙母者，鲁大夫臧文仲之母也[1]。文仲将为鲁使至齐，其母送之，曰："汝刻而无恩[2]，好尽人力，穷人以威[3]，鲁国不容子矣，而使子之齐。凡奸将作，必于变动，害子者其于斯发事乎？汝其戒之。鲁与齐通壁[4]，壁邻之国也[5]。鲁之宠臣多怨汝者，又皆通于齐高子、国子[6]，是必使齐图鲁而拘汝留之。难乎其免也！汝必施恩布惠，而后出以求助焉。"于是文仲托于三家^⑦，厚士大夫而后之齐。齐果拘之，而兴兵欲袭鲁。

【注释】

①臧文仲（？—前617）：姬姓，臧氏，名辰，春秋时鲁国大夫。

②刻：刻薄。

③穷人以威：以威势欺压人。穷，使窘困。

④鲁与齐通壁：鲁与齐屋庐墙壁相接。

⑤壁邻：墙壁相邻，指距离很近。

⑥齐高子、国子：齐国长期执政的两大家族，世代为上卿。

⑦三家：指"三桓"，鲁桓公的后代孟孙氏、叔孙氏、季孙氏，长期掌握鲁国的实权。

【译文】

臧孙母者，是鲁国大夫臧文仲的母亲。臧文仲将要为鲁国出使齐国，他母亲送行时说："你刻薄而没有恩情，好穷尽人力，以威势欺压人，鲁国容不下你了，而派你到齐国。凡是奸谋将要实行，一定是在有变化的时候，陷害你的人大概是要在这件事情上动手吧！你一定要警惕。鲁国与齐国接近，两国的房屋墙壁相邻。鲁国受宠的大臣大多怨恨你，又都勾结齐高子、国子，一定会让齐国图谋鲁国而把你拘留下来。很难免祸啊！你一定要施恩布惠，然后出来寻求帮助。"于是文仲结托于三桓，厚交士大夫然后去往齐国。齐国果然拘留了臧文仲，想要发兵偷袭鲁国。

文仲微使人遗公书^①，恐得其书^②，乃谬其辞曰^③："敛小器，投诸台^④。食猎犬，组羊裘^⑤。琴之合，甚思之。臧我羊^⑥，羊有母。食我以同鱼^⑦，冠缨不足带有余^⑧。"公及大夫相与议之，莫能知之。

【注释】

①微使人遗（wèi）公书：暗地里派人给鲁国国君送去书信。微，隐匿，秘密不欲别人看见。遗，赠与，送给。

②恐得其书：《太平御览·器物部》作"恐人得之"。

③谬其辞：用错乱的文辞表达想要说的意思。

④台：地名。一说通"瓵（yí）"，瓮、缶一类瓦器，受斗六升。

⑤组：编织。

⑥臧（zāng）：善，好好对待。

⑦同鱼：王照圆曰："'同'与'铜'古字通，铜鱼，送死之具以饰棺，非可食之物，言被拘囚饥饿欲死也。"

⑧冠缨不足带有余：系帽子的绳子不够，衣带长度有余。

【译文】

文仲暗地里派人给鲁国国君送书信，担心别人得到书信，于是故意文辞错乱地说："收敛小器皿，投放到台地。喂养猎狗，编织羊皮。琴声相合，很是想念。善待我的羊，羊有老母亲。用铜鱼喂养我，系帽子的绳子不够，衣带长度有余。"鲁公和大夫一起讨论，没有能看明白的。

人有言："臧孙母者，世家子也，君何不试召而问焉？"于是召而语之曰："吾使臧子之齐，今持书来云尔，何也？"臧孙母泣下襟曰①："吾子拘有木治矣②。"公曰："何以知之？"对曰："'敛小器，投诸台'者，言取郭外萌③，内之于城中也④。'食猎犬，组羊裘'者，言趣缮战斗之士而缮甲兵也⑤。'琴之合，甚思之'者，言思妻也。'臧我羊，羊有母'者，告妻善养母也。'食我以同鱼'，同者其文错⑥，错者所以治锯，锯者所以治木也，是有木治系于狱矣。'冠缨不足带有余'者，头乱不得梳，饥不得食也。故知吾子拘而有木治

矣。"于是以臧孙母之言军于境上。齐方发兵,将以袭鲁,
闻兵在境上,乃还文仲而不伐鲁。君子谓臧孙母识微见远。
《诗》云:"陟彼屺兮,瞻望母兮⑦。"此之谓也。

　　颂曰:臧孙之母,刺子好威。必且遇害,使援所依。既
厚三家,果拘于齐。母说其书,子遂得归。

【注释】

①泣下襟:王照圆曰:"'襟'上脱'沾'字。"

②木治:桎梏,刑具加身。

③郭外萌:郭外的百姓。萌,通"氓",百姓。

④内:同"纳",收容。

⑤趣飨战斗之士而缮甲兵:催促用酒食招待战斗之士,修缮武器。
　　趣,通"促"。

⑥其文错:它的花纹交错。

⑦陟彼屺(qǐ)兮,瞻望母兮:语见《诗经·魏风·陟岵》。意谓:登
　　上那座光秃秃的高山,眺望家乡的老母亲。屺,无草木的山。

【译文】

　　有人说:"臧文仲的母亲,是大家族的女子,主君为何不试着召唤她
来问一下呢?"于是鲁公召来臧孙母而告诉她说:"我派遣臧子到齐国,
现在有人拿着书信来,您看说的是什么呢?"臧孙母泣下沾襟说:"我儿
子被套上木枷锁拘留了。"鲁公说:"你怎么知道的?"回答是:"'敛小器,
投诸台',是说把郭外的民众,迁居到城中。'食猎犬,组羊裘',是说催促
用酒食招待战斗之士,修缮武器。'琴之合,甚思之',是说思念妻子。'臧
我羊,羊有母',是告诉妻子善待母亲。'食我以同鱼',铜的花纹交错美
丽,花纹交错要用到锯,锯又是修治木头的,因此是有木枷锁拘留于监
狱。'冠缨不足带有余',是头发蓬乱不得梳理,饥饿吃不上饭。由此知

道我儿子被拘囚且有木枷锁加身啊。"于是鲁公因为臧孙母的话而驻军于边境。齐国正要发兵，用以偷袭鲁国，听说鲁军在边境上，于是放还文仲而不攻伐鲁国。君子认为臧孙母能够识破机微而且有远见。《诗经》说："登上那座光秃秃的高山，眺望家乡的老母亲。"说的就是这种情况。

　　颂说：文仲的母亲，批评子好威。必然会遇害，让他求援依。厚交三家后，果然拘于齐。母解信中意，儿得平安归。

晋羊叔姬

【题解】

　　此篇内容由叔姬劝羊舌子接受三室邑人所偷之羊而埋掉、阻止叔向娶夏姬之女、预言伯鱼命运三个故事组成，后两个故事分别见于《左传·昭公二十八年》和《左传·昭公十四年》《国语·晋语八》《国语·晋语九》，第一个故事不见于传世文献，当为逸史杂说。

　　刘向把散见于史书的资料汇录到一起，完整展现了羊叔姬为妻、为母的见识和智慧。叔姬劝羊舌子接受三室邑人之羊而埋掉不食，既不激化矛盾，又守住了自己的清白。"民之多辟，无自立辟"，羊叔姬的建议表现了外圆内方的人生智慧。至于羊叔姬对申公巫臣之女的判断，显然是红颜祸水之论，今人看来并不合理，但其中讲究姻亲之家的门第清白之意，并不过时。羊叔姬由伯封、叔鱼出生时的哭声和状貌，而预言其人生结局，似乎最终也得到了应验。这虽然被史官津津乐道，也被刘向称赞，但实际上只是"臆则屡中"的偶合罢了。其中的神秘主义论调，既不科学，也并不一定符合真实的历史状况。

　　叔姬者，羊舌子之妻也①，叔向、叔鱼之母也②。一姓杨氏③。叔向名肸，叔鱼名鲋。羊舌子好正，不容于晋，去而之三室之邑。三室之邑人相与攘羊而遗之④，羊舌子不受。叔姬曰:"夫子居晋,不容;去之三室之邑,又不容于三室之邑,是于夫子不容也⑤。不如受之。"羊舌子受之,曰:"为胙与鲋亨之⑥。"叔姬曰:"不可。南方有鸟名曰乾吉,食其子不择肉,子常不遂⑦。今胙与鲋,童子也,随大夫而化者,不可食以不义之肉。不若埋之,以明不与⑧。"于是乃盛以瓮,埋垆阴⑨。后二年,攘羊之事发,都吏至⑩,羊舌子曰:"吾受之不敢食也。"发而视之,则其骨存焉。都吏曰:"君子哉,羊舌子! 不与攘羊之事矣。"君子谓叔姬为能防害远疑。《诗》曰:"无曰不显,莫予云觏⑪。"此之谓也。

【注释】

①羊舌子:指羊舌职(? —前570),春秋时期晋国大夫,羊舌突之子,晋景公时活跃于晋国政坛。

②叔向:姬姓,羊舌氏,名肸(xī),字叔向,又称叔肸;因食邑在杨(今山西洪洞东南),又称杨肸。春秋时期晋国大夫、政治家,与郑国的子产、齐国的晏婴齐名。叔鱼,复姓羊舌,名鲋(fù),也称叔鲋,字叔鱼,春秋时期晋国大夫。

③一姓杨氏:杨为叔向食邑,非姓也。

④遗(wèi):赠予,送给。

⑤于:王照圆曰:"'于'字误,疑当作'彰'。"

⑥亨(pēng):同"烹",煮。

⑦不遂:不能长大。

⑧不与:不参与。

⑨垆阴:"垆"通"庐",垆阴意指屋后。

⑩都吏:都邑的官吏。

⑪无曰不显,莫予云觏(gòu):语见《诗经·大雅·抑》。意谓:休

说光线暗,没人能看见。覯,遇见,此指看见。

【译文】

　　叔姬,是羊舌子的妻子,叔向、叔鱼的母亲。一说姓杨氏。叔向名肸,叔鱼名鲋。羊舌子性格正直,不容于晋,便离开晋国去了三室之邑。三室之邑的人们结伙偷羊,还送了羊舌子一只,羊舌子不接受。叔姬说:"您居于晋国,不被容纳;离开那里来到三室之邑,又不被容纳于三室之邑,就显得没有地方容纳您了。不如接受这只羊。"羊舌子接受了,说:"煮了给肸和鲋吃吧。"叔姬说:"不可。南方有一种名叫乾吉的鸟,不加选择地用各种肉类喂养孩子,孩子经常不能长大。现在肸和鲋,还是儿童,随您的教化成长,不可以用不义得来的肉喂养他们。不如埋掉这只羊,来表示不参与这件事。"于是他们就把羊盛进瓮里,埋到了屋后。两年后,偷羊的事情被发觉,都邑的官吏来治罪,羊舌子说:"我接受了羊不敢吃。"挖开一看,羊的骨头都还好好的。都邑的官吏说:"君子啊,羊舌子! 不参与偷羊的事情。"君子认为叔姬能够防止祸害远离嫌疑。《诗经》说:"休说光线暗,没人能看见。"说的就是这种情况。

　　叔向欲娶于申公巫臣氏①,夏姬之女②,美而有色,叔姬不欲娶其族③。叔向曰:"吾母之族,贵而无庶④,吾惩舅氏矣⑤。"叔姬曰:"子灵之妻杀三夫一君一子,而亡一国两卿矣⑥。尔不惩此,而反惩吾族,何也? 且吾闻之:有奇福者,必有奇祸。有甚美者,必有甚恶。今是郑穆少妃姚子之子,子貉之妹也⑦。子貉早死无后,而天钟美于是,将必以是大有败也。昔有仍氏生女⑧,发黑而甚美,光可监人⑨,名曰玄妻。乐正夔娶之,生伯封。宕有豕心⑩,贪惏毋期⑪,忿戾毋厌⑫,谓之封豕⑬。有穷后羿灭之⑭,夔是用不祀⑮。且三代之亡⑯,及恭太子之废⑰,皆是物也⑱。汝何以为哉! 夫有美物足以移人，苟非德义，则必有祸也。"叔向惧而不敢娶，平公强使娶之，生杨食我，食我号曰伯硕。伯硕生时，侍者谒之叔姬曰："长姒产男[19]。"叔姬往视之，及堂，闻其号也而还，曰："豺狼之声也。狼子野心，今将灭羊舌氏者，必是子也。"遂不肯见。及长，与祁胜为乱[20]，晋人杀食我，羊舌氏由是遂灭。君子谓叔姬为能推类。《诗》云："如彼泉流，无沦胥以败[21]。"此之谓也。

【注释】

①申公巫臣：芈姓，屈氏，名巫，一名巫臣，字子灵，春秋时期楚、晋国大臣。

②夏姬：姬姓，春秋时期郑穆公之女，事迹见本书卷七《陈女夏姬》。

③不欲娶其族：王照圆曰："'不'字衍，见《左传》。"欲取其族，想要从自己的族人中为叔向娶妻。

④贵而无庶：出身高贵而无庶出的，意谓其父多妾媵而庶子鲜少，舅氏家的女孩不生育，不愿娶舅氏家人。

⑤惩：以某事为鉴戒。

⑥杀三夫一君一子，而亡一国两卿：杀死了三位丈夫，即陈国夏御叔、楚国贵族连尹襄老及其子黑要；一个国君，即陈灵公；一子，指夏徵舒。亡一国两卿，是指使得陈国灭亡，孔宁与仪行父逃亡。

⑦郑穆少妃姚子之子，子貉之妹：指夏姬。子貉，郑灵公。

⑧有仍氏：据说是太昊、少昊的后裔。

⑨监：照。

⑩宕：《左传》作"实"，此字形相近而误。

⑪贪惏（lín）毋期：贪婪无极。

⑫忿戾毋餍（yàn）：蛮横无理，动辄发怒，没有满足的时候。餍，满足。

⑬封豕：大猪。

⑭有穷后羿：又称"夷羿""羿"，"后"是夏代君主尊号，夏代有穷氏
　　首领。

⑮是用：是以，因此。

⑯三代之亡：指夏、商、西周三代之灭亡。

⑰恭太子之废：指申生被废事件。详见本书卷七《晋献骊姬》。

⑱是物：美色。

⑲长姒（sì）：犹大嫂。姒，古代妯娌间，兄妻称姒。

⑳祁胜：晋大夫祁盈的家臣，晋倾公时作乱被杀。

㉑如彼泉流，无沦胥以败：语见《诗经·小雅·小旻》。意谓：就像
　　那流动的泉水永逝，不要败亡难挽回！无，通"勿"。沦胥，沉没。
　　败，败亡。

【译文】

　　叔向想要娶申公巫臣家夏姬生的女儿，美丽有姿色，叔姬想让儿子
娶自己娘家的女孩。叔向说："我母亲的家族，出身高贵而无庶出的子
女，舅氏家的女孩不易生孩子，我要以此作为鉴戒了。"叔姬说："子灵的
妻子杀死了三个丈夫一个国君一个儿子，而使一个国家灭亡两卿逃亡。
你不鉴戒于此，反而鉴戒我的家族，为什么呢？而且我听说：有奇特福气
的人，一定有奇特大祸；有非常美的人，一定有非常恶的地方。现在夏姬
是郑穆公少妃姚子生的女儿，子貉的妹妹。子貉早死没有后代，而上天
把美丽集中到了夏姬身上，将来一定要用她带来大败亡。过去有仍氏生
了个女孩，头发乌黑非常美丽，光泽照人，名叫玄妻。乐正夔娶了她，生
下伯封。伯封心地跟猪一样，贪婪无极，蛮横无理，动辄发怒，没有满足
的时候，被人称为大猪。有穷后羿灭掉了他，夔因此得不到祭祀。而且
三代之所以灭亡，及申生被废，都是因为美色。你这么做是为什么呢！
有了特别美的东西，足以改人心志，如果不是有德义，则一定会招来灾
祸。"叔向恐惧，不敢娶夏姬之女，平公迫使他娶了这个女孩，生下了杨

食我,食我号称伯硕。伯硕刚生下来时,侍奉的人告诉叔姬说:"大嫂生了个男婴。"叔姬前往探视,到了堂上,听到他的哭声就回来了,说:"这是豺狼的声音。狼子野心,将要灭掉羊舌氏的,一定是这个孩子。"于是不肯见他。等到伯硕长大后,与祁胜一起作乱,晋人杀了食我,羊舌氏由此灭亡。君子认为叔姬能够类推。《诗经》说:"就像那流动的泉水永逝,不要败亡难挽回!"说的就是这种情况。

　　叔姬之始生叔鱼也而视之曰:"是虎目而豕啄^①,鸢肩而牛腹^②,溪壑可盈,是不可餍也,必以赂死。"遂不见。及叔鱼长,为国赞理^③。邢侯与雍子争田,雍子入其女于叔鱼以求直^④,邢侯杀叔鱼与雍子于朝。韩宣子患之^⑤。叔向曰:"三奸同罪,请杀其生者而戮其死者。"遂族邢侯氏^⑥,而尸叔鱼与雍子于市。叔鱼卒以贪死,叔姬可谓智矣。《诗》云:"贪人败类^⑦。"此之谓也。

　　颂曰:叔向之母,察于情性。推人之生,以穷其命。叔鱼食我,皆贪不正。必以货死^⑧,果卒分争。

【注释】

① 啄:《国语》作"喙(huì)"。喙,嘴。

② 鸢(yuān)肩而牛腹:鹰肩牛腹。鸢肩,谓两肩上耸,像鸱鸟栖止时的样子。牛腹,胸部两侧膨大。

③ 赞理:官名。掌管刑狱的理官不在时,由其代行职权。

④ 直:胜诉。

⑤ 韩宣子(?—前497):姬姓,韩氏,名起,谥号宣,史称韩宣子,韩厥之子,春秋时期晋国卿大夫,六卿之一。患:担心,忧虑。

⑥ 族:《左传》《国语》作"施",此形近而误。

⑦贪人败类：语见《诗经·小雅·桑柔》。意谓：贪婪的人败坏善类。

⑧货：行贿。

【译文】

叔姬刚生下叔鱼时，看了看他说："这孩子虎眼猪嘴，鹰肩牛腹，溪壑能够盈满，他的欲望却不会满足，将来必然会因贪财受贿而死。"于是就不再见他。等到叔鱼长大，做了国家的赞理。邢侯与雍子争田地，雍子把自己的女儿献给叔鱼以求胜诉，邢侯在朝廷杀死了叔鱼和雍子。韩宣子担忧这件事情。叔向说："三个坏人罪行相同，请杀死活着的人而陈列死者的尸体。"于是就杀死了邢侯氏，而把叔鱼和雍子的尸体陈列于市。叔鱼最终因为贪婪致死，叔姬可以称得上有智慧了。《诗经》说："贪婪的人败坏善类。"说的就是这种情况。

颂说：叔向的母亲，明察人情性。类推人初生，穷究其运命。叔鱼和食我，贪婪而不正。定会死贿赂，最终果分争。

晋范氏母

【题解】

此篇来源不见于传世文献，应是由春秋末期晋国六卿争斗之历史附会出来的故事。故事虽不一定真实发生过，但其对范氏少子诈行仁义又沾沾自喜的批判，蕴含了深刻的政治智慧。为政贵在德信，范氏少子诈巧发动民力挖掘园中树根的行为，虽可能会收到一时之效，但若沉溺于这种做派，必然会带来严重后果。正是看到了这一点，范氏母才预言少子将会使范氏灭亡。最终预言得到应验，范氏之母具有远见卓识、贵德重信的形象也由此得以凸显。这个故事在后代得到了广泛传播，魏晋时期锺会之母张氏曾以此教导过锺会（见《三国志·魏书二十八》）。

晋范氏母者，范献子之妻也①。其三子游于赵氏。赵简子乘马园中②,园中多株③,问三子曰:"奈何?"长者曰:"明君不问不为,乱君不问而为。"中者曰:"爱马足则无爱民力,爱民力则无爱马足。"少者曰:"可以三德使民④。设令伐株于山,将有马为也⑤。已而开囿⑥,示之株。夫山远而囿近,是民一悦矣。夫险阻之山⑦,而伐平地之株,民二悦矣。既毕而贱卖,民三悦矣。"简子从之,民果三悦。少子伐其谋⑧,归以告母。母喟然叹曰⑨:"终灭范氏者,必是子也。夫伐功施劳,鲜能布仁。乘伪行诈,莫能久长。"其后智伯灭范氏⑩。君子谓范氏母为知难本。《诗》曰:"无忝尔祖,式救尔讹⑪。"此之谓也。

颂曰:范氏之母,贵德尚信。小子三德,以诈与民。知其必灭,鲜能有仁。后果逢祸,身死国分⑫。

【注释】

①范献子(?—前501):即士鞅,祁姓,范氏,讳鞅,谥献,士匄之子,春秋后期晋国才干卓越的政治家、外交家,在晋国朝堂活跃长达半个世纪。

②赵简子(?—前476):即赵鞅,又名志父,亦称赵孟,赵武之孙,春秋时期晋国赵氏的领袖。

③株(zhū):露出地面的树根。

④三德:三种恩惠。

⑤有马为:王照圆曰:"'马'字衍,盖涉上文而误加之。"

⑥已而开囿:继而打开园囿。已而,不久,继而。囿,有围墙的园林,用以畜养禽兽等。

⑦夫:王照圆曰:"'夫'当作'去'。"

⑧伐其谋：夸耀这个计谋。

⑨喟（kuì）然：形容叹气的样子。

⑩智伯灭范氏：前497年，赵鞅杀赵午（赵午是中行寅外甥），中行氏与范氏联合发动叛乱，最后却被韩、赵、魏、智联合消灭，从此晋六卿只剩下四卿，智氏实力最强。

⑪无忝（tiǎn）尔祖，式救尔讹：语见《诗经·大雅·瞻卬》，《毛诗》作"无忝皇祖，式救尔后"。意谓：不要辱没你的祖先，用来拯救你的过错。忝，辱。式，用。

⑫国：指范氏封地，在今河南范县一带。

【译文】

晋范氏母，是范献子的妻子。她的三个儿子到赵氏家游玩。赵简子在园中骑马，园里有许多露出地面的树根，问范氏三子说："怎么办呢？"长子说："明智的君主不问也不做这件事情，昏乱的君主不问而直接做这件事情。"中子说："爱惜马足就不能爱惜民力，爱惜民力就不要爱惜马足。"少子说："可用三种恩惠使唤民众。先下令让百姓上山挖树根，将要有用处。继而打开园囿，让百姓看到园里有树根。离山远而园囿近，是民众第一件高兴的事情。不用去充满险阻的山上，而可以挖平地的树根，是民众第二件高兴的事情。挖完树根后再便宜出售，是民众第三件高兴的事情。"简子听从了他，民众果然有三种欢喜之事。少子夸耀这个计谋，回家后告诉了母亲。母亲长叹一口气说："最终使范氏灭亡的，一定是这个儿子。喜欢夸耀自己功劳的，很少能够布施仁恩。虚伪奸诈地为政，没有能长久的。"后来智伯果然灭掉了范氏。君子认为范氏母能够懂得灾难的根本原因。《诗经》说："不要辱没你的祖先，用来拯救你的过错。"说的就是这种情况。

颂说：春秋范氏的母亲，尊重德行尚诚信。小子所谓三种德，实用欺诈使唤民。母亲知他必然灭，诈伪很少真施仁。后来果然逢祸殃，自身被杀封地分。

鲁公乘姒

【题解】

　　此篇材料来源不见于传世的其他典籍，可能采自传闻异说。公乘姒由弟弟子皮之日常言行得出其不知礼的判断，因而劝其不要接受相位，以免带来祸患。子皮忽略了姐姐的逆耳忠言，最终被杀。在这个故事中，公乘姒显然认为礼是规范日常言行和治理国家的基本原则，违之不祥。这反映了儒家的思想观念，公乘姒应为儒家学者塑造出来的一个理想女性形象。

　　鲁公乘姒者，鲁公乘子皮之姒也[①]。其族人死，姒哭之甚悲。子皮止姒曰：“安之，吾今嫁姊矣。”已过时，子皮不复言也。鲁君欲以子皮为相，子皮问姒曰：“鲁君欲以我为相，为之乎？”姒曰：“勿为也。”子皮曰：“何也？”姒曰：“夫临丧而言嫁，一何不习礼也[②]！后过时而不言，一何不达人事也！子内不习礼，而外不达人事，子不可以为相。”子皮曰：“姒欲嫁，何不早言？”姒曰：“妇人之事，唱而后和。吾岂以欲嫁之故数子乎[③]？子诚不习于礼，不达于人事。以此相一国，据大众[④]，何以理之？譬犹掩目而别黑白也[⑤]。掩目而别黑白，犹无患也；不达人事而相国，非有天咎，必有人祸。子其勿为也。”子皮不听，卒受为相。居未期年[⑥]，果诛而死。君子谓公乘姒缘事而知弟之遇祸也[⑦]，可谓智矣。待礼然后动，不苟触情，可谓贞矣。《诗》云：“萚兮萚兮，风其吹汝。叔兮伯兮，唱予和汝[⑧]。”又曰：“百尔所思，不如我所之[⑨]。”此之谓也。

　　颂曰:子皮之姊,缘事分理。子皮相鲁,知其祸起。姊谏子皮,殆不如止⑩。子皮不听,卒为宗耻。

【注释】

①公乘子皮之姊:公乘子皮的姐姐。公乘,姓。子皮,名。姊,姐姐。

②一何:何其,多么。

③数(shǔ):责备。

④据:占有。

⑤掩:遮蔽,掩盖。

⑥期年:一年。

⑦缘:根据。

⑧"萚(tuò)兮萚兮"几句:语见《诗经·郑风·萚兮》。意谓:枯叶往下落,秋风吹着你。诸位小伙子,我唱你来和。萚,脱落的木叶,枯叶。汝,你,指树叶。叔兮伯兮,犹言兄弟们啊,此指众位小伙子。倡,同"唱",带头唱。一说倡导。和(hè),和唱,伴唱。

⑨百尔所思,不如我所之:语见《诗经·鄘风·载驰》。意谓:你们考虑得很多,比不上我采取行动。之,往,指行动。

⑩殆(dài):表推测,相当于"大概""几乎"。

【译文】

　　鲁公乘姒,是鲁国公乘子皮的姐姐。她的同族亲戚去世,公乘姒哭得很悲痛。子皮劝止姐姐说:"别哭了,我现在就给你许嫁人家。"过后,子皮不再提这个事情了。鲁国国君想让子皮做相,子皮问姐姐说:"鲁国国君想让我做相,我答应吗?"公乘姒说:"不要答应。"子皮说:"为什么呢?"公乘姒说:"参加丧事而说出嫁,多么不懂礼啊!后来过了时间而不说,多么不懂人情事理啊!你对内不懂礼,对外不通人情世事,你不可以做相。"子皮说:"姐姐想出嫁,为何不早说?"公乘姒说:"妇人的事情,别人提议而后应和。我难道是因想出嫁的缘故数落你吗?你确实不习礼仪,不通达人情事理。以此来辅佐一个国家,拥有大众,用什么来治理呢? 就好像捂着眼睛去辨别黑白。捂着眼睛去辨别黑白,尚且没有祸患;不通达人情事理做相治理国家,不是有天灾,就是有人祸。你最好不要担任国相。"子皮不听建议,最终接受了国相之位。不到一年,果然被诛而死。君子认为,公乘姒根据小事而知弟弟将要遇祸,称得上是智者了。依据礼仪而后行动,不苟且触发情感,算得上贞静了。《诗经》说:"枯叶往下落,秋风吹着你。诸位小伙子,我唱你来和。"又说:"你们考虑得很多,比不上我采取行动。"说的就是这种情况。

　　颂说:公乘子皮的姐姐,根据小事析道理。子皮将要相于鲁,知道将有大祸起。姐姐诚心止子皮,最好不要任此职。子皮不愿听建议,最终被杀为宗耻。

鲁漆室女

【题解】

　　此篇与《韩诗外传·卷二》"鲁监门之女婴"的情节大致相同,但主角的名字称谓不同,当为传闻异辞。漆室之女地位卑微,却为鲁国君老嗣幼而悲伤忧虑,看似无谓,实际上是认识到了国与家、公与私之间密不可分的联系。后来漆室女的预言不幸应验,证明了其先前忧思的敏锐与深刻。漆室女的行为,激起了后世具有"位卑未敢忘忧国""先天下之忧而忧"情怀之读书人的强烈共鸣,因此他们以极大的热情传播了这个故事。例如东汉后期,卢植规劝有拥立之功的窦武辞爵全身时以漆室女自比,"漆室有倚楹之戚"(《后汉书·吴延史卢赵列传》);北魏程骏上表有"漆室忧国,遗芳载臭"(《魏书·程骏传》),等等。

　　漆室女者,鲁漆室邑之女也①。过时未适人②。当穆公时③,君老,太子幼。女倚柱而啸④,旁人闻之,莫不为之惨者⑤。其邻人妇从之游，谓曰："何啸之悲也？子欲嫁耶？吾为子求偶。"漆室女曰："嗟乎⑥！始吾以子为有知，今无识也。吾岂为不嫁不乐而悲哉？吾忧鲁君老，太子幼。"邻妇笑曰："此乃鲁大夫之忧，妇人何与焉？"漆室女曰："不然，非子所知也。昔晋客舍吾家，系马园中。马佚驰走⑦，践吾葵⑧，使我终岁不食葵。邻人女奔随人亡，其家倩吾兄行追之⑨。逢霖水出⑩，溺流而死，令吾终身无兄。吾闻河润九里，渐洳三百步⑪。今鲁君老悖⑫，太子少愚，愚伪日起。夫鲁国有患者，君臣父子皆被其辱⑬，祸及众庶，妇人独安所避乎！吾甚忧之。子乃曰妇人无与者⑭，何哉！"邻妇谢曰："子之所虑，非妾所及。"三年，鲁果乱，齐楚攻之，鲁连有寇。男子战斗，妇人转输⑮，不得休息。君子曰："远矣！漆室女之思也。"《诗》云："知我者，谓我心忧。不知我者，谓我何求⑯。"此之谓也。

颂曰：漆室之女，计虑甚妙。维鲁且乱，倚柱而啸。君老嗣幼，愚悖奸生。鲁果扰乱，齐伐其城。

【注释】

①漆室邑：春秋战国时鲁国邑名。在今山东邹城西。

②过时未适人：过了合适的年龄还没有出嫁。适，出嫁。

③穆公：本名姬显，《史记索隐》作不衍，战国初期鲁国国君，前410—前377年在位，是鲁国第二十九任君主。

④啸：人撮口出声，即吹口哨。

⑤慘：悲伤，使人难受。

⑥嗟乎：叹词，表示感叹。

⑦佚（yì）：通"逸"，散失，逃亡。

⑧葵：一年生或二年生草本植物，叶圆形，稍皱缩，嫩时可食。

⑨倩（qiàn）：请（别人代替自己做事）。

⑩霖（lín）水：久下不停的雨引发的洪水。

⑪渐洳（rù）：低湿。

⑫老悖（bèi）：年老昏乱，不通事理。

⑬被：遭受。

⑭乃：却，竟然。

⑮转输：转运输送军需物资。

⑯"知我者"几句：语见《诗经·王风·黍离》。意谓：理解我的人，知道我是心中忧愁。不理解我的人，问我寻求什么呢。

【译文】

漆室女，是鲁国漆室邑的女子。过了合适的年龄还未出嫁。当鲁穆公的时候，国君年老，太子年幼。女子靠着柱子吹口哨，旁边的人听到了，没有不为之伤心的。她的邻居妇女跟她交好，对她说："为何啸得那么悲伤？你想出嫁吗？我帮你找个对象。"漆室女说："哎呀！刚开始我以为你有见识，现在发现你没有见识。我难道会为没出嫁而不快乐和悲伤吗？我忧虑鲁国君主年老，太子年幼。"邻居妇女笑着说："这是鲁国大夫忧愁的事，妇女为何参与呢？"漆室女说："不是这样，不是你所能知道的。以前晋国客人住宿我家，把马系到了园子中。马逃逸奔跑，踩踏了我家的葵菜，使我一年没有葵菜吃。邻居的女儿与人私奔逃亡，她家请求我哥哥前去追赶。遇上了长期下雨引发的大水，哥哥溺死在河中，让我终身再无哥哥。我听说河水湿润九里地，使三百步以内的地方潮湿。现在鲁国君主年老昏乱，太子年少愚笨，愚蠢和奸诈的事情不断发生。如果鲁国有了祸患，君臣父子都会遭受羞辱，祸难会波及众多老百姓，妇女们哪能单单避开呢？我非常担忧。你却说妇女无需参与，为什么呢？"邻居妇女道歉说："你所考虑的事情，不是我所能考虑到的。"

过了三年，鲁国果然大乱，齐国和楚国前来攻打，鲁国接连有敌寇。男子参加战斗，女人转运输送物资，不能够休息。君子说："漆室女思虑长远啊！"《诗经》说："理解我的人，知道我是心中忧愁。不理解我的人，问我寻求什么呢。"说的就是这种情况。

颂说：鲁国漆室邑女子，想法思虑很周到。想到鲁国将动乱，倚着柱子而长啸。国君年老嗣子幼，愚蠢狂悖奸巧生。鲁国果然被扰乱，齐国攻伐占其城。

魏曲沃负

【题解】

此篇文献来源不见于传世典籍，应为杂史逸说。故事的小说意味浓厚。魏哀王欲纳太子妃，大夫如耳之母曲沃负为王谈论了一番男女之别、婚姻之礼以及魏国面临的国际形势，就成功地使魏哀王打消了此念。揆诸历史实际情况，此事恐不可信。但其中关心君王婚姻、担心祸及自家的情怀，以及婚姻之礼的庄重内涵，并非无稽之谈。与此故事形成对照的是，战国时期楚平王抢夺了太子建之妻，最终酿成了柏举之战和白公胜之乱，几乎导致楚国亡国。因此，曲沃负故事中的合理内涵，是值得人们重视的。

曲沃负者①，魏大夫如耳母也。秦立魏公子政为魏太子，魏哀王使使者为太子纳妃而美②，王将自纳焉。曲沃负谓其子如耳曰："王乱于无别③，汝胡不匡之④？方今战国强者为雄，义者显焉。今魏不能强，王又无义，何以持国乎！王中人也，不知其为祸耳。汝不言，则魏必有祸矣。有祸，必及吾家。汝言以尽忠，忠以除祸，不可失也。"如耳未遇间⑤，会使于齐，负因款王门而上书曰⑥："曲沃之老妇也，心有所怀，愿以闻于王。"王召入。负曰："妾闻男女之别，国之大节也。妇人脆于志，窳于心⑦，不可以邪开也⑧。是故必十五而笄⑨，二十而嫁，早成其号谥⑩，所以就之也⑪。聘则为妻，奔则为妾⑫，所以开善遏淫也。节成⑬，然后许嫁，亲迎⑭，然后随从，贞女之义也。今大王为太子求妃，而自纳之于后宫，此毁贞女之行而乱男女之别也。自古圣王必正妃匹⑮，妃匹正则兴，不正则乱。夏之兴也以涂山⑯，亡也以末喜⑰。殷之兴也以有娎⑱，亡也以妲己⑲。周之兴也以太姒⑳，亡也以褒姒㉑。周之康王夫人㉒，晏出朝㉓，《关雎》预见㉔，思得淑女以配君子。夫雎鸠之鸟，犹未尝见乘居而匹处也㉕。夫男女之盛㉖，合之以礼，则父子生焉，君臣成焉，故为万物始。君臣、父子、夫妇三者，天下之大纲纪也。三者治则治，乱则乱。今大王乱人道之始，弃纲纪之务。敌国五六，南有从楚㉗，西有横秦㉘，而魏国居其间，可谓仅存矣。王不忧此而从乱无别㉙，父子同女，妾恐大王之国政危矣。"王曰："然，寡人不知也。"遂与太子妃，而赐负粟三十钟㉚，如耳还而爵之㉛。王勤行自修，劳来国家㉜，而齐楚强秦不敢加兵焉。君子谓魏负知礼。《诗》云："敬之敬之，天维显思㉝。"此之谓也。

　　颂曰：魏负聪达，非刺哀王。王子纳妃㉞，礼别不明。负款王门，陈列纪纲。王改自修，卒无敌兵。

【注释】

①曲沃负：曲沃的老太太。曲沃，地名。位于山西中南部。负，当地
习俗称老妪为负。

②魏哀王（？—前296）：战国时魏国国君。

③乱于：王绍兰曰："'于'当作'纵'字。"

④胡不匡之：为什么不匡正呢？胡，为什么。匡，正。

⑤间：间隙，方便说话的时候。

⑥款：敲打，叩。

⑦窳（yǔ）：脆弱，不坚固。

⑧邪开：以邪恶的事情教导。开，教导。

⑨笄（jī）：古代盘头发或别住帽子用的簪子，也指女子十五岁举行
的成年礼。

⑩号谥：既笄许嫁之名。

⑪就：终也，定其终，使其专一心志。

⑫聘则为妻，奔则为妾：语见《礼记·内则》，意思是正式婚娶的才
是妻子，私奔的只能算是妾。

⑬节成：骨节长成，壮年也。

⑭亲迎：古代婚礼要求之一，结婚之日，新郎应穿上官服亲自到新娘
家把新娘迎接回来。

⑮妃：通"配"。

⑯涂山：指涂山氏，大禹的妻子。大禹外出治水，涂山氏独立抚育启
长大成人。具体行事见本书卷一《启母涂山》。

⑰末喜：夏桀之妃，漂亮而无德。具体行事见本书卷七《夏桀末喜》。

⑱有㜪（shēn）：商汤的妻子，贤明有德。详见本书卷一《汤妃有㜪》。

⑲妲己：商纣王的王妃，助纣为虐。详见本书卷七《殷纣妲己》。

⑳太姒（sì）：文王之妻，武王之母，生有十个儿子，善于教诲。详见
本书卷一《周室三母》。

㉑褒姒：周幽王的王后，导致西周败亡。详见本书卷七《周幽褒姒》。

㉒周之康王（约前1036—前996）：姬姓，名钊，周朝第三任君主，周武王姬发的孙子，周成王姬诵的儿子。

㉓晏出朝："朝"字衍文。晏，晚。

㉔预见：预先见微，见机。

㉕乘居而匹处：萧道管认为"乘居"应作"乖居"，雌雄各自有配偶，非其偶而相处，即为背理。

㉖男女之盛：男女达到结婚年龄的盛年。

㉗从楚：主张合纵的楚国。

㉘横秦：主张连横的秦国。

㉙从乱：同"纵乱"。

㉚粟三十钟：三十钟粟。粟，北方通称谷子，去壳后称小米。钟，古容量单位，春秋时齐国公室的公量，合六斛四斗，之后亦有合八斛及十斛之制。

㉛爵之：赐给他爵位。

㉜劳来：勤于国事。

㉝敬之敬之，天维显思：语见《诗经·周颂·敬之》。意谓：一定要恭敬啊，上天是非常明察的。敬，通"儆"，警戒。之，语气词。一说指天命。维，是。显，明察，明白。思，语气助词。

㉞子纳：应为"纳子"之误倒。

【译文】

　　曲沃负，是魏国大夫如耳的母亲。秦国扶立魏公子政为魏太子，魏哀王派遣使者为太子娶妃，妃长得很美，王将要自己娶她。曲沃负对儿子如耳说："魏王纵乱情欲，父子不别，你为什么不匡正他呢？现在战国时代，强大称雄，行义显名。现在魏国不能强大，王又不行义，用什么来保全国家呢！王是个普通人，不知道这样做将带来灾祸。你不说，那么魏国必然有祸患。有祸患，必然波及我家。你发言以尽忠道，忠可以免除祸患，不可以失去机会。"如耳没有遇到合适说话的机会，恰好要出使齐国，曲沃负于是扣响魏王的宫门而上书说："曲沃的老妇人，内心有想法，希望能被王听到。"魏王召她入宫。曲沃负说："我听说男女之间的区别，是国家的大礼。妇人志向不坚，心气薄弱，不可以用邪恶的事情教导。因此妇人一定十五岁举行笄礼，二十岁出嫁，早早定下许嫁人的名号，以便于让她心志安定下来。正式婚娶的是妻子，私奔的只能算是妾，用此来教导善行遏制淫乱。骨节长成，然后许配嫁人，新郎亲自迎接，然后跟随他，这是女子的贞洁之义。现在大王给太子娶妃，而自己纳于后宫，这是毁坏贞女的节行又扰乱男女的区别。自古以来圣王一定先正妃匹，妃匹正就会兴起，不正就会动乱。夏朝兴起是因涂山氏，灭亡是因末喜。殷朝兴起是因有㜪氏，灭亡是因妲己。周朝兴起是因太姒，灭亡是因褒姒。周康王的夫人，离开康王晚了就有《关雎》预见征兆，希望得到贤淑的女子以配君子。雎鸠鸟类，还未曾见过非其配偶的雌雄共处。男女盛年，以礼结合，就会出现父与子，出现君与臣，所以为万物的开端。君臣、父子、夫妇三种关系，是天下的大纲纪。三种关系处理得好，国家就得到太平，处理得不好国家就会动乱。现在大王扰乱人伦大道的开端，抛弃了纲常大事。有五六个敌对的国家，南边有合纵的楚国，西边有连横的秦国，而魏国处于其中间，可算是能勉强保存。王不忧虑这种处境，而放纵扰乱，使父子无别，共占一个女子，恐怕大王的国家政治会很危险啊。"魏王说："是这样的，我原来不知。"于是就把妃子给了太子，赏赐曲沃负三十钟谷子，如耳回国后赐给了他爵位。魏王努力自修，勤勉处理国家政事，齐、楚、强大的秦国不敢来攻伐。君子认为魏负懂得礼仪。《诗经》说："一定要恭敬啊，上天是非常明察的。"说的就是这种情况。

颂说：曲沃老妪很明达，批评讽刺魏哀王。魏王纳娶太子妃，父子男女礼不明。魏负叩响王宫门，陈说礼仪明纪纲。魏王改过勤自修，最终没有遭敌兵。

赵将括母

【题解】

此文选自《史记·廉颇蔺相如列传》。在原书中，赵括母谏阻赵孝成王任用赵括取代廉颇为将、被拒后请求避免连坐的事迹，仅为一个历史插曲，主要用以表现赵括作为将军的名不副实及其败亡先兆。此故事被节选出来之后，看似基本内容没有改变，但脱离了本传语境，故事聚焦的对象由赵括转向了其母亲。赵括母亲爱子而能冷静地知其不足，预知其会导致失败。在谏阻赵王无果的情况下，赵括母又请求罪止于其身而保全了家族。这种理智、冷静和审慎的母亲形象，让后人肃然起敬。

赵将马服君赵奢之妻①，赵括之母也②。秦攻赵，孝成王使括代廉颇为将③。将行，括母上书言于王曰："括不可使将。"王曰："何以？"曰："始妾事其父，父时为将，身所奉饭者以十数④，所友者以百数。大王及宗室所赐币者⑤，尽以与军吏士大夫。受命之日，不问家事。今括一旦为将，东向而朝军吏⑥，吏无敢仰视之者。王所赐金帛，归尽臧之⑦。乃日视便利田宅可买者⑧。王以为若其父乎？父子不同，执心各异。愿勿遣。"王曰："母置之⑨，吾计已决矣。"括母曰："王终遣之，即有不称⑩，妾得无随乎⑪？"王曰："不也。"括既行，代廉颇。三十余日，赵兵果败，括死军覆⑫。王以括母先言，故卒不加诛。君子谓括母为仁智。《诗》曰："老夫灌灌，小子蹻蹻。匪我言耄，尔用忧谑⑬。"此之谓也。

颂曰：孝成用括，代颇距秦⑭。括母献书，知其覆军。愿止不得，请罪止身。括死长平，妻子得存。

【注释】

①赵将马服君赵奢之妻：赵国将军马服君赵奢的妻子。赵（前403—前222），战国七雄之一，其统治区域一度囊括了河北南部、山西中部和陕西东北隅，内蒙古阴山以南的部分。马服君，赵国名将赵奢的封号。

②赵括（? —前260）：嬴姓，赵氏，名括，赵国名将马服君赵奢之子。赵括熟读兵书，但缺乏战场经验，最终在长平之战中大败于秦。

③孝成王（? —前245）：嬴姓，赵氏，名丹，赵惠文王之子，战国时期赵国第八代君主。廉颇，战国末期赵国名将。

④身所奉饭者以十数：亲手奉饭供养的人有几十个。

⑤币者：梁端曰："'者'疑'帛'之误。《史记·赵奢传》作'所赏赐者'。"

⑥东向而朝军吏：面向东坐接受军吏的朝拜。东向，古代以东为上方、尊位。

⑦臧：同"藏"。

⑧便利田宅：便宜合适的田地房屋。

⑨置：搁置。

⑩不称：不称职。

⑪得无随：能不跟着受牵连。得无，莫非，能不。随，跟着受牵连。

⑫括死军覆：赵孝成王四年（前262），赵国兵败长平，赵括被杀，全军四十五万人被秦军坑杀。

⑬"老夫灌灌"几句：语见《诗经·大雅·板》。意谓：老人忠心诚意满腔，小子如此傲慢轻狂。不是我说话昏聩，被你当作玩笑。灌灌，款款，诚恳的样子。跻跻（jué），傲慢的样子。匪，非，不要。耄，八十为耄，此指昏愦。忧谑，犹"戏谑"。

⑭距：通"拒"。

【译文】

赵国将君马服君赵奢的妻子，是赵括的母亲。秦国攻打赵国，孝成王派遣赵括代替廉颇为将军。将要出发,赵括母亲上书对王说:"不可以让赵括做将军。"赵王说:"为什么呢?"赵括母亲回答说:"当初我事奉他父亲,他父亲当时为将军,亲手奉饭供养的人有几十个,被当作朋友的有几百人。大王和宗室所赏赐的财物,全都赠给了军吏和幕僚们。接受命令之日,不过问家里的事情。现在赵括一旦做了将军,东向而坐接受军吏的朝拜,军吏没有敢仰头看他的。大王所赏赐的金帛,回到家都藏了起来。而且还每天搜寻可以购买的便宜合适的田地房屋。大王以为赵括像他的父亲吗? 父子作风不相同,所抱心志各有差异。希望不要派遣他。"赵王说:"您姑且不要担心吧,我已经决定了。"赵括母亲说:"大王一定要派遣他去,万一不称职,我能够不受牵连之罪吗?"赵王说:"不会的。"赵括出发之后,代替廉颇。三十多天后,赵国军队果然失败,赵括被杀全军覆灭。赵王因为赵括母亲先前之言,所以最终没有加罪。君子认为赵括母亲称得上仁爱有智。《诗经》说:"老人忠心诚意满腔,小子如此傲慢轻狂。不是我说话昏聩,被你当作玩笑。"说的就是这种情况。

颂说:赵孝成王用赵括,代替廉颇抵抗秦。赵括母亲献书信,知他将要覆灭军。希望制止王不听,请求加罪限其身。赵括战死于长平,妻子免罪得保存。

卷之四 贞顺传

　　惟若贞顺，修道正进。避嫌远别，为必可信^①。终不更二，天下之俊。勤正洁行，精专谨慎。诸姬观之，以为法训。

【注释】

①为必可信：做事必定可信任。为，做事。

【译文】

　　那些贞洁遵礼女，修习道义正念进。躲避嫌猜明区别，做事必定可信任。终究不会嫁二夫，堪称天下之才俊。勤于正道洁品行，精诚专一常谨慎。诸位女子常观览，要以她们为法训。

召南申女

【题解】

　　此篇与《韩诗外传·卷一》对《诗经·召南·行露》的解释大体相同，应为汉代经师所传授的《诗经》本事。婚姻在周礼系统中，不仅在政治上起着联络异姓诸侯的作用，而且在社会层面，也被认为是人伦之始，"男女有别，而后夫妇有义；夫妇有义，而后父子有亲；父子有亲，而后君臣有正。故曰：昏礼者，礼之本也"（《礼记·昏义》）。因此，婚礼中的各种细节都要郑重其事、遵守原则。基于这种观念,召南申女宁愿被诉讼入狱,也不愿在婚礼不备的情况下嫁到夫家。申女的选择和做法,虽不一定完全符合今人的价值标准,但其中自尊坚贞的价值追求亦不无积极意义。

召南申女者[①],申人之女也。既许嫁于丰[②],夫家礼不备而欲迎之。女与其人言,以为夫妇者,人伦之始也,不可不正。《传》曰:"正其本则万物理,失之豪厘,差之千里[③]。"是以本立而道生,源治而流清。故嫁娶者,所以传重承业[④],继续先祖,为宗庙主也。夫家轻礼违制,不可以行。遂不肯往。夫家讼之于理[⑤],致之于狱[⑥]。女终以一物不具、一礼不备,守节持义,必死不往。而作诗曰:"虽速我狱,室家不足[⑦]。"言夫家之礼不备足也。君子以为得妇道之仪,故举而扬之,传而法之,以绝无礼之求,防淫欲之行焉。又曰:"虽速我讼,亦不女从[⑧]。"此之谓也。

颂曰:召南申女,贞一修容。夫礼不备,终不肯从。要以必死,遂至狱讼。作诗明意,后世称诵。

【注释】

①召南申女:召南申地的女子。召南,指召公统治的南方地域,主要在汉水流域上游,包括今河南南阳,湖北十堰郧阳区、襄阳等地。申,周时国名,姜姓,传为伯夷之后,故城在今河南南阳。

②丰:地名。在今陕西西安西南。

③"正其本则万物理"几句:《易传》佚文。意谓:根本端正,万事都能理顺,细微的失误,可能就会导致巨大的差错。豪,通"毫"。

④传重承业:传宗接代,承受祖先基业。

⑤讼之于理：向法官打官司。理，掌管刑狱的官。

⑥致之于狱：送达到监狱。

⑦虽速我狱，室家不足：语见《诗经·召南·行露》。意谓：纵然抓我进官府，结婚的聘礼不充足。速，招，致。狱，案件，打官司，一说监狱。

⑧虽速我讼，亦不女从：语见《诗经·召南·行露》。意谓：即使逼我上公堂，也不听从嫁给你。女，通"汝"。

【译文】

召南申女，是申地人家的女儿。已经许嫁到丰，丈夫家婚礼不备却想迎娶她。申女向男方的人说了自己的意见，认为夫妻关系，是人伦的开始，不可以有偏差。《传》说："根本端正，万事都能理顺，细微的失误，可能就会导致巨大的差错。"因此根本立定就能生出正道，源头治理水流就会清澈。所以，嫁娶是用来传宗接代、承受祖先基业的，是继续作为子孙奉祀先祖宗庙的事情。丈夫家轻视礼仪违背制度，不可以前往，于是就不肯嫁过去。丈夫家向法官诉讼，将申女传到公堂。申女最终因为一种东西不具备、缺一项礼仪，坚守节义，宁死不肯嫁到夫家。她还作诗说："纵然抓我进官府，结婚的聘礼不充足。"说的是夫家的聘礼不够完备充足。君子认为申女的做法合乎妇道礼仪，所以进行宣扬，传述开来作为榜样，用以断绝无礼的要求，防止淫乱纵欲的行为。又说："即使逼我上公堂，也不听从嫁给你。"说的就是这种情况。

颂说：召南申地女，贞一修礼容。夫家礼不备，终不肯听从。宁死也不嫁，竟然致狱讼。作诗明心意，后世人称诵。

宋恭伯姬

【题解】

宋伯姬的事迹见载于《春秋》"三传"以及《春秋繁露·王道》等。

宋伯姬之所以得到史学家和经学家的重视，是因其对礼仪的极端遵守。先是因为宋恭公不亲迎，所以宋伯姬庙见时不肯听命，季文子致命之后方可。接着因为傅母不至，在突遇火灾时宁愿被火烧死，也不愿逃生。对于伯姬的这种行为，今人难免会想起"礼教杀人"的说法。其实，在"春秋三传"中，除了《公羊传》《穀梁传》大加赞美外，《左传》就批评宋伯姬"女而不妇"，未嫁之女无保傅不下堂，已嫁之妇可以权变，伯姬行女道而非妇道，并非为贤。无论怎样，礼之本意是为养人爱人，而非杀人。孔子以"仁"为礼之本，宋伯姬这样的人不应该被树为榜样。

　　伯姬者，鲁宣公之女[1]，成公之妹也[2]。其母曰缪姜[3]，嫁伯姬于宋恭公[4]。恭公不亲迎，伯姬迫于父母之命而行。既入宋，三月庙见[5]，当行夫妇之道。伯姬以恭公不亲迎，故不肯听命。宋人告鲁，鲁使大夫季文子于宋[6]，致命于伯姬。还，复命。公享之[7]，缪姜出于房，再拜曰："大夫勤劳于远道，辱送小子[8]，不忘先君以及后嗣，使下而有知，先君犹有望也。敢再拜大夫之辱。"

【注释】

①鲁宣公：姬姓，名倭（tuǐ），春秋诸侯国鲁国君主之一，鲁文公之子，前608—前591年在位。

②成公（？—前573）：姬姓，名黑肱，鲁宣公之子，母穆姜，春秋时期鲁国第二十一任君主，前591—前573年在位。

③缪姜：一作缪姜（"缪"同"穆"），齐国女子，姜姓，鲁宣公夫人，谥号穆，故称穆姜，见本书卷七《鲁宣缪姜》。

④宋恭公（？—前576）：子姓，名瑕，宋国第二十五任君主，前588—前576年在位，宋文公之子。

⑤庙见：古婚礼，妇入夫家，三月后新妇首次拜谒祖庙为庙见。

⑥季文子（？—前568）：即季孙行父，姬姓，季氏，谥文，史称"季文子"，春秋时期鲁国的正卿，前601—前568年执政。

⑦公享之：成公设宴招待他。

⑧辱送小子：辛苦您送伯姬。辱，谦辞，表示让对方屈尊。小子，年幼一辈的谦称，此指伯姬。

【译文】

伯姬，是鲁宣公的女儿，成公的妹妹。她的母亲缪姜，把伯姬嫁给了宋恭公。宋恭公没有行亲迎之礼，伯姬迫于父母的压力而前往宋国。到了宋国，三个月后拜谒了祖宗之庙，应该正式成为夫妻了。伯姬因为恭公不行亲迎之礼，所以不肯听命。宋人告诉鲁国，鲁国派遣大夫季文子到宋国，把父母之命传达给伯姬劝解她。回来后，季文子回复执行命令的情况。成公宴享他，缪姜从房中出来，拜了两次说："大夫受劳跋涉远路，辛苦送伯姬，不忘记先君以及他的后辈，如果地下有知，先君也这样希望啊。再次拜谢大夫的辛苦。"

伯姬既嫁于恭公，十年①，恭公卒，伯姬寡。至景公时②，伯姬尝遇夜失火，左右曰："夫人少避火。"伯姬曰："妇人之义，保傅不俱③，夜不下堂，待保傅来也。"保母至矣，傅母未至也。左右又曰："夫人少避火④。"伯姬曰："妇人之义，傅母不至，夜不可下堂。越义求生，不如守义而死。"遂逮于火而死⑤。《春秋》详录其事，为贤伯姬，以为妇人以贞为行者也。伯姬之妇道尽矣。当此之时，诸侯闻之，莫不悼痛，以为死者不可以生，财物犹可复，故相与聚会于澶渊⑥，偿宋之所丧。《春秋》善之。君子曰："礼，妇人不得傅母，夜不下堂，行必以烛。伯姬之谓也。"《诗》云："淑慎尔止，不愆于仪⑦。"伯姬可谓不失仪矣。

　　颂曰:伯姬心专,守礼一意。宫夜失火,保傅不备。逮火而死,厥心靡悔。《春秋》贤之,详录其事。

【注释】

①十年:"十"当作"七",伯姬入宋在鲁成公九年(前582),宋共公去世在鲁成公十五年(前576)。

②景公:当为"平公"之误。伯姬死于鲁襄公三十年(前543),当宋平公三十三年。

③保傅:保母和傅母,古代保育、教导太子等贵族子弟及未成年帝王、诸侯的男女官员,统称为保傅。《大戴礼记·保傅》曰:"保,保其身体;傅,傅其德义。"

④少:少顷,一会儿。

⑤逮:及。

⑥澶(chán)渊:地名。故址在今河南濮阳西,春秋卫地。

⑦淑慎尔止,不愆(qiān)于仪:语见《诗经·大雅·抑》。意谓:举止谨慎行为美,仪容端正无过错。淑,美好。止,举止行为。愆,过错。

【译文】

　　伯姬嫁给宋恭公七年后,宋恭公去世,伯姬守寡。到宋平公时,伯姬遇上了夜晚发生火灾,周围侍从之人说:"夫人快避一会儿吧。"伯姬说:"妇人的规矩,保母和傅母不在身边,晚上不走出堂屋,等到保傅来吧。"保母来到,傅母还没有来。侍从又说:"夫人赶快避开吧。"伯姬说:"妇人的规矩,傅母不来,晚上不可离开堂屋。违背礼义追求活命,不如遵守礼义而死去。"于是遭遇火灾死去。《春秋》详细记录了这件事情,是要表彰伯姬的贤德,认为妇人要以贞洁为行动规范。伯姬能尽妇道规矩。当时,诸侯听说后,没有不哀悼痛心的,认为死去的人不可以再生,但是财物可以弥补，所以一起聚会到澶渊，补偿宋国在火灾中的损失。《春秋》认为是善事。君子说："按照礼的规定，妇人没有傅母在身边，黑夜不离开堂屋，走路一定要拿着火烛。伯姬就是这样的。"《诗经》说："举止谨慎行为美，仪容端正无过错。"伯姬算得上不失礼仪了。

颂说：伯姬心思专，一意守礼仪。宫中夜失火，保傅不齐备。遭火被烧死，其心不后悔。《春秋》认为贤，详细记其事。

卫宣夫人①

【题解】

此篇文献来源不见于传世典籍，可能为已佚的汉代《诗经·邶风·柏舟》本事传说。齐侯之女嫁到卫国，到城门而卫君死亡，又受到了齐国兄弟的逼迫，于情于理都可以改嫁，但是齐侯之女终身守寡，表现出了从一而终的婚姻观念。实际上，从先秦到西汉中期，女子改嫁之事实属平常，不仅民间并不忌讳，即使贵族上层也较为普遍。例如汉武帝之母王太后，就是先嫁金氏，后被纳于时为太子的景帝。刘向编录此事，反映了经学影响下婚姻观念逐渐发生的变化。

夫人者，齐侯之女也。嫁于卫，至城门而卫君死。保母曰："可以还矣。"女不听，遂入，持三年之丧②。毕，弟立，请曰："卫小国也，不容二庖③，愿请同庖④。"夫人曰："唯夫妇同庖。"终不听。卫君使人诉于齐兄弟⑤，齐兄弟皆欲与后君，使人告女，女终不听，乃作诗曰："我心匪石，不可转也。我心匪席，不可卷也⑥。"厄穷而不闵⑦，劳辱而不苟⑧，然后能自致也。言不失也，然后可以济难矣。《诗》曰："威仪棣棣，不可选也⑨。"言其左右无贤臣，皆顺其君之意也。君子美其贞壹，故举而列之于《诗》也。

颂曰：齐女嫁卫，厥至城门。公薨不返，遂入三年。后君欲同，女终不渝。作诗讥刺，卒守死君。

【注释】

①卫宣夫人：王照圆曰："《太平御览》引作'卫寡妇人'，与本传'鲁寡陶婴''梁寡高行''陈寡孝妇'同，今本'寡'作'宣'，字形之误耳。"

②遂入，持三年之丧：王照圆曰："遂入，非礼也。丧又不应三年也。"按照礼经，此时齐女应当斩衰而吊，既葬，除服还齐。服三年丧与已成夫妇者无别，哀情过当。

③庖（páo）：厨房。

④同庖：同一个厨房吃饭，这里是合成一家的委婉说法。

⑤诉于齐兄弟：向齐国的兄弟陈述情况。

⑥"我心匪石"几句：语见《诗经·邶风·柏舟》。意谓：我心并非石头，不能随便来滚转；我的心也非草席，不能任意来翻卷。匪，非。

⑦厄穷而不闵（mǐn）：穷困而不忧愁。厄，困苦，困难。闵，同"悯"。

⑧劳辱而不苟：困于不幸仍不苟活。

⑨威仪棣棣（dài），不可选也：语见《诗经·邶风·柏舟》。意谓：雍容娴雅有威仪，不能筹算来退让。棣棣，雍容娴雅貌。选，算，筹算，算计，引申为因计较得失而改变准则；一说屈挠退让。

【译文】

卫宣夫人，是齐侯的女儿。她嫁到卫国，到城门而赶上卫君去世。保母说："可以返回娘家了。"齐女不听，于是进入卫国，守了三年之丧。结束后，卫君的弟弟立为国君，请求说："卫是小国，不能容纳两个厨房，愿与你同一个厨房吃饭。"夫人说："只有夫妻才共用厨房。"终究不同意。卫君派人向齐国兄弟陈诉，齐国兄弟都愿意让卫宣夫人嫁给后君，派人告诉夫人，夫人还是不听，于是作诗说："我的心并非石头，不能随便来滚转；我的心也非草席，不能任意来翻卷。"穷困而不忧愁，困于不幸仍不苟活，然后才能保持自己的志向。说的是不失本心，然后才能渡过难关。《诗经》说："雍容娴雅有威仪，不能筹算来退让。"说的是她左右没有贤臣，都顺从国君的意愿。君子赞美她的贞洁专一，所以举出来放入《诗经》里。

颂说：齐侯女儿嫁到卫，刚刚到达卫城门。卫君去世不返回，入卫守丧整三年。继立国君欲同厨，齐女最终也不肯。她作诗篇含讥刺，最终一心守故君。

蔡人之妻

【题解】

此篇内容，与汉代韩诗家的说法一致，《文选》卷五十四《辩命论》李善注曰："《韩诗》曰：采苢，伤夫有恶疾也。……诗人伤其君子有恶疾，人道不通，求己不得，发愤而作，以事兴荣苢，虽臭恶乎，我犹采采而不已者，以兴君子虽有恶疾，我犹守而不离去也。"蔡人之妻，在夫有恶疾的情况下，没有遵从母亲的意愿改嫁，而与丈夫相濡以沫，不离不弃，表现了有情有义的高贵品质。

蔡人之妻者①，宋人之女也。既嫁于蔡，而夫有恶疾②。其母将改嫁之，女曰："夫不幸，乃妾之不幸也，奈何去之？适人之道，壹与之醮③，终身不改。不幸遇恶疾，不改其意。且夫采采荣苢之草④，虽其臭恶，犹始于将采之⑤，终于怀撷之⑥，浸以益亲，况于夫妇之道乎！彼无大故⑦，又不遣妾，何以得去？"终不听其母，乃作《荣苢》之诗。君子曰：宋女之意,甚贞而壹也。

颂曰:宋女专悫⑧,持心不顷⑨。夫有恶疾,意犹一精。母劝去归,作诗不听。后人美之,以为顺贞。

【注释】

①蔡:周朝诸侯国名。在今河南上蔡西南,后来迁到新蔡一带。

②恶疾:痛苦而难治的疾病。

③醮(jiào):古代冠礼、婚礼时用酒祭神的一种仪式,代指女子嫁人。

④芣苢(fú yǐ):野生植物名。可食。《毛传》认为是车前草。

⑤捋(luō):用手握物而脱取。

⑥撷:同"襭(xié)",兜入衣襟并将衣襟系在腰间带子上。

⑦大故:大的罪过。

⑧专悫(què):专诚笃实。

⑨顷:当作"顷",顷即倾也。

【译文】

蔡国人的妻子,是宋国人的女儿。嫁到蔡国后,丈夫得了痛苦又难治的疾病。她的母亲想要改嫁她,女儿说:"丈夫不幸,就是我的不幸,哪里能离开他呢?嫁人的规矩,一和他结婚,终身不再改变。即使不幸遭遇重疾,也不能改变意向。况且采取车前草,虽然它气味很臭,还一开始用手采取,最终还要把它兜到衣襟里,越来越亲近,况且是夫妇之道呢!他没有大的罪过,也没有休弃我,为什么要离开呢?"终究不听从母亲的意见,又作了《芣苢》之诗。君子说:宋国女子的心意,非常贞静专一。

颂说:宋国女子心专诚,保持初心不坠倾。丈夫身染难治疾,心意情感还专精。母亲劝她回娘家,作诗表示不能听。后人赞美宋国女,认为她能心坚贞。

黎庄夫人

【题解】

　　此篇来源不见于传世文献，可能为经生相传的《诗经·邶风·式微》本事。它叙述了《式微》的创作情景，与《毛诗》解此诗为"黎侯寓于卫，其臣劝归"的说法不同。篇中卫侯之女嫁于黎庄公，志趣不合，甚至未尝得见丈夫之面。傅母劝其及早离去，但是卫侯之女却以妇人之道专一的理由拒绝了。这显然是经学价值观念对女性社会角色的塑造和规训，曾在历史上制造了无数生命悲剧，今人弃之可矣。

　　黎庄夫人者，卫侯之女，黎庄公之夫人也①。既往而不同欲，所务者异，未尝得见，甚不得意。其傅母闵夫人贤②，公反不纳，怜其失意，又恐其已见遣而不以时去③，谓夫人曰："夫妇之道，有义则合，无义则去。今不得意，胡不去乎？"乃作诗曰："式微式微，胡不归④？"夫人曰："妇人之道，壹而已矣。彼虽不吾以⑤，吾何可以离于妇道乎！"乃作诗曰："微君之故，胡为乎中路⑥？"终执贞壹，不违妇道，以俟君命⑦。君子故序之以编《诗》⑧。

　　颂曰：黎庄夫人，执行不衰。庄公不遇，行节反乖。傅母劝去，作诗《式微》。夫人守壹，终不肯归。

【注释】

①黎：古诸侯国名，在今山西黎城，一说在今长治西南。

②闵：通"悯"，怜悯。

③见遣：被抛弃。

④式微式微，胡不归：天黑了，为什么还不回家？式，作语助词。微，

（日光）衰微，黄昏或曰天黑。胡，为什么。

⑤不吾以：不用我，不和我一起。

⑥微君之故，胡为乎中路：要不是你的缘故，为什么还会在路中？微君，要不是因为你。

⑦俟（sì）：等待。

⑧序：依次列入。

【译文】

黎庄夫人，是卫侯的女儿，黎庄公的夫人。嫁过去之后，夫人与黎庄公嗜好不同，所追求的东西有别，未曾得见黎庄公，非常不得意。她的傅母怜悯夫人贤惠却不被接纳，又怜惜她失意，担心她被抛弃后不能及时离开，对夫人说："夫妇的相处原则，有情义就结合，无情义就离去。现在不能得到他的接纳，为什么不离去呢？"于是作诗说："天黑了天黑了，为什么不归去呢？"夫人说："做女人的规矩，保持专一罢了。他虽然不接纳我，我怎么可以背离妇道呢！"于是作诗说："要不是你的缘故，为什么会在路中辛苦？"她终究保持贞一的心志，不违背妇道，等待丈夫的处置。君子因此把她的诗歌编入《诗经》。

颂说：黎国庄公之夫人，保持节行而不衰。庄公不愿接纳她，为夫之道都违背。傅母劝说夫人去，于是作诗曰《式微》。夫人坚守贞一志，终究不把娘家归。

齐孝孟姬

【题解】

此篇文献来源不见于传世典籍，应为传闻逸事。孟姬成长于礼教氛围浓厚的家庭，因求婚者礼数不周，宁愿过了年龄也不婚配。后来嫁给齐孝公时，父母、诸母、姑姊妹一一叮嘱，训以礼教。也因此，孟姬跟随齐孝公出游琅琊，因车坏而改乘立车，有违安车布幔障蔽之礼，居然选择自杀,幸亏傅母救助才没有酿成悲剧。这种不顾突发情况而一味恪守礼仪的形象,虽被经学家用来教化女性,恐因不近人情,难以得到人们的真心敬慕。此篇描绘了诸多礼仪的细节,具有较高的礼学文献价值。

　　孟姬者,华氏之长女,齐孝公之夫人也①。好礼贞壹,过时不嫁。齐中求之,礼不备,终不往。蹑男席②,语不及外。远别避嫌,齐中莫能备礼求焉。齐国称其贞。孝公闻之,乃修礼亲迎于华氏之室。父母送孟姬不下堂,母醮房之中③,结其衿缡④,诫之曰:"必敬必戒,无违宫事。"父诫之东阶之上曰:"必夙兴夜寐,无违命。其有大妨于王命者,亦勿从也。"诸母诫之两阶之间⑤,曰:"敬之敬之,必终父母之命。夙夜无怠,尔之衿缡⑥,父母之言谓何。"姑姊妹诫之门内,曰:"夙夜无愆⑦,示之衿鞶⑧,无忘父母之言。"孝公亲迎孟姬于其父母,三顾而出⑨。亲迎之绥⑩,自御轮三⑪,曲顾姬与⑫,遂纳于宫。三月,庙见,而后行夫妇之道。

【注释】

①齐孝公(?—前633):姜姓,名昭,齐桓公与郑姬之子,春秋时期齐国国君,前642—633年在位。

②蹑(niè)男席:王照圆曰:"'蹑'犹践也,'蹑'上脱'不'字。"

③母醮房之中:梁端云:"'房之'二字误倒。"

④衿缡(jīn lí):古代女子出嫁时,有母亲将佩巾系到女儿身上的一种礼节,表示对女儿的尊重和祝福。衿,系衣裳的带子。缡,女子出嫁时所系的佩巾。

⑤诸母:庶母,父亲的妾。

⑥尔之衿缡:段玉裁曰:"'尔'当作'示'。"

⑦无愆（qiān）：没有过失。愆，过失，差错。

⑧鞶（pán）：大带。

⑨三顾而出：王照圆曰："'三顾'二字疑涉下文而误衍。"

⑩亲迎之绥（suí）："迎"当为"授"。绥，登车时用于拉手的绳索。

⑪自御轮三：亲自驾着车，绕着孟姬的车子转了三圈。

⑫曲顾：即曲顾礼，婿至女家迎女，出门登车，授女以绥，自御轮三周，然后下车先女而归。此时须回头顾视，谓之曲顾礼。姬与（舆）：乃"姬舆"，孟姬之车。

【译文】

　　孟姬，是华氏的长女，齐孝公的夫人。孟姬耽好礼仪，性情贞静专一，过了年龄还没有出嫁。齐国的人去求婚，礼仪不完备，终究不嫁。她脚不踩有男人的席子，说话不谈论外面的事情。远离男女之别以避嫌，齐国中没有能准备详备的礼仪追求到她的，都称赞她的贞洁。齐孝公听说后，就修整礼节亲自去华氏家中迎娶。父母送孟姬不离开堂屋，母亲在房中举行了用酒祭祀神灵的仪式，将佩巾系到女儿身上，告诫她说："一定要恭敬谨慎，遵守宫中各事的规矩。"父亲在东边台阶上告诫说："一定要早起晚睡，不要违背命令。有严重妨害王命的事情，也不要跟着做。"诸庶母在两个台阶之间告诫她说："要恭敬再恭敬，一定要遵守父母的教诲。昼夜不要懈怠，看看衣服上的带子，父母都说了什么。"姑姊妹在门里告诫她说："白天夜晚都不要有差错，看看衣服的大小带子，不要忘记了父母的话。"孝公亲自到孟姬父母跟前把她迎接出来，亲手交给她登车的带子，自己驾着车，绕着孟姬的车子转了三圈，向孟姬的车子行了曲顾礼，于是把她接入宫中。三月后举行了庙见礼，两人开始了夫妇生活。

　　既居久之，公游于琅邪①，华孟姬从，车奔，姬堕车碎。孝公使驷马立车载姬以归②，姬使侍御者舒帷以自障蔽③，而使傅母应使者曰："妾闻妃后逾阈④，必乘安车辎𫐐⑤，下堂必从傅母保阿⑥，进退则鸣玉环佩⑦，内饰则结纽绸缪⑧，野处则帷裳拥蔽⑨，所以正心壹意，自敛制也。今立车无𫐐，非所敢受命也；野处无卫，非所敢久居也。三者失礼多矣。夫无礼而生，不如早死。"使者驰以告公，更取安车，比其反也⑩，则自经矣。傅母救之，不绝。傅母曰："使者至，辎𫐐已具。"姬氏苏⑪，然后乘而归。

【注释】

①琅邪：地名。在今山东东南部。

②驷马立车：四匹马拉的立乘车。

③舒帷以自障蔽：张开帷幔遮蔽自己。

④阈（yù）：门槛。

⑤安车：通常用一匹马拉的、可以在车厢里坐乘的车子。辎𫐐（zī píng）：辎车和𫐐车的并称，后泛指有屏蔽的车子，专供贵族妇女乘坐。

⑥保阿：古代抚养教育贵族子女的妇女。

⑦玉环佩：一种佩戴的圆形而中间有孔的玉器。

⑧绸缪（chóu móu）：紧密缠缚。

⑨帷裳拥蔽：车旁的帏幔遮蔽蒙盖。

⑩比其反：等到她返回。比，及，等到。

⑪苏：苏醒。

【译文】

很久之后，孝公到琅邪游玩，华盂姬跟随，车子奔驰，把华盂姬摔下了车，车子也撞碎了。孝公派来一辆四匹马拉的立乘车，想要载上华盂姬回家，华盂姬让侍奉的随从展开帷幔遮蔽住自己，派遣傅母回应使者说:"我听说妃后越过门槛,一定要乘坐安车和有帏幔的辎轩车,走下堂屋一定要跟随傅母保阿,走路进退要让玉环佩发出声响,内里衣纽都要绵密扎紧,在野外要用车旁帏幔遮挡蒙蔽,为的是正心诚意、自我收敛。现在立乘车没有屏蔽,不是我所敢接受的;在野外没有防卫,也不是我所敢长久停留的。三项事情失礼之处很多。违背了礼而活下来,不如早些死去。"使者急驰把这些告诉给孝公,换了一辆安车,等使者返回来时,华孟姬已经上吊了。傅母解救她,没有气绝。傅母说:"使者回来了,辎轩车已经准备好了。"姬氏苏醒过来,然后乘着辎轩车回家。

君子谓孟姬好礼。礼,妇人出必辎轩,衣服绸缪;既嫁,归问女昆弟,不问男昆弟,所以远别也。《诗》曰:"彼君子女,绸直如发①。"此之谓也。

颂曰:孟姬好礼,执节甚公②。避嫌远别,终不冶容③。载不并乘,非礼不从。君子嘉焉,自古寡同。

【注释】

①彼君子女,绸直如发:语见《诗经·小雅·都人士》。意谓:那贵族家的女子,头发稠密而直。君子女,君子之女,指贵族家的女子。绸直,头发稠密而直。绸,通"稠"。如发,她们的头发,犹言"乃发",乃犹"其"。王照圆曰:"言贤女操行细密正直,如发之美也。"

②甚公:当作"甚恭"。

③冶容:女子修饰得很妖媚。

【译文】

君子认孟姬好礼。按照礼仪,妇人外出一定乘坐辎轩车,衣服扎得紧实细密;出嫁后,回娘家与姐妹问候叙谈,不与兄弟问候叙谈,以保持男女之间的距离。《诗经》说:"那贵族家的女子,头发稠密而直。"说的就是这种情况。

颂说:孟姬好遵礼,守节甚恭敬。避嫌又远别,终不饰冶容。坐车不立乘,非礼绝不从。君子赞美她,自古少能同。

息君夫人

【题解】

息夫人的事迹见载于《左传·庄公十四年》:息国被灭,息夫人被楚王纳娶,生堵敖及成王,一直不说话。楚王问起来,息夫人回答说:"我一个妇人家,而侍奉过二位丈夫,纵然不能死,又何必说话呢?"

此篇故事与《左传》结局不同:息夫人誓死不归楚文王,而与息君同日自杀。这种对生命尊严的维护、夫妻感情的坚守,以及反抗暴政的勇气,具有强烈的悲剧性。但是在篇末的颂中,刘向似乎又接受了《左传》的说法,"楚虏息君,纳其适妃,夫人持固,弥久不衰",这表现了刘向取舍不同时材料的游移态度。实际上,无论息夫人自杀与否,其对息君的怀念和深情都无差别,而且数年隐忍的痛苦可能更甚于果断一死。

息夫人的故事在后世流传甚广,武汉汉阳有桃花夫人庙进行祭祀。蕴含强烈情感内涵的息夫人形象,也引起了后世文人的不断吟咏和阐述。例如王维有诗《息夫人》"莫以今时宠,难忘旧日恩。看花满眼泪,不共楚王言";杜牧有《题桃花夫人庙》"细腰宫里露桃新,脉脉无言度几春。毕竟息亡缘底事,可怜金谷坠楼人";等等。

夫人者,息君之夫人也①。楚伐息,破之。虏其君,使守门。将妻其夫人,而纳之于宫。楚王出游,夫人遂出见息君,谓之曰:"人生要一死而已,何至自苦!妾无须臾而忘君也②,终不以身更贰醮③。生离于地上,岂如死归于地下哉!"乃作诗曰:"縠则异室,死则同穴。谓予不信,有如暾日④。"息君止之,夫人不听,遂自杀,息君亦自杀,同日俱死。楚王贤其夫人,守节有义,乃以诸侯之礼合而葬之。君子谓夫人说于行善⑤,故序之于《诗》。夫义动君子,利动小人,息君夫人不为利动矣。《诗》云:"德音莫违,及尔同死⑥。"此之谓也。

颂曰:楚虏息君,纳其适妃⑦。夫人持固,弥久不衰。作诗同穴,思故忘新⑧。遂死不顾,列于贞贤。

【注释】

①息:西周至春秋初期的诸侯国,姬姓,侯爵,位于今河南息县一带。

②须臾:极短的时间,片刻。

③贰醮(jiào):再嫁。

④"縠则异室"几句:语见《诗经·王风·大车》,意为:活着不能在一室,死后也要葬在一个坟穴。我说的话你如果不信,就让太阳来作证。縠,生,活着。异室,两地分居。同穴,合葬同一个墓穴。有如暾(jiǎo)日,有此白日。如,此。暾,同"皎",光明,明亮。

⑤说:同"悦",喜悦。

⑥德音莫违,及尔同死:语见《诗经·邶风·谷风》。意谓:不要违背你说过的好话;与你到死不分离。德音,说过的好话。

⑦适:繁体为"適",通"嫡"。

⑧忘新:忘记新人,即楚王。

【译文】

息君夫人,是息国国君的夫人。楚国攻伐息国,息国大败。楚国俘虏了息国国君,让他守城门。楚王将要娶息君夫人,而把她纳入宫中。楚王外出游玩,于是夫人出门会见息君,对他说:"人生最终不过一死罢了,何必自我折磨呢! 我没有片刻忘记你,终究不会以此身再嫁。活着在地上分离,哪里比得上死后同归于地下呢?"于是作诗说:"活着不能在一室,死后要葬同一穴。我说的话你不信,就让太阳来作证。"息君制止她,夫人不听,于是自杀,息君也自杀,同一天都死了。楚王认为息夫人有贤德,守节讲究义气,于是用诸侯的礼仪规格合葬了息君和息夫人。君子认为息夫人乐于行善,而把她的诗编入了《诗经》。节义感动君子,利益打动小人,息夫人是不会被利益打动的啊。《诗经》说:"不要违背你说过的好话:与你到死不分离。"说的就是这种情况。

颂说:楚王俘虏息国君,将要纳娶其正妃。夫人坚守其气节,历时很久也不衰。作诗说到葬同穴,思念故夫忘新人。最终自杀而不顾,名字不灭列贤贞。

齐杞梁妻

【题解】

此篇所载杞梁妻的故事,乃综合了多种文献而成。杞梁战死于莒、齐庄公吊丧于路被拒绝、转而吊丧于室的情节,见于《左传·襄公二十三年》。杞梁妻善哭,见于《孟子·告子下》"华周、杞梁之妻善哭其夫而变国俗"。但是此文可能另有其他文献来源,如哭十日而城崩、赴水而死之前的一段话语,都不见于传世典籍。

杞梁妻明习礼仪,按照古礼,唯有贱者接受郊吊,所以她坚持庄公还车到家里吊丧。杞梁妻在丈夫死后孤苦无依,依据妇人三从之义,选择了赴水而死以守节。但是,感动后人的并非杞梁妻的礼学造诣,而是其伤心绝望、悲怨千古的痛哭。杞梁妻哭十日导致城墙崩坏的传奇情节,成为后来孟姜女哭长城传说的故事原型。许多文人也被杞梁妻这个人物形象强烈的感情内涵所打动,而在诗文中频繁引用这一典故,如邯郸淳《孝女曹娥碑》中云"是以哀姜哭市,杞崩城隅";蔡邕《琴操》中有《芑梁妻歌》

"乐莫乐兮新相知,悲莫悲兮生别离。哀感皇天兮城为隳"等。庾信身遭家国之变,更是多次引用杞梁妻之典,如:"啼枯湘水竹,哭坏杞梁城"(《拟咏怀·十一》),"城崩杞妇之哭,竹染湘妃之泪"(《哀江南赋》),"是以流恸所感,还崩杞梁之城"(《拟连珠四十四首·其十四》)等。

　　齐杞梁殖之妻也。庄公袭莒①,殖战而死。庄公归,遇其妻,使使者吊之于路。杞梁妻曰:"今殖有罪②,君何辱焉③?若令殖免于罪,则贱妾有先人之弊庐在④,下妾不得与郊吊⑤。"于是庄公乃还车诣其室⑥,成礼然后去。

　　杞梁之妻无子,内外皆无五属之亲⑦。既无所归,乃枕其夫之尸于城下而哭之⑧。内诚动人⑨,道路过者莫不为之挥涕,十日而城为之崩。既葬,曰:"吾何归矣?夫妇人必有所倚者也。父在则倚父,夫在则倚夫,子在则倚子。今吾上则无父,中则无夫,下则无子。内无所依以见吾诚⑩,外无所倚以立吾节。吾岂能更二哉!亦死而已。"遂赴淄水而死⑪。君子谓杞梁之妻贞而知礼。《诗》云:"我心伤悲,聊与子同归⑫。"此之谓也。

　　颂曰:杞梁战死,其妻收丧。齐庄道吊,避不敢当。哭夫于城,城为之崩。自以无亲,赴淄而薨⑬。

【注释】

①莒(jǔ):周朝诸侯国,子爵,是山东东夷中最强的古国,在今山东莒县。

②今:梁端曰:"'今'疑为'令'。"

③辱:谦辞,辱命,屈辱地下达吊唁的命令。

④弊庐：破旧的房屋。弊，通"敝"，破旧，凋敝。

⑤郊吊：在郊野行吊礼。《左传·襄公二十三年》杨伯峻注："古礼，唯所谓贱者受郊吊。杞梁乃大夫，故其妻辞吊……《檀弓下》又云：'君遇枢于路，必使人吊之。'则齐庄之使人吊亦合古礼，杞梁之妻之辞吊，亦合古礼。"

⑥诣（yì）：前往，到某个地方去。

⑦内外皆无五属之亲：娘家和夫家都没有五服内的亲属。五属之亲，同族五服之亲戚。五服，古代以亲疏为差等的五种丧服，包括斩衰、齐衰、大功、小功、缌麻五种。

⑧就：靠着。

⑨诚（xián）：和。王照圆曰："'诚'当作'诚'，字形之误。"

⑩见：显露。

⑪淄水：河名。源出山东济南莱芜区，东北流，由淄河口入海。

⑫我心伤悲，聊与子同归：语见《诗经·桧风·素冠》，《毛诗》作"我心伤悲兮，聊与子同归兮"。意谓：我的内心很悲伤，希望与你一起死去。聊，愿。同归，即同死。

⑬薨（hōng）：君主时代称诸侯或大官等人的死，这里用于尊崇杞梁妻。

【译文】

齐杞梁妻，是齐国大夫杞梁殖的妻子。齐庄公偷袭莒国，杞梁殖战斗死亡。庄公回国，路上遇到了杞梁妻，派使者在路上吊唁。杞梁妻说："如果殖有罪，国君何必派人吊唁呢？如果殖没有罪过，那么我有先人留下的破旧房屋，我不能接受郊外吊礼。"于是齐庄公转回车而到了她家房屋，行了吊礼然后离去。

杞梁的妻子没有儿子，夫家娘家都没有五服亲属了。她没有归宿，于是就靠着丈夫的尸体在城墙下哭泣。哭声至诚感动人心，路过的人没有不为她落泪的，十天之后城墙为之崩塌。杞梁殖下葬后，她说："我要回到哪里去呢？妇人一定要有所倚靠。父亲在靠父亲，丈夫在靠丈夫，儿子在靠儿子。现在我上没有父亲，中间没有丈夫，下面没有儿子。在内没有依靠来表露我的诚心，在外无所凭依来树立我的节操。我哪里能改事二夫呢！我也死了算了。"于是跳进淄水死亡。君子认为杞梁妻贞节懂礼。《诗经》说："我的内心很悲伤，希望与你一起死去。"说的就是这种情况啊。

颂说：杞梁战斗死，其妻来收丧。齐庄郊吊丧，推辞不敢当。哭夫于城下，城墙为之崩。内外无亲属，遂赴淄水亡。

楚平伯嬴

【题解】

关于伯莒（柏举）之战及吴王入楚后宫之事，见载于《春秋》三传，但此篇中伯嬴之事不见于传世文献，应为古史逸事。国家战败，昭王逃亡，吴王入宫，作为战利品的后宫女子自然处于悲惨绝望的境地。但是伯嬴并没有听天由命，而是从君王仪表、夫妇人伦、仁义教化几个方面指出吴王此举的失误，又以死抗争，最终使得吴王惭愧退让。靠着勇敢刚烈的气节和有理有节的文辞，伯嬴保全了自身的尊严，这样的女性无疑值得赞赏和崇敬。

伯嬴者，秦穆公之女①，楚平王之夫人②，昭王之母也③。当昭王时，楚与吴为伯莒之战④。吴胜楚，遂入至郢⑤。昭王亡，吴王阖闾尽妻其后宫⑥。次至伯嬴，伯嬴持刃曰："妾闻：天子者，天下之表也。公侯者，一国之仪也。天子失制则天下乱，诸侯失节则其国危。夫妇之道，固人伦之始，王教之端。是以明王之制，使男女不亲授，坐不同席，食不共器，殊椸枷⑦，异巾栉⑧，所以施之也⑨。若诸侯外淫者绝，卿大夫外淫者放，士庶人外淫者宫割[10]。夫然者，以为仁失可复以义，义失可复以礼，男女之丧[11]，乱亡兴焉。夫造乱亡之端，公侯之所绝，天子之所诛也。今君王弃仪表之行，纵乱亡之欲，犯诛绝之事，何以行令训民？且妾闻，生而辱，不若死而荣。若使君王弃其仪表，则无以临国[12]；妾有淫端，则无以生世。壹举而两辱，妾以死守之，不敢承命。且凡所欲妾者，为乐也。近妾而死，何乐之有？如先杀妾，又何益于君王？"于是吴王惭，遂退，舍伯嬴与其保阿，闭永巷之门[13]，皆不释兵[14]。三旬，秦救至，昭王乃复矣。君子谓伯嬴勇而精壹。《诗》曰："莫莫葛累，施于条枚，岂弟君子，求福不回[15]。"此之谓也。

颂曰：阖闾胜楚，入厥宫室。尽妻后宫，莫不战栗。伯嬴自守，坚固专一。君子美之，以为有节。

【注释】

①秦穆公之女：柏举之战发生于前506年，上距秦穆公去世115年，因此伯嬴不可能是秦穆公的女儿，"穆"字误。

②楚平王（？—前516）：芈姓，熊氏，初名弃疾，即王位后改名居，春秋时期楚国国君，楚共王之子，楚康王、楚灵王之弟，前529—前516年在位。

③昭王（约前523—前489）：芈姓，熊氏，名壬，又名轸（珍），楚平王之子，春秋时期楚国的一位中兴之主，前515—前489年在位。

④伯莒之战：前506年（周敬王十四年），由吴王阖闾率领的3万吴国军队深入楚国，在柏举（今湖北麻城境内，一说湖北汉川北）击败楚军20万主力，继而占领楚都。此战是中国古代军事史上以

少胜多、快速取胜的成功战例。

⑤郢(yǐng)：春秋时期楚文王建立的楚国都城，在今湖北江陵西北。后来楚国都城屡有迁徙，凡迁至之地均称郢。

⑥阖闾(hé lú，？—前496)：一作阖庐，姬姓，名光，又称公子光，吴王诸樊之子(《左传》《世本》作吴王余眜之子)，春秋末期吴国君主，军事统帅，前514—前496年在位。

⑦椸枷(yí jiā)：指衣架。

⑧巾栉(zhì)：巾和梳篦，泛指盥洗用具。

⑨施(yì)之：王照圆曰："'施'，易也。所以变易其邪心。"梁端云："'施'一本作'远'。"

⑩宫割：施以宫刑，割下生殖器。

⑪男女之丧：男女之间丧失礼仪。

⑫临：统治。

⑬永巷：宫内一条狭长的小巷，起初是分配到各宫去的宫女的集中居住地，后来成了关押宫中女性犯罪者的监狱。

⑭释兵：放下兵器。

⑮"莫莫葛累(lěi)"几句：语见《诗经·大雅·旱麓》。意谓：那茂盛的葛藤，蔓延缠绕树枝树干。和乐平易的君子，求福有道不邪奸。莫莫，茂盛的样子，一说同"漠漠"，众多而没有边际的样子。葛藟，葛藤。施，伸展绵延。条，树枝。枚，树干。岂弟(kǎi tì)，即"恺悌"，和乐平易。不回，不违祖先之道。回，违；一说奸回，邪僻。

【译文】

伯嬴，是秦穆公的女儿，楚平王的夫人，楚昭王的母亲。昭王的时候，楚国和吴国在伯莒大战。吴国战胜了楚国，于是进入了郢都。楚昭王逃亡，吴王阖闾将他的后宫女子全部占为己有。挨到伯嬴时，伯嬴拿着刀说："我听说：天子，是天下的表率。公侯，是一国的仪表。天子失去法度天下就会大乱,诸侯失去仪节他的国家就危险。夫妇之道,是人伦的开始,王教的起点。所以贤明的君王定下制度,使得男女不亲自授受东西,不坐在同一张席子上,不用同一个食器吃饭,使用不同的衣架和盥洗用具,用来改易男女间邪僻的想法。如果诸侯在外淫荡就会被灭亡,卿大夫在外淫荡就流放,士庶人在外淫荡就施加宫割之刑。这样做,是因为仁失去了可用义来恢复,义失去了可用礼来恢复,男女之间的礼仪丧失了,就会发生乱亡之祸。引起乱亡的开端,公侯是要绝灭的,天子是要诛杀的。现在君王放弃了应起表率作用的行为,放纵会引起乱亡的欲望,做下了会被诛绝的事情,将用什么来发布命令训导民众呢?而且我听说,活着受辱,不如光荣死去。如果使君王放弃应起表率作用的行为,那就没法统治国家了;如果使我有淫乱的开端,就没有办法活在世间了。一个举动导致两种羞辱,我愿誓死守护本心,不敢接受你的命令。而且你想要我,是为了快乐。如果靠近我导致死亡,有什么快乐呢?如果先杀了我,对君王又有什么好处呢?"于是吴王惭愧,就退下了,舍弃了伯嬴和她的保阿,关闭了宫中的永巷之门,派人拿着武器看守她们。三旬之后,秦国的救兵到了,楚昭王复位。君子认为伯嬴勇敢又精诚专一。《诗经》说:"那茂盛的葛藤,蔓延缠绕树枝树干。和乐平易的君子,求福有道不邪奸。"说的就是这种情况。

颂说:阖闾战胜楚,入居其宫室。尽纳其后妃,没有不战栗。伯嬴勇自守,坚贞固专一。君子赞美她,以为有节气。

楚昭贞姜

【题解】

此篇文献来源不见于传世典籍,当为古史逸说。贞姜因为使者忘记拿符信,就在大水来临之际,宁愿被淹死也不随使者逃生。这个故事与"尾生抱柱"有些类似,"尾生与女子期于梁下,女子不来,水至不去,抱梁柱而死"(《庄子·盗跖》)。尾生抱柱是为守信,贞姜被淹死是为守义,都表现了宁死也要坚守规则的理念。实际上,儒学中除了讲遵守规则的"经"外,也允许随机应变地行"权",当然"权"要合道。贞姜、尾生毫不变通地遵守规则,并非儒学中的最高境界。只是因为他们不惜代价地遵守了礼仪规则,给人留下深刻印象,后来逐渐成为诗文中常用的典故。例如邯郸淳《孝女曹娥碑》"坐台待水,抱树而烧",江总《为陈六宫谢章》"鲁宫夜火,伯媛匪惊,楚榭奔涛,贞姜何惧",等等。

贞姜者,齐侯之女,楚昭王之夫人也。王出游,留夫人渐台之上而去①。王闻江水大至,使使者迎夫人,忘持符②。使者至,请夫人出,夫人曰:"王与宫人约令,召宫人必以符。今使者不持符,妾不敢从使者行。"使者曰:"今水方大至,还而取符,则恐后矣③。"夫人曰:"妾闻之:贞女之义不犯约,勇者不畏死,守一节而已。妾知从使者必生,留必死。然弃约越义而求生,不若留而死耳。"于是使者反取符,还则水大至,台崩,夫人流而死④。王曰:"嗟夫!守义死节,不为苟生,处约持信⑤,以成其贞。"乃号之曰贞姜。君子谓贞姜有妇节。《诗》云:"淑人君子,其仪不忒⑥。"此之谓也。

颂曰:楚昭出游,留姜渐台。江水大至,无符不来。夫人守节,流死不疑。君子序焉,上配伯姬。

【注释】

①渐台:台名。在湖北江陵东。

②符:古代朝廷封爵、置官、派遣使节或调兵遣将时所用的凭证,分为两半,君臣及有关双方各执一半,两半相合,作为验证。

③后：落后，晚。

④流而死：被水流冲走而死。

⑤处约：生活在穷困或危险的环境之中。

⑥淑人君子，其仪不忒（tè）：语见《诗经·曹风·尸鸠》。意谓：贤明高尚的君子，仪容如一不偏差。淑人君子，有才德的人。仪，容颜仪态。忒，偏差，差错。

【译文】

贞姜，是齐侯的女儿，楚昭王的夫人。昭王外出游玩，把夫人留在渐台上而离开了。昭王听说江水上涨，派使者去迎接夫人，忘记了拿符信。使者到了之后，请求夫人尽快出来，夫人说："王与宫人约定条令，召唤宫人一定用符信。现在使者不拿符信，我不敢跟随使者出行。"使者说："现在大水就要来了，回去取符信，恐怕就跟不上了。"夫人说："我听说：贞洁之女不违背约定，勇敢的人不畏惧死亡，都是为了坚守节操。我知道跟随使者一定能活下来，留在这里一定会死。但是背弃约定违义求生，不如留下来去死。"于是使者返回取符信，等到再次赶来时大水已至，渐台崩坏，夫人被水流冲走而死。王说："哎呀！坚守义则，死于气节，不苟且求生，处于危险的境地依然守信，成就了她的贞名。"于是赐给夫人"贞姜"的名号。君子认为贞姜拥有妇人的节操。《诗经》说："贤明高尚的君子，仪容如一不偏差。"说的就是这种情况。

颂说：楚昭出游玩，夫人留渐台。江水突暴涨，无符不前来。夫人守节操，溺死不违礼。君子论其德，上可配伯姬。

楚白贞姬

【题解】

此篇故事来源不见于传世文献，应为根据春秋后期楚国动荡历史所演绎出来的传说。白公为太子建之子，太子建因为费无忌谗害而被迫流亡到宋、郑、晋等国,最后被郑国人杀害。白公胜希望为父报仇,痛恨令尹子西发兵救助当时被晋国围攻的郑国,因而发动叛乱,杀死子西并劫持楚惠王。这次叛乱后来被叶公平定,白公自缢而死。在这种历史背景下,此篇所叙吴王将聘娶白公胜之妻贞姬恐非史实,但其中贞姬拒绝吴王的理由,也表现了一种普遍的观念:曾被白公厚待,愿以余生守候这份情意,而不愿改嫁。这种观念与"士为知己者死"的说法,在报答知遇之恩方面是相通的。

贞姬者,楚白公胜之妻也①。白公死,其妻纺绩不嫁②。吴王闻其美且有行,使大夫持金百镒、白璧一双以聘焉③,以辎軿三十乘迎之,将以为夫人。大夫致币④,白妻辞之曰:"白公生之时,妾幸得充后宫,执箕帚,掌衣履,拂枕席,托为妃匹。白公不幸而死,妾愿守其坟墓,以终天年。今王赐金璧之聘、夫人之位,非愚妾之所闻也。且夫弃义从欲者⑤,污也。见利忘死者,贪也。夫贪污之人,王何以为哉!妾闻之:忠臣不借人以力,贞女不假人以色。岂独事生若此哉?于死者亦然。妾既不仁,不能从死,今又去而嫁,不亦太甚乎!"遂辞聘而不行。吴王贤其守节有义,号曰楚贞姬。君子谓贞姬廉洁而诚信。夫任重而道远,仁以为己任,不亦重乎!死而后已,不亦远乎!《诗》云:"彼美孟姜,德音不忘⑥。"此之谓也。

颂曰:白公之妻,守寡纺绩。吴王美之,聘以金璧。妻操固行,虽死不易。君子大之,美其嘉绩⑦。

【注释】

①白公胜（？—前479）：春秋时楚国人，名胜，楚平王孙，太子建之子，封于白，号白公，为大夫，前479年发动"白公之乱"，被叶公子高打败，自缢死。

②纺绩：把丝麻等纤维纺成纱或线。古代纺指把丝、麻、绵、毛等纤维制成纱或纱线。绩指缉麻。

③百镒（yì）：极言货币之多。镒，古代黄金计量单位，二十两或二十四两。

④致币：送上礼物。币，泛指车马皮帛玉器等礼物。

⑤从（zòng）欲：放纵欲望。从，通"纵"。

⑥彼美孟姜，德音不忘：语见《诗经·郑风·有女同车》。意谓：美丽姑娘姓姜氏，美好声誉人不忘。孟姜，姜姓长女，后世孟姜也作为美女的通称。德音，好名声，亦指好品德。

⑦绩：王照圆曰："疑当作'迹'，字形之误，'绩'与'迹'同。"

【译文】

贞姬，是楚国白公胜的妻子。白公死去后，他的妻子纺丝绩麻养活自己，不再嫁人。吴王听说她美丽有德行，派大夫拿了百镒黄金、一双白璧前去聘娶，用三十辆辎轩车迎接她，将要让她作夫人。大夫送上礼物，白公妻推辞说："白公活着时，我幸运地得以充入后宫，拿着簸箕笤帚，掌管衣服鞋子，拂拭枕头和席子，托身为配偶。白公不幸去世，我愿意守着他的坟墓，以终老此身。现在吴王赏赐黄金玉璧的聘礼、夫人的位置，不是我想听到的事情。而且背弃节义放纵欲望，是污浊。看见利益忘记死去的人，是贪婪。贪婪污浊的人，王用来做什么呢？我听说：忠诚的臣子不为他人尽力，贞女不以色奉事他人。难道仅仅是事奉活着的人才这样吗？对于死者也是这样。我已经不够仁厚，不能跟随他死去，现在又离开嫁给别人，不也太过分了吗？"于是拒绝聘礼而不前往。吴王认为她坚守节义有贤德，赏赐名号为楚贞姬。君子认为贞姬廉洁诚信。任务沉重而道路遥远，把仁当作自己的责任，不也很重吗？到死才停下，不也很远吗？《诗经》说："美丽姑娘姓姜氏，美好声誉人不忘。"说的就是这种情况。

颂说：楚国白公的妻子，守寡绩麻又纺丝。吴王认为她美贤，前去聘娶用金璧。白公妻子守操行，即使到死也不易。君子极力来推崇，赞美记录其事迹。

卫宗二顺

【题解】

此篇文献来源不见于传世典籍。其中所载秦国灭掉卫君角之后，封灵王世家，不合于《史记》。秦二世废卫君角为庶人后，卫即绝祀，当时天下统一，也不可能再封王以奉其祀。史实纰漏显示此篇故事性质为民间传说，故事的主角灵王夫人和傅妾应为虚构人物。

故事的主题为无子夫人与有子之妾的地位问题，这在古代社会有一定的普遍性。故事中，夫人以无子而愧于接受有子之妾的供养，这种感受在"母以子贵"的礼制下有一定合理性。灵王之妾则认为妻、妾的尊卑等差是神圣不可撼动的，甚至不惜以自杀的方式来避免僭越。两人的矛盾，实际上表现了礼制规则之间的张力，难以抉择和评判。虽然最终是以夫人继续接受供养而暂缓冲突，但这显然不是最理想的结局。故事转而热情赞美两位女性的克制谦让之德，希望以此掩盖和修复礼制内部矛盾，从而维护礼制的神圣性，这难以让今天的读者信服。

卫宗二顺者，卫宗室灵王之夫人及其傅妾也①。秦灭卫君角②，封灵王世家③，使奉其祀。灵王死，夫人无子而守寡，傅妾有子。傅妾事夫人八年不衰，供养愈谨。夫人谓傅妾曰："孺子养我甚谨④。子奉祭祀而妾事我，我不聊也⑤。

且吾闻主君之母不妾事人。今我无子,于礼,斥绌之人也⑥,而得留以尽其节,是我幸也。今又烦孺子不改故节,我甚内惭。吾愿出居外,以时相见,我甚便之⑦。"傅妾泣而对曰:"夫人欲使灵氏受三不祥耶!公不幸早终,是一不祥也。夫人无子而婢妾有子,是二不祥也。夫人欲出居外,使婢子居内⑧,是三不祥也。妾闻忠臣事君无怠倦时,孝子养亲患无日也。妾岂敢以小贵之故变妾之节哉!供养固妾之职也。夫人又何勤乎⑨!"夫人曰:"无子之人而辱主君之母⑩,虽子欲尔,众人谓我不知礼也。吾终愿居外而已。"傅妾退而谓其子曰:"吾闻君子处顺,奉上下之仪,修先古之礼,此顺道也。今夫人难我⑪,将欲居外,使我居内,此逆也。处逆而生,岂若守顺而死哉!"遂欲自杀。其子泣而止之,不听。夫人闻之惧,遂许傅妾留,终年供养不衰。君子曰:"二女相让,亦诚君子。可谓行成于内,而名立于后世矣。"《诗》云:"我心匪石,不可转也⑫。"此之谓也。

颂曰:卫宗二顺,执行咸固。妾子虽代,供养如故。主妇惭让,请求出舍。终不肯听,礼甚闲暇⑬。

【注释】

①卫宗室灵王之夫人及其傅妾也:战国时卫君从未称王,文中的"灵王"可能为后文的"灵氏"之误。傅妾,近侍之妾。

②卫君角:姬姓子南氏,为秦国所立的卫国国君,前241年秦置东郡(今河南濮阳、山东聊城一带),徙卫君角至野王(今河南沁阳)。前209年,秦二世废卫君角为庶人。

③世家:泛指世代显贵的家族。

④孺子：多指幼儿、儿童，也可用于指称诸王之妾，如《战国策·齐策三》："齐王夫人死，有七孺子皆近。"这里指傅妾。

⑤不聊：不能姑且安之。

⑥斥绌（chù）：即"斥黜"，弃逐，黜免。

⑦便（pián）：安适。

⑧婢子：受奴役的女子，古代妇人自称的谦辞。

⑨勤：辛苦。

⑩主君：灵王的儿子继承父亲爵位，奉卫国祭祀，所以称为主君。

⑪难：烦苦，指夫人觉得让我供养很为难。

⑫我心匪石，不可转也：语见《诗经·邶风·柏舟》。意谓：我的心不是石头，不可随意转动。匪，同"非"。

⑬闲暇：安静无事。

【译文】

　　卫宗二顺，是卫国宗室灵王的夫人和他的傅妾。秦国废除了卫君角，封了灵王世家，使他们奉事祖先祭祀。灵王去世后，夫人没有儿子而守寡，傅妾生有儿子。傅妾事奉夫人八年而不衰减，供养越来越恭谨。夫人对傅妾说："你供养我非常谨慎。你的儿子恭奉祭祀，而你以妾的身份侍奉我，我心里很不安。而且我听说主君的母亲不以妾的身份侍奉别人。现在我没有儿子，按礼是要被抛弃黜退的人，能够留下来以尽自己的妇道，已经是我的幸运了。现在又劳烦你不改变过去的行为方式，我内心很是惭愧。我愿意到外面居住，在合适的时间相见，我觉得很方便安适。"傅妾哭着回答说："夫人想让灵氏接受三种不吉祥的事情吗？公不幸过早去世，是第一种不吉祥的事情。夫人没有儿子而仆妾有儿子，是第二种不吉祥的事情。夫人愿意出居家外，让我住在家里，是第三种不吉祥的事情。我听说忠臣侍奉国君没有怠倦的时候，孝顺儿子奉养父母只担心时日不多。我哪里敢以小贵的原因就改变妾的操行呢？供养你本来就是我的职责。夫人又何必觉得我劳苦呢？"夫人说："没有儿子的人让主君的母亲受辱,虽然你想这样,大家也都会说我不懂礼。我还是愿意居住在外面。"傅妾退下后对儿子说:"我听说君子处事应该顺从礼义,遵奉上下尊卑的仪节,履行先圣往古的礼仪,这是顺从道义。现在夫人觉得让我供养很为难,想要住到家外,让我住到家内,这是逆道。施行逆道活下来,哪里比得上顺从道义而死呢!"于是就想自杀。她的儿子哭着制止她,她不听从。夫人听说后害怕,于是同意傅妾而留了下来,傅妾常年供养她而不衰。君子说:"两位女子相互谦让,确实都是至诚君子。可以算得上内有美行,名扬于后世了。"《诗经》说:"我的心不是石头,不可随意转动。"说的就是这种情况。

颂说:卫国宗室有二顺,持立操行很坚固。妾的儿子虽继祀,供养正妻还如故。主妇惭愧来推让,请求出居外舍屋。傅妾终究不肯听,守礼无有差错处。

鲁寡陶婴

【题解】

此篇文献来源不见于传世典籍,当为民间流传的故事。陶婴年少寡居,亦无兄弟护佑,于是引发了他人的求婚意向。陶婴则通过歌谣,以黄鹄比兴,表明自己对亡夫的思念和守寡的心志,慷慨深情,从而委婉坚定地拒绝了求婚者。陶婴的高情贞志、机智文雅,丰富了中国古代女性的艺术形象。

陶婴者,鲁陶门之女也。少寡,养幼孤,无强昆弟,纺绩为产。鲁人或闻其义,将求焉①。婴闻之,恐不得免,作歌,明己之不更二也。其歌曰:"悲黄鹄之早寡兮②,七年不双。宛颈独宿兮③,不与众同。夜半悲鸣兮,想其故雄。天命早寡兮,独宿何伤。寡妇念此兮,泣下数行。呜呼哀哉兮④,死者不可忘。飞鸟尚然兮,况于贞良?虽有贤雄兮,终不重行。"鲁人闻之曰:"斯女不可得已。"遂不敢复求。婴寡,终身不改。君子谓陶婴贞壹而思。《诗》云:"心之忧矣,我歌且谣⑤。"此之谓也。

颂曰:陶婴少寡,纺绩养子。或欲取焉,乃自修理。作歌自明,求者乃止。君子称扬,以为女纪。

【注释】

①求:求婚。

②黄鹄(hú):神话传说中的大鸟,能一举千里。

③宛:弯曲。

④呜呼哀哉兮:此从王照圆校及萧道管本、梁端本作"呜呼悲兮"。

⑤心之忧兮,我歌且谣:语见《诗经·魏风·园有桃》。意谓:心里很忧伤,我借歌谣来排遣。之,犹"其"。歌,有伴奏的歌唱。谣,无伴奏的歌唱。

【译文】

陶婴,是鲁国陶门的女儿。年少寡居,抚养幼孤,没有强大的兄弟帮助,纺丝织麻为生。鲁国有人听说了她的高义,将要去求婚。陶婴听说后,担心不能幸免,就作了歌曲,表明自己不改事二夫的心志。她的歌说:"悲伤黄鹄早寡居啊,七年不能飞成双。弯着脖子独自眠啊,不与众鸟同飞翔。半夜还在悲鸣啊,思念她的伴侣雄鸟丧。不幸早年寡居啊,独自眠宿又何伤。寡妇念及这些啊,泪下无数行。呜呼悲伤啊,死去的人不可忘。飞鸟尚且如此啊,何况贞洁又贤良?虽有贤人雄才啊,终不再嫁到他方。"鲁国人听到后,说:"这个女子是不可得到的。"于是不敢再次求婚。陶婴寡居,终身没有改嫁。君子评论陶婴贞洁专一而有才思。《诗经》说："心里很忧伤,我借歌谣来排遣。"说的就是这种情况。

颂说:陶婴年少却寡居,纺丝绩麻来养子。有人想要来求婚,陶婴自把心思理。创作歌谣自明志,求婚之人自中止。君子称颂又表扬,以为可作女纲纪。

梁寡高行

【题解】

此篇内容首见于本书,当为民间流传的故事。高行因为貌美,坚持守寡的本心就格外艰难。她先是拒绝了梁国的诸多贵人,后又引起了梁王的聘娶。在发表一番慷慨拒绝的言论之后,高行居然割鼻毁容以打消梁王的念头。故事之惨烈,情节之紧张,引起了众多关注和传播。例如,东汉武氏祠中有两块画像石均表现高行的故事,文人诗文中也频繁引用:晋孙绰《喻道论》"梁之高行,毁容守节",谢朓《新安长公主墓志铭》"诞兹明淑,玉振兰芳。誉宣女师,德侔高行",等等。在今人看来,一位貌美女子需要用割鼻的代价才能保持守寡本愿,岂不令人恐怖哉?

高行者,梁之寡妇也①。其为人荣于色而美于行。夫死早,寡不嫁。梁贵人多争欲取之者,不能得。梁王闻之,使相聘焉。高行曰:"妾夫不幸早死,先狗马填沟壑②,妾宜以身荐其棺椁③。守养其幼孤,曾不得专意。贵人多求妾者,幸而得免,今王又重之。妾闻妇人之义,一往而不改,以全贞信之节。今忘死而趋生,是不信也;见贵而忘贱,是不贞也。弃义而从利,无以为人。"乃援镜持刀以割其鼻曰④:"妾已刑矣。所以不死者,不忍幼弱之重孤也。王之求妾者,以其色也。今刑余之人,殆可释矣。"于是相以报,王大其义,高其行,乃复其身⑤,尊其号曰高行。君子谓高行节礼专精。《诗》云:"谓予不信,有如皎日⑥。"此之谓也。

颂曰:高行处梁,贞专精纯。不贪行贵,务在一信。不受梁聘,劓鼻刑身⑦。君子高之,显示后人。

【注释】

①梁:战国时魏国迁都大梁(今河南开封)后,改称梁。

②先狗马填沟壑:指早逝,在狗马死去之前就已死去,一般来说人比狗、马寿命长。填沟壑,死的委婉说法。

③以身荐其棺椁(guǒ):用身子垫他的棺材,殉身的委婉说法。荐,衬,垫。棺椁,即棺材和套棺(古代套于棺外的大棺),泛指棺材。

④援:拿过来。

⑤复:免除赋税徭役。

⑥谓予不信,有如皎日:语见《诗经·王风·大车》,《毛诗》"皎"作"皦",意为:我说的话你如果不信,就让太阳来作证。

⑦劓(yì):古代一种割掉鼻子的酷刑。

【译文】

高行,是梁国的寡妇。她容貌美丽,行为举止高雅。丈夫早死,她守寡不再嫁人。梁国有许多贵人争着想娶她,不能够得到。梁王听说后,派相国前去聘娶。高行说:"我的丈夫不幸过早死去,先于狗马埋入沟壑,我应当用身体垫衬他的棺材。现在守寡是为养育他幼小的孩子,还不能够专心一意。贵人多有来求娶我的,侥幸得以推脱,现在王又重来。我听说做人妇的规矩,一嫁过去就不再改嫁,以保全自己的贞信节操。现在忘记死者而趋迎活着的人,是不讲究信用;见到尊贵的人而忘记卑贱的人,是不贞正。抛弃道义而追随利益,就没法做人了。"于是她拿过镜子,用刀割掉自己的鼻子说:"我已经受刑了。之所以不死,是不忍心让幼弱的孩子再次孤单。大王来求娶我，是因为美色。现在一个受刑的人，大概可以赦免了吧。"于是相国回复，梁王敬重她的节义，推崇她的行为，就免除了她的赋税徭役，赐予她尊号高行。君子认为高行专精于气节礼义。《诗经》说："我说的话你如果不信，就让太阳来作证。"说的就是这种情况。

颂说：高行居住在梁国，贞洁专一品德纯。不贪别人之富贵，追求只在一诚信。不受梁王之求婚，割掉鼻子残坏身。君子尊重她为人，显扬记录示后人。

陈寡孝妇

【题解】

此篇材料可能来源于汉文帝表彰过的某位孝妇故事。孝妇年少无子而早寡，但因曾对身为独生子的亡夫许下诺言，代其奉养老母，所以在自己父母劝说再嫁时，严词拒绝，甚至不惜以自杀抗拒。她最终奉养婆婆二十八年，使其得以寿终。孝妇忍耐了漫长的贫穷与孤独，履行了信义和孝德，这种坚韧和善良今天看来也有其动人之处。

孝妇者，陈之少寡妇也①。年十六而嫁，未有子。其夫当行戍②，夫且行时③，属孝妇曰④："我生死未可知。幸有老母，无他兄弟。备吾不还⑤，汝肯养吾母乎？"妇应曰："诺。"夫果死不还。妇养姑不衰，慈爱愈固。纺绩以为家业，终无嫁意。

【注释】

①陈：县名。西汉淮阳郡治所，在今河南周口淮阳区一带。

②行戍：出行戍守边疆的徭役。戍，防守边疆。

③且行：将要出发。

④属：通"嘱"，嘱托。

⑤备：王绍兰曰："'备'疑当作'僃'。"

【译文】

　　孝妇，是陈县年少寡居的妇人。她十六岁出嫁，没有孩子。她的丈夫应当出行戍守边疆，将要出发的时候，嘱托孝妇说："我生死未卜。幸好有老母亲，没有别的兄弟。倘若我不能再回来，你愿意奉养我的母亲吗？"孝妇回答说："可以。"丈夫果然死在远方没有回来。孝妇奉养婆婆不衰减，越来越慈爱。靠纺线织麻维持家庭生活，终无改嫁的意愿。

　　居丧三年，其父母哀其年少无子而早寡也，将取而嫁之。孝妇曰："妾闻之，信者人之干也，义者行之节也。妾幸得离襁褓①，受严命而事夫②。夫且行时，属妾以其老母，既许诺之。夫受人之托，岂可弃哉！弃托不信，背死不义，不可也。"母曰："吾怜汝少年早寡也。"孝妇曰："妾闻宁载于义而死③，不载于地而生④。且夫养人老母而不能卒，许人以诺而不能信，将何以立于世！夫为人妇，固养其舅姑者也⑤。夫不幸先死，不得尽为人子之礼。今又使妾去之，莫养老母，是明夫之不肖而著妾之不孝。不孝不信且无义，何以生哉！"因欲自杀，其父母惧而不敢嫁也，遂使养其姑二十八年。姑年八十四，寿乃尽，卖其田宅以葬之，终奉祭祀。

　　淮阳太守以闻⑥，汉孝文皇帝高其义⑦，贵其信，美其行，使使者赐之黄金四十斤，复之终身，号曰孝妇。君子谓孝妇备于妇道。《诗》云："匪直也人，秉心塞渊⑧。"此之谓也。

颂曰：孝妇处陈，夫死无子。妣将嫁之^⑨，终不听母。专心养姑，一醮不改。圣王嘉之，号曰孝妇。

【注释】

①襁褓（qiǎng bǎo）：包裹婴儿的被子和带子。

②严命：父亲的命令。

③载：担负。

④载于地：梁端云：“'地'字疑误。”

⑤舅姑：指公婆。

⑥太守：一郡的最高行政长官，除治民、进贤、决讼、检奸外，还可以自行任免所属掾史。

⑦汉孝文皇帝（前203—前157）：西汉第五位皇帝，前180—前157年在位，汉高祖刘邦第四子，汉惠帝刘盈异母弟，开创了"文景之治"，堪称一代明君。

⑧匪直也人，秉心塞渊：语见《诗经·鄘风·定之方中》。意谓：那人不仅正直，而且用心踏实深远。匪，犹"彼"。直，特也。秉心，用心、操心。塞渊，踏实深远。

⑨妣（bǐ）：母亲。

【译文】

守丧三年之后，孝妇的父母可怜她年少无子早早寡居，想要把她接回来让她改嫁。孝妇说："我听说，诚信是人的骨干，道义是行为的准则。我幸运地长大成人，遵照父命嫁给了丈夫。丈夫将要去世时，把他的老母托付给了我，我已经答应了他。接受别人的托付，难道可以抛弃吗？抛弃托付不为信，背弃死者不为义，不可以改嫁。"母亲说："我可怜你少年早寡啊。"孝妇说："我听说宁可怀义而死，也不背义而生。而且奉养人家的老母却不能坚持到底，给人许下诺言而不能信守，将靠什么立于世间呢？做人家的妻子，本来就应该奉养公婆。丈夫不幸先死，不能够履行作为人子的礼节。现在又让我离开，没有人奉养老母，是表明丈夫不肖而显露我的不孝。不孝不信而且无义，怎么活下去呢？"于是孝妇想要自杀，她的父母畏惧而不敢再让她改嫁，于是她能奉养婆婆二十八年。婆婆八十四岁，寿终正寝，孝妇卖了田宅安葬她，终身进行祭祀。

淮阳太守把这件事情上报朝廷，汉孝文皇帝尊崇她的节义，看重她的诚信，赞美她的行为，派使者赏赐她四十斤黄金，终身免除赋税徭役，赐号为孝妇。君子认为孝妇完备地履行了妇道。《诗经》说："那人不仅正直，而且用心踏实深远。"说的就是这种情况。

颂说：孝妇居于陈，夫死又无子。母亲将嫁之，终不听母意。专心养婆母，一婚再不改。圣王褒扬她，赐号曰孝妇。

卷之五　节义传

惟若节义,必死无避。好善慕节,终不背义。诚信勇敢,何有险诐①? 义之所在,赴之不疑。姜姒法斯②,以为世基。

【注释】

①险诐(bì):阴险邪僻。

②姜姒(sì)法斯:王后贵妃效法此。姜姒,泛指西周初年的王后,这里用以指代王后贵妃。姜,指太姜,周太王古公亶父之妃。姒,指太姒,周文王之妃。两人的具体行事见于本书卷一《周室三母》。法,效法。斯,此。

【译文】

那些守节义烈女,面临死亡也不避。爱好善德慕气节,终究不会背离义。诚实守信又勇敢,哪里会有邪恶事? 行事只问义所在,前往践行不怀疑。王后贵妃效法此,必会成为世之基。

鲁孝义保

【题解】

周宣王废嫡立庶,引发了鲁国的伯御之乱,此事见载于《国语·周语上》和《史记·鲁周公世家》；臧氏以己子代替孝公而死，见于《公羊传·昭公三十一年》。此篇综合了这些材料，又丰富了细节，例如臧氏让自己的儿子穿上公子称的衣服之描述。更重要的是，故事的叙事焦点从鲁国的君位之争转移到了臧氏这个女性人物形象上。臧氏之母在形势危急的情况下，选择以亲生儿子代替所抚养的公子称被杀，可以想见其忍受的深悲巨痛！这种行为，与"赵氏孤儿"故事中公孙杵臼、程婴的事迹有相似之处，都表现出了舍己为人的牺牲精神，具有一种崇高悲壮的悲剧力量。

　　孝义保者，鲁孝公称之保母①，臧氏之寡也。初，孝公父武公与其二子长子括、中子戏朝周宣王②，宣王立戏为鲁太子③。武公薨，戏立，是为懿公。孝公时号公子称，最少。义保与其子俱入宫，养公子称。括之子伯御与鲁人作乱，攻杀懿公而自立。求公子称于宫，将杀之。义保闻伯御将杀称，乃衣其子以称之衣④，卧于称之处，伯御杀之。义保遂抱称以出，遇称舅鲁大夫于外，舅问："称死乎？"义保曰："不死，在此。"舅曰："何以得免？"义保曰："以吾子代之。"义保遂以逃。十一年⑤，鲁大夫皆知称之在保，于是请周天子杀伯御立称，是为孝公。鲁人高之。《论语》曰："可以托六尺之孤⑥。"其义保之谓也。

　　颂曰：伯御作乱，由鲁宫起。孝公乳保，臧氏之母。逃匿孝公，易以其子。保母若斯，亦诚足恃。

【注释】

　　①鲁孝公（？—前769）：姬姓，名称，鲁武公之子，鲁懿公之弟，西周

末期、春秋初期鲁国第十二任国君,前795—前769年在位。

②周宣王(? —前782):姬姓,名静,一作靖,周厉王之子,西周第十一代君主,前828—前782年在位。周宣王继位后,使周朝的国力得到短暂恢复,史称"宣王中兴"。

③宣王立戏为鲁太子:《史记·鲁周公世家》载,宣王喜欢公子戏,欲立为鲁太子,仲山甫谏,不听。

④衣其子以称之衣:让她的儿子穿上公子称的衣服。第一个"衣"名词动用,穿衣。

⑤十一年:伯御即位十一年。

⑥可以托六尺之孤:语见《论语·泰伯》。六尺之孤,死去父亲的小孩叫孤,六尺指15岁以下,古人以七尺指成年。

【译文】

孝义保,是鲁孝公称的保母,臧氏的寡妇。当初,孝公的父亲武公和他的两个儿子长子括、中子戏朝觐周宣王,周宣王废除长子括而立戏作为鲁国的太子。武公去世后,戏立为国君,即鲁懿公。孝公当时号称公子称,年龄最小。义保和她的儿子一块儿入宫,抚养公子称。括的儿子伯御和鲁国人一起作乱,攻杀懿公自立为国君。在宫中搜求公子称,将要杀死他。义保听说伯御将要杀死公子称,就让她的儿子穿上公子称的衣服,躺在公子称的地方,伯御杀死了他。于是义保抱着公子称逃出,在外面遇到了公子称的舅舅鲁国大夫,舅舅讯问:"公子称死了吗?"义保说:"没有死,在这里。"舅舅说:"怎么幸免的?"义保说:"用我的儿子代替他被杀。"于是义保也逃亡了。十一年后,鲁国大夫都知道公子称在义保那里,于是请求周天子杀死伯御而立公子称,即为孝公。鲁人推崇她。《论语》说:"可以托付未成年的孤儿。"说的就是义保这种情况啊。

颂说:鲁国伯御生祸乱,宫廷里面杀政敌。孝公乳娘孝义保,也是鲁国臧氏母。逃脱隐匿鲁孝公,而以其子去代死。保母能够做到此,确实可以为依恃。

楚成郑瞀

【题解】

此篇故事的历史背景见诸史册：子上救蔡及商臣之谮见于《左传·僖公三十三年》，子上阻楚成王立商臣为太子、商臣发动叛乱杀死楚成王之事见于《左传·文公元年》。《史记·楚世家》也对这段历史进行了清晰的梳理。但是正史仅聚焦于国家大事和王公大臣，而漏掉了郑瞀这样的女性人物。

此篇则是将郑瞀置于多种矛盾冲突中表现其人格形象。在楚成王登台俯瞰后宫、其他女子皆倾身观看之时，郑瞀直行不顾，甚至在成王以重位厚禄诱其观看时依然未变仪节，表现出了自我尊重、不贪富贵、守礼执节的性格特征。接下来，郑瞀认同子上对商臣的评判，表现了敏锐知人的政治智慧。最后，郑瞀忧心楚成王改易太子引起祸乱而进谏，但不被成王信任，遂以死明志，展示了慷慨磊落、为国家利益而将个人生死置之度外的情怀。故事从多个侧面鲜明完整地表现了郑瞀这个女性人物形象。

郑瞀者[①]，郑女之嬴媵[②]，楚成王之夫人也[③]。初，成王登台，临后宫，宫人皆倾观，子瞀直行不顾[④]，徐步不变。王曰："行者顾。"子瞀不顾，王曰："顾，吾以女为夫人。"子瞀复不顾，王曰："顾，吾又与女千金而封若父兄。"子瞀遂不顾[⑤]。于是王下台而问曰："夫人，重位也。封爵，厚禄也。壹顾可以得之，而遂不顾，何也？"子瞀曰："妾闻妇人以端正和颜为容。今者，大王在台上而妾顾，则是失仪节也。不顾，告以夫人之尊，示以封爵之重而后顾，则是妾贪贵乐利以忘义理也。苟忘义理，何以事王？"王曰："善。"遂立以为夫人。

【注释】

①郑瞀（mào）：《文选》诗注引作"郑子瞀"。

②嬴媵：嬴姓女子的媵妾。嬴，秦姓，大概是秦国女子嫁往楚国，郑国以子瞀作为媵妾随嫁。当时的婚制是一国嫁女，两国往媵之。

③楚成王（？—前626）：芈姓，熊氏，名恽，春秋时楚国国君，楚文王之子，前672—前626年在位。前638年，楚成王在泓水之战中战败宋襄公，称雄中原。前626年，楚成王遭太子商臣（楚穆王）和潘崇逼迫自杀，谥号成王。

④直行不顾：直行而不看。

⑤遂不顾：王照圆曰："《文选》注引'遂'下有'行'字，梁端本增'行'。"遂，仍然。

【译文】

郑瞀，是随从嬴姓女子嫁到楚国的郑国媵妾，楚成王的夫人。当初成王登上高台，眺望后宫，宫里人都倾动身子观看，子瞀一直前行而不看，慢慢地走路没有改变。王说："走路的人看一下。"子瞀不回头，王说："看吧，我让你做夫人。"子瞀还是不回头，王说："看吧，我再给你千金，并封赏你的父兄。"子瞀还是行走而不看。于是王走下高台问道："夫人，是最高贵的位置。封爵，是丰厚的俸禄。你一看就可以得到，而仍然不看，为什么呢？"子瞀说："我听说妇人的容貌应该端正和顺。现在，大王在台上而我观望，则是失去了仪表风度。不看，告诉给予夫人的尊贵，封爵的重赏，然后顾望，那就是我贪图富贵而忘掉义理了。如果忘掉义理，拿什么来事奉君王呢？"王说："好。"于是立子瞀为夫人。

处期年，王将立公子商臣以为太子①。王问之于令尹子上，子上曰："君之齿未也②，而又多宠子。既置而黜之，必为乱矣。且其人蜂目而豺声,忍人也^③,不可立也。"王退而问于夫人子瞀,曰:"令尹之言,信可从也。"王不听,遂立之。其后商臣以子上救蔡之事譖子上而杀之^④。子瞀谓其保曰:"吾闻妇人之事在于馈食之间而已^⑤。虽然,心之所见,吾不能藏。夫昔者,子上言太子之不可立也,太子怨之,譖而杀之。王不明察,遂辜无罪。是白黑颠倒,上下错谬也。王多宠子,皆欲得国。太子贪忍,恐失其所。王又不明,无以照之^⑥。庶嫡分争,祸必兴焉。"

后王又欲立公子职。职,商臣庶弟也。子瞀退而与其保言曰:"吾闻信不见疑,今者王必将以职易太子,吾惧祸乱之作也,而言之于王,王不吾应。其以太子为非吾子^⑦,疑吾譖之者乎!夫见疑而生,众人孰知其不然。与其无义而生,不如死以明之。且王闻吾死,必寤太子之不可释也。"遂自杀。保母以其言通于王。是时太子知王之欲废之也,遂兴师作乱,围王宫。王请食熊蹯而死^⑧,不可得也,遂自经。君子曰:"非至仁,孰能以身诚?"《诗》曰:"舍命不渝^⑨。"此之谓也。

颂曰:子瞀先识,执节有常。兴于不顾,卒配成王。知商臣乱,言之甚强。自嫌非子,以杀身盟^⑩。

【注释】

①公子商臣(? —前614):即楚穆王,芈姓,熊氏,名商臣,楚成王长子,春秋时期楚国国君,前625—前614年在位。

②齿未:尚年轻。

③忍人:残忍之人。

④商臣以子上救蔡之事谮（zèn）子上而杀之：指前627年，晋国因为蔡国归附楚国，派阳处父侵蔡。楚国子上率师救蔡，与晋师夹泜水对峙。后子上听取阳处父建议，往后撤退以待晋军过河决战。但阳处父一见楚国退军，就宣扬楚国失败，也撤兵而还。太子商臣以此在成王跟前进谗言，说子上接受晋国贿赂而退避，楚成王杀了子上。

⑤馈食：食物，熟食。

⑥照：明白。

⑦其以太子为非吾子：此处太子指公子职，下文太子指商臣。

⑧请食熊蹯（fán）：请求吃了熊掌。

⑨舍命不渝：语见《诗经·郑风·羔裘》。意谓：宁死也不改变意愿。舍命，舍弃生命。渝，改变。

⑩盟：通"明"。

【译文】

一年之后，成王准备立公子商臣为太子，咨询于令尹子上。子上说："国君尚且年轻，宠爱的儿子又多。如果已经立为太子后又废黜，一定会导致动乱。而且商臣眼睛像蜂眼，说话声音像豺狼，是残忍之人，不可立为太子。"成王退朝后问夫人子瞀，子瞀回答说："令尹的话确实可以听从。"成王不听，最终立了商臣为太子。后来商臣因为子上救蔡的事情，谗害子上而使他被王杀死。子瞀对她的保母说："我听说妇人的职事是主管各种饭食而已。即便如此，内心有见解，我不能掩藏。以前，子上说太子不可以立，太子怨恨他，就谮杀了他。大王不够明察，于是加罪了无辜之人。这是黑白颠倒，上下错乱。大王有多个宠爱的儿子，都想得到国家。太子贪婪残忍，唯恐失去他的地位。大王又不够明察，无法觉知。庶嫡之间争斗，一定会带来大祸。"

后来，成王又想立公子职为太子。职，是商臣的庶弟。子瞀退下后对她的保母："我听说忠信就不会被怀疑，现在大王一定要用公子职来改易太子,我担心祸乱发生,而把心里的想法说给王,王不回应我。他大概认为公子职不是我的儿子,怀疑我谮害他吧!被怀疑而活下去,众人谁知道真实的情况不是这样呢。与其被人认为不义而活着,不如以死来证明自己。而且王听说我死了,一定会醒悟太子商臣是不可以被废弃的。"于是自杀。保母把她的话告诉了王。这时太子知道王想要废掉他,于是兴兵作乱,包围王宫。成王请求吃完熊掌再死,不被允许,于是上吊自杀。君子说:"不是至仁,谁能以生命劝诫别人呢?"《诗经》说:"宁死也不改变意愿。"说的就是这种情况啊。

颂说:郑女子瞀有远识,保持节操度有常。因为不顾被擢拔,最终得以配成王。预知商臣会作乱,告诫成王语气强。子职非亲恐见嫌,遂以自杀表心肠。

晋圉怀嬴

【题解】

此篇故事大致采自《左传·僖公二十二年》《史记·晋世家》,但在细节上又略有歧异,可能另有所据。晋国太子圉作为人质滞留秦国六年,在父亲晋惠公病重之际,出于对局势的担忧和为国为己之种种考虑,自然是想逃归晋国。怀嬴作为秦穆公之女和太子圉之妻,面临着从夫还是从父的二难选择。最终,怀嬴在父亲与丈夫之间选择了折中方案,既不跟随丈夫归晋,又不告发其逃归之行。这表现了怀嬴机智、通透的性格特点,也因此,她后来能够在晋文公重耳面前维护自己的尊严,获得较好的归宿。

怀嬴者①,秦穆之女,晋惠公太子之妃也②。圉质于秦③,穆公以嬴妻之。六年,圉将逃归,谓嬴氏曰:"吾去国数年,子父之接忘④,而秦晋之友不加亲也⑤。夫鸟飞反乡,狐死首丘⑥，我其首晋而死⑦，子其与我行乎？"嬴氏对曰："子，晋太子也。辱于秦，子之欲去，不亦宜乎！虽然，寡君使婢子侍⑧，执巾栉，以固子也。今吾不足以结子，是吾不肖也；从子而归，是弃君也；言子之谋，是负妻之义也。三者无一可行。虽吾不从子也，子行矣。吾不敢泄言，亦不敢从也。"子圉遂逃归。君子谓怀嬴善处夫妇之间。

颂曰：晋圉质秦，配以怀嬴。圉将与逃，嬴不肯听。亦不泄言，操心甚平。不告所从，无所阿倾⑨。

【注释】

①怀嬴：嬴姓，先嫁晋怀公（姬圉），后来又嫁给晋文公重耳，又叫辰嬴。

②晋惠公太子：王照圆曰："子下脱'圉'字。"晋惠公的太子圉（yǔ），即后来的晋怀公。晋惠公（？—前637），姬姓，名夷吾，晋献公之子，晋文公之弟。前651—前637年在位，背信弃义，诛杀大臣，国人很不顺服他。太子圉（前655—前636），早年在秦国做人质，后其父亲晋惠公逝世，太子圉做了君主，即怀公。但不久，晋怀公的伯父重耳在秦穆公支持下回国，派人杀死怀公。

③质：作人质。

④子父之接忘：父子之间见面的礼仪都要忘记了。

⑤友：王照圆曰："当为'交'。"

⑥狐死首丘：狐狸如果死在外面，一定把头朝着它的洞穴，比喻不忘本或怀念故乡。

⑦其：如果，假设。

⑧寡君：谦称本国国君，指秦穆公。

⑨阿倾：曲从迎合。

【译文】

怀嬴，是秦穆公的女儿，晋惠公太子圉的妃子。太子圉在秦国做人质，穆公把怀嬴嫁给了他。六年后，太子圉将要逃回晋国，对嬴氏说："我离开国家几年，父子之间见面的礼仪都忘了，而秦晋之间也没有增加友好和亲近。远飞的鸟想要返回故乡，狐狸如果死在外面，一定把头朝着它的洞穴，我如果头朝晋而死，你愿意与我一块出行吗？"嬴氏回答说："你是晋国的太子。受辱于秦，你想要离去，不也是应该的吗？即便如此，我父亲派我侍奉你，拿着手巾梳篦，是要让你安心在此。现在我不足以连结你，是我的不才；跟随你归晋，是抛弃我的国君；告发你的计谋，有背做妻子的道义。这三件事情没有一件可以做的。虽然我不跟随你，你走吧。我不敢泄密，也不敢追随你。"子圉于是逃归。君子认为怀嬴善于处理夫妇之间的关系。

颂说：晋太子圉质于秦，穆公许配以怀嬴。子圉相约一起逃，怀嬴拒绝不肯听。也不泄露丈夫言，心思端正甚公平。不去告发也不从，父、夫之间不偏倾。

楚昭越姬

【题解】

楚昭王在军中病重、不愿听从周史移祸于将相的情节，见之于《左传·哀公六年》和《史记·楚世家》，但在这些典籍里仅出现了越姬的名字，事迹不详。此篇故事则以楚昭越姬为中心人物，展现了其厚德高节。先是楚昭王沉醉在云梦游乐当中，与蔡姬、越姬相约"生俱乐，死同时"，越姬果断拒绝，认为这样的死亡不能彰显君之善行。后来，楚昭王宁愿自己病死也不让灾祸移于将相，表现出了宽厚仁义的品德，越姬有感于此而自杀，以实现与王同死的本志。这样的信义打动了楚昭王的三个弟弟，遂立越姬之子为王。故事通过越姬前后两次对自杀殉王的不同态度,表现了其不苟于生、不畏于死的慷慨气节。这不仅生动传神地塑造了越姬这个非凡女性的人物形象,而且也补足了《左传》《史记》阙载的大臣拥立越姬之子为楚惠王的理由,具有较高的史料价值。

楚昭越姬者,越王句践之女①,楚昭王之姬也。昭王宴游②,蔡姬在左,越姬参右③。王亲乘驷以驰逐④,遂登附社之台⑤,以望云梦之圃⑥,观士大夫逐者。既欢,乃顾谓二姬曰:"乐乎?"蔡姬对曰:"乐。"王曰:"吾愿与子生若此,死又若此。"蔡姬曰:"昔弊邑寡君固以其黎民之役事君王之马足⑦,故以婢子之身为苞苴玩好⑧,今乃比于妃嫔,固愿生俱乐,死同时。"王顾谓史:"书之,蔡姬许从孤死矣。"乃复谓越姬,越姬对曰:"乐则乐矣,然而不可久也。"王曰:"吾愿与子生若此,死若此,其不可得乎?"越姬对曰:"昔吾先君庄王淫乐⑨,三年不听政事,终而能改,卒霸天下。妾以君王为能法吾先君,将改斯乐而勤于政也。今则不然,而要婢子以死⑩,其可得乎!且君王以束帛乘马⑪,取婢子于弊邑⑫,寡君受之太庙也⑬,不约死。妾闻之诸姑,妇人以死彰君之善,益君之宠,不闻其以苟从其暗死为荣,妾不敢闻命。"于是王寤,敬越姬之言,而犹亲嬖蔡姬也⑭。

【注释】

①句践(?—前464):也作"勾践",春秋时越王,父允常,曾为吴王阖闾所败。句践立,在檇李打败吴师,后又为阖闾子夫差所败,困于会稽,句践派遣大夫向吴求和而成。归国用文种、范蠡为相,卧薪尝胆,后兴兵灭吴,名震中国。

②宴游：宴饮游乐。

③参右："右"一作"乘"。在车右边陪乘的人。

④乘驷：驾着四匹马拉的车。

⑤附社：台名。

⑥云梦：楚王的狩猎区，地域相当广阔，东部在今武汉以东的大别山麓和幕阜山麓以至长江江岸一带，西部当在今宜昌、宜都一线以东，包括江南的松滋、公安一带，北面大致到随州、钟祥、京山一带，南面以长江为缘。其中有山林、川泽等各种地理形态，并有一名为"云梦泽"的湖泊。

⑦弊邑：即"敝邑"，我的国家。

⑧苞苴（jū）：指包装鱼肉等用的草袋，也指馈赠的礼物。

⑨庄王：指楚庄王，即位之初沉湎于声色犬马，不问政事；三年后整顿国事，重用了伍举、苏从等忠直之臣，遂成为一代霸主。

⑩要：通"邀"，邀请，求。

⑪束帛乘（shèng）马：捆作一束的五匹帛和四匹马。

⑫取：同"娶"。

⑬受之太庙：婚礼自纳采之下，都在太庙举行。

⑭嬖（bì）：宠爱。

【译文】

　　楚昭越姬，是越王句践的女儿，楚昭王的姬。昭王饮游宴乐，蔡姬在左边，越姬在右边陪乘。昭王亲自驾着四匹马拉的车奔驰追逐野兽，于是登上附社台，远望云梦的园囿，观看士大夫追逐野兽。欢乐之余，昭王看着二姬说："快乐吗？"蔡姬回答："快乐。"昭王说："我愿与你活着时这样享乐，死后还能如此。"蔡姬说："以前我国家的君王本来就率领百姓，为王奔走，所以就用我作为礼物玩好献给君王，现在能够位列于妃嫔，本来就愿意生同乐，死同时。"王回过头去对史官说："记下，蔡姬许诺跟随我一起死。"于是又与越姬说话，越姬回答说："欢乐是欢乐，然而不可以长久如此。"昭王说:"我愿意与你活着同乐,死后也这样,大概是不可得吧?"越姬回答说:"以前我们的先君庄王淫乐,三年不处理政事,最终能改,后来称霸天下。我以为君王能够效法先君,将要改变享乐而勤于为政呢。现在不是这样,而约请我同死,是可以的吗? 而且君王拿着五匹束帛和四匹马,从我的母国迎娶我,我的君王在太庙接受了礼物,可没有约定同死。我听诸位婆母说,妇人用死来彰明君王的善,增加君王的宠爱,没听说过苟且随从国君糊里糊涂地死为荣,我不敢接受这样的命令。"于是王醒悟,敬重越姬的话,但依然亲近宠爱蔡姬。

居二十五年,王救陈,二姬从。王病在军中,有赤云夹日,如飞鸟①。王问周史,史曰:"是害王身,然可以移于将相。"将相闻之,将请以身祷于神。王曰:"将相之于孤犹股肱也②,今移祸焉,庸为去是身乎③?"不听。越姬曰:"大哉! 君王之德。以是,妾愿从王矣。昔日之游淫乐也,是以不敢许。及君王复于礼,国人皆将为君王死,而况于妾乎! 请愿先驱狐狸于地下④。"王曰:"昔之游乐,吾戏耳。若将必死,是彰孤之不德也。"越姬曰:"昔日妾虽口不言,心既许之矣。妾闻信者不负其心,义者不虚设其事。妾死王之义,不死王之好也⑤。"遂自杀。

王病甚,让位于三弟,三弟不听。王薨于军中,蔡姬竟不能死。王弟子闾与子西、子期谋曰:"母信者,其子必仁。"乃伏师闭壁⑥,迎越姬之子熊章,立,是为惠王。然后罢兵,归葬昭王。君子谓越姬信能死义。《诗》曰:"德音莫违,及尔同死⑦。"越姬之谓也。

颂曰:楚昭游乐,要姬从死。蔡姬许王,越姬执礼。终独死节,群臣嘉美。维斯两姬,其德不比。

【注释】

①乌:王照圆曰:"'乌'当作'乌',见《左传》。"

②股肱(gōng):大腿和胳膊,比喻左右辅助得力的人。

③庸:岂,难道。把病移于股肱之上,不算去身。

④先驱狐狸于地下:比喻为人效命而先死去。

⑤好:喜好,宠好。

⑥壁:营垒,军营的围墙或防御设施。

⑦德音莫违,及尔同死:语见《诗经·邶风·谷风》。意谓:说过的好话不要违背;与你白头到老。

【译文】

二十五年后,昭王救援陈国,二姬跟随。王在军中生病了,有红云夹着太阳,像飞鸟的样子。昭王向周室史官咨询这种现象,史官说:"这对王的身体有害,但是可以转移到将相身上。"将相听说后,将向神祈祷以自身代王生病。昭王说:"将相对于我,好比大腿和胳膊,现在把灾祸转移给他们,难道算是病痛离身了吗?"不听建议。越姬说:"伟大啊,君王的德行! 因此,我愿意追随王死。以前是宴游淫乐,所以不敢答应王。现在君王已经复归于礼,国人都将为君王死,何况是我呢? 我请求效命先死。"昭王说:"以前游乐,我是开玩笑罢了。如果你一定要从死,是彰显我的不德。"越姬说:"以前我虽然嘴上不说,心里已经答应了。我听说诚信的人不违背内心,行义的人不虚假设想事情。我为王的义而死,不为王的宠好而死。"于是自杀。

王病得很厉害,把君位让给三弟,三弟不听从。王在军中去世,蔡姬最终不能从死。昭王弟弟子闾与子西、子期商量说:"母亲诚信,她的儿子一定仁厚。"于是按兵不动,把越姬的儿子熊章迎接过来,拥立为王,即为惠王。然后停止军事行动,回国埋葬了昭王。君子认为越姬确实能够为义而死。《诗经》说:"说过的好话不要违背;与你白头到老。"说的就是越姬这种情况啊。

颂说:楚昭王游乐,约请姬从死。蔡姬许诺王,越姬守礼义。最终独死节,群臣赞其义。越蔡二位姬,其德不能比。

盖将之妻

【题解】

此篇材料来源不见于传世文献,当为民间流传的逸史杂事。戎狄侵攻小国盖国,盖君被杀,群臣被禁止自杀从死,否则就要连坐其妻子。面临这种令人绝望的形势,丘子依然激于忠勇之气而选择自杀,表现出了可贵的臣节。丘子被救起归家后,妻子又激之以仁义忠贤之德,并慨然自杀。与丈夫比起来,丘子之妻更加决绝勇敢,对高尚德行的追求也更为理性和自觉。她舍生取义的行为,反抗了敌人的暴政,也保持了弱国子民的尊严和气节。故事通过衬托、对比的手法,塑造了丘子之妻这个丝毫不输须眉的刚烈女性形象。

盖之偏将丘子之妻也①。戎伐盖②,杀其君,令于盖群臣曰:"敢有自杀者,妻子尽诛。"丘子自杀,人救之,不得死。既归,其妻谓之曰:"吾闻将节勇而不果生③,故士民尽力而不畏死,是以战胜攻取,故能存国安君。夫战而忘勇,非孝也。君亡不死,非忠也。今军败君死,子独何生?忠孝忘于身,何忍以归?"丘子曰:"盖小戎大,吾力毕能尽,君不幸而死,吾固自杀也,以救故,不得死。"其妻曰:"曩日有救④,今又何也?"丘子曰:"吾非爱身也。戎令曰'自杀者诛及妻子',是以不死,死又何益于君?"其妻曰:"吾闻之:'主忧臣辱,主辱臣死。'今君死而子不死,可谓义乎? 多杀士民,不能存国而自活,可谓仁乎? 忧妻子而忘仁义,背故君而事强暴,可谓忠乎? 人无忠臣之道仁义之行,可谓贤乎?《周书》曰:'先君而后臣,先父母而后兄弟,先兄弟而后交友,先交友而后妻子⑤。'妻子,私爱也。事君,公义也。今子以妻子之故,失人臣之节,无事君之礼,弃忠臣之公道,营妻子之私爱,偷生苟活,妾等耻之,况于子乎? 吾不能与子蒙耻而生焉。"遂自杀。戎君贤之,祠以太牢⑥,而以将礼葬之,赐其弟金百镒,以为卿,而使别治盖⑦。君子谓盖将之妻洁而好义。《诗》曰:"淑人君子,其德不回⑧。"此之谓也。

　　颂曰:盖将之妻,据节锐精。戎既灭盖,丘子独生。妻耻不死,陈设五荣⑨。为夫先死,卒遗显名。

【注释】

①盖之偏将:盖国的副将。盖,国名。《竹书纪年》载,周幽王六年,戎灭盖。偏,辅佐。

②戎:古代泛指我国西部的少数民族。

③将节勇而不果生:为将的节操在于勇敢而不顾惜生命。果,决,不果生即不惜死。

④曩(nǎng)日:往日,以前。

⑤"先君而后臣"几句:不见于《尚书》《逸周书》,当为佚文。

⑥太牢:祭祀时牛、羊、猪三牲全备称为"太牢"。

⑦使别治盖:让他在别处重立盖国,附庸于戎。

⑧淑人君子,其德不回:语见《诗经·小雅·鼓钟》。意谓:善良的君子,德行正直无邪。回,邪,邪恶。

⑨五荣：即上文中提到的忠、孝、仁、义、贤。

【译文】

盖将之妻，是盖国副将丘子的妻子。戎人攻打盖国，杀死了盖君，向盖国群臣下命令说："有敢自杀的，妻和子都要被杀死。"丘子自杀，有人挽救，没有死。回到家后，他的妻子对他说："我听说为将的节操在于勇敢而不顾惜生命，所以士兵百姓尽力而不害怕死亡，于是战胜敌人攻取城池，能够保存国家使君主安全。打仗忘记了勇敢，就不是孝顺。君亡而自己不死，就不是忠诚。现在军队失败国君死亡，你为何单单活了下来？忠孝都忘记了，还怎么忍心回来？"丘子说："盖国小而戎国大，我的力量和才能都用尽了，国君不幸而死，我本来也是自杀的，因为有人救的缘故，没有死。"他的妻子说："往日有人救，现在又是为何不死呢？"丘子说："我不是爱惜自身。戎人下令说'自杀者诛灭并连累妻子儿女'，因此不死，死了对君王又有什么好处呢？"他的妻子说："我听说：'君王忧虑就是大臣的耻辱，君王受辱大臣要以死抗争。'现在国君死了而你不死，可以称得上义吗？许多士兵和民众死去了，你却不能保存国家而自己活着，可算是仁吗？担忧妻子儿女而忘记仁义，背离原来的君主而臣事强暴，可算是忠吗？人没有忠臣之道和仁义之行，算得上贤吗？《周书》说：'君在先而臣在后，父母在先而兄弟在后，兄弟在先而朋友在后，朋友在先而妻子儿女在后。'妻子儿女，是个人的私爱。事奉君王，是公义。现在你因妻子儿女的缘故，失去了人臣的节操，没有事奉国君的礼仪，抛弃了忠臣应有的公义，只追求妻子的私爱，偷生苟活，我辈都觉得羞耻，何况你呢？我不能与你蒙受耻辱而苟活。"于是自杀。戎君认为她有贤德，用太牢祭祀，按照将军的葬礼规格埋葬了她，赏赐她的弟弟黄金百镒，封为卿，使他在别处治理盖地。君子评论盖将的妻子高洁有义。《诗经》说："善良的君子，德行正直无邪。"说的就是这种情况。

颂说：盖国副将的妻子，坚守节操甚专精。戎人已经灭盖国，丘子获救独得生。妻子羞耻其不死,陈述大义有五荣。激励丈夫已先死,最终后世扬美名。

鲁义姑姊

【题解】

此篇材料来源不见于传世文献,当为逸史传说。齐军压境,鲁国民众逃亡,追兵将至之时,平民妇人抛弃亲生儿子而抱持兄之子逃命。最终,鲁妇人的贤德不仅保全了自己,还使鲁国免于攻伐。这在礼乐犹存的春秋时期,未必全然是道德神话,也有可能是真实发生的事件。

无独有偶,东晋名臣邓攸在永嘉逃难时也曾抛弃己子而带走侄子。但是,邓攸之子时时追及父母,后来被绑在树上才无法再次追随。邓攸坚信如果自己能活下去,上天有道,将来一定还会再生儿子,而早失父亲的侄子则不能不保全。但最终邓攸也没有再生儿子,时人感叹天道无知,史官则一针见血地指出:“弃子存侄,以义断恩,若力所不能,自可割情忍痛,何至预加徽缧,绝其奔走者乎!斯岂慈父仁人之所用心也?卒以绝嗣,宜哉!勿谓天道无知,此乃有知矣。”(《晋书·良吏传》)此论真堪再三玩味,如果与鲁妇人比对,即可看出真君子与伪君子之别。

鲁义姑姊者①,鲁野之妇人也②。齐攻鲁至郊,望见一妇人,抱一儿,携一儿而行,军且及之,弃其所抱,抱其所携而走于山③。儿随而啼,妇人遂行不顾④。齐将问儿曰:“走者尔母耶?”曰:“是也。”“母所抱者谁也?”曰:“不知也。”齐将乃追之,军士引弓将射之,曰:“止!不止,吾将射尔。”妇人乃还。齐将问所抱者谁也,所弃者谁也。对曰:“所抱者妾兄之子也,所弃者妾之子也。见军之至,力不能两护,故弃妾之子。"齐将曰:"子之于母,其亲爱也,痛甚于心,今释之,而反抱兄之子,何也?"妇人曰:"己之子,私爱也。兄之子,公义也。夫背公义而向私爱,亡兄子而存妾子,幸而得幸⑤,则鲁君不吾畜⑥,大夫不吾养,庶民国人不吾与也⑦。夫如是,则胁肩无所容⑧,而累足无所履也⑨。子虽痛乎,独谓义何?故忍弃子而行义,不能无义而视鲁国⑩。"

【注释】

①姑姊:父亲的姐姐称为姑姊,父亲的妹妹称为姑妹。但也常常不严格区分,如本篇的姑姊似乎应该是姑妹,因后文有"兄之子"。

②野:郊外。

③走:跑。

④遂行不顾:决绝前行而不回头看。

⑤幸:梁端云:"温公《家范》作'免'。"

⑥不吾畜(xù):不收留我。畜,饲养(禽兽),养育。这里指收留。

⑦与:结交。

⑧胁肩:耸起肩膀,故示敬畏。

⑨累(lěi)足:犹重足,两足相叠,不敢正立,形容小心戒惧。

⑩视:犹生也。

【译文】

鲁义姑姊,是鲁国一个乡下妇女。齐国攻打鲁国,到了城郊,看见一个妇女,抱着一个小孩,领着一个小孩前行。军队就要追上了,妇女抛弃了她所抱的孩子,抱起她领的孩子跑向山里。被抛弃的小孩哭着追随,妇女依旧前行而不回头看。齐国将军问小孩说:"跑走的是你的母亲吗?"回答说:"是的。""母亲抱的孩子是谁?"回答说:"不知道。"齐国将军就追赶,士兵拉弓将要射击她,说:"停下来!再不停下来,我就要射箭了。"妇女这才转过身。齐国将军问她抱的是谁,抛弃的是谁。回答说:"抱着的是我哥哥的儿子,抛下的是我自己的儿子。看见军队来了,我的力量不能保护两个孩子,所以抛弃了自己的孩子。"齐国将军说:"孩子对于母亲,是最亲爱的,孩子若有不幸母亲会痛断心肠,现在抛弃了他,反而抱着哥哥的孩子,为什么呢?"妇女说:"自己的孩子,是私爱。哥哥的孩子,是公义。如果背弃公义而偏向私爱,丢掉哥哥的孩子而保存自己的孩子,如果有幸逃生,那鲁国国君也不会容纳我,大夫不养我,庶民国人不与我交往。到了那种情况,就会耸着肩膀也无地可容,脚叠着脚也没有站立的地方。失去孩子虽然痛苦,但对于公义怎么办?所以我忍痛抛弃孩子而遵守公义,不能够无义而生活在鲁国。"

　　于是齐将按兵而止,使人言于齐君曰:"鲁未可伐也。乃至于境①,山泽之妇人耳,犹知持节行义,不以私害公,而况于朝臣士大夫乎!请还。"齐君许之。鲁君闻之,赐妇人束帛百端②,号曰义姑姊。公正诚信③,果于行义。夫义,其大哉!虽在匹妇④,国犹赖之,况以礼义治国乎!《诗》云:"有觉德行,四国顺之⑤。"此之谓也。

　　颂曰:齐君攻鲁,义姑有节。见军走山,弃子抱侄。齐将问之,贤其推理。一妇为义,齐兵遂止。

【注释】

①乃:只,仅仅。

②百端:古代丝织品二丈为一端,两端称为一两,也叫一匹,百端就是五十匹。

③公正诚信:王照圆曰:"'公'上当脱'君子谓义姑姊'六字。"

④匹妇:古代指平民妇女。

⑤有觉德行，四国顺之：语见《诗经·大雅·抑》。意谓：正直的德行，四方都会顺从。觉，正直。四国，四方。

【译文】

于是齐国将军停兵不前，派人对齐国国君说："鲁国不可以攻打。仅仅到了边境，山泽郊野的妇女，还知道保持节操承担道义，不能因私害公，更何况朝臣士大夫呢？请求回师。"齐国国君答应了。鲁国国君听说后，赏赐这位妇女束帛五十匹，赐号为义姑姊。君子认为鲁国义姑姊能够公正诚信，果断行义。义，太伟大了！即使平民妇女身上体现了义，一个国家也会得以依赖，更何况用礼义来治理国家呢？《诗经》说："正直的德行，四方都会顺从。"说的就是这种情况。

颂说：齐国军队攻打鲁，义姑坚守其节气。看见军队逃向山，抛弃己子抱起侄。齐国将军问情况，赞她弃私行公义。一个民女坚守义，齐国攻伐终停止。

代赵夫人

【题解】

代赵夫人之事见于《吕氏春秋·长攻》《战国策·燕策一》《史记·赵世家》《史记·张仪列传》等。此篇叙事主要采自《史记·赵世家》，但又做了加工，例如多了代赵夫人自杀之前的一段话语，使其面临的伦理冲突之悲剧意味更加鲜明。更重要的是，此篇是以塑造代赵夫人的形象为中心，而非像之前文献侧重于表现赵襄子之奸诈智谋、代王的轻信亡国等。所以，故事略去了襄子百般善待代王、使其放松警惕等阴谋内容，而将重点放在代赵夫人拒绝襄子迎归这个矛盾集中的场面。面对弟弟杀死丈夫的人伦悲剧，代赵夫人选择毁灭自身以避免"非义"或"非仁"，维护了生命的尊严与气节，让人觉得慷慨壮烈、悲怨千古，而无法认同刘向所谓的"善处夫妇之间"之论。

代赵夫人者①，赵简子之女，襄子之姊②，代王之夫人也。简子既葬，襄子未除服③，地登夏屋④，诱代王，使厨人持斗以食代王及从者⑤。行斟，阴令宰人各以一斗击杀代王及从者⑥，因举兵平代地，而迎其姊赵夫人。夫人曰："吾受先君之命，事代之王，今十有余年矣。代无大故，而主君残之⑦。今代已亡，吾将奚归⑧？且吾闻之，妇人之义无二夫。吾岂有二夫哉？欲迎我何之⑨？以弟慢夫，非义也。以夫怨弟，非仁也。吾不敢怨，然亦不归。"遂泣而呼天，自杀于摩笄之地⑩。代人皆怀之。君子谓赵夫人善处夫妇之间。《诗》云："不僭不贼，鲜不为则⑪。"此之谓也。

颂曰：惟赵襄子，代夫人弟。袭灭代王，迎取其姊。姊引义理，称引节礼。不归不怨，遂留野死。

【注释】

①代：国名。范围在今山西大同与河北蔚县一代。

②襄子（？—前425）：名无恤（亦作"毋恤"），春秋末叶晋国卿，赵氏家族首领，在位五十一年，战国时期的赵国的奠基人，谥号为"襄子"，故史称"赵襄子"。

③除服：俗称"脱孝"，丧礼仪式之一，即守孝期满除去丧礼之服。

④地登夏屋：王照圆曰："'地'字误，《史记·赵世家》作'北'。"夏屋，古山名。又名夏壶山、贾屋山、贾母山，在今山西代县东北，和句注山相接，为山西北部险要之地。

⑤斗：《史记》作"铜枓"，正义曰："其形方，有柄，取斟水器。"

⑥阴令宰人各：暗中命令厨人各。各，厨师的名字。

⑦主君：对一国之主的称呼，此指赵襄子。

⑧奚归：归于何处。

⑨何之：即之何，到什么地方去。

⑩靡笄之地：即摩笄山，亦名"鸡鸣山"，在今河北怀来境。

⑪不僭（jiàn）不贼，鲜（xiǎn）不为则：语见《诗经·大雅·抑》。意谓：不犯过错不害人，很少不被人仿效。僭，超越本分。贼，残害。鲜，少。则，法则。

⑫引：梁端曰："一本作'说'。"

【译文】

　　代赵夫人，是赵简子的女儿，襄子的姐姐，代王的夫人。简子埋葬后，襄子未脱丧服，就登上北边的夏屋山，引诱代王，派遣厨师拿斗盛酒，招待代王和他的随从。进行斟酒时，襄子暗地里下令厨师各用一只斗杀死了代王和他的随从，于是发兵攻占代地，而迎接他的姐姐赵夫人回国。夫人说："我接受了先君的命令，侍奉代王，到现在已经十多年了。代王没有大过错，而主君杀害了他。现在代国已亡，我将归于何处呢？而且我听说，妇女的规矩是不嫁两位丈夫。我难道会有两位丈夫吗？想要把我迎接到哪里呢？因为弟弟而怠慢丈夫，不义。因为丈夫而怨恨弟弟，不仁。我不敢怨恨，但也不会归去。"于是对天呼喊哭泣，在摩笄山自杀。代人都怀念她。君子认为代赵夫人善于处理夫妇之间的关系。《诗经》说："不犯过错不害人，很少不被人仿效。"说的就是这种情况。

　　颂说：那个赵襄子，代夫人之弟。偷袭杀代王，欲迎回其姊。姊姊依义理，称引节和礼。不归也不怨，摩笄山野死。

齐义继母

【题解】

　　此篇材料来源不见于传世文献，当为传说逸史。同父异母的两兄弟杀人，争相代死，齐王将判定罪人的权力交予母亲。人情莫不爱己子，但是母亲却因曾受丈夫之托付照顾好前妻之子,就选择了让亲生儿子偿罪,换取继子的活命。继母的善良、信义、谦让等高尚品质,在对儿子生死抉择的极端场面中,得以淋漓尽致地展现。这样的故事以其曲折的情节、尖锐的冲突,在民间得到了广泛而持久的传播。例如,山东东汉时期武梁祠东壁第二层画像石上,就展现了这个齐义继母的故事。在今天的一些戏曲当中亦有类似的情节,如《二堂舍子》中王桂香放走沉香,等等。

　　齐义继母者,齐二子之母也。当宣王时①,有人斗死于道者,吏讯之,被一创②。二子兄弟立其傍③,吏问之,兄曰:"我杀之。"弟曰:"非兄也,乃我杀之。"期年,吏不能决,言之于相。相不能决,言之于王。王曰:"今皆赦之,是纵有罪也。皆杀之,是诛无辜也。寡人度其母,能知子善恶。试问其母,听其所欲杀活④。"相召其母问之曰:"母之子杀人,兄弟欲相代死,吏不能决,言之于王。王有仁惠,故问母何所欲杀活。"其母泣而对曰:"杀其少者。"相受其言,因而问之曰:"夫少子者,人之所爱也。今欲杀之,何也?"其母对曰:"少者,妾之子也。长者,前妻之子也。其父疾且死之时,属之于妾曰⑤:'善养视之。'妾曰:'诺。'今既受人之托,许人以诺,岂可以忘人之托而不信其诺耶!且杀兄活弟,是以私爱废公义也;背言忘信,是欺死者也。夫言不约束⑥,已诺不分⑦,何以居于世哉!子虽痛乎,独谓行何!"泣下沾襟。相入言于王,王美其义,高其行,皆赦不杀,而尊其母,号曰义母。君子谓义母信而好义,絜而有让⑧。《诗》曰:"恺悌君子,四方为则⑨。"此之谓也。

　　颂曰:义继信诚,公正知礼。亲假有罪⑩,相让不已。

吏不能决，王以问母。据信行义，卒免二子。

【注释】

①宣王（？—前301）：战国时齐国国君，齐威王之子，妫姓，名辟疆（一作疆），田氏齐国第五代国君，前319—前301年在位。

②创：伤口，身体受外伤的地方。

③傍：同"旁"，旁边，侧。

④杀活：使……死，使……活。

⑤属：同"嘱"，委托，托付。

⑥言不约束：不按照所说的话去做。

⑦分：执行。

⑧絜（xié）：即絜矩，规矩，称量得宜。

⑨恺悌（kǎi tì）君子，四方为则：语见《诗经·大雅·卷阿》。意谓：和乐平易的君子，是四方效仿的榜样。恺悌，和乐平易的样子。则，标准，法则。

⑩假：非亲生之子。

【译文】

齐义继母，是齐国两个孩子的母亲。齐宣王的时候，有人打斗死在了路上，官吏察看，死者身上有一处伤口。兄弟俩站立在道路旁边，官吏问讯，哥哥说："是我杀了他。"弟弟说："不是哥哥，是我杀了他。"整整一年，官吏不能决断，就上报给了相。相也不能决断，就报告给了齐宣王。齐宣王说："现在都赦免，是放纵有罪的人。都杀了，是伤害无罪的人。我估计他们的母亲，能知道儿子的善恶。试着问他们的母亲，听她想要谁死谁活。"相把他们的母亲召来问她说："你的儿子杀人，哥哥和弟弟想相互替死，官吏不能决断，报告给了王。王有仁惠之德，所以问问做母亲的想让谁死谁活。"他们的母亲哭着回答说："把小的儿子杀了吧。"相听到她的话，于是问她说："小儿子，是人最疼爱的。现在想让他被杀，为什么呢?"他们的母亲回答说:"小儿子,是我自己亲生的孩子。大儿子,是丈夫前妻的孩子。他父亲生病快死的时候,把他托付给我说:'好好看待他。'我说:'好。'现在已经接受了他人的托付,许下了诺言,哪里可以忘记别人的嘱托而不信守诺言呢!而且让哥哥受死弟弟活下来,是因为私爱而废驰公义;背弃诺言忘记信用,是欺骗死去的人。言论不能约束行动,已经许下诺言而不执行,怎么活在世间呢?失去孩子虽然痛苦,但有做事的公义怎么办呢?"眼泪沾湿了衣襟。相走进去把情况告诉了王,王赞美母亲的道义,崇尚她的德行,两个儿子都赦免不死,并且尊崇他们的母亲,赐号为义母。君子认为义母讲究信用,崇尚道义,持守规矩又谦让。《诗经》说:"和乐平易的君子,是四方效仿的榜样。"说的就是这种情况。

　　颂说:诚实守信齐义母,处事公正且知礼。亲子继子犯下罪,相互谦让不停止。官吏不能明断决,王说试试问其母。母亲守信行道义,最终赦免俩儿子。

鲁秋洁妇

【题解】

　　此篇材料来源不见于传世文献,当为民间传说逸史。结婚五天,秋胡便外出做官,妻子在家采桑纺绩、奉养公婆。这种日子想必不易,但总有团圆梦想支撑。五年后终于等到了秋胡夫妻团聚,没想到妻子却遭受了丈夫的调戏,亲眼看到其轻薄无耻的一面,这对于独守空闺的妻子来说,意味着希望的瞬间破灭。在秋胡之妻严词拒绝丈夫调戏的言论中,可以看到其自尊自重、洁身自好的性格特点;真相大白之后,秋胡妻痛斥丈夫不忠不孝不义的一番话中,又可见出其立身不苟、操行严谨的一面。如此刚烈坚贞的一位女性,在梦想破灭后,只好选择自杀,以惨烈的结局捍卫了自己的人生信条。

　　这个故事冲突剧烈，人物性格鲜明生动，情节富于戏剧性，因而传播范围极广。"秋胡行"成了乐府歌诗中的一个固定题目，《乐府诗集》收录有晋傅玄的两首《秋胡行》，其中第二首有注云"和班氏诗"，可能早在班固就曾歌颂过秋胡妻的故事。秋胡妻的故事在民间得到了更热情的宣扬，例如山东、四川、陕西都曾出土表现此故事的汉代画像石、画像砖或壁画。唐代有《秋胡变文》，元代石君宝创作了杂剧《秋胡戏妻》，至今在京剧、豫剧、评剧等剧种中还有《桑园会》（又名《马蹄金》）表演此故事。

　　洁妇者，鲁秋胡子妻也。既纳之五日，去而宦于陈，五年乃归。未至家，见路旁妇人采桑，秋胡子悦之，下车谓曰："若曝采桑①，吾行道远，愿托桑荫下餐②，下赍休焉③。"妇人采桑不辍④。秋胡子谓曰："力田不如逢丰年，力桑不如见国卿。吾有金，愿以与夫人。"妇人曰："嘻！夫采桑力作，纺绩织纴⑤，以供衣食，奉二亲，养夫子。吾不愿金，所愿卿无有外意，妾亦无淫泆之志，收子之赍与笥金⑥。"秋胡子遂去。

【注释】

①若曝（pù）采桑：你晒着太阳采桑。若，你。曝，晒。

②托：依靠。

③赍（jī）：怀着。这里指携带的东西。

④辍（chuò）：中止，停止。

⑤纴（rèn）：纺织。

⑥笥（sì）：一种盛饭食或衣物的竹器。

【译文】

　　洁妇，是鲁国秋胡子的妻子。秋胡子娶妻五天之后，就离家而去陈国做官，五年才得回家。还未到家，秋胡子看见道路旁边有个妇女在采桑，很喜欢她，就下车对她说："你晒着太阳采桑，我走了很远的路，希望能在桑树荫凉下吃些东西，卸下行李歇会儿。"妇女继续采桑不停下来。秋胡子对她说："努力种田不如遇上丰收年景，勤快采桑不如遇见高官。我有金子，想送给夫人。"妇女说："哈！采摘桑叶勤力耕田，纺线织布，为的是供应衣食，奉养二亲，资助丈夫。我不愿要黄金，只愿您没有其他想法，我也没有淫佚放荡的心思，收起你的行李和筐里的黄金。"于是秋胡子离开了。

　　至家，奉金遗母，使人唤妇至，乃向采桑者也，秋胡子惭。妇曰："子束发修身①，辞亲往仕，五年乃还，当所悦驰骤扬尘疾至②。今也乃悦路旁妇人，下子之装，以金予之，是忘母也，忘母不孝。好色淫佚，是污行也，污行不义。夫事亲不孝，则事君不忠。处家不义，则治官不理。孝义并亡，必不遂矣③。妾不忍见，子改娶矣，妾亦不嫁。"遂去而东走，投河而死。君子曰："洁妇精于善。夫不孝莫大于不爱其亲而爱其人④，秋胡子有之矣。"君子曰："见善如不及，见不善如探汤⑤，秋胡子妇之谓也。"《诗》云："惟是褊心，是以为刺⑥。"此之谓也。

　　颂曰：秋胡西仕，五年乃归。遇妻不识，心有淫思。妻执无二，归而相知。耻夫无义，遂东赴河。

【注释】

①束发：在古代，男孩十五岁时束发为髻，成童；二十岁时行冠礼，成年。
②所：疑为"忻"字或"近"字之误，形近致误。所悦即欣悦。
③遂：通，达，有所成就。

④其人：他人。

⑤探汤：伸入热水中会很烫，需要赶快避开。

⑥惟是褊（biǎn）心，是以为刺：语见《诗经·魏风·葛屦》，《毛诗》"惟"作"唯"。意谓：对于这狭隘偏私的心思，写篇诗歌来讽刺。惟，因。褊心，心地狭窄。是以，以是，因此。刺，讽刺。

【译文】

秋胡子回到家，捧着金子送给母亲，派人唤来妻子，竟然是之前见到的采桑女，秋胡子很惭愧。妻子说："你成人后修学立身，辞别亲人去做官，五年才回来，应当欢欣高兴，快马加鞭、扬尘疾驰地回家。现在竟然喜欢路旁的妇女，取下你的行李，把金子给她，这是忘记了母亲，忘记母亲不孝顺。喜欢美色淫佚放荡，是污秽的行为，污秽的行为不符合义。侍奉母亲不孝顺，侍奉国君就不忠诚。处理家事不义，治理官事就不会适当。孝顺正义都失去了，一定不能有所成就。我不忍心看见这现象，你另娶他人吧，我也不会再改嫁。"于是妻子出门往东走，投河自杀。君子说："洁妇精于行善。不孝最严重的就是不爱自己的父母而爱他人，秋胡子有这样的行为啊。"君子说："看到善良的行为，就担心达不到，看到不善良的行为，就好像把手伸到热水中一样赶快避开，说的就是秋胡子妻子这种情况啊。"《诗经》说："对于这狭隘偏私的心思，写篇诗歌来讽刺。"说的就是这种情况。

颂说：秋胡子西仕，五年才得归。遇妻不相识，内心起淫思。妻坚贞不二，回家知其实。深耻夫无义，竟然赴河死。

周主忠妾

【题解】

周主忠妾的故事见于《战国策·燕策一》及《史记·苏秦列传》，是苏秦从齐国归来遭到燕王猜忌时讲述的故事，用于类比和抒发自己忠信获罪的委屈。此篇在基本袭用原始材料的基础上，又做了补充和加工，例如，增加了"既已，妻恐媵婢言之……"之后的文字，从而使得情节更加曲折，人物形象更加丰富完整。对于媵妾来说，尽忠于正妻是其本分，但在正妻谋害丈夫时一味尽忠就会导致大祸，又显然违背了基本的人伦道义。面对两难选择，媵妾假装木僵倾覆了毒酒，虽招致自身被笞，但终究避免了杀人的灾祸。富有戏剧性的是，随着后来真相显露，妻子被杀，而媵妾依然遵守尽忠于主母的等级名分要求，不愿嫁给主父，从而获得了四邻争娶的福报。这显然是刘向为了宣扬守礼尽忠的道德教条，而进行的虚构和渲染。

　　周主忠妾者①，周大夫妻之媵妾也。大夫号主父，自卫仕于周，二年且归。其妻淫于邻人，恐主父觉，其淫者忧之。妻曰："无忧也，吾为毒酒，封以待之矣②。"三日，主父至，其妻曰："吾为子劳，封酒相待。"使媵婢取酒而进之。媵婢心知其毒酒也，计念进之则杀主父③，不义；言之又杀主母，不忠。犹与④，因阳僵覆酒⑤，主父怒而笞之⑥。既已，妻恐媵婢言之，因以他过笞，欲杀之。媵知将死，终不言。主父弟闻其事，具以告主父。主父惊，乃免媵婢，而笞杀其妻。使人阴问媵婢曰："汝知其事，何以不言，而反几死乎⑦？"媵婢曰："杀主以自生，又有辱主之名，吾死则死耳，岂言之哉！"主父高其义，贵其意，将纳以为妻，媵婢辞曰："主辱而死而妾独生，是无礼也。代主之处，是逆礼也。无礼逆礼，有一犹愈，今尽有之，难以生矣。"欲自杀。主闻之，乃厚币而嫁之⑧，四邻争娶之。君子谓忠妾为仁厚。夫名无细而不闻，行无隐而不彰。《诗》云："无言不酬，无德不报⑨。"此之谓也。

颂曰：周主忠妾，慈惠有序。主妻淫僻，药酒毒主。使妾奉进，僵以除贼。忠全其主，终蒙其福。

【注释】

①主：春秋战国时大夫称为主，大夫之妻也称为主。

②封：封藏，贮存。

③计念：考虑。

④犹与：同"犹豫"，疑惑不定。

⑤阳僵：佯装倒下。阳同"佯"。

⑥笞（chī）：用鞭、杖或竹板抽打。

⑦几：几乎。

⑧厚币：厚礼。币，用作礼物的皮、帛、丝等。

⑨无言不酬，无德不报：语见《诗经·大雅·抑》，《毛诗》"酬"作"雠"。意谓：没有出言无反应，施德总能得福禄。

【译文】

周主忠妾，是周大夫妻子陪嫁的婢妾。大夫号称主父，从卫国到周王室做官，两年后将要回家。他的妻子与邻居男子私通，担心被主父发觉，相好的男子非常忧愁。主父妻说："不用忧虑，我准备了毒酒，封藏好等着他着呢。"三天后，主父到家，他的妻子说："我因为你劳累，储存了酒招待你。"接着就让婢妾把酒端过来。婢妾心里知道这是毒酒，考虑进酒就会杀死主父，不义；说出实情又会杀死主母，不忠。她疑惑不定，于是佯装倒下倾覆了酒，主父发怒鞭打她。过后，主父妻担心婢妾说出实情，就想借着其他过错鞭打杀死她。婢妾知道自己快要死了，始终不说话。主父的弟弟听说了这件事情，把具体实情告诉了主父。主父大吃一惊，于是免除了婢妾之罪，而把妻子鞭打致死了。他派人暗地里问婢妾说："你知道这个事情，为什么不说，反而差点让自己死去呢？"婢妾说："杀死主妻而让自己活下来，又有羞辱主人的名声，我死就死了，难道会说出实情吗?"主父推崇她的高义,敬重她的善意,将要娶她为妻。婢妾推辞说:"主母羞辱死去而我单独活着,是没有礼义。代替主母的位置,是违背礼节。不守礼和违背礼有一点还勉强可以,现在全都有,再难活着了。"婢妾想要自杀,主父听说后,就准备了厚礼让她嫁人,周围邻居争着聘娶她。君子认为忠妾仁爱厚道。再小的名声也会被人所知,再隐蔽的行为也会显露出来。《诗经》说:"没有出言无反应,施德总能得福禄。"说的就是这种情况。

颂说:周人主父忠诚妾,慈爱恩惠有伦序。主妻淫荡又邪僻,欲用药酒毒死夫。派遣婢妾端上酒,其用佯倒破贼计。婢妾忠诚全其主,最终蒙受善之福。

魏节乳母

【题解】

此篇采自《韩诗外传·卷九》,但又做了补充和发挥。魏国被秦军攻破,王族已灭,又有千镒黄金悬赏逋逃的魏公子。在这种形势下,乳母毅然携带公子逃亡,真可谓"时穷节乃见"的仗义君子。在被魏国旧臣认出后,乳母与其几次的言语交锋,既表现了拒斥威逼利诱的光明磊落人格,又道出了勇于担当、怜爱孤弱公子的深情。最后,即使穷途末路,无处可逃,乳母依然以身遮蔽公子使其免于箭伤,最大限度地保护了公子。乳母以柔弱的身躯,能够无畏勇敢地保护公子,其原因正如刘向所述之"慈故能爱"。子曰"仁者必有勇"(《论语·宪问》),信然。

魏节乳母者,魏公子之乳母。秦攻魏,破之,杀魏王瑕[①],诛诸公子,而一公子不得,令魏国曰:"得公子者,赐金千镒。匿之者,罪至夷[②]。"节乳母与公子俱逃,魏之故臣见乳母而识之曰:"乳母无恙乎?"乳母曰:"嗟乎!吾奈公子何?"故臣曰:"今公子安在? 吾闻秦令曰:'有能得公子者,赐金千镒。匿之者,罪至夷。'乳母倘言之,则可以得千金。知而不言,则昆弟无类矣③。"乳母曰:"吁! 吾不知公子之处。"故臣曰:"我闻公子与乳母俱逃。"母曰:"吾虽知之,亦终不可以言。"故臣曰:"今魏国已破亡,族已灭。子匿之,尚谁为乎?"母吁而言曰:"夫见利而反上者,逆也;畏死而弃义者,乱也。今持逆乱而以求利,吾不为也。且夫凡为人养子者务生之④,非为杀之也。岂可利赏畏诛之故,废正义而行逆节哉! 妾不能生而令公子擒也。"遂抱公子逃于深泽之中。

【注释】

①魏王瑕:《史记·魏世家》作"魏王假",魏景湣王之子,战国时期魏国最后一位国君,前227—前225年在位。

②夷:消灭,杀尽。

③无类:犹言无遗类,无幸存者。

④务生之:尽量使孩子活下去。

【译文】

魏节乳母,是魏公子的乳母。秦国攻打魏国,大破魏国,杀死了魏王瑕和多位公子,有一位公子没有得到,秦国在魏国下令说:"得到魏公子的人,赏赐黄金千镒。隐藏魏公子的人,罪至灭族。"魏节乳母和公子一起逃亡,魏国原来的大臣看见乳母,认出了她,说:"乳母还好吧?"乳母说:"哎呀! 我拿公子怎么办呢?"魏国旧臣说:"现在公子在哪里呢? 我听说秦国下命令说:'有能得到魏公子的人,赏赐黄金千镒。隐藏魏公子的人,罪至灭族。'乳母倘若说出来,就可以得到千金。知道而不说,兄弟都会被牵连杀死。"乳母说:"唉! 我不知道公子在哪里。"魏国旧臣说:"我听说公子和乳母一起逃走了。"乳母说:"我虽然知道,也终究不会说出来。"魏过旧臣说:"现在魏国已被攻破,王族已灭。你隐匿公子,还为了谁呢?"乳母叹了一口气说:"看到利益就违背上级的,是逆;畏惧死亡而抛弃义的,是乱。现在靠着逆乱而求获利,我不做这样的事情。况且帮别人养孩子就尽量想办法让孩子活下来,而不是为了杀害他。哪里可以因为贪图赏赐畏惧被杀,就废弃正义而做违逆天理的事情呢?我不能自己活着而让公子被逮住。"于是抱着公子逃到了深林大泽之中。

　　故臣以告秦军,秦军追见,争射之。乳母以身为公子蔽,矢著身者数十,与公子俱死。秦王闻之,贵其守忠死义,乃以卿礼葬之,祠以太牢,宠其兄为五大夫①,赐金百镒。君子谓节乳母慈惠敦厚,重义轻财。礼,为孺子室于宫②,择诸母及阿者③,必求其宽仁慈惠,温良恭敬,慎而寡言者,使为子师,次为慈母,次为保母,皆居子室,以养全之。他人无事不得往。夫慈故能爱,乳狗搏虎④,伏鸡搏狸⑤,恩出于中也。《诗》云:"行有死人,尚或墐之⑥。"此之谓也。

　　颂曰:秦既灭魏,购其子孙。公子乳母,与俱遁逃⑦。守节执事,不为利违。遂死不顾,名号显遗。

【注释】

①五大夫:爵位名。秦、汉二十等爵的第九级。高于二十等爵中第五、六、七级的大夫、官大夫、公大夫,号为"大夫之尊"。

②孺子:指幼儿、儿童。

③诸母及阿者:庶母以及保育人员。阿,倚,可依托者。

④乳狗搏虎:为保护幼息,喂奶的狗能咬老虎,比喻在紧急情况下,力弱者也会不计利害地起来搏斗。

⑤伏鸡搏狸：正在孵蛋的鸡敢与野猫搏斗。伏鸡，正在孵蛋的鸡。
　　狸，野猫。

⑥行有死人，尚或墐（jìn）之：语见《诗经·小雅·小弁》。意谓：路
　　上遇到死人，尚且有人将其埋葬。墐，掩埋。

⑦遁逃：当作"逃遁"。

【译文】

　　魏国旧臣把情况报告给了秦国军队，秦军追赶见到乳母，争着射箭。
乳母用身体遮蔽公子，身上中了几十箭，和公子一起死去。秦王听到后，
尊崇乳母坚守忠节舍身取义，就用卿大夫的礼仪规格安葬了她，用太牢
祭祀，提拔她的哥哥为五大夫，赏赐黄金百镒。君子认为魏国节乳母仁
慈宽惠，忠诚敦厚，重视节义轻视财利。按照礼仪，幼儿在宫中的室内单
独居住，为他选择庶母以及保育人员，一定要寻求宽仁慈惠、温良恭敬、
谨慎少言的人，让她做幼儿的老师，其次做幼儿的慈母，其次做幼儿的保
母，都居住在幼儿的宫室内，来抚养保全他。其他人没有事情不得前往。
仁慈才能爱护幼儿，喂奶的狗能咬老虎，孵蛋的鸡敢与野猫搏斗，是因为
有发自内心的恩情。《诗经》说："路上遇到死人，尚且有人将其埋葬。"
说的就是这种情况。

　　颂说：秦国已经攻灭魏，悬赏购求其子孙。公子幸有义乳母，带他一
起急逃遁。乳母持节忠职守，不因财利相违背。最终被杀不顾惜，德行
显耀美名存。

梁节姑姊

【题解】

　　此篇材料来源不见于传世文献，当为民间流传的故事。房屋失火，
十万火急，妇人进入火室，想要优先救出兄子，却阴差阳错救出了自己的
孩子。故事发展至此，还只是一个让人憾恨的意外事件，但接下来妇人

因为羞愧和无法向梁国人表白心迹,居然选择赴火自杀,真可谓惊天地泣鬼神。梁妇人将荣誉看得高于生命,这当然符合经学家的道德教条,但在今人看来似觉牺牲过大。这个故事以其紧张的情节和惨烈的结局,形成了较强的艺术感染力,因而在民间流传广泛。例如,东汉武梁祠东壁第二层画像石就展示了故事内容。

　　梁节姑姊者①,梁之妇人也。因失火,兄子与己子在内中②,欲取兄子,辄得其子③,独不得兄子。火盛,不得复入,妇人将自趣火④,其友止之,曰:“子本欲取兄之子,惶恐,卒误得尔子,中心谓何⑤,何至自赴火?”妇人曰:“梁国岂可户告人晓也?被不义之名,何面目以见兄弟、国人哉?吾欲复投吾子,为失母之恩。吾势不可以生!”遂赴火而死。君子谓节姑姊洁而不污。《诗》曰:“彼其之子,舍命不渝⑥。”此之谓也。

　　颂曰:梁节姑姊,据义执理。子侄同内,火大发起。欲出其侄,辄得厥子。火盛自投,明不私己。

【注释】

①姑姊:父亲的姐姐。王照圆曰:“‘姊’当作‘妹’,今本俱误,唯《左传》释文不误。”

②内中:室中。

③辄:总是,每次。

④趣:通“趋”,趋向,奔向。

⑤中心谓何:心中是怎么想的呢。

⑥彼其之子,舍命不渝:语见《诗经·郑风·羔裘》。意谓:那个人啊,舍弃生命也不改变节操。渝,改变。

【译文】

　　梁节姑姊，是梁国的妇女。因为发生火灾，哥哥的孩子和自己的孩子都在室中，想要救取哥哥的孩子，却总是找到自己的孩子，偏偏找不到哥哥的孩子。火势盛大，不能够再进去找孩子，这位妇人想要自投于火中，她的朋友制止她说："你本来想要救取哥哥的孩子，惊慌害怕最终误得你的孩子，你心中是怎么想的呢，何至于要投入火海来证明自己？"妇人说："对于梁国大众，哪里能挨家挨户地去告诉他们而使其明白我的本心？背上不义的声名，有何面目来面对兄弟和国人呢？我想要把我的孩子再次投入火海，那又会失去做母亲的恩情，这种形势下我确实不能够活下去。"于是她奔向火海死去。君子认为节姑姊节操高洁而不被污染。《诗经》说："那个人啊，舍弃生命也不改变节操。"说的就是这种情况。

　　颂说：梁国节义之姑姊，固守大义和事理。儿子侄子都在内，意外大火突燃起。想要优先救出侄，却总得到亲生子。自己投身大火死，表明本心不自私。

珠崖二义

【题解】

　　此篇材料来源不见于传世文献，当为民间所传逸事。据《汉书·武帝纪》，西汉设置珠崖郡在元封元年（前110），因此故事发生时间距刘向所处的时代不远。幼子无知之举，使得家庭触犯了带珠入关的法令。先是继女初挺身而出，揽下了罪过；接着珠崖令后妻在相信初所言为实的基础上，有意代继女受过。并无血缘关系的两个人，在面对死刑时，都愿意替对方担罪，表现了舍己救人的高尚德行。最后海关官员感动于母女二人的义气，不惜违背法律条文，放走了她们，展现了原心定罪、恻隐仁厚的良吏品质。总之，初、珠崖令后妻、海关官员，共同谱写了一首人性的颂歌。

二义者,珠崖令之后妻及前妻之女也①。女名初,年十三。珠崖多珠,继母连大珠以为系臂②。及令死,当送丧。法,内珠入于关者死③。继母弃其系臂珠,其子男年九岁,好而取之,置之母镜奁中④,皆莫之知,遂奉丧归。至海关,关候士吏搜索⑤,得珠十枚于继母镜奁中。吏曰:"嘻!此值法⑥,无可奈何,谁当坐者⑦?"初在左右,顾心恐母去置镜奁中⑧,乃曰:"初当坐之。"吏曰:"其状何如?"对曰:"君不幸⑨,夫人解系臂,弃之。初心惜之,取而置夫人镜奁中,夫人不知也。"继母闻之,遽疾行问初⑩。初曰:"夫人所弃珠,初复取之,置夫人奁中。初当坐之。"

【注释】

①珠崖:西汉郡名。地在今海南海口琼山区东南。

②系臂:束于手臂如手镯之类的饰品。

③内(nà):同"纳",藏,挟带。

④镜奁(lián):指女子梳妆打扮时所用的镜匣。

⑤士吏:王照圆曰:"'士'当作'主',字形之误。"

⑥值法:犯法当处分。值,当。

⑦坐:触犯法律。

⑧顾心恐母去置镜奁中:不过担心是继母解而置之于梳妆匣中。顾,表示轻微的转折,相当于"而""不过"。去置,梁端云:"'去'旧误'云',从温公《家范》引改。"去置,犹言弃置,解置。

⑨君不幸:指珠崖令不幸去世这件事。

⑩遽(jù):匆忙。

【译文】

珠崖二义,一个是珠崖令的后妻,另一个是他前妻所生的女儿。女儿名叫初,十三岁。珠崖地区盛产珠子,继母连接大珠子作为臂饰。珠崖令去世后,应当归葬于内地。法令规定,挟带珠子入关的人死罪。继母丢弃了系臂的珠子,她的九岁儿子喜欢珠子,就捡了回来,放进了母亲的梳妆盒中,其他人都不知道,就这样奉送灵柩回老家。到了海关,海关官吏搜索,在继母的梳妆盒中发现了十枚珠子。官吏说:"呀!这是犯法的,无可奈何,谁应当被治罪?"初在旁边,而担心继母解下系臂放置在梳妆盒中,就说:"我应当被治罪。"官吏说:"私藏珠子的具体情状是怎样的?"回答说:"先父不幸去世,夫人解下系臂,扔掉了。我心里觉得可惜,就取回来放进了夫人的梳妆盒中,夫人不知道这件事。"继母听到后,急忙跑过来询问初。初说:"夫人所丢弃的珠子,我又取了回来,放进了夫人的梳妆盒中。我应当被治罪。"

　　母意亦以初为实,然怜之,乃因谓吏曰:"愿且待,幸无劾儿[1],儿诚不知也。此珠妾之系臂也,君不幸,妾解去之而置奁中。迫奉丧[2],道远,与弱小俱,忽然忘之[3]。妾当坐之。"初固曰[4]:"实初取之。"继母又曰:"儿但让耳[5],实妾取之。"因涕泣不能自禁。女亦曰:"夫人哀初之孤[6],欲强活初耳[7],夫人实不知也。"又因哭泣,泣下交颈。送葬者尽哭,哀动傍人[8],莫不为酸鼻挥涕。关吏执笔书劾,不能就一字。关候垂泣,终日不能忍决[9],乃曰:"母子有义如此,吾宁坐之,不忍加文[10]。且又相让,安知孰是?"遂弃珠而遣之。既去,后乃知男独取之也。君子谓二义慈孝。《论语》曰:"父为子隐,子为父隐,直在其中矣[11]。"若继母与假女推让争死[12],哀感傍人,可谓直耳!

　　颂曰:珠崖夫人,甚有母恩。假继相让,维女亦贤。纳珠于关,各自伏愆^⑬。二义如此,为世所传。

【注释】

①劾:审理,判决。

②迫:匆忙。

③忽然:不经心,忽略。

④固:坚定。

⑤但:只。让:谦让。

⑥孤:父母双亡。

⑦强:竭力,尽力。

⑧哀动:梁端云:"'动'旧误'恸',从《御览·人事部》改。"

⑨忍决:忍心判决。

⑩加文:根据法律条文治罪。

⑪"父为子隐"几句:语见《论语·子路》。意谓:父亲为儿子隐瞒罪过,儿子为父亲隐瞒罪过,其中有正直。

⑫假女:非亲生的女儿。

⑬各自伏愆(qiān):各人都自愿承担罪责。愆,罪过,过失。

【译文】

　　继母心里也认为初所说的为实情,然而怜惜她,就对关吏说:"请等一下,希望不要处罚孩子的罪,孩子确实不知道情况。这珠子是我的系臂,夫君不幸去世,我解了下来,而放置到了梳妆盒中。匆忙奉丧还家,道路遥远,与孩子们一起,疏忽忘记了此事。我应当被治罪。"初坚持说:"实际是我拾回了珠子。"继母又说:"孩子只是谦让罢了,实际是我挟带的珠子。"于是情不自禁地哭泣。女儿也说:"夫人哀怜我父母双亡,想要尽力使我活下去罢了,夫人确实不知道内情。"又接着哭泣,泪水流到了脖子上。送葬的人也都痛哭,悲哀之情感动了旁边的人,没有不为他们鼻酸流涕的。关吏拿笔定罪,不能写一个字。海关长官垂泪,一整天也不忍心判决,就说:"母子如此讲究义气,我宁愿被连坐,也不忍心治她们的罪。而且又相互谦让,哪里知道谁是真正的罪犯?"于是就扔掉珠子,放她们过了海关。离开之后,才知道是继母之子取回了珠子。君子认为珠崖二义慈爱孝顺。《论语》说:"父亲为儿子隐瞒,儿子为父亲隐瞒,正直存于其中。"像这样后母和继女相互推让,争着承担死罪,哀恸感动傍人,可以称得上正直了!

颂说:珠崖令夫人,为母恩义长。后母继女让,二女都贤良。带珠于海关,死刑争承当。二女义如此,为世所传扬。

邰阳友娣

【题解】

此篇材料来源不见于传世文献,当为民间传闻逸事。故事中出现的地名"冯翊"当为左冯翊,据《汉书·地理志》为汉武帝太初元年(前104)所更地名。因此,故事当发生在武帝之后,与刘向生活的时代较近。因为葬父纠纷,丈夫杀了哥哥,季儿面临"杀夫不义,事兄之仇亦不义"的两难道德困境。她既不能违背夫妻之道杀夫替兄报仇,又在"大复仇"的教条下不能忍受哥哥平白被杀,最后只能无奈自杀。后来虽然受到表彰,但是季儿的伦理困境依旧无解,其生命憾恨和悲剧结局让人感慨不已。

友娣者①,邰阳邑任延寿之妻也②。字季儿,有三子。季儿兄季宗与延寿争葬父事,延寿与其友田建阴杀季宗。建独坐死③,延寿会赦,乃以告季儿。季儿曰:"嘻!独今乃语我乎!"遂振衣欲去④,问曰:"所与共杀吾兄者为谁?"延寿曰:"田建。田建已死,独我当坐之,汝杀我而已。"季儿曰:"杀夫不义,事兄之仇亦不义。"延寿曰:"吾不敢留汝,愿以车马及家中财物尽以送汝,听汝所之。"季儿曰:"吾当安之?兄死而仇不报,与子同枕席而使杀吾兄,内不能和夫家,又纵兄之仇,何面目以生而戴天履地乎⑤?"延寿惭而去,不敢见季儿。季儿乃告其大女曰:"汝父杀吾兄,义不可以留,又终不复嫁矣。吾去汝而死,善视汝两弟。"遂以襁自经而死⑥。冯翊王让闻之⑦,大其义,令县复其三子而表其墓⑧。君子谓友娣善复兄仇。《诗》曰:"不僭不贼,鲜不为则⑨。"季儿可以为则矣。

颂曰:季儿树义,夫杀其兄。欲复兄仇,义不可行。不留不去,遂以自殃。冯翊表墓,嘉其义明。

【注释】

①友娣(dì):友爱的妹妹。娣,女弟。

②郃(hé)阳:亦作"合阳",在今陕西合阳东南。

③坐死:判罪处死。

④振衣:整理衣服。

⑤戴天履地:头顶着天,脚踩着地,形容人活在天地之间。

⑥以襁(qiǎng)自经:用背婴儿的宽带子上吊自杀。

⑦冯翊(píng yì):由秦掌治京师的内史发展而来,汉景帝二年(前155)分内史为左、右内史。汉武帝太初元年(前104)改左内史为左冯翊。太守秩中二千石,三辅之一(三辅指左冯翊、京兆尹、右扶风),地位在他郡太守之上。

⑧复其三子而表其墓:免除她三个孩子的赋税徭役,标识她的坟墓以示表彰。

⑨不僭（jiàn）不贼，鲜（xiǎn）不为则：语见《诗经·大雅·抑》。意谓：不犯过错不害人，很少不被人仿效。僭，超越本分。贼，残害。鲜，少。则，法则。

【译文】

　　郃阳友娣，是郃阳邑任延寿的妻子。她的字为季儿，有三个孩子。季儿的哥哥季宗和延寿因为葬父之事发生争执，延寿和他的朋友田建暗地里杀死了季宗。只有田建被判处死罪，延寿正好遇到大赦，就把实情告诉给了季儿。季儿曰："哼！你到现在才告诉我实情吗？"于是整理衣服想要离去，问道："与你一起杀死我哥哥的还有谁？"延寿说："田建。田建已经死了，只有我当被处罪，你把我杀了吧。"季儿说："杀死丈夫不义，侍奉哥哥的仇人也不义。"延寿说："我不敢挽留你，愿把车马以及家中的财物都送给你，听你任意处置。"季儿说："我应当到哪里去呢？哥哥被杀，冤仇未报，与你同枕席而被你杀死了我哥哥。家内不能和睦夫家，又纵容了哥哥的仇人，我有何脸面活着立足天地间呢？"延寿惭愧离开，不敢见季儿。季儿就告诉她的大女儿说："你父亲杀死了我哥哥，按照大义不可以再留在此，又终究不能再嫁人。我离开你而死去，你好好照顾你的两个弟弟。"就用背婴儿的宽带子上吊自杀。冯翊的王让听说后，崇仰她的节义，让县里免除了她三个孩子的徭役赋税，又标识她的坟墓以示褒扬。君子认为郃阳友娣善于为兄复仇。《诗经》说："不犯过错不害人，很少不被人仿效。"季儿可以成为榜样了。

　　颂说：季儿立高义，丈夫杀其兄。想为兄复仇，杀夫不可行。不留也不去，最终以自经。冯翊表其墓，歌颂其义明。

京师节女

【题解】

　　由"长安大昌里"的地名，可知此篇当为西汉流传的民间故事。丈夫仇人以妻父为人质,要挟妻子作刺探,报告丈夫起居信息。妻子因此陷入道德困境,"不听之则杀父,不孝;听之,则杀夫",只好以自己的生命换取父亲和丈夫的平安。最终仇人被妻子的高义感动,而释怨其夫。故事看似有个较为完满的结局,但妻子的生命已然无法挽回,悲剧意味依然浓厚。这样的故事以其紧张的情节和惨烈的结局,在民间流传较广。例如,东汉武梁祠东壁第二层画像石中就展现了此故事。

　　京师节女者①,长安大昌里人之妻也②。其夫有仇人,欲报其夫而无道径,闻其妻之仁孝有义,乃劫其妻之父,使要其女为中谲③。父呼其女告之,女计念不听之则杀父,不孝;听之则杀夫,不义。不孝不义,虽生不可以行于世。欲以身当之,乃且许诺曰:"旦日在楼上新沐④,东首卧则是矣。妾请开户牖待之⑤。"还其家,乃告其夫,使卧他所,因自沐,居楼上,东首开户牖而卧。夜半,仇家果至,断头持去,明而视之,乃其妻之头也。仇人哀痛之,以为有义,遂释不杀其夫。君子谓节女仁孝,厚于恩义也。夫重仁义,轻死亡,行之高者也。《论语》曰:"君子杀身以成仁,无求生以害仁⑥。"此之谓也。

　　颂曰:京师节女,夫仇劫父。要女间之,不敢不许。期处既成⑦,乃易其所。杀身成仁,义冠天下。

【注释】

①京师:是中国古代对首都的称呼,西汉都城在长安,今陕西西安西北。

②里:街坊,古代五家为邻,五邻为里。

③使要其女为中谲(jué):让他约请他的女儿从中刺探。要,约。中

谲，梁端云："'谲'乃'诇'之误。"诇（xiòng），密告，侦察，探听。中诇，从中刺探。

④旦日在楼上新沐：明日在楼上刚洗过头。旦日，《艺文类聚》作"因日夜"，与后文更相符合。沐，洗头发。

⑤户牖（yǒu）：门窗。

⑥君子杀身以成仁，无求生以害仁：语见《论语·卫灵公篇》，原文为："志士仁人，无求生以害仁，有杀身以成仁。"意谓：有志之士、仁义之人，决不因为贪生怕死而做出损害仁义的事情，只会勇于牺牲来保全仁义。

⑦期处：约定时间和地点。

【译文】

京师节女，是长安大昌里某人的妻子。她的丈夫有个仇人，想要向她丈夫报仇没有途径，听说他的妻子仁孝有义，就劫持了他妻子的父亲，使其约定女儿居中刺探信息。父亲喊来女儿告诉情况，女儿考虑到不听从就会导致父亲被杀，不孝顺；听从就会导致丈夫被杀，不义。不孝不义，虽然活着但不可再立于世间。她准备以自身性命来抵挡仇家，就姑且许下诺言说："明天夜晚在楼上刚洗完头，东向躺卧的就是我的丈夫。我请求打开门窗等着。"回到家后，节女就把情况告诉了丈夫，让他睡在其他地方，于是自己洗过头，住于楼上，向东打开门窗躺下。半夜，仇家果然来了，割断头颅拿去。天亮后一看，竟然是妻子的头颅。仇人哀痛，认为妻子有大义，就放下仇怨不再追杀她的丈夫。君子认为节女仁孝，恩义深厚。看重仁义，轻视死亡，是高尚的行为。《论语》说："君子不惜杀身以成就仁义，没有为了求生而违背仁义的。"说的就是这种情况。

颂说：首都有个节义女，丈夫仇人劫持父。要挟女儿探内情，为保父命只能许。时间地点已约定，改易夫妻之居处。杀害自身成就仁，节义之名天下誉。

卷之六　辩通传

惟若辩通，文辞可从。连类引譬，以投祸凶①。推摧一切，后不复重。终能一心，开意甚公。妻妾则焉，为世所诵。

【注释】

①投：掷向。

【译文】

那些博辩通达女，文辞可观人听从。援引事类多比喻，用来解救急祸凶。推摧一切不义事，错误后来不再重。终究能够一心意，胸怀开阔心甚公。妻妾如能效法此，就会获得世称诵。

齐管妾婧

【题解】

宁戚干谒齐桓公之事见于《吕氏春秋·举难》《晏子春秋·问下》《新序·杂事五》等文献，但其中并无管仲之妾的事迹；后者见之于《管子·小问》，细节略有差异。此篇乃将多种文献综合到一起，构成了一篇关于管仲之妾婧的小传。

婧出场于管仲遇到困境之际，限于身份和性别，一开始并不被信任。

但是婧一番"毋老老，毋贱贱，毋少少，毋弱弱"的高论，铺陈排比，如江水滔滔，表现出了昂扬的自信和热情，折服了管仲。最终，婧成功地以白水之诗解开了令管仲困惑的宁戚之谜。故事采用了欲扬先抑的手法，又以博学有识的贤臣管仲衬托渲染，生动地刻画了婧机智博辩的形象，具有较高的文学价值。

　　妾婧者①，齐相管仲之妾也②。宁戚欲见桓公③，道无从④，乃为人仆，将车宿齐东门之外⑤。桓公因出，宁戚击牛角而商歌⑥，甚悲。桓公异之，使管仲迎之。宁戚称曰："浩浩乎白水！"管仲不知所谓，不朝五日，而有忧色。其妾婧进曰："今君不朝五日，而有忧色，敢问国家之事耶，君之谋也⑦？"管仲曰："非汝所知也。"婧曰："妾闻之也，毋老老⑧，毋贱贱，毋少少，毋弱弱。"管仲曰："何谓也？""昔者太公望年七十⑨，屠牛于朝歌市⑩，八十为天子师，九十而封于齐。由是观之，老可老邪？夫伊尹⑪，有莘氏之媵臣也⑫，汤立以为三公，天下之治太平。由是观之，贱可贱邪？皋子生五岁而赞禹⑬。由是观之，少可少邪？驹骒生七日而超其母⑭。由是观之，弱可弱邪？"

【注释】

①妾婧(jìng)：管仲的妾，名叫婧。

②管仲(？—前645)：一称管敬仲，名夷吾，字仲，齐颍上（颍水之滨）人。春秋时齐国著名的政治家、思想家。辅佐齐桓公实行了一系列重大的政治和社会改革，使齐桓公成为春秋时期第一个霸主。

③宁戚：春秋卫惠公（前686—前669年在位）时人，姬姓，宁氏，卫

国（今河南卫辉）人。后长期任齐国大司田，为齐桓公主要辅佐者之一。

④道无从：无路可入，指没有中间人引荐。

⑤将车：驾御车辆。

⑥商歌：悲凉的歌。商声凄凉悲切，故称。

⑦君之谋：为你自己的谋划，即私事。

⑧毋老老：不要因为别人年老而轻视，第一个"老"意谓"以……为老"，第二个"老"为年老。接着"毋贱贱，毋少少，毋弱弱"句法相同。

⑨太公望：姜姓，吕氏，名尚，俗称姜太公。周初人。据《史记·齐太公世家》载：吕尚穷困年老，钓于渭滨。文王出猎，遇之，与语大悦，载与俱归，立为师。后佐武王灭殷，封于齐。

⑩朝歌（zhāo gē）：商朝别都，在今河南淇县。

⑪伊尹：商汤大臣，名伊，一名挚，尹是官名。相传生于伊水，故名。曾助汤伐夏桀，被尊为阿衡。

⑫有莘（shēn）氏之媵臣：汤妃有莘氏陪嫁的奴仆。有莘氏，详见卷一《汤妃有莘》。

⑬皋子生五岁而赞禹：皋陶之子伯益，五岁能够辅助大禹。

⑭駃騠（jué tí）：古时良马名。也指公马与母驴所生的驴骡。

【译文】

齐管妾婧，是齐相管仲的妾。宁戚想要求见齐桓公，没有人引荐，就去做了人家的仆人，赶着大车停宿于齐国东门外。桓公有事外出，宁戚敲着牛角歌唱商调，非常悲凉。桓公惊异，派管仲迎接他。宁戚说道："浩浩荡荡啊，白水！"管仲不知道什么意思，五日不上朝，而有忧虑的神色。他的妾婧走进来说："现在您五天不上朝，而有忧虑之色，请问是为了国家的事情，还是您自己的私事？"管仲说："这不是你所能懂的。"婧说："我听说，不要因为老人年老、卑贱之人地位低、年轻人年少、弱者力弱而轻视他们。"管仲说:"什么意思呢?""以前太公望七十岁,在朝歌市场上杀牛,八十岁成为天子师,九十岁被分封到齐国。由此看来,老人可被看轻吗? 伊尹,是有莘氏的陪嫁奴仆,汤立他为三公,天下大治,趋于太平。由此看来,卑贱的人可以轻视吗? 皋陶的儿子伯益五岁就能辅佐大禹。由此看来,少年人可被看轻吗? 駃騠出生七天就超过了它的母亲。由此看来,弱小的人可以被忽略吗?"

　　于是管仲乃下席而谢曰①:"吾请语子其故。昔日,公使我迎宁戚,宁戚曰:'浩浩乎白水!'吾不知其所谓,是故忧之。"其妾笑曰:"人已语君矣,君不知识邪②? 古有《白水》之诗③,诗不云乎:'浩浩白水,儵儵之鱼④。君来召我,我将安居⑤? 国家未定,从我焉如⑥?'此宁戚之欲得仕国家也。"管仲大悦,以报桓公。桓公乃修官府,齐戒五日⑦,见宁子,因以为佐,齐国以治。君子谓妾婧为可与谋。《诗》云:"先民有言,询于刍荛⑧。"此之谓也。

　　颂曰:桓遇宁戚,命管迎之。宁戚《白水》,管仲忧疑。妾进问焉,为说其诗。管嘉报公,齐得以治。

【注释】

①谢:道歉。

②知识:知道,明白。

③《白水》之诗:古逸诗,《管子·小问》所载与此处字句不同。

④儵儵(tiáo):梁端云:"'儵'旧误作'儵',从《诗考》改。"儵儵,
　　鱼儿在水中自由自在游动的情景。

⑤安居:居于哪里。

⑥焉如:到哪里。

⑦齐戒：即斋戒。古人祭祀或行礼之前，必沐浴更衣，不喝酒，不吃荤，不与妻妾同寝，以示虔诚庄敬，称为斋戒。齐，通"斋"。

⑧先民有言，询于刍荛（ráo）：语见《诗经·大雅·板》。意谓：古代先贤有遗训，请教樵夫有裨益。先民，指古代贤人。询，征求，请教。刍荛，指樵夫。刍，草。荛，柴。

【译文】

于是管仲离开席子道歉说："我请求告诉你缘故。前几天，国君派我迎接宁戚，宁戚说：'浩浩荡荡啊，白水！'我不懂他的意思，所以发愁。"他的妾笑着说："人家已经告诉你了，你不明白吗？古代有《白水》诗，诗中不是说吗：'浩浩荡荡的白水，自在游动的鱼儿。您来召唤我，我将到哪里居住呢？国家还未太平，我要到哪里去呢？'这是宁戚想要出仕于国家啊。"管仲非常高兴，就向桓公报告。于是桓公修整官府，斋戒五天，会见宁子，让他作为辅佐大臣，齐国得到了治理。君子认为妾婧可以一起商量事情。《诗经》说："先贤有遗训，问询樵夫也有益。"说的就是这种情况。

颂说：桓公偶然遇宁戚，命令管仲迎接之。宁戚歌唱《白水》诗，管仲不解心疑虑。妾婧上前去询问，破解宁戚诗中意。管仲高兴报桓公，齐国得贤国家治。

楚江乙母

【题解】

《战国策·楚策一》记载了七篇江乙的故事，可知其为楚宣王时期一位著名的谋士，"狐假虎威"便为江乙讲给楚宣王的一个故事。此篇内容不见于传世文献，当为江乙系列故事之一。唯篇中云江乙为楚恭王时期的大夫，与《战国策》所载时代相差较远，恐为民间传说带来的错讹。

楚王宫中失盗，郢大夫江乙被令尹指认应负连带责任，因而被解除官职。按照同样的逻辑，江乙母认为自己的布匹被人盗去，令尹也应负责。这种类比看似无理，实际上表达了"上不明则下不治，相不贤则国不宁"的儒家政治观念，并含蓄地批评了令尹诿过于下级官吏的做法。因此，故事不仅塑造了聪慧善辩的江乙母形象，而且具有发人深省的政治智慧。后来文人在政论文章中常引用江乙母的典故，例如晋许荣上疏云"盗者未必躬窃人财，江乙母失布，罪由令尹"（《晋书·列传第三十四》），羊亮谏止杨骏用重法曰："昔楚江乙母失布，以为盗由令尹。公若无欲，盗宜自止，何重法为？"（《晋书·列传第四》），等等。

　　楚大夫江乙之母也。当恭王之时①，乙为郢大夫②。有人王宫中盗者，令尹以罪乙，请于王而绌之③。处家无几何，其母亡布八寻④，乃往言于王曰："妾夜亡布八寻，令尹盗之。"王方在小曲之台，令尹侍焉。王谓母曰："令尹信盗之⑤，寡人不为其富贵而不行法焉；若不盗而诬之，楚国有常法⑥。"母曰："令尹不身盗之也，乃使人盗之。"王曰："其使人盗奈何？"对曰："昔孙叔敖之为令尹也，道不拾遗，门不闭关⑦，而盗贼自息。今令尹之治也，耳目不明，盗贼公行，是故使盗得盗妾之布，是与使人盗何以异也？"

【注释】

①恭王（前600—前560）：即楚共王，芈姓，熊氏，名审，楚庄王之子，春秋时期楚国国君，前590—前560年在位。

②郢：春秋战国时期楚国国都，楚共王时郢都在今湖北荆州江陵。

③绌（chù）：古同"黜"，罢免，革除。

④亡布八寻：丢失了八寻布。寻，古代长度单位，八尺（一说七尺或六尺）为一寻。

⑤信：确实。

⑥常法：当时规定，诬罪人，以其罪罪之。

⑦关：门闩。

【译文】

楚江乙母，是楚国大夫江乙的母亲。当楚恭王在位的时候，江乙为郢都长官。有人进入王宫偷盗，令尹因此怪罪江乙，请求恭王黜退了他。江乙居家没有多长时间，他的母亲丢失了八寻布，就前去对王说："我夜里丢失了八寻布，是令尹偷的。"恭王当时在小曲台，令尹在旁边侍奉。恭王对江乙母亲说："如果令尹确实偷了您的布，我不会因为他富贵而不依法治罪；如果令尹没有偷盗而诬陷他，楚国有关于诬陷罪的法律。"江乙母亲说："不是令尹亲自偷盗布匹，是他派人偷盗的。"王说："令尹派人偷布是怎样的情况？"回答说："过去孙叔敖担任令尹，路不拾遗，门不上锁，而盗贼自然绝迹。现在令尹治国，耳目不够聪明，盗贼公然行事，因此导致盗贼偷了我的布，这和派人偷布有什么不同呢？"

王曰："令尹在上，寇盗在下，令尹不知，有何罪焉？"母曰："吁，何大王之言过也！昔日妾之子为郢大夫，有盗王宫中之物者，妾子坐而绌，妾子亦岂知之哉？然终坐之。令尹独何人，而不以是为过也？昔者周武王有言曰：'百姓有过，在予一人。'上不明则下不治，相不贤则国不宁。所谓国无人者，非无人也，无理人者也①。王其察之。"王曰："善。非徒讥令尹②，又讥寡人。"命吏偿母之布，因赐金十镒。母让金、布曰："妾岂贪货而干大王哉③？怨令尹之治也。"遂去，不肯受。王曰："母智若此，其子必不愚。"乃复召江乙而用之。君子谓乙母善以微喻。《诗》云："猷之未远，是用大谏④。"此之谓也。

颂曰：江乙失位，乙母动心。既归家处，亡布八寻。指责令尹，辞甚有度。王复用乙，赐母金布。

【注释】

①理人：有治理国家才干的人。

②讥：讥谏，规劝。

③干：触犯，冒犯。

④猷（yóu）之未远，是用大谏：语见《诗经·大雅·板》，《毛诗》"猷"作"犹"，二字通用。意谓：为谋不远，因此郑重劝谏。猷，谋划。大谏，郑重劝诫。

【译文】

恭王说："令尹在朝堂上，盗贼在草野，令尹不知情，有什么罪呢？"江乙母亲说："啊，大王之言多么没道理啊！以前我儿子做郢都大夫，有人偷了王宫中的东西，我儿子连坐被黜退，我儿子难道知情吗？但是最终被判了罪。单单令尹是什么人，就不以这件事为失误呢？过去周武王说过：'百姓有错误，责任就在我一个人。'上层统治者不贤明，下面大众就不会得到治理，宰相不贤明国家就不安宁。所谓的国家无人，并非真的没有人，而是没有治理国家才干的人。王要明察啊。"恭王说："好。不但是讥谏令尹，也是讥谏我。"恭王命令官吏偿还江乙母亲的布，又赏赐她黄金十镒。江乙母亲让还了金、布，说："我难道是贪于财货而干犯大王吗？不过是怨恨令尹的治理方式罢了。"于是离去，不肯接受。恭王说："母亲如此有智慧，她的儿子一定不愚蠢。"于是再次召回江乙而任用他。君子认为江乙母亲善于以小喻大。《诗经》说："谋划不远大，因此郑重来劝谏。"说的就是这种情况。

颂说：江乙失官位，扰动母亲心。归家居未久，丢失布八寻。母亲责令尹，言辞有理度。王再用江乙，赏赐母金布。

晋弓工妻

【题解】

此篇内容见于《韩诗外传·卷八》，文字略有不同，人名有异，当为传述的不同版本。因晋平公射法不正确，导致弓工三年做成的弓箭不能射穿一札，从而给弓工带来了杀身之祸。由此可以想见晋平公的残暴无理。面对如此强大蛮横的政治势力，弓工的妻子不甘心逆来顺受，挺身而出，与晋平公讲理。她先是用公刘、秦穆公、楚庄王这些历史上的明君事迹，点出君道应仁之理；接下来又以帝尧不劳民众的事例，对比弓工治弓的辛苦，理应得到体恤；最后指出射箭的正确姿势，直斥国君不能射箭而杀死弓工的错谬。这一番不卑不亢、合情合理的言论，最终使弓人得救。故事通过紧张的场面、尖锐的冲突、峰回路转的情节，成功塑造了弓人之妻勇敢无畏、博学善辩的形象。

弓工妻者①，晋繁人之女也②。当平公之时③，使其夫为弓，三年乃成。平公引弓而射，不穿一札④。平公怒，将杀弓人。弓人之妻请见曰：“繁人之子，弓人之妻也。愿有谒于君⑤。”平公见之，妻曰：“君闻昔者公刘之行乎⑥？羊牛践葭苇⑦，恻然为民痛之⑧。恩及草木，岂欲杀不辜者乎？秦穆公有盗食其骏马之肉，反饮之以酒。楚庄王臣援其夫人之衣，而绝缨与饮大乐⑨。此三君者，仁著于天下，卒享其报，名垂至今。昔帝尧茅茨不翦⑩，采椽不斫⑪，土阶三等⑫，犹以为为之者劳，居之者逸也。今妾之夫治造此弓，其为之亦劳矣。其干生于太山之阿⑬，一日三睹阴，三睹阳。傅以燕牛之角，缠以荆麋之筋，糊以河鱼之胶⑭。此四者，皆天下之妙选也，而君不能以穿一札，是君之不能射也，而反欲杀妾之夫，不亦谬乎？妾闻射之道，左手如拒石，右手如附枝^⑮，右手发之，左手不知^⑯，此盖射之道也。"平公以其言为仪而射，穿七札，繁人之夫立得出，而赐金三镒。君子谓弓工妻可与处难。《诗》曰："敦弓既坚^⑰"，"舍矢既钧^⑱。"言射有法也。

　　颂曰：晋平作弓，三年乃成。公怒弓工，将加以刑。妻往说公，陈其干材。列其劳苦，公遂释之。

【注释】

①弓工：做弓的工匠。

②繁人：官名，为天子、诸侯、卿大夫等制作辂马带饰的官员。萧道管注曰："《左传》殷民七族陶氏、施氏、繁氏、锜氏、樊氏、饥氏、终葵氏，古人官有世功，则有官族……繁人，必系作繁缨之官。"

③平公（？—前532）：姓姬，名彪。晋国第二十九位国君，前557—前532年在位。

④札：武士胄甲上由皮革或金属制成的甲叶。

⑤谒（yè）：拜见，说明。

⑥公刘：古代周族的领袖，传为后稷的曾孙，他迁徙豳地（今陕西彬州、旬邑一带）定居，致力于发展农业生产。后用为仁君的典实。

⑦葭（jiā）苇：芦苇。

⑧恻（cè）然：哀怜貌，悲伤貌。

⑨楚庄王臣援其夫人之衣，而绝缨与饮大乐：楚庄王的大臣扯拽他夫人的衣服，夫人扯断了非礼大臣的冠缨，告于楚庄王，楚庄王下令参宴大臣都绝断冠缨与他们饮酒大乐，事见《韩诗外传·卷七》。援，拉、拽。缨，系冠的带子。

⑩茅茨（cí）不翦：用茅草覆盖屋顶，而且没有修剪整齐，形容生活简陋俭朴。茅茨，茅草盖的屋顶，亦指茅屋。翦，修饰。

⑪采椽（chuán）不斫：以栎木或柞木为椽，不加雕饰，形容宫室简陋，生活俭朴。采，同"棌"，栎木或柞木。斫，砍削。

⑫土阶三等：土筑的台阶三层，形容台阶低卑。

⑬干生于太山之阿（ē）：弓箭的干材生长于泰山的转弯处。阿，弯曲的地方。

⑭"傅以燕牛之角"几句：《考工记·弓人》曰："干也者，以为远也；角也者，以为疾也；筋也者，以为深也；胶也者，以为和也。"这里燕地黄牛的角、楚地麋鹿的筋、河鱼的胶都是制作弓的良材，《太平御览·兵部七十八》云："燕角善，楚筋细，河胶粘。"

⑮左手如拒石，右手如附枝：梁端云："'石'字旧脱，从《御览》增。"左手如拒石，左手像推开石头的样子，表示有勇力。右手如附枝，右手好似附在枝干上那样抓着，表示不敢放纵。

⑯左手不知：左手腕不动。

⑰敦弓既坚：语见《诗经·大雅·行苇》。意谓：彩绘雕弓十分强劲。敦，通"雕"。

⑱舍矢既钧：语见《诗经·大雅·行苇》。意谓发箭一射中靶心。舍矢，放箭。均，射中。

【译文】

晋弓工妻，是晋国繁人的女儿。晋平公在位期间，命令她的丈夫制作弓，花了三年时间才做成。晋平公拉弓射箭，不能够穿透一层甲叶。晋平公发怒，将要杀死弓人。弓人的妻子请求拜见说："繁人的女儿，弓人的妻子。希望能够被国君召见。"平公召见了她，弓人之妻说："国君听过古代公刘的事迹吗？羊牛踩踏芦苇，他就为民众哀怜痛惜。恩泽达到草木，难道会杀无罪的人吗？有人偷了秦穆公的骏马，吃了马肉，秦穆公反而让他喝酒以免致病。楚庄王的大臣拉扯其夫人的衣服，楚庄王就扯断冠缨而与他们快乐饮酒。这三位国君，仁德著名天下，最终享受到回报，美名流传至今。过去帝尧茅屋不修整，柞木为椽，不加雕饰，土筑的台阶只有三层，如此简朴还认为修筑的人劳苦，居住的人安逸。现在我的丈夫制作此弓，做起来也太辛苦了。弓的干生长在泰山转弯处，一天三次观察其阴阳。再敷上燕地的牛角，缠上荆地麋鹿之筋，糊上河鱼胶。这四样东西，都是天下的优良材料，而国君用这个弓却不能射穿一层甲叶，这是国君不能射箭，反而想杀我的丈夫，不是太荒谬了吗？我听说射箭的规则，左手好像推开石头的样子，右手好似附在枝干上那样抓着，右手发箭，左手腕不动，这大概就是射箭之道。"平公按照弓人之妻说的规则射箭，穿透了七层甲叶，繁人之女的丈夫立即被放出，又被赏赐三镒黄金。君子认为弓工的妻子可以一起处理难事。《诗经》说："彩绘雕弓十分强劲"，"发箭一射中靶心。"说的是射箭有法则。

颂说：晋平公派人做弓，花费三年才制成。平公迁怒于弓工，将要对他来用刑。弓人妻子去谏公，弓之干材皆上等。陈述弓人苦辛劳，平公于是免其刑。

齐伤槐女

【题解】

此篇内容采自《晏子春秋·谏下》，多了伤槐父女的名字，伤槐女的说辞也有所补充。齐景公立下恶法，伤槐者死，衍不幸在醉后伤槐。其女婧没有坐以待毙，而是以巧妙的方式见到晏子，慷慨陈论：说明父亲醉酒是因为担忧风雨不时而祷祀山川，因此其过错可谅；接下来论述明君治国之法，并举宋景公之例，强调顺天慈民的政治道德；最后，批评齐景公以伤槐而杀人的不义，并从国君声名的角度进行委婉劝谏。通过铺排对比，此番言辞具有了很强的感染力，因而说服了晏子，并最终解救了自己的父亲。故事中，伤槐女取代晏子成为主角，其沉稳、勇敢、博辩的形象让人再三称叹。

　　齐伤槐女者,伤槐衍之女也。名婧。景公有所爱槐①,使人守之,植木悬之②,下令曰:"犯槐者刑,伤槐者死。"于是衍醉而伤槐。景公闻之曰:"是先犯我令。"使吏拘之,且加罪焉。婧惧,乃造于相晏子之门曰③:"贱妾不胜其欲,愿得备数于下。"晏子闻之,笑曰:"婴其有淫色乎? 何为老而见奔? 殆有说④,内之至哉⑤!"既入门,晏子望见之曰:"怪哉! 有深忧。"进而问焉,对曰:"妾父衍,幸得充城郭为公民。见阴阳不调,风雨不时,五谷不滋之故,祷祠于名山神水。不胜曲蘖之味⑥,先犯君令,醉至于此,罪故当死。妾闻明君之莅国也⑦,不损禄而加刑,又不以私恚害公法⑧,不为六畜伤民人,不为野草伤禾苗。昔者宋景公之时⑨,大旱三年不雨,召太卜而卜之曰⑩:'当以人祀之。'景公乃降堂,北面稽首曰⑪:'吾所以请雨者,乃为吾民也,今必当以人祀,寡人请自当之。'言未卒,天大雨,方千里。所以然者何也? 以能顺天慈民也⑫。今吾君树槐,令犯者死。欲以槐之故杀婧之父,孤妾之身,妾恐伤执政之法而害明君之义也。邻国闻之,皆谓君爱树而贱人,其可乎?"

【注释】

①景公(? —前490):姜姓,吕氏,名杵臼,齐灵公之子,齐庄公之弟,春秋时期齐国君主,前547—前490年在位。

②植木悬之:树立木桩标识槐树,在上面悬挂法令。

③造:前往,到。

④殆:表推测,相当于"大概""几乎"。

⑤内:同"纳",接纳。

⑥曲蘖（niè）：本意指酒母，后为酒的代称。亦称"麹蘖"。

⑦莅国：犹言当国、治国。

⑧私恚（huì）：私自怨恨。

⑨宋景公（？—前453）：子姓，宋氏，宋元公之子，是宋国第二十八任国君。其名《左传·昭公二十五年》作栾，而《史记·宋世家》作头曼，《汉书·古今人表》作兜栾，在位64年而卒。

⑩太卜：官名。掌阴阳卜筮之法，通过卜筮蓍龟，帮助统治者决定诸疑，观国家之吉凶。

⑪稽（jī）首：古时一种跪拜礼，叩头至地，是九拜中最恭敬者。

⑫慈民：爱民。

【译文】

齐伤槐女，是伤害槐树的衍的女儿，名叫婧。景公喜爱一棵槐树，派人看守，还树立木桩，在上面悬挂法令说："触犯槐树的人受刑，伤害槐树的人死罪。"这个时候衍喝醉了酒，伤害了槐树。景公听到后说："这是最先违犯我命令的。"派官吏捉住了衍，将要治他的罪。婧害怕，就到了宰相晏子家门口说："我不能压制私欲，希望能够到府上充作下妾。"晏子听到后，笑着说："我难道有好色的表现吗，为什么到老了而有人来私奔？大概是要进说吧，接纳她进来吧。"婧进门后，晏子看见她说："奇怪啊，看来怀有深重的忧愁！"上前问缘故，婧回答说："我的父亲衍，幸而在城郭中为国君的臣民。他看见阴阳不谐调，风雨不顺时，五谷不丰登，所以就向名山神水祈祷。他不能胜酒力，最先触犯了国君的命令，酒醉到了这个程度，按罪当被处死。我听说明君治国，不减少官员的俸禄增加刑罚，又不因为私人怨恨而伤害公法，不因为六畜而伤害人民，不因为野草而伤害禾苗。以前宋景公的时候，大旱三年不下雨，召来太卜占卜，太卜说：'应当用人来祭祀。'于是景公走下堂，北面叩首说：'我之所以请雨，是为了我的民众，现在一定要用人祭祀，我请求自己来当祭品。'话没说完，天降大雨，方圆千里。之所以会下雨是因为什么呢？是宋景公能够顺天爱民。现在我们国君种植槐树,下令触犯槐树的人处死。想要因为槐树的缘故杀死我的父亲,让我无父,我恐怕有伤于执政者的法律,妨害明君的大义。邻近国家听到后,都认为我们国君爱树贱人,这样可以吗?”

晏子惕然而悟①。明日,朝,谓景公曰:“婴闻之,穷民财力谓之暴;崇玩好,威严令谓之逆;刑杀不正,谓之贼②。夫三者,守国之大殃也。今君穷民财力,以美饮食之具,繁钟鼓之乐,极宫室之观③,行暴之大者也;崇玩好,威严令,是逆民之明者也;犯槐者刑,伤槐者死,刑杀不正,贼民之深者也。”公曰:“寡人敬受命。”晏子出,景公即时命罢守槐之役,拔植悬之木,废伤槐之法,出犯槐之囚。君子曰:伤槐女能以辞免。《诗》云:“是究是图,亶其然乎④!”此之谓也。

颂曰:景公爱槐,民醉折伤。景公将杀,其女悼惶。奔告晏子,称说先王。晏子为言,遂免父殃。

【注释】

①惕(tì)然:警觉省悟貌。

②贼:伤害。

③观:台榭。

④是究是图,亶(dǎn)其然乎:语见《诗经·小雅·常棣》。意谓:请你深思与熟虑,是否确实如此。究,深思。图,思虑。亶,信,确实。然,如此。

【译文】

晏子听后,内心一惊,恍然大悟。第二天上朝,晏子对景公说:“我听说,穷竭民众的财力称得上暴虐;尊崇玩好,发布威严政令称得上逆理;

刑杀不遵正义，称得上贼害。这三种做法，是国君的大祸。现在国君您穷竭民众财力，用来装饰饮食器具，增多钟鼓乐曲，讲究宫室台观，这是做极为暴虐的事情；崇饰玩好，威严法令，是明显违背民众意愿的事情；触犯槐树的人治罪，伤害槐树的人被处死，刑杀不正确，是害民最深的事情。"景公说："我恭敬地接受您的训命。"晏子出朝，景公当时就下令停止看守槐树的劳役，拔掉树立的木桩，废除伤害槐树的法令，放出了触犯槐树的囚徒。君子说：伤害槐树之人的女儿能够靠言辞脱罪。《诗经》说："请你深思与熟虑，是否确实如此。"说的就是这种情况。

颂说：齐国景公爱槐树，有人酒醉把槐伤。景公将要处死他，其女伤心又惊惶。奔走前往告晏子，称说古事称先王。晏子替她把话讲，最终免除其父殃。

楚野辨女

【题解】

此篇内容不见于其他的传世文献，可能采自逸史传闻。郑国大夫被平民妇女昭氏妻撞折车轴，自然是恼羞成怒，并且依仗权势，将要把昭氏妻抓起来鞭打一顿。处于弱势的昭氏妻，镇静地为自己辩护，言辞有典有则，委婉而刚强，颇有《左传》中行人辞令的风味。故事结尾，又补充了昭氏妻拒绝郑大夫诱惑的细节，进一步凸显了其光明磊落、自尊自重的人格形象。

楚野辨女者①，昭氏之妻也。郑简公使大夫聘于荆②，至于狭路，有一妇人乘车，与大夫遇，毂击而折大夫车轴③。大夫怒，将执而鞭之。妇人曰："妾闻君子'不迁怒，不贰过'④。今于狭路之中，妾已极矣⑤，而子大夫之仆不肯少引⑥，是以败子大夫之车，而反执妾，岂不迁怒哉？既不怒仆，而反怒妾，岂不贰过哉？《周书》曰：'毋侮鳏寡而畏高明⑦。'今子列大夫而不为之表，而迁怒贰过，释仆执妾，轻其微弱，岂可谓不侮鳏寡乎？吾鞭则鞭耳，惜子大夫之丧善也！"大夫惭而无以应，遂释之而问之。对曰："妾楚野之鄙人也⑧。"大夫曰："盍从我于郑乎⑨？"对曰："既有狂夫昭氏在内矣⑩。"遂去。君子曰：辨女能以辞免。《诗》云："惟号斯言，有伦有脊⑪。"此之谓也。

颂曰：辨女独乘，遇郑使者。郑使折轴，执女忿怒。女陈其冤，亦有其序。郑使惭去，不敢谈语。

【注释】

①野：郊外。辨：即"辩"，刻本古籍中常常不区分二字。通"辩"，辩解，辩论。这里指有辩才。

②郑简公使大夫聘于荆：郑简公派大夫到楚国聘问。郑简公（前570—前530），姬姓，郑氏，名嘉，周代郑国第十六位国君，前566—前530年在位，郑僖公之子。聘，诸侯派大夫问候于邦交诸侯称为聘。

③毂（gū）：车轮中心的圆木。

④不迁怒，不贰过：语见《论语·雍也》。意谓：不把愤怒发泄在别人身上，也不会犯同样的错误。迁，转移。贰，重复。

⑤极：到尽头。这里指已经让到了路的最边上。

⑥子大夫之仆不肯少引：大夫您的仆人不肯稍稍避开。少引，稍微避开。

⑦毋侮鳏（guān）寡而畏高明：语见《尚书·洪范》，今作"无虐茕独而畏高明"，不要欺负鳏寡弱势之人，而畏惧富贵之人。鳏寡，老

而无妻曰鳏,老而无夫曰寡,泛指没有劳动力而又没有亲属供养
的人。

⑧鄙人:郊野浅俗之人。

⑨盍:何不。

⑩既:已经。狂夫昭氏在内矣:丈夫昭氏在家里。狂夫,对丈夫的谦称。

⑪惟号斯言,有伦有脊:语见《诗经·小雅·正月》。意谓:人们喊
　　出这些话,确有道理和次序。号,呼叫,呼号。斯,犹"而",或作
　　"此"字讲,均可。伦,次序。脊,条理。

【译文】

楚野辩女,是昭氏的妻子。郑简公派大夫到楚国聘问,到了一条窄
路上,有一位妇人坐着车,遇上了大夫车,车毂相撞而折断了大夫车子的
车轴。大夫发怒,抓住妇人将要鞭打她。妇人说:"我听说君子'不把愤
怒发泄在别人身上,也不会犯同样的错误'。现在窄路相遇,我已经退让
到了极靠边的位置,但是大夫您的仆人不肯稍稍避开,所以撞坏了大夫
的车子,您反而来抓住我,难道不是迁怒于人吗? 您不向仆人发怒,而向
我发怒,难道不是犯两次错误吗?《周书》说:'不要欺负鳏寡弱势之人,
而畏惧富贵之人。'现在您位列大夫而不为表率,反而转移怒气重复犯
错,开脱仆人而抓我,轻视我力量微弱,难道称得上不欺侮鳏寡弱势之人
吗? 我挨鞭打也就挨了,可惜您作为大夫丧失了善行啊!"大夫惭愧,无
言以对,就放开她而问询来历。她回答说:"我是楚国郊野的平民。"大
夫说:"为什么不跟随我到郑国呢?"回答说:"已经有丈夫昭氏在家里。"
于是就离开了。君子说:有辩才的女子能靠着言辞免祸。《诗经》说:"人
们喊出这些话,确有道理和次序。"说的就是这种情况。

颂说:辩女独乘车,路遇郑使者。郑使车折轴,执女泄愤怒。女述其
冤状,言论有理序。郑使惭愧去,不敢相谈语。

阿谷处女

【题解】

此篇采自《韩诗外传·卷一》，可能为韩诗家对《诗经·周南·汉广》本事的解说。故事通过几次对话场景塑造了一个博辩守礼的女性形象。先是子贡奉觞乞饮，女子取水置之沙上，以践行男女不亲授之礼，杜绝了嫌疑。接下来，子贡又以去轸之琴请女子调音，以五两绨绤赠予女子，都被严辞拒绝。这些场景类似连环画卷，在多次浓墨重彩的渲染中，完满生动地展现了阿谷处女壁立千仞、自尊自重的性格特征。还值得一提的是，子贡与女子的对答言辞，整散相间，铺排华丽，颇有赋的意味，从而提升了故事的文学效果。

阿谷处女者，阿谷之隧浣者也[1]。孔子南游，过阿谷之隧，见处子佩璜而浣[2]。孔子谓子贡曰："彼浣者其可与言乎？"抽觞以授子贡曰[3]："为之辞，以观其志。"子贡曰："我，北鄙之人也[4]。自北徂南[5]，将欲之楚。逢天之暑，我思谭谭[6]，愿乞一饮，以伏我心。"处子曰："阿谷之隧，隐曲之地[7]，其水一清一浊，流入于海，欲饮则饮，何问乎婢子？"授子贡觞[8]，迎流而挹之[9]，投而弃之，从流而挹之，满而溢之，跪置沙上，曰："礼不亲授。"子贡还报其辞。

【注释】

①阿谷之隧浣者：阿谷道路边洗衣服的人。隧，通"遂"，车辆或人畜通行的道路。浣者，洗衣服的人。

②处子佩璜而浣：少女佩戴着玉璜洗衣服。处子，年轻女子。璜，古代一种玉器，半圆形。

③觞（shāng）：古代盛酒器。

④北鄙：北方乡野。

⑤徂（cú）：往，到。

⑥谭谭：王照圆疑为"燂燂（tán）"之借音，意为火热。

⑦隐曲：幽深曲折。

⑧授：当作"受"，字误。

⑨挹（yì）：舀。

【译文】

　　阿谷处女，是阿谷道路上洗衣服的人。孔子到南方游历，经过阿谷小路，看见少女佩戴着玉璜洗衣服。孔子对子贡说："可以和那个洗衣服的人交谈吗？"抽出酒杯交给子贡说："跟她攀谈，看一下她的志向。"子贡对洗衣少女说："我，北方乡野之人。从北方到南方，想要去楚国。遇上了大热天，我觉得心里燥热，希望求一杯水喝，来降伏心火。"少女说："阿谷的小路，幽深曲折的地方，这里的水一清一浊，流到海里去，想喝就喝，何必来问我呢？"接受了子贡的酒杯，迎着河流舀水，倒到一边去，又顺着河流舀水，盛一杯满溢的水，跪着放到沙滩上，说："按照礼仪不能亲相授受。"子贡回来向孔子报告了女子的言辞。

　　孔子曰："丘已知之矣。"抽琴，去其轸①，以授子贡曰："为之辞。"子贡往曰："向者闻子之言，穆如清风②，不拂不寤③，私复我心④。有琴无轸，愿借子调其音。"处子曰："我鄙野之人也。陋固无心，五音不知⑤，安能调琴？"子贡以报孔子。

　　孔子曰："丘已知之矣。过贤则宾⑥。"抽绤绤五两以授子贡曰⑦："为之辞。"子贡往曰："吾北鄙之人也。自北徂南，将欲之楚，有绤绤五两，非敢以当子之身也，愿注之水

旁。"处子曰："行客之人,嗟然永久,分其资财,弃于野鄙,
妾年甚少,何敢受子? 子不早命⑧,窃有狂夫名之者矣⑨。"
子贡以告孔子,孔子曰："丘已知之矣。斯妇人达于人情而
知礼。"《诗》云："南有乔木,不可休息。汉有游女,不可求
思⑩。"此之谓也。

　　颂曰:孔子出游,阿谷之南。异其处子,欲观其风。子
贡三反,女辞辨深。子曰达情,知礼不淫。

【注释】

①轸:弦乐器上系弦线的小柱,可转动以调节弦的松紧。

②穆:温和,和美。

③不拂不寤:不违背,不抵触。拂,违逆。寤,通"忤",乖违。

④私复我心:私下里觉得与我心意相同。

④五音:中国古代的传统音乐概念,指的是宫、商、角、徵、羽。

⑤宾:礼敬。

⑥绵绤(chī xì)五两:葛布五匹。绵绤,葛布的统称,葛之细者曰绵,
　粗者曰绤。五两,五匹。

⑦早命:早点定下婚姻之命。

⑧名:指男女双方已互相知道名字,成为未婚夫妻。

⑨"南有乔木"几句:语见《诗经·周南·汉广》。意谓:南方有高
　大的树木,不可以在树下休憩。汉江有个漫游女,不能前去追求。
　南,南方,周人所谓的南,即今东起淮水中下游两岸,南至汉水、长
　江中下游地区。乔木,高大的树木。休,休息。思,一作"息",语
　尾助词。汉,汉水,长江支流之一。游女,出游的女子。

【译文】

　　孔子说:"我已经知道了。"他抽出琴,去掉琴轸,交给子贡说:"去说

说话吧。"子贡前去说："刚才听您的话,温和像清风,不违背事理,与我的心意相同。现在我有琴却没有轸,希望借由您调调音。"少女说："我是乡野之人,见识浅陋缺乏雅致闲心,不懂五音,哪里能调琴?"子贡把这些话报告给孔子。

孔子说："我已经知道了。遇到贤人就该礼敬。"抽出五匹葛布交给子贡说："再去交谈吧。"子贡前往说："我是北方村野之人。从北方到南方,将要到楚国去,有五匹葛布,不敢拿来送您遮身,希望放在您附近的水边。"少女说："行路的客人,唠叨很久了,又分出资财,抛弃到边野,我还年轻,哪里敢接受您的东西?您不早来定下婚约,现在我已订婚知道未婚夫的名字了。"子贡回报孔子,孔子说："我已经知道了。这个姑娘通达人情而懂得礼仪。"《诗经》说："南方有高大的树木,不可以在树下休憩。汉江有个漫游女,不能前去追求。"说的就是这种情况。

颂说:孔子出游历,经过阿谷南。惊于少女异,欲观其风俗。子贡三往返,女子辞辨深。子曰达于情,懂礼又不淫。

赵津女娟

【题解】

此篇材料来源不见于传世文献,当为民间流传的赵氏故事。津吏醉卧以致延误赵军渡河,面临死刑。其女娟愿以身代父死,并陈述父亲酒醉是因祷祀江淮之神。这种精诚之心打动了赵简子,津吏得以赦免。之后,娟又自告奋勇为赵军划船。船至中流,娟以一曲《河激》之歌,获得了赵简子的赞赏,并最终依礼结为夫妻。故事中,赵津女娟在危机中出场,凭着智慧和文辞突破了一个个障碍,获得了圆满的结局,富有戏剧性和民间性。赵津女娟的精诚品质也打动了后来的文人,曹植《精微篇》就吟咏了这个故事。赵津女娟渡河而歌的情景也成为后来诗文中常见的典故,例如"江南进荆艳,《河激》献赵讴"(颜延之《车驾幸京口三月三日侍游曲阿后湖作诗》），"虽同燕市泣，犹听赵津歌"（庾信《将命使北始渡瓜步江诗》），等等。

　　赵津女娟者，赵河津吏之女①，赵简子之夫人也②。初，简子南击楚，与津吏期。简子至，津吏醉卧，不能渡，简子怒③，欲杀之。娟惧，持楫而走④。简子曰："女子走何为？"对曰："津吏息女⑤。妾父闻主君东渡不测之水⑥，恐风波之起，水神动骇，故祷祠九江三淮之神⑦，供具备礼，御鳌受福⑧，不胜巫祝杯酌余沥⑨，醉至于此。君欲杀之，妾愿以鄙躯易父之死。"简子曰："非女之罪也。"娟曰："主君欲因其醉而杀之，妾恐其身之不知痛，而心不知罪也。若不知罪杀之，是杀不辜也。愿醒而杀之，使知其罪。"简子曰："善。"遂释不诛。

【注释】

①赵河津吏：赵国负责管理河道渡口的官吏。赵，国名。在今山西北部、河北西部和南部一带。

②赵简子（？—前476）：春秋时期晋国赵氏的领袖，原名赵鞅，又名志父，亦称赵孟，是战国时期赵国基业的开创者。

③怒：梁端云："'怒'字旧脱，从《类聚·舟车部》《御览·舟车部》增。"

④楫：船桨。走：跑。

⑤息女：亲生女儿。

⑥东渡："东"旧误为"来"，从梁端说改正。

⑦九江三淮之神：九江三淮的神。九江，指赣江水、鄱水、余水、修水、淦水、盱水、蜀水、南水、彭水，赵国河津距九江遥远，河津吏可能是望祀。三淮，不详所指。

⑧御釐（xī）：迎福也。釐，幸福，吉祥，祭祀福胙（zuò）。

⑨巫祝杯酌余沥：巫祝祭祀之余杯中剩下的酒滴。巫祝，古代称事鬼神者为巫，祭主赞词者为祝；后连用以指掌占卜祭祀的人。杯酌，酒杯，借指酒。余沥，酒的余滴，剩酒。

【译文】

　　赵津女娟，是赵国负责河道渡口官吏的女儿，赵简子的夫人。当初，赵简子向南攻打楚国，和津吏约定日期。简子到了之后，渡口官吏酒醉躺卧，无法让军队渡河，简子发怒，想要杀掉他。娟恐惧，拿起船桨就跑开。简子说："这位女子为什么跑开？"回答说："我是渡口官吏的亲生女儿。我父亲听说主君要东渡危不可测的河水，担心风波大起，扰动水神，就向九江三淮之神祈祷祭祠，上供备礼，迎受福气，不胜巫祝祭祀之余杯中剩酒的威力，竟然醉成这个样子。您想要杀他，我愿以我的身躯代替父死。"简子说："不是你的罪过。"娟说："主君想趁着我父亲酒醉而杀死他，我担心他的身体不知疼痛，内心不知道自己的罪过。如果不知道罪过而被杀，就是杀无罪的人。希望等父亲醒过来再杀，使他知道自己的罪过。"简子说："好。"于是放开渡口官吏而不杀他。

　　简子将渡，用楫者少一人，娟攘卷揄楫而请曰①："妾居河济之间，世习舟楫之事②，愿备员持楫。"简子曰："不穀将行③，选士大夫，齐戒沐浴，义不与妇人同舟而渡也。"娟对曰："妾闻昔者汤伐夏，左骖牝骊④，右骖牝靡⑤，而遂放桀。武王伐殷，左骖牝骐⑥，右骖牝骧⑦，而遂克纣，至于华山之阳。主君不欲渡则已，与妾同舟，又何伤乎？"简子悦，遂与渡。中流，为简子发《河激》之歌⑧，其辞曰："升彼阿兮面观清⑨，水扬波兮杳冥冥⑩。祷求福兮醉不醒，诛将加兮妾心惊。罚既释兮渎乃清⑪，妾持楫兮操其维⑫。蛟龙助兮主将归,呼来棹兮行勿疑⑬。"简子大悦曰:"昔者不榖梦娶妻,岂此女乎?"将使人祝被⑭,以为夫人。娟乃再拜而辞曰:"夫妇人之礼,非媒不嫁。严亲在内⑮,不敢闻命。"遂辞而去。简子归,乃纳币于父母⑯,而立以为夫人。君子曰:女娟通达而有辞。《诗》云:"来游来歌,以矢其音⑰。"此之谓也。

颂曰:赵简渡河,津吏醉荒。将欲加诛,女娟恐惶。操楫进说,父得不丧。维久难蔽,终遂发扬。

【注释】

①攘卷摻(shǎn)楫:卷起袖子拿着船桨。攘,卷起、撩起。摻,执持,握持。

②居河济之间,世习舟楫之事:此十一字原脱,从梁端本补。

③不榖:是先秦诸侯之长的谦称,本为周天子所用,后来周室衰落,诸侯霸主也开始僭用。

④左骖(cān)牝(pìn)骊:车辕左边驾着黑色的母马。骖,古代指驾在车辕两旁的马。牝,雌性的(指鸟兽,跟"牡"相对)。骊,纯黑色的马。

⑤麛:通"麋",麋鹿。

⑥骐(qí):青黑色的马。

⑦骦(huáng):通"騜",毛色黄白相杂的马。

⑧《河激》之歌:当时民间流行的渔歌。

⑨阿:王照圆曰:"'阿'盖'舸'字之误。"舸(gě),大船。

⑩杳冥冥:深远昏暗。

⑪渎:河流。

⑫维:系船的绳子。

⑬棹:桨。

⑭祝祓（fú）：求告神灵降福除灾。

⑮严亲：指父母。

⑯纳币：古代婚礼六礼之一。纳吉之后，择日具书，送聘礼至女家，女家受物复书，婚姻乃定。亦称文定，俗称过定。

⑰来游来歌，以矢其音：语见《诗经·大雅·卷阿》。意谓：到此遨游又唱歌，唱出乐曲兴致高。以，因而。矢，陈，此指发出。

【译文】

　　简子要渡河，划桨的人少一个，娟卷起袖子握着船桨请求说："我居住在河济之间，世代传习划船之事，希望能够参加划船。"简子说："我将要出发的时候，选择士大夫，斋戒洗浴，按照规则不和女人同舟共渡。"娟回答说："我听说以前商汤讨伐夏朝，车辕左边驾着黑色的母马，右边驾着母鹿，最终放逐了夏桀。武王讨伐殷朝，车辕左边驾着青黑色的母马，右边驾着黄白相杂的母马，最终攻克了纣，到达华山南面。主君不愿意渡河就罢了，与我同船，又有什么伤害呢？"简子喜悦，就和娟一起渡河。船到了中流，娟为简子唱《河激》歌，歌词是："登上船啊观水清，水扬波啊远方冥。祈求福啊醉不醒，将被杀啊我心惊。罚已脱啊河水清，我拿桨啊握船绳。蛟龙助啊主将归，来划桨啊勿疑行。"简子非常高兴地说："以前我梦见娶妻，难道就是这个女子吗？"将要派人求告神灵降福除灾，娶娟为夫人。娟随即拜了两次推辞说："女人的礼节，没有媒人不出嫁。父母在家，我不敢答应你。"于是辞别离开。简子回来后，就向娟的父母送聘礼，立她为夫人。君子说：娟这个女孩通达世事而且有口才。《诗经》说："到此遨游又唱歌，唱出乐曲兴致高。"说的就是这种情况。

　　颂说：赵简子率军要渡河，津吏喝醉甚荒唐。将要处他以死罪，女娟内心甚恐惶。拿起船桨来进说，父亲终不把命丧。娟才难以久掩蔽，最终得以美名扬。

赵佛肸母

【题解】

　　中牟之乱，见载于《论语·阳货》《左传·哀公五年》《韩诗外传·卷六》等文献，但其中并未出现佛肸母的形象。此篇应为根据晋国六卿兼并之历史衍生出来的民间传说。故事中，按照赵之法律，佛肸母将因儿子叛乱而被连坐处死，但她以一套言之成理的说辞拯救了自己。佛肸母认为：母亲仅能影响到孩子小时候的道德品质，父亲教育孩子做事的才干，孩子成人后成为忠臣还是叛臣则取决于君主的择人眼光。这番言论虽有佛肸母为自己开脱罪责的功利目的在内，但其中的家庭教育观念，对今人亦不失参考价值。

　　赵佛肸母者①，赵之中牟宰佛肸之母也②。佛肸以中牟叛。赵之法，以城叛者，身死家收③。佛肸之母将论④，自言曰：“我死不当。”士长问其故⑤。母曰：“为我通于主君，乃言；不通，则老妇死而已。”士长为之言于襄子⑥。襄子出⑦，问其故。母曰：“不得见主君则不言。”于是襄子见而问之曰：“不当死，何也？”母曰：“妾之当死亦何也？”襄子曰：“而子反⑧。”母曰：“子反，母何为当死？”襄子曰：“母不能教子，故使至于反，母何为不当死也？”母曰：“吁，以主君杀妾为有说也⑨，乃以母无教邪？妾之职尽久矣。此乃在于主君！妾闻子少而慢者⑩，母之罪也。长而不能使者，父之罪也。今妾之子少而不慢，长又能使，妾何负哉？妾闻之，子少则为子，长则为友，夫死从子。妾能为君长子⑪，君自择以为臣。妾之子与在论中，此君之臣，非妾之子。君有暴臣，妾无暴子。是以言妾无罪也。”襄子曰：“善。夫佛肸之反，寡人之罪也。"遂释之。君子曰:佛肸之母,一言而发襄子之意,使行不迁怒之德,以免其身。《诗》云:"既见君子,我心写兮⑫。"此之谓也。

颂曰:佛肸既叛,其母任理⑬。将就于论,自言襄子。陈列母职,子长在君。襄子说之⑭,遂释不论。

【注释】

①佛肸(bì xī):春秋末年晋卿赵鞅的家臣,为中牟的县宰,但投靠了范氏、中行氏。

②中牟:在今河南鹤壁一带。宰,邑宰,县邑之长,即县令。

③收:逮捕拘禁。

④论:判罪,判决。

⑤士长:掌管刑狱的长官。

⑥襄子(?—前425):嬴姓,赵氏,名无恤(亦作"毋恤"),春秋末叶晋国大夫,赵氏家族首领,战国时期赵国的创始人。

⑦出:王照圆曰:"以下文推之,'出'当作'使'。"

⑧而:你,你的。

⑨有说:有道理。

⑩慢:怠慢,放纵。

⑪长子:养大儿子。

⑫既见君子,我心写兮:语见《诗经·小雅·蓼萧》。意谓:已经见到君子,我心十分欢愉。写,舒畅。

⑬任理:有理。

⑭说(yuè):同"悦",高兴,愉快。

【译文】

赵佛肸母,是赵氏中牟邑宰佛肸的母亲。佛肸凭借中牟发动叛乱。

按照赵氏法律,凭借城市发动叛乱的人,自身要被处死,家属也要被处罪。佛肸的母亲将要被处罪,自言自语地说:"我不该被处死。"士长问原因,佛肸母亲说:"替我通告于主君,我才说;不通告,那我领死就算了。"士长为她向襄子请求,襄子派人问她原因。佛肸母亲说:"不能够见到主君就不说。"于是襄子接见她而问道:"不该被处死有什么理由吗?"佛肸母亲说:"我为什么应当被处死?"襄子说:"你儿子造反。"佛肸母亲说:"儿子造反,母亲为什么该死?"襄子说:"母亲不能够教育儿子,所以使他到了造反的境地,母亲为什么不该被处死呢?"母亲说:"啊,我以为主君杀死我是有一番道理呢,原来是因为母亲不教育呀!我尽自己的职责很久了,现在是因为主君。我听说儿子年少时轻慢,是母亲的罪过。长大而不能够被使唤,是父亲的罪过。现在我的儿子年少时不轻慢,长大后又能被使唤,我有什么过错呢? 我听说,儿子小时候是儿子,长大后就成了朋友,丈夫死后要听从儿子的。我能够为主君养大儿子,主君自己择他做了大臣,我儿子现在处于有罪之列,这是您的大臣,不是我的儿子。主君有发动叛乱的大臣,我没有暴慢的儿子,所以说我没有罪过。"襄子说:"好。佛肸造反,是我的罪过。"于是就释放了佛肸母亲。君子说:佛肸的母亲,一番话启发了襄子的想法,使他践行了不转移怒气的德行,也使自己免于死罪。《诗经》说:"见到君子后,我心倍欢畅。"说的就是这种情况。

　　颂:佛肸叛乱后,其母行有理。将要被治罪,自言于襄子。陈述母亲职,忠奸在主君。襄子悦其言,免除母亲罪。

齐威虞姬

【题解】

　　齐威王烹阿大夫、封即墨大夫之事,见于《史记·田敬仲完世家》,但虞姬与周破胡之间的斗争并不见于传世其他文献,当为民间流传故事，或为历史缝隙中的细节。

　　虞姬因提醒齐威王周破胡之言有诈、并推荐贤者北郭先生，遭到了周破胡的反噬。她被诬陷为与北郭先生有私情，被禁闭于九层台上，并在周破胡的指示下定成铁案。幸好齐威王亲自问讯，虞姬才得以一舒冤屈。她的言论含血带泪，情辞恳切，宛如杜鹃啼血，终于打动了齐威王，不仅使得虞姬获得昭雪，而且也使得齐国政治趋于清明。故事情节紧张，忠奸分明，人物在剧烈的冲突中展示性格，极富戏剧性和文学感染力。

　　虞姬者，名娟之，齐威王之姬也①。威王即位，九年不治，委政大臣，诸侯并侵之。其佞臣周破胡专权擅势②，嫉贤妒能，即墨大夫贤而日毁之③，阿大夫不肖反日誉之④。虞姬谓王曰："破胡，谗谀之臣也，不可不退。齐有北郭先生者，贤明有道，可置左右。"破胡闻之，乃恶虞姬⑤，曰："其幼弱在于闾巷之时⑥，尝与北郭先生通。"王疑之，乃闭虞姬于九层之台，而使有司即穷验问⑦。破胡赂执事者，使竟其罪⑧。执事者诬其辞而上之。王视其辞，不合于意，乃召虞姬而自问焉。虞姬对曰："妾娟之幸得蒙先人之遗体⑨，生于天壤之间，去蓬庐之下⑩，侍明王之宴泥附王著⑪，荐床蔽席⑫，供执扫除，掌奉汤沐⑬，至今十余年矣。惓惓之心⑭，冀幸补一言，而为邪臣所挤，湮于百重之下⑮。不意大王乃复见而与之语。妾闻玉石坠泥不为污，柳下覆寒女不为乱⑯。积之于素雅⑰，故不见疑也。经瓜田不蹑履⑱，过李园不正冠，妾不避，此罪一也。既陷难中，有司受赂，听用邪人，卒见覆冒⑲，不能自明。妾闻寡妇哭城，城为之崩⑳；亡士叹市，市为之罢㉑。诚信发内，感动城市。妾之冤明于白日，虽独号于九层之内，而众人莫为豪厘^㉒，此妾之罪二也。既有污名，而加此二罪，义固不可以生。所以生者，为莫白妾之污名也。且自古有之，伯奇放野^㉓，申生被患^㉔，孝顺至明，反以为残。妾既当死，不复重陈，然愿戒大王，群臣为邪，破胡最甚。王不执政，国殆危矣^㉕。"于是王大寤，出虞姬，显之于朝市，封即墨大夫以万户，烹阿大夫与周破胡，遂起兵收故侵地，齐国震惧。人知烹阿大夫，不敢饰非，务尽其职，齐国大治。君子谓虞姬好善。《诗》云："既见君子，我心则降^㉖。"此之谓也。

颂曰：齐国惰政，不治九年。虞姬讥刺，反害其身。姬列其事，上指皇天。威王觉寤，卒距强秦^㉗。

【注释】

①齐威王（前378—前320）：妫姓，田氏，名因齐，一名婴齐，齐桓公田午之子，战国时齐国国君。

②诸侯并侵之。其佞（nìng）臣周破胡专权擅势："诸侯并侵之，其"六字据梁端说补。佞，惯于用花言巧语谄媚人。

③即墨：齐邑，在今山东平度古岘镇大朱毛村一带。

④阿（ē）：齐邑，今山东阳谷东北。

⑤恶（wù）：讨厌，憎恨。

⑥其幼弱在于闾巷（lú xiàng）之时：她小时候在民间之时。闾巷，里巷，乡里，借指民间。

⑦有司：官吏，古代设官分职，各有专司，故称。穷，彻底追究，深入探求。

⑧竟：追究。

⑨幸得蒙先人之遗体：有幸为父母所生。古人把自己的身体称为先

人的遗体。

⑩蓬庐：茅舍，泛指简陋的房屋。

⑪侍明王之燕泥附王著：侍奉明王的宴会，昵近王之宁位。"泥"通
"昵"。"著"通"宁（zhù）"，为君王接受大臣朝见的地方，即殿上
屏风与门之间的地方。泥附王著，孙诒让曰意为"言在王宫为嫔
御，昵近王之宁位"。

⑫荐床蔽席：收拾床铺。荐，铺陈。

⑬汤沐：沐浴。汤，热水。

⑭惓惓：通"拳拳"，赤诚，诚挚。

⑮湮（yān）：沉没，埋没。

⑯柳下覆寒女不为乱：事见于《孔子家语・卷二》："鲁人有独处室
者，邻之嫠妇亦独处一室。夜，暴风雨至，嫠妇室坏，趋而托焉。
鲁人闭户而不纳，嫠妇自牖与之言：'子何不仁而不纳我乎？'鲁
人曰：'吾闻男女不六十同居，今子幼，吾亦幼，是以不敢纳尔
也。'妇人曰：'子何不如柳下惠然？姁不逮门之女，国人不称其
乱。'鲁人曰：'柳下惠则可，吾固不可。吾将以吾之不可，学柳下
惠之可。'"其中，寡妇提到柳下惠遇到一名无家女子，怕她冻伤，
就用衣服裹着让她坐在自己怀里，国人不怀疑他淫乱。

⑰素雅：故常。

⑱经瓜田不蹑（niè）履：指经过瓜田不要低头整理鞋子，比喻避免
招惹无端的怀疑。蹑，穿。

⑲覆冒：诬陷。

⑳寡妇哭城，城为之崩：指杞梁妻在丈夫战死后，在城墙旁边哭十日
而城墙崩塌。详见本书卷四《齐杞梁妻》。

㉑亡士叹市，市为之罢：王照圆曰："《左传》：鲁文公之夫人姜氏哭而
过市，市人皆哭。疑此事也。但'亡士'二字未知何字之误。"又
引郝懿行说，疑用伍子胥逃至吴国、在市上吹箫乞食之事。

㉒众人莫为豪厘:众人不帮着申辩些微。豪厘,微小。豪,通"毫"。

㉓伯奇放野:相传伯奇为周宣王时重臣尹吉甫的长子,孝顺,母死,后
　　母欲立其子伯封为太子,乃谮伯奇,吉甫怒,将伯奇放逐到乡野。

㉔申生被患:指申生被骊姬谗害。被,遭受。详见本书卷七《晋献骊姬》。

㉕殆:恐怕。

㉖既见君子,我心则降:语见《诗经·小雅·出车》。意谓:看到君
　　子后,我心里就安宁下来。降,安宁。

㉗距:通"拒"。

【译文】

　　虞姬,名叫娟之,是齐威王的姬。齐威王即位后,九年不理朝政,把政事委托给大臣,其他诸侯国都来侵略。齐威王的佞臣周破胡把持大权,独断专行,嫉贤妒能,每天谗毁贤能的即墨大夫,给品行不好的阿大夫说好话。虞姬对齐威王说:"破胡,是个好谗毁、阿谀的大臣,不可不废退。齐国有个北郭先生,贤明有道,可以安置在王的左右。"破胡听说后,就厌恶虞姬,说:"虞姬小时候在民间时,曾经与北郭先生私通。"齐威王起了疑心,就把虞姬关到九层高台上,派官吏穷究按验。破胡贿赂了主管官员,使他定下虞姬之罪。主管官员伪造了供词上交。齐威王看了供辞,与内心看法不合,就召来虞姬亲自审问。虞姬回答说:"我有幸为父母所生,活在天地之间,又离开了民间的蓬庐,侍奉明王的宴会,昵近王之宁位,收拾床铺,洒扫房间,掌管侍奉洗浴,到现在已经十多年了。我真诚恳切的本心,希望有幸能够说一句有益的话,而被邪臣排挤,埋没到百重深渊之下。没想到大王能够再次见我与我说话。我听说玉石掉到泥中也不会被污染,柳下惠为寒冷的女子盖上衣服也不被怀疑为淫乱。平常有好的积累,所以就不被怀疑。路过瓜田不低头整理鞋子,经过李园不抬手收拾帽子,我没有避免这种容易招惹无端怀疑的行为,这是一项罪过。我落难后,官员接受贿赂,任用邪恶的人,最终被诬陷,不能够自明本心。我听说寡妇在城边哭,城墙为之崩塌;逃亡士人在市场愁叹,

集市就歇业了。内心诚信,感动了城墙和市场。我的冤情如青天白日,虽然独自在九层台上哭号,但众人没有为我申辩毫厘,这是我的第二项罪过。已经有了坏名声,又有这两项罪过,按照大义是不应该再活下去了。我之所以不死,是因为没有人为我洗白污名。而且自古以来,有孝子伯奇被流放于郊野,申生遭受骊姬大祸,非常孝顺,反而被残害。我既然该被处死,就不再重复陈述了,但是愿意告诫大王,干坏事的群臣,破胡罪过最大。大王如果不亲自处理政事,国家恐怕就危险了。"于是齐威王恍然大悟,放出虞姬,将她显扬于朝廷和市场,封赏即墨大夫万户,烹杀了阿大夫与周破胡,又起兵收复之前被侵略的土地,齐国震动惊惧。国人知道阿大夫被烹杀,不敢文饰过错,力求尽职,齐国得到大治。君子认为虞姬喜欢善德。《诗经》云:"见了君子面,我心得安宁。"说的就是这种情况啊。

颂说:齐威王惰政,九年不理事。虞姬劝善言,反害其自己。虞姬述事实,指天表本意。威王终觉悟,最终拒强敌。

齐锺离春

【题解】

此篇还见于《新序·杂事二》,可能为刘向校书时发现的战国文献。故事以夸张的手法写了锺离春的容貌之丑,与其入齐王后宫的愿望构成了强烈的反差。这种不合常理之事成功地引起了齐王的好奇,于是锺离春得到了进见齐王的机会。她与齐王先谈隐语,留下难解之谜,引得齐王再次召见。之后,锺离春慷慨陈述齐国政治中的危机,言论文采斐然,意气诚恳。这成功地打动了齐宣王,锺离春也得以成为宣王正后。揆诸事理,此事恐非史实,而为战国策士虚构出来的故事,小说意味甚浓。夸张对比的艺术手法和喜剧因素,增强了这个故事的文学感染力,因而得到了广泛传播。例如,东汉桓帝元嘉元年(151)所建的武梁祠第四层和东汉灵帝建宁元年（186）所建的武氏祠前石室隔梁西面都有锺离春故事的画像。锺离春的国事四叹也引起了后世文人的共鸣，如杨赐在熹平二年（173）谏诤灵帝的奏疏中云："无令丑女有四殆之叹，退迩有愤怨之声"（《后汉书·杨震列传》）。

锺离春者，齐无盐邑之女①，宣王之正后也②。其为人极丑无双，臼头深目③，长壮大节④，卬鼻结喉⑤，肥项少发，折腰出胸⑥，皮肤若漆。行年四十⑦，无所容入，衒嫁不售⑧，流弃莫执⑨。于是乃拂拭短褐⑩，自诣宣王⑪，谓谒者曰："妾，齐之不售女也。闻君王之圣德，愿备后宫之扫除⑫。顿首司马门外⑬，唯王幸许之。"谒者以闻⑭，宣王方置酒于渐台，左右闻之，莫不掩口大笑，曰："此天下强颜女子也⑮，岂不异哉？"于是宣王乃召见之，谓曰："昔者先王为寡人娶妃匹，皆已备有列位矣。今夫人不容于乡里布衣⑯，而欲干万乘之主⑰，亦有何奇能哉？"锺离春对曰："无有。特窃慕大王之美义耳⑱。"王曰："虽然，何善？"良久⑲，曰："窃尝善隐⑳。"宣王曰："隐，固寡人之所愿也，试一行之。"言未卒，忽然不见。宣王大惊，立发隐书而读之㉑，退而推之，又未能得。

【注释】

①无盐：战国时期的齐邑，地在今山东东平东。

②宣王（？—前301）：妫姓，田氏，名辟彊（一作疆），战国时期田齐第五位国君，前320—前301年在位，齐威王之子。

③臼头：头像舂臼，形容头顶塌陷。

④节：骨节。

⑤卬鼻结喉：鼻孔朝天，喉咙处臃肿。卬，犹"仰"也。

⑥折腰出胸：驼背鸡胸。

⑦行年：经历的年岁。

⑧衒（xuàn）嫁不售：自我炫耀，却嫁不出去。衒，同"炫"。售，指女子得嫁。

⑨流弃莫执：流离捐弃，没有志同者。执，交谊深厚、志趣相同的朋友。

⑩短褐：用兽毛或粗麻布做成的短上衣，指平民的衣着。

⑪诣：前往，到某地去。

⑫备后宫之扫除：委婉语，指愿意充当君王嫔妃。

⑬司马门：皇宫的外门。

⑭谒者以闻：谒者把这事情上报。谒者，官名。掌宾赞受事，即为君王传达。

⑮强颜：厚颜。

⑯布衣：指平民百姓。

⑰干万乘之主：干求拥有万辆兵车的大国君主。干，求。

⑱特窃慕大王之美义：只是私下里爱慕大王的美德义气。特，仅，只。窃，私下里。

⑲良久：过了好一会儿。

⑳隐：即隐语，不直说本意而借别的词语来暗示的话，类似今之谜语。

㉑立发隐书：立刻打开隐语书。

【译文】

钟离春，是齐国无盐邑的女子，齐宣王的正后。她的长相奇丑无比，头像舂臼，眼睛深陷，又高又壮，骨节粗大，鼻孔朝天，喉结臃肿，脖子短肥，头发稀少，弯腰鸡胸，皮肤黝黑。她已经四十岁，无地可容，自我炫耀，还是嫁不出去，流离捐弃，找不到志趣相投的人。于是钟离春就整理粗布短上衣，自己走到宣王宫殿，对谒者说："我，齐国嫁不出去的女子。听说君王有圣德，希望能够为王的后宫嫔妃。叩头宫殿大门外，只愿王能够答应。"谒者把这件事情上报,齐宣王当时正在渐台摆宴饮酒,左右之人听到后没有不捂嘴笑的,说:"这是天下脸皮最厚的女子了,难道不是很奇怪吗?"于是宣王召见了钟离春,对她说:"以前先王已经为我娶了后妃,都已经齐备了。现在你不被见容于乡里平民,而想求婚于大国君主,你有什么特殊的才能吗?"钟离春回答说:"没有。只是私下里爱慕大王的美德义气罢了。"齐宣王说:"即便如此,你有什么特长吗?"过了好一会儿,钟离春说:"我曾经擅长隐语。"宣王说:"隐语,也是我本来喜欢的,咱们来试一试。"话还没说完,钟离春突然就不见了。齐宣王大吃一惊,立刻打开隐语书来阅读,回去后又推求深思,还是没有弄明白。

　　明日,又更召而问之,不以隐对,但扬目衔齿,举手拊膝①,曰:"殆哉!殆哉!"如此者四。宣王曰:"愿遂闻命。"钟离春对曰:"今大王之君国也②,西有衡秦之患③,南有强楚之仇,外有二国之难。内聚奸臣,众人不附。春秋四十④,壮男不立,不务众子而务众妇。尊所好,忽所恃。一旦山陵崩弛⑤,社稷不定,此一殆也。渐台五重,黄金白玉,琅玕笼疏⑥,翡翠珠玑,幕络连饰⑦,万民罢极⑧,此二殆也。贤者匿于山林,谄谀强于左右,邪伪立于本朝,谏者不得通入,此三殆也。饮酒沈湎⑨,以夜继昼,女乐俳优⑩,纵横大笑⑪,外不修诸侯之礼,内不秉国家之治,此四殆也。故曰:'殆哉!殆哉!'"于是宣王喟然而叹曰⑫:"痛乎无盐君之言!乃今一闻。"于是拆渐台⑬,罢女乐,退谄谀,去雕琢,选兵马,实府库,四辟公门⑭,招进直言,延及侧陋⑮。卜择吉日,立太子,进慈母,拜无盐君为后。而齐国大安者,丑女之力也。君子谓钟离春正而有辞。《诗》云:"既见君子,我心则喜⑯。"此之谓也。

　　颂曰：无盐之女，干说齐宣。分别四殆，称国乱烦。宣王从之，四辟公门。遂立太子，拜无盐君。

【注释】

①拊（fǔ）：拍。

②君国：统治国家。

③衡秦：强秦。衡，即"横"，强也。

④春秋：年龄。

⑤山陵崩弛：君王去世的委婉语。

⑥琅玕（láng gān）笼疏：用美玉装饰帘子。琅玕，似珠玉的美石。笼疏，一种竹子织的网，用作遮挡的帘子。

⑦幕络：张罗覆盖。

⑧罢（pí）：通"疲"，劳累，困乏。

⑨沈湎（miǎn）：沉溺，耽于。

⑩俳（pái）优：古代演滑稽杂耍的艺人。

⑪纵横大笑：肆意横行、无所顾忌地大笑。

⑫喟然：形容叹气的样子。

⑬拆：萧道管本误作"折"，据王照圆本改。

⑭四辟（pì）公门：打开宫殿的所有大门，广致众贤。

⑮侧陋：指处在僻陋之处的贤人或卑贱的贤者。

⑯既见君子，我心则喜：语见《诗经·小雅·菁菁（jīng）者莪（é）》。意谓：已经见到那君子，我的心里真欢喜。

【译文】

　　第二天，齐宣王再次召见钟离春问询，她不再用隐语应对，只是睁大眼睛咬着牙齿，伸手拍着膝盖，说："危险啊！危险啊！"这样回应了四次。宣王说："希望能够听到你的高见。"钟离春回答说："现在大王统治国家，西边有强大的秦国，南边有敌对的楚国，外有两个大国的祸患。朝廷内聚集着奸臣，民众不亲附。大王年龄四十，还没有立成年太子，不求多子却求多妻。尊崇自己喜欢的，忽视所凭借的东西。一旦大王去世，社稷不能安宁，这是第一个危险。渐台高五层，充满了黄金白玉，用琅玕装饰帘子，翡翠珠玉，连在一起做装饰，百姓疲惫劳苦，这是第二个危险。贤者藏匿在山林，阿谀奉承之人在王的左右近臣中得势，邪恶虚伪的人立于朝廷，进谏的人不能够入宫通报，这是第三个危险。沉溺于喝酒，夜以继日，观看歌女俳优，放肆大笑，对外国不修诸侯来往之礼，对国内不秉持治国正道，这是第四个危险。所以说：'危险啊！危险啊！'"于是齐宣王长叹一声说："无盐君的言论好沉痛啊！我今天才第一次听到。"于是他拆毁渐台，罢退女乐，赶走阿谀奉承之人，去掉雕琢，选练兵马，充实仓库，打开宫门，广进直言，召请处于卑贱之位的贤人。占卜选择了好日子，封立太子，选用慈母，封拜无盐君为王后。齐国得以太平安定，是丑女的功劳。君子认为钟离春正直而有口才。《诗经》说："已经见到那君子，我的心里真欢喜。"说的就是这种情况。

　　颂说：齐国无盐之丑女，干谒进说于齐宣。分别陈述四危险，评论国政乱又烦。宣王听从她的话，大开宫门广求贤。又为国家立太子，封拜赏赐钟无盐。

齐宿瘤女

【题解】

　　此篇故事来源不见于传世文献，当为民间传说逸事。宿瘤女天生残疾，容貌丑陋，却一次又一次地表现出了贞静自重的品格和超出常人的见识：先是专注采桑，不关注齐闵王出游盛况，视豪华如浮云；不自惭宿瘤，在幸而得到齐王青睐后，坚持对方遵从婚礼规则方才入于王宫，显示了自尊自爱的个性；不饰容貌，并引申发挥王者饰不饰仁义之别，见解深刻,善于谈辩。故事还通过齐闵王听从宿瘤女建议后国家大盛和此女死后齐国败亡的对比,赞美了宿瘤女的智慧和见识。但故事夸张过甚,显然不合历史真实情况,当作小说欣赏可矣。

　　宿瘤女者①,齐东郭采桑之女②,闵王之后也③。项有大瘤,故号曰宿瘤。初,闵王出游,至东郭,百姓尽观,宿瘤女采桑如故。王怪之,召问曰:"寡人出游,车骑甚众,百姓无少长皆弃事来观,汝采桑道旁,曾不一视,何也?"对曰:"妾受父母教采桑,不受教观大王。"王曰:"此奇女也,惜哉宿瘤!"女曰:"婢妾之职④,属之不二⑤,予之不忘,中心谓何?宿瘤何伤?"王大悦之,曰:"此贤女也。"命后车载之。女曰:"赖大王之力,父母在内,使妾不受父母之教,而随大王,是奔女也,大王又安用之?"王大惭,曰:"寡人失之。"又曰:"贞女一礼不备,虽死不从。"于是王遣归,使使者加金百镒,往聘迎之。父母惊惶,欲洗沐,加衣裳。女曰:"如是见王,则变容更服,不见识也。请死不往。"于是如故,随使者。

【注释】

①宿瘤:一直长着的瘤子。

②东郭:指东城外,东郊。

③闵王(? —前284):妫姓,田氏,名地,战国时期田齐第六任君主,齐宣王之子,前301—前284年在位。曾自称东帝,前284年,乐毅带领五国联军攻破齐国七十二城,齐湣王出逃莒城,被楚国将领淖齿所杀。

④婢妾:妾与使女,泛指被使唤的女子。

⑤属（zhǔ）之不二：交付的事情要一心一意地完成。属，同"嘱"。

【译文】

宿瘤女，是齐国东郊的采桑女，齐闵王的王后。她脖子上有个大瘤子，所以被称为宿瘤。当初，齐闵王外出游玩，到了东郊，百姓都来观看，只有宿瘤女子一如既往地采桑。齐闵王觉得奇怪，召她过来问道："我外出游玩，车骑很多，百姓无论老少都放弃正在做的事情前来观看，你在路边采桑，都不看一眼，为什么呢？"回答说："我接受父母的命令来采桑，没有受命来观看大王。"齐闵王说："这是个奇女子，可惜啊长了瘤子！"女子说："被使唤的女子，交代的事情都会一心一意地完成，从来不忘记，心中还想什么呢？一直长着瘤子又有什么伤害呢？"齐闵王非常高兴，说："这是个贤女。"命令后面的车子载上她。女子说："托大王的福，家里还有父母，假如我不受父母的教诲，而跟随大王，就是私奔的女子了，大王又怎能任用呢？"齐闵王很惭愧，说："是我的过错。"女子又说："贞洁的女子婚礼有一项不齐备，宁可死去也不接受。"于是齐闵王让女子回家，派使者带上黄金百镒，前去聘迎。女子的父母吃惊惶恐，想要让她洗沐，穿上漂亮衣裳。女子说："如此见王，就是改变了容貌服装，不会被认出。请求宁死也不改变模样前往。"于是宿瘤女就如平常的样子，跟随使者去了王宫。

闵王归见诸夫人，告曰："今日出游，得一圣女，今至，斥汝属矣①。"诸夫人皆怪之，盛服而卫②，迟其至也③，宿瘤，骇。宫中诸夫人皆掩口而笑，左右失貌，不能自止。王大惭曰："且无笑④，不饰耳。夫饰与不饰，固相去十百也。"女曰："夫饰与不饰⑤，相去千万，尚不足言，何独十百也！"王曰："何以言之？"对曰："'性相近，习相远也⑥。'昔者尧、舜、桀、纣，俱天子也。尧、舜自饰以仁义，虽为天子，安于节俭,茅茨不翦⑦,采椽不斫⑧,后宫衣不重采⑨,食不重味。至今数千岁,天下归善焉。桀、纣不自饰以仁义,习为苛文⑩,造为高台深池,后宫蹈绮縠⑪,弄珠玉,意非有餍时也⑫。身死国亡,为天下笑,至今千余岁,天下归恶焉。由是观之,饰与不饰,相去千万,尚不足言,何独十百也。"于是诸夫人皆大惭,闵王大感,立瘤女以为后。出令卑宫室,填池泽,损膳减乐,后宫不得重采。期月之间⑬,化行邻国,诸侯朝之,侵三晋⑭,惧秦、楚,立帝号。闵王至于此也,宿瘤女有力焉。及女死之后,燕遂屠齐,闵王逃亡,而弑死于外。君子谓宿瘤女通而有礼。《诗》云:"菁菁者莪,在彼中阿。既见君子,乐且有仪。"⑮此之谓也。

颂曰:齐女宿瘤,东郭采桑。闵王出游,不为变常。王召与语,谏辞甚明。卒升后位,名声光荣。

【注释】

①斥:驱逐,使退去。

②盛服而卫:穿上华丽的服装承侍。

③迟:王念孙曰:"迟,犹比也。"

④且:姑且,暂且。

⑤与不饰:此三字据梁端本补。

⑥性相近,习相远也:语见《论语·阳货》。意谓:人在刚出生时,本性都是善良的,性情也很相近。但随着各自生存环境的不同变化和影响,每个人的习性就会产生差异。

⑦茅茨(cí)不翦:用茅草覆盖屋顶,而且没有修剪整齐。形容生活简陋俭朴。茅茨,茅草盖的屋顶,亦指茅屋。翦,修饰。

⑧采椽（chuán）不斫：以栎木或柞木为椽，不加雕饰，形容宫室简陋，生活俭朴。采，同"棌"，栎木或柞木。斫，砍削。

⑨衣不重（chóng）采：不穿多件色彩鲜艳的衣服，形容衣着朴素。

⑩苛文：苛刻繁琐的法律条文。

⑪绮縠（qǐ hú）：绫绸绉纱之类，泛指丝织品。

⑫餍（yàn）：满足。

⑬期（jī）月：一整个月，即一个月的时间长度。

⑭三晋：指魏、赵、韩三国，战国初晋国被魏、赵、韩三家卿大夫瓜分，后各自列为诸侯，独立为国，史称三晋。

⑮"菁菁（jīng）者莪"几句：语见《诗经·小雅·菁莪》。意谓：莪蒿葱茏很繁茂，丛丛生长在山坳。已经见到那君子，快快乐乐好仪表。菁菁，草木茂盛的样子。莪，莪蒿，又名萝蒿，一种可吃的野草。中阿，即阿中。阿，山坳。大陵曰阿。仪，仪容，气度。

【译文】

齐闵王回来后见到诸位夫人，告诉她们说："今天外出游玩，遇到一位有圣德的女子，今天到了之后，就要斥退你们这些人了。"诸位夫人都觉得奇怪，穿上华丽的服装承侍。等到女子到来，长着瘤子，大家都惊呆了。宫中诸位夫人都掩口而笑，左右的人也失去了常态，不能停止。齐闵王非常惭愧，说："先别笑，只是没有修饰罢了。修饰与不饰，固然相差十倍百倍。"宿瘤女说："修饰与不饰，相差千倍万倍还不止，哪里只有十倍百倍呢！"齐闵王说："为什么这么说呢？"回答说："'人的天性相近，后天习得品质相差很远。'过去尧、舜、桀、纣，都是天子。尧、舜用仁义自我修饰，虽然是天子，习惯了节俭，茅草覆盖屋顶不求整齐，栎木为椽不作雕饰，后宫女子不穿多件色彩鲜艳的衣服，吃饭没有多少美味。到现在几千年了，天下仍然称善。桀、纣不用仁义自我修饰，习惯用苛刻繁琐的法律条文，修造高台深池，后宫女子穿着华丽的丝织衣服，摆弄珠玉，心意没有满足的时候。最后自身被杀国家灭亡，被天下嘲笑，到现在一千多年了,天下还认为他们是恶人。由此来看,修饰与不饰,相差千倍万倍还不止,哪里只有十倍百倍呢!"于是诸位夫人都很惭愧,齐闵王深受感动,册立瘤女为后。下令修造低矮的宫室,填平池泽,裁撤过多的饭食音乐,后宫不得穿多件色彩鲜艳的衣服。一个月的时间,教化行于邻国,诸侯前来朝见,侵伐三晋,使秦、楚畏惧,立为东帝。齐闵王达到这种境况,宿瘤女是有功劳的。等到宿瘤女去世后,燕国就屠杀齐国,齐闵王逃亡,在外面被杀死。君子认为宿瘤女通达有礼。《诗经》说:"莪蒿葱茏很繁茂,丛丛生长在山坳。已经见到那君子,快快乐乐好仪表。"说的就是这种情况。

颂说:齐国宿瘤女,东郭来采桑。闵王出游玩,不为变其常。王召相谈论,谏辞甚贤明。最终登后位,名声很光荣。

齐孤逐女

【题解】

此篇材料来源不见于传世文献,当为逸史传说。故事开头,孤逐女是一个弱者形象,不仅无父无母,而且容貌丑陋,不被乡里所容。当读者预期此女将迎来悲惨的命运时,故事有了转机:孤逐女求见齐襄王,而且得到了许可。接下来,孤逐女展示了令人惊讶的智慧。她游说襄王三日,论述了国相的重要性,评价了现任齐相的水准,进言用贤之道。最后,孤逐女被齐王嫁给国相,齐国也得以大治。总体来看,故事欲扬先抑,情节曲折生动,语言铺排而有词采,人物形象传神生动,具有较高的文学价值。

孤逐女者①,齐即墨之女②,齐相之妻也。初,逐女孤无父母,状甚丑,三逐于乡③,五逐于里,过时无所容。齐相妇死,逐女造襄王之门④,而见谒者曰:"妾三逐于乡,五逐于里,孤无父母,摈弃于野,无所容止⑤,愿当君王之盛颜,尽其愚辞。"左右复于王,王辍食吐哺而起^⑥。左右曰:"三逐于乡者,不忠也;五逐于里者,少礼也。不忠少礼之人,王何为遽^⑦?"王曰:"子不识也。夫牛鸣而马不应,非不闻牛声也,异类故也。此人必有与人异者矣。"遂见,与之语三日。

【注释】

①孤逐女:此女无父母,又被乡里驱逐,所以称为孤逐女。

②即墨:战国齐邑,在今山东平度东南。

③乡:齐制,城邑内五家为轨,十轨为一里,四里为连,十里为乡。

④造襄王之门:前往齐襄王的宫殿门口。造,前往。襄王(?—前265),名法章,湣王子,前284年,湣王被杀,他变姓名逃亡于莒,遂被立为齐王,立十九年卒。

⑤容止:收留。

⑥辍食吐哺(bǔ):吐出口中所含的食物。哺,口中所含的食物。

⑦遽(jù):匆忙,急。

【译文】

孤逐女,是齐国即墨邑的女子,齐国相的妻子。当初,逐女无父无母,长得很丑,三次被乡驱逐,五次被里驱逐,过了出嫁年龄还没有人娶她。齐国相的妻子死了,逐女前往襄王宫殿门口,见到谒者说:"我曾经三次被乡驱逐,五次被里驱逐,孤单一人,无父无母,被抛弃在乡野,无人娶为妻,希望在君王壮盛的仪容面前,说尽我愚蠢的见解。"左右之人把此话报告给王,襄王吐出口中所含的食物站起身。左右之人说:"三次被乡驱逐,是不忠;五次被里驱逐,是少礼。不忠少礼的人,大王为何急忙接见?"襄王说:"你有所不知。牛叫而马不回应,不是听不到牛的声音,是因为物类不同。这个人一定有与别人不同的地方。"于是接见逐女,跟她谈论了三天。

　　始一日，曰："大王知国之柱乎？"王曰："不知也。"逐女曰："柱，相国是也。夫柱不正则栋不安，栋不安则榱橑堕①，则屋几覆矣。王则栋矣，庶民榱橑也，国家屋也。夫屋坚与不坚，在乎柱。国家安与不安，在乎相。今大王既有明知，而国相不可不审②。"王曰："诺。"

　　其二日，王曰："吾国相奚若？"对曰："王之国相，比目之鱼也③，外比内比，然后能成其事，就其功。"王曰："何谓也？"逐女对曰："明其左右，贤其妻子，是外比内比也。"

　　其三日，王曰："吾相其可易乎？"逐女对曰："中才也，求之未可得也。如有过之者，何为不可也？今则未有。妾闻明王之用人也，推一而用之④。故楚用虞丘子，而得孙叔敖⑤；燕用郭隗，而得乐毅⑥。大王诚能厉之⑦，则此可用矣。"王曰："吾用之奈何？"逐女对曰："昔者齐桓公尊九九之人，而有道之士归之⑧。越王敬螳螂之怒，而勇士死之⑨。叶公好龙，而龙为暴下⑩。物之所征，固不须顷⑪。"王曰："善。"遂尊相，敬而事之，以逐女妻之。居三日，四方之士多归于齐，而国以治。《诗》云："既见君子，并坐鼓瑟⑫。"此之谓也。

　　颂曰：齐逐孤女⑬，造襄王门。女虽五逐，王犹见焉。谈国之政，亦甚有文。与语三日，遂配相君。

【注释】

①榱橑（cuī lǎo）：屋椽。

②审：慎重。

③比目之鱼：是硬骨鱼纲鲽形目鱼类的总称，偏口鱼身体扁平，成长

中两眼逐渐移到头部的一侧，平卧在海底。古人认为这种鱼只有一只眼，必须两两相并才能游行。

④推：推择，选用。

⑤楚用虞丘子，而得孙叔敖：虞丘子推荐孙叔敖事见本书卷二《楚庄樊姬》。

⑥燕用郭隗，而得乐毅：战国时齐国趁燕国内乱，发动突然袭击，打败了燕国。燕昭王即位后，为复仇广求贤才。郭隗建议燕昭王先礼遇自己，以便吸引胜过自己的人才来到燕国。燕昭王遵照郭隗的建议，果然吸引来了乐毅等一批人才，最终燕国成功攻入齐国，几乎将其灭亡。

⑦厉：勉励，激励。

⑧齐桓公尊九九之人，而有道之士归之：事见《韩诗外传》卷三、《说苑·尊贤》等。齐桓公招致贤士，一个自称懂九九乘法的人前来进见，齐桓公不鄙薄而进行礼遇。一个月后，有许多贤士前来归附齐桓公。

⑨越王敬螳螂之怒，而勇士死之：事见《韩诗外传》卷八、《淮南子·人间训》。齐庄公乘车外出打猎，有一只螳螂抬起爪子想冲击车轮，齐庄公下令让车子后退，避开螳螂。勇士们知道此事后，纷纷前来归附。这里引用把"齐庄公"改成了"越王"。

⑩叶公好龙，而龙为暴下：事见《新序·杂事五》。叶公子高喜欢龙，到处都画满了龙的图案，于是龙听说后就降临叶公居处，叶公大骇。

⑪顷：一会儿，短时间。

⑫既见君子，并坐鼓瑟：语见《诗经·秦风·车邻》。意谓：见到君子后，并坐奏乐器。并坐，同坐。鼓瑟，弹奏。

⑬逐孤：王照圆曰："'逐孤'当为'孤逐'。"

【译文】

第一天，逐女说："大王知道国家的柱子吗？"襄王说："不知道。"逐女说:"柱子,就是相国。柱子不正栋梁就不会安稳,栋梁不安稳屋橡就会堕落,那么屋子几乎就要倒塌了。王就是栋梁,民众是屋橡,国家就像房屋。房屋是坚固还是不坚固,在于柱子。国家是安定还是不安定,在于国相。现在大王既然已经明白知道这一点,就不可不谨慎任用国相。"襄王说:"好。"

第二天,襄王说:"我们国家的相怎样呢?"逐女说:"王的国相,是比目鱼,并于外,并于内,然后才能办好事情,建立功业。"襄王说:"什么意思呢?"逐女回答说:"明察其左右,惠爱其妻子,就是并于外、并于内了。"

第三天,襄王说:"我的国相可以改换吗?"逐女回答说:"他是个中才,寻求超过他的人也没有。如果有超过他的人,加以任用有什么不可呢?现在没有这样的人才。我听说贤明的君王任用人才,先推择一个人重用。所以楚国重用虞丘子,而得到了孙叔敖;燕国重用郭隗,而得到了乐毅。大王确实能够激励,那么这个人是可以重用的。"襄王说:"该怎么重用他呢?"逐女回答说:"过去齐桓公尊重只懂得九九小术的乡野之人,然后有道贤士就归附他。越王尊敬发怒的螳螂,勇士就为他卖命。叶公喜欢龙,龙就为他突然降临。万物的征应,固然不需要等多久"襄王说:"好。"于是襄王推尊国相,敬重侍奉他,把逐女嫁给了他。三天后,四方有道之士多归附齐国,而国家也得到治理。《诗经》说:"见到君子后,并坐而奏乐。"说的就是这种情况。

颂说:齐国孤逐女,走到襄王门。女虽被五逐,王犹接见她。谈论国之政,有理又有文。讨论三天后,将其嫁相君。

楚处庄侄

【题解】

此篇材料来源不见于传世文献,当为秦汉文人杜撰出来的故事。楚国形势危殆,襄王犹欲外出五百里游乐,十二岁的女孩儿庄侄欲进谏。

这种明显超出常规之事，不仅被其母阻止，也引起了读者的好奇。接下来，庄侄以谜语引发了楚王听谏的兴趣，再历数楚国政治中的三难五患。最后得到了圆满的结局：庄侄谏诤不仅使楚王及时纠正错误，而且自己成为襄王夫人。故事虽然塑造了一个机智沉稳的女孩形象，语言表达技巧也较为高超，历史背景大致符合楚襄王时代的情况，但是诸多细节经不住推敲：十二岁的县邑之女能具备如此敏锐老成的政治眼光？襄王能将十二岁女孩立为位居郑袖之上的夫人？再加上故事简单的逻辑，将其视为文人书斋中编撰出来的小说可矣。

　　楚处庄侄者①，楚顷襄王之夫人②，县邑之女也③。初，顷襄王好台榭④，出入不时，行年四十，不立太子，谏者蔽塞，屈原放逐⑤，国既殆矣。秦欲袭其国，乃使张仪间之⑥，使其左右谓王曰："南游于唐五百里有乐焉。"⑦王将往。是时庄侄年十二，谓其母曰："王好淫乐，出入不时。春秋既盛⑧，不立太子。今秦又使人重赂左右，以惑我王，使游五百里之外，以观其势。王已出，奸臣必倚敌国而发谋，王必不得反国。侄愿往谏之。"其母曰："汝婴儿也，安知谏？"不遣，侄乃逃。以缇竿为帜⑨，侄持帜伏南郊道旁。王车至，侄举其帜，王见之而止，使人往问之，使者报曰："有一女童伏于帜下，愿有谒于王。"王曰："召之。"

【注释】

①处：处女，女孩。庄侄：姓庄，名侄。

②楚顷襄王（？—前263）：芈姓，熊氏，名横，楚威王熊商之孙，楚怀王熊槐之子，战国时期楚国第二十二任君主，前298—前263年在位。

③县邑：指以楚国郢都为中心的王畿内的都邑。

④台榭：台和榭，亦泛指楼台等建筑物。

⑤屈原（约前340—前278）：芈姓，屈氏，名平，字原，又自云名正
　则，字灵均，战国时期楚国诗人、政治家。

⑥张仪（？—前309）：魏国安邑（今山西万荣）人，战国时期政治
　家、外交家、纵横家。张仪入楚游说是在楚怀王时期，顷襄王即位
　时张仪已死十数年，此处疑有误。

⑦唐：即高唐观，楚国在云梦泽修建的一座台观。

⑧春秋既盛：年龄已到壮年。春秋，指年龄。

⑨緹（tí）：橘红色的丝织物。

【译文】

　　楚处庄侄，是楚顷襄王的夫人，县邑的女孩。当初，顷襄王喜欢楼
台亭榭，出入无时，年龄四十还没立太子，进谏的人被遮蔽雍塞，屈原被
流放驱逐，国家已经很危险了。秦国想要偷袭楚国，就派张仪去离间，让
左右之人对顷襄王说："往南五百里到高唐观游玩，有很多乐趣。"楚顷
襄王将前往。当时庄侄十二岁，对她的母亲说："大王喜欢淫乐，出入宫
室不按时节。年龄已到壮年，不封立太子。现在秦国又派人厚赂大王的
左右之人，来迷惑我们大王，让他出游五百里外，以观察形势。大王出游
后，奸臣一定会倚仗敌国之势策动反叛，大王肯定不能返回国都。我愿
意前往进谏。"她的母亲说："你还是个小孩子，哪里知道进谏？"母亲不
让她去，庄侄就偷偷逃了出去。她把一块橘红色的丝帛绑到竹竿上做成
旗帜，拿着旗帜拜伏在南郊的道路旁。楚顷襄王的车子到了，庄侄举起
旗帜，顷襄王看到后就停了下来，派人前去问话。使者回报说："有一个
女孩跪在旗帜下，希望能够见到大王。"顷襄王说："召她过来。"

　　侄至，王曰："女何为者也？"侄对曰："妾县邑之女也，
欲言隐事于王，恐壅阏蔽塞①，而不得见闻。大王出游五百
里，因以帜见。"王曰："子何以戒寡人？"侄对曰："大鱼失

水,有龙无尾。墙欲内崩,而王不视。"王曰:"不知也。"侄
对曰:"大鱼失水者,王离国五百里也,乐之于前,不思祸之
起于后也。有龙无尾者,年既四十,无太子也。国无强辅,
必且殆也。墙欲内崩而王不视者,祸乱且成而王不改也。"
王曰:"何谓也?"侄曰:"王好台榭,不恤众庶,出入不时,耳
目不聪明。春秋四十不立太子,国无强辅,外内崩坏。强秦
使人内间王左右,使王不改,日以滋甚②,今祸且构。王游于
五百里之外,王必遂往,国非王之国也。"

　　王曰:"何也?"侄曰:"王之致此三难也,以五患。"王
曰:"何谓五患?"侄曰:"宫室相望,城郭阔达,一患也。宫
垣衣绣③,民人无褐,二患也。奢侈无度,国且虚竭,三患
也。百姓饥饿,马有余秫④,四患也。邪臣在侧,贤者不达,
五患也。王有五患,故及三难。"王曰:"善。"命后车载之,
立还反国,门已闭,反者已定,王乃发鄙郢之师以击之⑤,仅
能胜之。乃立侄为夫人,位在郑子袖之右⑥,为王陈节俭爱
民之事,楚国复强。君子谓庄侄虽违于礼⑦,而终守以正。
《诗》云:"北风其喈,雨雪霏霏,惠而好我,携手同归⑧。"此
之谓也。

　　颂曰:楚处庄侄,虽为女童。以帜见王,陈国祸凶。设
王三难,五患累重。王载以归,终卒有功。

【注释】

①阏(è):遏止,抑制。

②日以滋甚:原作"滋日以甚",从梁端本改。

③宫垣:皇宫的围墙。

④秣（mò）：牲口的饲料。

⑤鄢郢（yān yǐng）：指今湖北江陵、襄阳一带。

⑥位在郑子袖之右：位在郑袖之上。郑袖，生卒年不详，战国时期楚
　怀王的宠妃，姿色艳美、性格聪慧，善机变。但善妒狡黠、阴险恶
　毒。此处言郑袖疑误。

⑦虽违于礼：指不由媒聘。

⑧"北风其喈（jiē）"几句：语见《诗经·邶风·北风》。意谓：北风
　刮来透骨凉，大雪纷飞漫天扬。你和我是好朋友，携起手来同归
　去。喈，疾貌。一说寒凉。雨（yù）雪，下雪。霏，雨雪纷飞。惠
　而，即惠然，顺从、赞成之意。好我，同我友好。

【译文】

　　庄侄到了之后，顷襄王说："你要干什么呢？"庄侄回答说："我是县
邑的女子，想要对王说些隐秘之事，担心被雍塞过止，而不被王看到听
见。大王出游于五百里之外，所以拿着旗帜求见。"顷襄王说："你将劝诫
我什么呢？"庄侄回答说："大鱼离了水，有龙没有尾巴。墙要从里面崩
塌而王看不见。"顷襄王说："听不明白。"庄侄回答说："'大鱼离了水'，
是说大王离开国都五百里，前面欢乐，不考虑后面会有灾祸。'有龙没有
尾巴'，是说大王年过四十，没有太子。国家没有强有力的辅佐，一定会
很危险。'墙要从里面崩塌而王看不见'，是说祸乱将成而王不改变。"顷
襄王说："这说的是什么呢？"庄侄说："大王喜欢台观，不体谅百姓，出入
不按时节，耳目不够聪明。年龄四十不立太子，国家没有强有力的辅佐，
外内崩坏。强秦派人离间大王的左右亲近，让王不改正错误，一天比一
天严重，现在祸乱将作。大王出游于五百里外，大王若是一定要前往，楚
国就不是大王的国家了。"

　　楚顷襄王说："为什么呢？"庄侄说："大王遭到这些困难，是因为有五
种隐患。"楚顷襄王说："五种隐患是什么呢？"庄侄说："宫室密集相望，
城郭开阔通达，是一患。宫殿城墙用丝绣装饰，百姓没有粗麻衣，是二患。

奢侈没有节度，国库空虚耗竭，是三患。百姓饥饿，大王的马却有剩余的食料，是四患。邪恶的大臣在近侧，贤良的人却不能通达，是五患也。王有五种隐患，所以招致了三种困难。"楚顷襄王说："好。"命令后车载上庄侄，立即返回国都，此时城门已关闭，造反的人已定下计谋。于是楚顷襄王发动鄙郢的军队来攻打，勉强取胜。楚顷襄王就封立庄侄为夫人，地位在郑袖之上，为大王陈述节俭爱民的事情，楚国再次强大。君子认为庄侄虽然违背了礼，最终守了正道。《诗经》说："北风刮来透骨凉，大雪纷飞漫天扬。你和我是好朋友，携起手来同归去。"说的就是这种情况。

颂说：楚国女孩名庄侄，虽为十二岁女童。拿着旗帜求见王，慷慨陈述国祸凶。论述国家有三难，是因五患祸害重。大王载她以归去，最终佐楚有大功。

齐女徐吾

【题解】

此篇内容又见于《战国策·秦策二》《史记·樗里子甘茂列传》，是甘茂在秦遭谗言逃亡齐国的路途中，遇到苏秦，向其求助时讲的一个寓言故事。刘向将其当作人物传记收入此书，使故事脱离了原来的语境，齐女徐吾的形象也更加突出。徐吾家贫穷凑不齐蜡烛，受到了李吾的谴责。她没有一味羞愧，而是直陈自己起早休晚的洒扫陈席之劳，最终说服了李吾。徐吾表现出的自尊自重和通达善辩，无疑是值得赞赏的。

齐女徐吾者，齐东海上贫妇人也。与邻妇李吾之属会烛①，相从夜绩②。徐吾最贫，而烛数不属③。李吾谓其属曰："徐吾烛数不属，请无与夜也④。"徐吾曰："是何言与？妾以贫烛不属之故，起常早，息常后，洒扫陈席，以待来者⑤，自与蔽薄⑥，坐常处下⑦。凡为贫，烛不属故也。夫一室之中，益一人烛不为暗，损一人烛不为明，何爱东壁之余光⑧，不使贫妾得蒙见哀之恩、长为妾役之事？使诸君常有惠施于妾，不亦可乎？”李吾莫能应，遂复与夜，终无后言。君子曰：妇人以辞不见弃于邻，则辞安可以已乎哉！《诗》云："辞之辑矣，民之协矣⑨。"此之谓也。

颂曰：齐女徐吾，会绩独贫。夜托烛明，李吾绝焉。徐吾自列，辞语甚分。卒得容入，终没后言。

【注释】

①与邻妇李吾之属会烛：与邻居妇女李吾一伙人合用火炬。属，类。烛，火炬。

②绩：纺绩，把麻搓捻成线或绳。

③数不属：数次不能接续。

④与夜：夜里一起纺绩。

⑤来者：一起来纺绩的人。

⑥自与蔽薄：自取敝薄之席。蔽，王照圆曰当作"敝"。

⑦坐常处下：常坐于下座。

⑧东壁之余光：王照圆曰："东壁，星名，犹言四壁耳。"

⑨辞之辑矣，民之协矣：语见《诗经·大雅·板》。意谓：如果言辞协调温和，百姓便能融洽自安。辞，谓政教也。辑，和也。

【译文】

齐女徐吾，是齐国东海边的贫穷妇女。她和邻居妇女李吾一伙人合用火炬，夜里一起纺麻绩线。徐吾最穷，应供的火炬数次不能连续。李吾对她们一伙人说："徐吾的火炬数次不能供应，希望不要与她夜里一起纺绩了。"徐吾说："这是什么话呢？我因为贫穷不能供应火炬的缘故，常常起得早，休息得晚，洒扫房屋，铺设席子，等待一起来纺绩的人，自取敝薄之席，常坐于下座。这些都是因为贫穷、不能供应火炬的缘故。一个房间中，火炬不会因为增加一个人而变暗，也不会因为减少一个人而变亮，为什么要爱惜四壁上多余的光亮，不让贫穷的我蒙受哀怜、长久地做我的活计呢？假使你们经常施惠于我，不也是可以的吗？"李吾无言以应，于是重又和她一起夜里纺绩，后来再没说过什么。君子说：妇女因为言辞而不被邻居摈弃，修辞哪里可以停下来呢！《诗经》说："如果言辞协调，百姓就能融洽。"说的就是这种情况。

　　颂说：齐国贫女名徐吾，一起纺绩家独贫。夜里分享火炬明，李吾不满将她摈。徐吾自陈功与劳，语辞表达有理辩。最终得以被容纳，李吾再无牢骚言。

齐太仓女

【题解】

　　此篇选自《史记·孝文本纪》，又见于《史记·扁鹊仓公列传》。此事发生于汉文帝十三年（前167），太仓令淳于公有罪当受肉刑，缇萦上书为父求情，感动了汉文帝，为之废除了肉刑。这成为中国法制史上的一件大事。缇萦孝顺勇敢的品德，引起了人们的敬重和广泛传播。例如，班固《咏史》、曹植《精微篇》都歌咏了缇萦之事。

　　齐太仓女者①，汉太仓令淳于公之少女也②，名缇萦。淳于公无男，有女五人。孝文皇帝时③，淳于公有罪当刑。是时肉刑尚在，诏狱系长安④。当行会逮，公骂其女曰："生子不生男，缓急非有益⑤。"缇萦自悲泣，而随其父至长安，上书曰："妾父为吏，齐中皆称廉平，今坐法当刑⑥。妾伤夫死者不可复生,刑者不可复属,虽欲改过自新,其道无由也。妾愿入身为官婢,以赎父罪,使得自新。"书奏,天子怜悲其意,乃下诏曰:"盖闻有虞之时,画衣冠异章服以为戮⑦,而民不犯,何其至治也! 今法有肉刑五⑧,而奸不止,其咎安在? 非朕德薄而教之不明欤? 吾甚自愧。夫训道不纯⑨,而愚民陷焉⑩。《诗》云:'恺悌君子,民之父母⑪。'今人有过,教未施,而刑已加焉。或欲改行为善,而其道毋繇⑫。朕甚怜之。夫刑者至断支体,刻肌肤,终身不息⑬,何其痛而不德也! 岂称为民父母之意哉? 其除肉刑。"自是之后,凿颠者髡⑭,抽胁者笞⑮,刖足者钳⑯。淳于公遂得免焉。君子谓缇萦一言发圣主之意,可谓得事之宜矣。《诗》云:"辞之怿矣,民之莫矣⑰。"此之谓也。

颂曰:缇萦讼父,亦孔有识。推诚上书,文雅甚备。小女之言,乃感圣意。终除肉刑,以免父事。

【注释】

①齐:西汉初分封的同姓诸侯,都临淄(今山东淄博临淄区东北)。

②淳于公:即淳于意(约前215—约前140),西汉临淄人,曾任齐太仓令,精医道。

③孝文皇帝(前203—前157):名刘恒,西汉开国皇帝刘邦第四子,汉朝第五个皇帝。他励精图治,宽仁节俭,开创了汉朝的"文景之治"。

④诏狱系长安:诏令囚禁押解到长安。系,押解。长安,西汉都城,在今陕西西安北。

⑤缓急:指危急或发生变故之时。

⑥坐法：犯法获罪。

⑦画衣冠异章服以为戮：在罪犯衣冠上涂上特殊颜色，或者让他穿上异于常人的衣服，以表示惩罚。

⑧今法有肉刑五：《史记·孝文本纪》《汉书·刑法志》均作"肉刑三"，当时施行的肉刑有三种：黥（qíng）是刀刺刻面再涂以黑色，劓（yì）是割鼻，刖（yuè）是砍脚之刑。

⑨训道：即训导。

⑩陷：落入犯罪的境地。

⑪恺（kǎi tì）悌君子，民之父母：语见《诗经·大雅·泂（jiǒng）酌》，《毛诗》作"岂弟"，意同。此句意谓：和乐平易的君子，好比百姓的父母。恺悌，和乐平易。

⑫毋繇：同"无由"。

⑬息：生。

⑭凿颠者髡（kūn）：开凿头颅的酷刑改为剃去头发。颠，头。髡，古代剃去男子头发的一种刑罚。

⑮抽胁者笞（chī）：抽除肋骨的刑罚改为鞭打。笞，用鞭杖或竹板打。

⑯刖（yuè）足者钳：砍掉脚的酷刑改为用铁圈束颈。

⑰辞之怿（yì）矣，民之莫矣：语见《诗经·大雅·板》。意谓：说话令人喜悦，民众就会安定。怿，喜悦。莫，安定。

【译文】

　　齐太仓女，是汉朝太仓令淳于公的小女儿，名叫缇萦。淳于公没有儿子，有五个女儿。孝文皇帝时期，淳于公有罪当受刑罚。当时还有肉刑，诏令囚禁押解淳于公到长安。要被逮捕的时候，淳于公大骂他的女儿说："生孩子没生出儿子，紧急的时候没一点用处。"缇萦悲伤落泪，跟随她的父亲到了长安，上书说："我的父亲做官吏，齐国人都称赞他廉洁公平，现在犯法当被治罪。我伤心的是，死去的人不能够再生，受刑割断的肢体不能够重新连续，虽然想要改过自新，也没有道路可走。我愿意亲身入宫为官奴婢，来替父亲赎罪，使他能够改过自新。"书呈上后，天子悲怜缇萦的心意，就下诏书说："听说虞舜的时候，在罪犯衣冠上涂上特殊颜色，或者让他穿上异于常人的衣服，以示惩罚，而百姓不犯法，国家治理得多么好啊！现在法律中有五种肉刑，而百姓犯法不止，过错是在哪里呢？难道不是我德行薄弱而教化不明吗？我非常羞愧。教训引导不正，就会使民众愚蠢落入犯罪的境地。《诗经》说：'和乐平易的君子，好比百姓的父母。'现在人们有了过错，教化还未施行，而刑罚已加上身。他们想要改错行善，而没有可走的路。我非常怜悯。他们受到刑罚，以至于割断肢体，刻伤肌肤，终身不能再生，这多么痛苦而且不道德啊！难道符合天子为民父母的意思吗？废除肉刑吧。"从此之后，开凿头颅的酷刑改为剃去头发，抽除肋骨的刑罚改为鞭打，砍掉脚的酷刑改为用铁圈束颈。淳于公于是得以免刑。君子认为缇萦一番话启发了圣主的想法，可以称得上做事得体。《诗经》说："说话令人喜悦，民众就会安定。"说的就是这种情况。

　　颂说：缇萦讼父过，非常有见识。推诚上奏书，文雅理甚备。小女一番话，感动圣主意。最终废肉刑，免去父刑事。

卷之七　孽嬖传

　　惟若孽嬖①，亦甚嫚易②。淫妒荧惑③，背节弃义。指是为非，终被祸败④。

【注释】

①孽嬖（niè bì）：颜师古注曰："孽，庶也；嬖，爱也。"指受到宠幸的人，往往特指受宠引起祸乱之人。

②嫚（màn）易：轻侮，欺侮，不以礼相待。

③荧惑：使人迷惑，炫惑。

④终被祸败：顾广圻曰："此传颂止六句，余皆十句，盖脱此下四句也。"

【译文】

　　那些受宠致祸女，非常轻慢无礼仪。淫乱忌妒炫惑人，背弃正道和节义。颠倒是非胡乱行，终遭祸败人唾弃。

夏桀末喜

【题解】

　　关于夏桀昏庸残暴以致亡国的事情，频见于史籍，例如《尚书大传·汤誓》《史记·夏本纪》《史记·殷本纪》等。将夏桀亡国与末喜关联起来的有："昔夏桀伐有施，有施人以妹喜女焉，妹喜有宠，于是乎与伊尹比而亡夏"（《国语·晋语一》）；"昔人君之蔽者，夏桀、殷纣是也。桀蔽于末喜、斯观，而不知关龙逢，以惑其心，而乱其行"（《荀子·解蔽》）。

此篇综合了上述材料，虽将末喜塑造为反面典型，但是细审文字，大部分罪过却是夏桀所犯。除了空洞的道德指责，末喜的错误主要有：爱穿男装，佩剑戴冠；与夏桀饮酒无节制；以溺死于酒池之人为笑乐。这些要么无关治道，要么仅为从犯，并非主导。由此可知，末喜亡夏之说为片面肤浅的红颜祸水之论。

末喜者①，夏桀之妃也②。美于色，薄于德，乱孽无道，女子行丈夫心，佩剑带冠。桀既弃礼义，淫于妇人，求美女，积之于后宫。收倡优、侏儒、狎徒、能为奇伟戏者③，聚之于旁，造烂漫之乐④，日夜与末喜及宫女饮酒，无有休时。置末喜于膝上，听用其言，昏乱失道，骄奢自恣。为酒池，可以运舟，一鼓而牛饮者三千人⑤，䪊其头而饮之于酒池⑥，醉而溺死者，末喜笑之，以为乐。龙逢进谏曰⑦："君无道，必亡矣。"桀曰："日有亡乎？日亡而我亡。"不听，以为妖言而杀之。造琼室瑶台，以临云雨⑧，殚财尽币⑨，意尚不餍。召汤，囚之于夏台，已而释之⑩。诸侯大叛。于是汤受命而伐之⑪，战于鸣条⑫，桀师不战，汤遂放桀⑬，与末喜、嬖妾同舟⑭，流于海，死于南巢之山⑮。《诗》曰："懿厥哲妇，为枭为鸱⑯。"此之谓也。

颂曰：末喜配桀，维乱骄扬。桀既无道，又重其荒⑰。奸轨是用⑱，不恤法常⑲。夏后之国，遂反为商。

【注释】

①末喜：文献中也作"妹喜""妹嬉"。

②夏桀之妃也：此处盖有脱文，王照圆曰："《后汉书》注引作'桀妃，有施氏女也'，此脱。"梁端云："《御览·皇亲部》引下有'桀伐有施，有施女以末喜'十字并注'以女妻人曰女'六字，今本盖有缺文。"夏桀，又称癸、履癸。夏朝末代君主。

③收倡优、侏儒、狎（xiá）徒、能为奇伟戏者：搜罗倡优、侏儒、陪伴饮乐之徒，能做各种奇怪舞蹈和杂耍的人聚集在身边。倡优，古代称以音乐歌舞或杂技戏谑娱人的艺人。侏儒，身材异常矮小的人，矮子。狎徒，陪主人嬉戏凑趣的人。奇伟戏，奇怪的杂技歌舞表演。

④烂漫之乐：流丽靡漫之乐。

⑤牛饮：俯身而饮，形态如牛，故云。泛指放开量狂饮，豪饮。

⑥鞿（jī）：同"羁"，系，捆绑，束缚。

⑦龙逢（páng）：又作关逢、龙逢，他是夏桀之臣，桀荒淫无道，遂进谏，桀囚而杀之。

⑧以临云雨：形容建筑物高耸直冲云霄。云雨，代指高空。

⑧殚（dān）：尽，竭尽。

⑩已而：不久，后来。

⑪汤受命：汤受天命。汤，子姓，名履，又称武汤、天乙、成汤，契的第十四代孙，商王朝的建立者。

⑫鸣条：地名。位于今山西运城安邑镇北。

⑬放：驱逐，流放。

⑭嬖（bì）：宠爱。

⑮南巢：古地名。在今安徽巢湖市西南。

⑯懿（yì）厥哲妇，为枭为鸱（chī）：语见《诗经·大雅·瞻卬》。意谓：可叹那个美貌女子，做了枭鸟和猫头鹰。哲妇，美貌的女子。倾城，指覆国，亡国。懿，通"噫"，叹词。厥，那。为，是，如。枭，

传说长大后食母的恶鸟。鸱,恶声之鸟,即猫头鹰。

⑰荒:迷乱,昏聩。

⑱奸轨是用:只是一味地作奸为乱。奸轨,犯法作乱。

⑲法常:常法,法度准则。

【译文】

末喜,是夏桀的后妃。她容貌漂亮,德行薄劣,作乱造孽,没有道德,身为女子却有着男子的心性,佩戴剑冠。夏桀抛弃了礼义,耽溺于妇人,寻求美女,积聚到后宫。又搜罗倡优、侏儒、陪伴饮乐之徒、能做各种奇怪舞蹈和杂耍的人聚集在身边,造作靡丽流荡的音乐,从早到晚和末喜以及其他宫女喝酒,没有停止的时候。夏桀让末喜坐在膝上,听她的话,昏乱无道,骄奢放纵。夏桀修建了一个酒池,可以在里面行船,敲一次鼓有三千人狂饮,绑着他们的头而让他们在酒池喝酒,喝醉就掉在里面淹死,末喜大笑,以为取乐。龙逢进谏说:"国君无道,必然会灭亡啊。"桀说:"太阳会灭亡吗?太阳亡了我才会亡。"不听龙逢的话,还认为他散布妖言而杀死了他。夏桀还修建了用琼瑶美玉装饰的宫殿台阁,高耸入云,花光了国家的财富,心意还不满足。他召来汤,把他囚禁在夏台,没多久又释放了他。诸侯纷纷叛乱。于是汤接受天命讨伐夏桀,在鸣条大战,桀的军队不抵抗,于是汤流放了桀,桀与末喜、宠妾同船漂流到海上,死在了南巢的山上。《诗经》说:"可叹那个美貌女子,做了枭鸟和猫头鹰。"说的就是这种情况。

颂说:末喜配夏桀,乱骄之名扬。夏桀已无道,又增其荒唐。犯乱得任用,不顾法度常。夏桀之国民,叛主而助商。

殷纣妲己

【题解】

《尚书·牧誓》记载,周武王伐纣时指责其罪过有"惟妇言是用"。

之后,商纣王沉溺于女色的故事又不断地被丰富,例如:《国语·晋语一》"殷辛伐有苏,有苏氏以妲己女焉,妲己有宠,于是乎与胶鬲比而亡殷";《吕氏春秋·先识览》"妲己为政,赏罚无方,不用法式,杀三不辜,民大不服";等等。《史记·殷本纪》已将相关史料作了初步的整合。本篇在《殷本纪》的基础上,又增加了细节。

　　总体来看,在漫长的流传过程中,纣的形象越来越被丑化,所犯恶行越来越夸张。《论语》中子贡已对其做了辨析,"纣之不善,不如是之甚也。是以君子恶居下流,天下之恶皆归焉"(《论语·子张》)。苏妲己作为商纣王宠爱的女子,也随之被污名化。甚至原来文献记载的商纣王所做的恶事也被归于苏妲己,例如杀王子比干事。《列女传》之后,丑化苏妲己的趋势依然延续,例如最为大众熟知的《封神演义》就加入了更多离奇的情节。

　　妲己者①,殷纣之妃也②,嬖幸于纣。纣材力过人③,手格猛兽④。智足以距谏,辩足以饰非。矜人臣以能⑤,高天下以声⑥,以为人皆出己之下。好酒淫乐,不离妲己,妲己之所誉贵之,妲己之所憎诛之。作新淫之声、北鄙之舞、靡靡之乐⑦,收珍物,积之于后宫,谀臣群女咸获所欲。积糟为丘,流酒为池,县肉为林⑧,使人裸形相逐其间,为长夜之欢,妲己好之。百姓怨望,诸侯有畔者⑨,纣乃为炮烙之法⑩,膏铜柱,加之炭,令有罪者行其上,辄堕炭中,妲己乃笑。比干谏曰⑪:"不修先王之典法,而用妇言,祸至无日。"纣怒,以为妖言。妲己曰:"吾闻圣人之心有七窍。"于是剖心而观之。囚箕子⑫,微子去之⑬。武王遂受命,兴师伐纣,战于牧野⑭。纣师倒戈,纣乃登廪台⑮,衣宝玉衣而自杀。于是武王遂致天之罚,斩妲己头,悬于小白旗[⑯],以为亡纣者是女也。《书》曰:"牝鸡无晨。牝鸡之晨,惟家之索[⑰]。"《诗》云:"君子信盗,乱是用暴[⑱]""匪其止共,维王之邛[⑲]。"此之谓也。

　　颂曰:妲己配纣,惑乱是修。纣既无道,又重相谬。指笑炮炙,谏士剖囚[⑳]。遂败牧野,反商为周。

【注释】

①妲己:有苏氏诸侯之女,商纣王的宠妃。

②殷纣(? —前1046):子姓,名受,商朝末代君主,世称"纣"(一说为"受"之音转)、"商纣王"等,夏商周断代工程将其在位时间推定为三十年。

③材力:才能,能力。

④格:击,打。

⑤矜:自夸,自恃。

⑥声:声名。

⑦北鄙之舞:北部边地的一种粗俗舞蹈。靡靡之乐:柔弱、颓靡的音乐,泛指一切低级趣味的音乐。

⑧县:同"悬"。

⑨畔:通"叛",反叛。

⑩炮烙之法:相传是殷纣王所用的一种酷刑,堆炭架烧铜柱,令人行走其上,以致落火被焚身亡。

⑪比干(? —前1047):因被封于比邑(今山西汾阳),故称比干,也称王子比干,商王文丁之子,商纣王帝辛之叔。一说是纣王的兄弟,殷商王室重臣。

⑫箕子:名胥余,殷商末期贵族,是帝乙的弟弟,商纣王的叔父,官太师,因其封地与箕,故称箕子,他与微子、比干齐名,史称"殷末三

贤"。

⑬微子：子姓，宋氏，名启，后世称微子、微子启、宋微子，微子是商王帝乙的长子、商纣王帝辛的长兄，后被周人封于宋国。

⑭牧野：古地名。在今河南淇县西南。

⑮廪（lǐn）台：即鹿台，相传为商纣王自杀处。

⑯小白旗：即杂帛。

⑰"牝（pìn）鸡无晨"几句：语见《尚书·牧誓》。意谓：母鸡不在清晨打鸣，母鸡打鸣，这个家庭就要破败。比喻女性掌权，颠倒阴阳，会导致家破国亡。牝，雌性的。索，尽。

⑱君子信盗，乱是用暴：语见《诗经·小雅·巧言》。意谓：君子相信那谗人，祸乱就会很严重。盗，盗贼，借指谗人。暴，厉害，严重。一说骤进。

⑲匪其止共，维王之邛（qióng）：语见《诗经·小雅·巧言》。意谓：谗人哪能尽职守，只能为王造灾殃。止共，尽职尽责。止，做到。共，通"恭"，忠于职责。邛，病。

⑳刳（kū）：剖，剖开。

【译文】

殷纣妲己，是商纣王的妃子，受到了纣王的宠幸。商纣王才干力气超过了众人，能够亲手格斗猛兽。他的智慧足可以拒绝纳谏，口才足可以文过饰非。他向大臣夸耀自己的才能，在天下人面前抬高自己的声威，认为所有人都比不上自己。商纣王喜好饮酒作乐，与妲己形影不离，妲己称赞的人就重用，妲己憎恨的人就杀掉。他制作了新的淫荡之曲、北方的粗鄙舞蹈、颓靡的音乐，收集珍宝，堆积到后宫，阿谀奉承的大臣和诸位宫女都能够获得他们想要的东西。商纣王把酒糟累积成山，让酒流满池子，肉悬挂林立，让人在中间裸体互相追逐，整夜作乐，妲己喜欢这样。百姓怨恨，诸侯有背叛的，商纣王就发明了炮烙之刑，在铜柱上抹上油脂，用炭火烤热，让有罪的人在上面行走，很快就掉到炭火中烧死，妲己看到了就大笑。比干进谏说:"不遵守先王的典章法度,而听用妇人之言,灾祸很快就来了。"商纣王大怒,认为是妖言。妲己说:"我听说圣人的心脏有七个孔窍。"于是剖开比干的心脏而观看。商纣王又囚禁了箕子,微子离开了商国。于是武王接受天命,兴兵讨伐商纣王,在牧野大战。商纣王的军队倒戈攻商,他就登上廪台,穿上宝玉做成的衣服自杀了。于是武王就实行天罚,砍掉妲己的头,挂到小白旗上,认为是这个女子灭亡了纣。《尚书》说:"母鸡不在清晨打鸣,母鸡打鸣,这个家庭就要破败。"《诗经》说:"君子相信那谗人,祸乱就会很严重","谗人哪能尽职守,只会为王造灾殃。"说的就是这种情况。

颂说:妲己配商纣,一味昏乱修。纣已无道甚,重增其错谬。指笑炮烙刑,谏士被剖囚。遂败于牧野,商兵反为周。

周幽褒姒

【题解】

褒姒亡宗周的说法,最早见于《诗经·小雅·正月》"赫赫宗周,褒姒灭之",可见其为时人普遍的观念。至《国语·郑语》,史伯为郑桓公论兴衰时,讲述了龙漦化为玄鼋、童妾遭之而生褒姒的神秘传说。《吕氏春秋·疑似》记载了周幽王数击鼓以博取褒姒一笑的故事,《史记·周本纪》在击鼓之外又增加了烽火,故事定型为"烽火戏诸侯"。此篇乃基于《史记·周本纪》略作改编而成。

考察褒姒相关的传说,龙漦化鼋与童女遇合的出生故事语涉神怪,自然不可相信。烽火戏诸侯的故事也不可能为真,因为烽火制度最早是在战国时期秦国出现,目前发现最早的是西汉时期烽火台遗址。因此,西周灭亡的导火线为周幽王宠爱褒姒而改易太子,破坏了嫡长子继承制,从而引发了"申侯乃与缯、西夷犬戎共攻幽王"。清华简《系年》对这段历史有更清楚的描绘:(太子)宜臼(后来的周平王)被废后逃往西申,幽王起兵围平王于西申,申人拒不交出平王,而与曾人、西戎共攻幽王,幽王及伯服被杀,周乃亡。因此,西周灭亡与褒姒有一定关系,但她并非主导,因为废立大权在幽王,认为褒姒灭掉了宗周并将其妖化,不过是尤物害人、为尊者讳等观念的产物而已。

褒姒者①,童妾之女②,周幽王之后也③。初,夏之衰也,褒人之神化为二龙④,同于王庭而言曰:"余,褒之二君也。"夏后卜杀之与去⑤,莫吉。卜请其漦藏之而吉⑥,乃布币焉⑦。龙忽不见,而藏漦椟中⑧,乃置之郊,至周,莫之敢发也。及周厉王之末⑨,发而观之,漦流于庭,不可除也。王使妇人裸而噪之⑩,化为玄蚖⑪,入后宫。宫之童妾未毁而遭之⑫,既笄而孕⑬,当宣王之时产⑭,无夫而乳,惧而弃之。先是有童谣曰:"檿弧箕服⑮,寔亡周国⑯。"宣王闻之。后有人夫妻卖檿弧箕服之器者,王使执而戮之。夫妻夜逃,闻童妾遭弃而夜号⑰,哀而取之,遂窜于褒。长而美好,褒人姁有狱⑱,献之以赎,幽王受而嬖之⑲,遂释褒姁,故号曰褒姒。既生子伯服,幽王乃废后申侯之女⑳,而立褒姒为后,废太子宜臼㉑,而立伯服为太子。

【注释】

①褒姒(sì):生卒年不详,姒姓,褒国(今陕西汉中)人,周幽王的第二任王后,伯服的生母。

②童妾:婢女,小妾。

③周幽王(前795?—前771):姬姓,名宫湦(shēng),周宣王姬静之子,西周第十二任君主,前782—前771年在位。

④褒人：《国语》韦昭注曰"褒君"。

⑤夏后：夏代国王。

⑥漦（lí）：龙或鱼的唾液。

⑦布币：陈列币帛。

⑧椟：木柜，木匣。

⑨周厉王（？—前828）：姬姓，名胡，周夷王姬燮之子，西周王朝第
　十代王，前878—前842年在位。

⑩噪：大声叫嚷。

⑪玄蚖（yuán）：黑蜥蜴。

⑫未毁：梁端云："《国语》作'未既龀'，韦昭云'毁齿曰龀'，此疑
　'毁'下脱'齿'字。"

⑬既笄（jī）：古代汉族女子成年后结发，用笄贯之，因称女子成年为
　及笄。

⑭宣王（？—前782）：姬姓，名静，一作靖，周厉王之子，西周第十一
　代君主，前828—前782年在位。

⑮檿（yǎn）弧箕服：用桑木制成的弓、用箕木制成的箭袋。檿，一种
　桑树，落叶乔木，叶互生，内皮可做纸，木材坚韧，可做弓、车辕。
　弧，木弓。箕服，亦作"箕箙"，箕木做成的箭袋。

⑯寔（shí）：同"实"。

⑰闻童妾遭弃而夜号：梁端曰："'妾'下疑脱'之女'二字。"

⑱姁（xū）：褒君名。

⑲嬖（bì）：宠爱。

⑳申侯：姜姓，西申国（今陕西眉县东北一带）国君。

㉑宜臼：一作宜咎。申后之子，曾被周幽王立为太子，又被废，后被
　诸侯立为周平王，迁都洛阳。

【译文】

褒姒，是小婢的女儿，周幽王的王后。当初，夏朝衰亡的时候，褒人

的神灵化成了两条龙,一起出现在夏王宫廷说:"我们,是褒国的两位国君。"夏王占卜是杀掉还是放走龙,都不吉利。占卜请求收藏龙的唾液是吉利的,于是陈设币帛祭祀。龙忽然就不见了,夏王就把龙的唾液藏到木盒中,放置到城郊,到了周朝,没有人敢打开木盒。周厉王晚期,打开木盒观看,龙的唾液流满了庭院,不可消除。周厉王派妇人们裸体鼓噪,龙的唾液变成了黑蜥蜴,进入了王的后宫。宫中有个年幼还未换牙的小婢遇到了黑蜥蜴,成年后竟然怀孕了,到周宣王的时候生了孩子,没有丈夫而生子,心里害怕就抛弃了孩子。之前有童谣说:"桑木弓箕木袋,会将周邦败坏。"宣王听到了。后来有一对夫妻售卖桑木弓箕木袋,宣王派人去抓捕要杀死他们。夫妻连夜逃亡,听到小婢抛弃之女的哭声,就哀怜她而将其抱走,最后逃窜到了褒国。小婢的女儿长大后非常漂亮,褒国君主姁犯罪下狱,褒人就把她献给周王赎罪,幽王接受这个女子后非常喜欢,就放了褒姁,所以称这个女子为褒姒。褒姒生了儿子伯服后,幽王就废掉王后(申侯的女儿),改立褒姒为王后,废掉原来的太子宜臼,而立伯服为太子。

幽王惑于褒姒,出入与之同乘,不恤国事,驰驱弋猎不时[1],以适褒姒之意。饮酒流湎[2],倡优在前,以夜续昼。褒姒不笑,幽王乃欲其笑,万端[3],故不笑。幽王为烽燧大鼓[4],有寇至则举。诸侯悉至而无寇,褒姒乃大笑。幽王欲悦之,数为举烽火。其后不信,诸侯不至。忠谏者诛,唯褒姒言是从。上下相谀,百姓乖离[5],申侯乃与缯、西夷犬戎共攻幽王[6],幽王举烽燧征兵,莫至。遂杀幽王于骊山之下[7],虏褒姒,尽取周赂而去[8]。于是诸侯乃即申侯[9],而共立故太子宜咎,是为平王。自是之后,周与诸侯无异。《诗》曰:"赫赫宗周,褒姒灭之。"[10]此之谓也。

颂曰：褒神龙变，寔生褒姒。兴配幽王，废后太子。举烽致兵，笑寇不至。申侯伐周，果灭其祀。

【注释】

①弋（yì）猎：射猎，狩猎。

②流湎（miǎn）：放纵无度。

③万端：万方，各种方法。

④烽燧（suì）：古代边防报警的信号，夜间举火叫烽，白天放烟叫燧。

⑤乖离：抵触，背离。

⑥缯（zēng）：或作"曾""鄫"，周代的姬姓诸侯国之一，在今河南方城一带。西夷犬戎，少数民族名。当时活动于临近今宁夏、甘肃、陕西西北部地区，是周人西边的敌人。

⑦骊（lí）山：山名。在今陕西西安临潼区东南。

⑧周赂：周国的财宝。

⑨即：顺从，依就。

⑩赫赫宗周，褒姒灭之：语见《诗经·小雅·正月》。意谓：辉煌显赫的西周王朝，褒姒竟然将它灭亡了。

【译文】

幽王被褒姒迷惑，出入与她同乘一辆车，不考虑国家政事，奔驰射猎不按时节，用以取悦褒姒之心。饮酒放纵无度，倡优在前，夜以继日。褒姒不爱笑，幽王想让她笑，用了各种办法，褒姒故意不笑。幽王造作了烽燧大鼓，有敌寇来就点燃烽火擂击大鼓。诸侯都赶来救难却没有敌寇，褒姒于是大笑。幽王想要取悦褒姒，数次为她点燃烽火。后来因为不讲信用，诸侯就不来了。忠诚直谏的人被杀，幽王只听从褒姒之言。群臣上下互相阿谀奉承，百姓背离，申侯就和缯、西夷犬戎一起攻打幽王，幽王点燃烽燧征召救兵，没有人来。于是他们在骊山下杀死幽王，掠走了褒姒，把周国的财宝席卷一空。于是诸侯依从申侯，共同拥立原来的太子宜臼，就是平王。从此以后，周与诸侯国没有了区别。《诗经》说："辉煌显赫的西周，褒姒竟将它覆灭。"说的就是这种情况。

颂说：褒国神灵变为龙，唾液竟然生褒姒。长大以后配幽王，废掉申后和太子。点燃烽火搬救兵，敌寇不至大笑之。申侯讨伐周幽王，最终灭掉西周祀。

卫宣公姜

【题解】

此篇内容见于《左传·桓公十六年》《左传·闵公二年》《史记·卫康叔世家》等。刘向在基本袭用之前史料的基础上，又做了细微巧妙的加工，例如删掉了《史记·卫康叔世家》中对卫惠公朔、黔牟、卫懿公至于戴公为政情况的描述，并虚构卫惠公"竟终无后"，实际上卫懿公即为卫惠公之子。这样加工的结果是，加强了宣姜、卫朔阴谋与卫国五世之乱的联系，突出了宣姜所应承担的道德责任。故事中还有伋子、寿争死的仗义友爱之兄弟情，与宣姜、朔的阴暗自利形成了鲜明的对比，这更增加了对后者所作所为的批判力度。

宣姜者，齐侯之女，卫宣公之夫人也①。初，宣公夫人夷姜生伋子，以为太子。又娶于齐，曰宣姜，生寿及朔。夷姜既死，宣姜欲立寿，乃与寿弟朔谋构伋子②。公使伋子之齐，宣姜乃阴使力士待之界上而杀之③，曰："有四马白旄至者④，必要杀之⑤。"寿闻之，以告太子曰："太子其避之。"伋子曰："不可。夫弃父之命，则恶用子也⑥？"寿度太子必行⑦，乃与太子饮，夺之旄而行，盗杀之。伋子醒，求旄不得，遽往追之⑧，寿已死矣。伋子痛寿为己死，乃谓盗曰：

“所欲杀者乃我也,此何罪? 请杀我。”盗又杀之。二子既死,朔遂立为太子。宣公薨⑨,朔立,是为惠公,竟终无后,乱及五世⑩,至戴公而后宁⑪。《诗》云:“乃如之人,德音无良⑫。”此之谓也。

颂曰:卫之宣姜,谋危太子。欲立子寿,阴设力士。寿乃俱死,卫果危殆。五世不宁,乱由姜起。

【注释】

①卫宣公(? —前700):姬姓,名晋,卫庄公之子,卫桓公之弟,前718—前700年在位。

②构:诬陷,陷害。

③阴使力士待之界上:暗地里派力士在卫、齐两国的边界上等待。

④白旄(máo):以白色牦牛尾装饰的出使所用的符节。

⑤要(yāo):通“邀”,拦阻,截击。

⑥恶(wū):相当于“怎么”“哪里”。

⑦度(duó):推测,估计。

⑧遽(jù):匆忙,立即。

⑨薨(hōng):指君主制时代诸侯或大官等的去世。

⑩乱及五世:据《左传》及《史记·卫康叔世家》,此处“五”应为“三”之误,即宣公、惠公、懿公也。

⑪戴公(? —前660):春秋时卫国国君,名申。自惠公谮杀太子伋,至于懿公,国人皆不服,常欲败之。及懿公死,乃立申为国君。在位一年,卒。

⑫乃如之人,德音无良:语见《诗经·邶风·日月》。意谓:可是像他这种人,没有好名誉心肠不良。乃,可是。之人,这个人。德音,善言,另一意为好名誉。无良,不好,不良。

【译文】

宣姜,是齐侯的女儿,卫宣公的夫人。当初,宣公的夫人夷姜生了伋子,立为太子。宣公又从齐国娶妻,即宣姜,生下了寿和朔。夷姜死后,宣姜想要立寿为太子,就和寿的弟弟朔谋划陷害伋子。宣公派伋子出使齐国,宣姜就暗地里派力士在卫、齐国界等待杀害伋子,说:"有乘四匹马拿着白旄牛尾装饰符节的人到了,一定拦截下来杀死他。"寿听到后,告诉太子说:"太子一定要避祸。"伋子说:"不可以。废弃父亲的命令,要孩子有何用呢?"寿揣度太子一定会出行,就与太子饮酒,夺去旄节出发了,盗贼杀死了他。伋子醒来后,找不到旄节,急速追赶,寿已经死了。伋子痛心寿为自己而死,就对盗贼说:"想要杀掉的人是我,他有什么罪?请杀死我吧。"盗贼又杀了伋子。二子死后,朔就被立为太子。宣公去世后,朔立为国君,就是惠公,最终竟然无后,祸乱殃及三世,到戴公时期才安宁。《诗经》说:"可是像他这种人,没有好名誉心肠不良。"说的就是这种情况。

颂说:卫国之宣姜,谋划害太子。想立其子寿,暗地设力士。寿与太子死,卫果陷危殆。三世国不宁,祸乱由姜起。

鲁桓文姜

【题解】

此篇内容在《春秋》"三传"和《史记·鲁周公世家》《史记·齐太公世家》中均有记载,是关系到齐、鲁两国政局的一件大事。鲁桓公弑兄而立,所行多有不正,在婚礼和姻亲关系上也多越礼而行,不听申繻的规劝,最终带来了杀身之祸。文姜与兄乱伦,在今人看来为匪夷所思之事,但或为春秋时期母系氏族习俗遗留(参见牟润孙《春秋时代母系遗俗公羊疏证》,收入《注史斋丛稿》,中华书局1987年版)。当然,这种习俗在春秋时期已被人指责,所以"三传"多有讥评。齐襄公看似这次冲突的胜利者,但最终也受到了惩罚,在政变中被杀。总之,礼以防闲,遵循一定的礼节以免除灾祸,当为明智的生活态度。

　　文姜者,齐侯之女,鲁桓公之夫人也①。内乱其兄齐襄公②。桓公将伐郑,纳厉公③。既行,与夫人俱将如齐也,申繻曰④:"不可。女有家⑤,男有室,无相渎也⑥,谓之有礼。易此必败。且礼,妇人无大故则不归⑦。"桓公不听,遂与如齐。文姜与襄公通,桓公怒,禁之不止。文姜以告襄公,襄公享桓公酒,醉之,使公子彭生抱而乘之⑧,因拉其胁而杀之⑨,遂死于车。鲁人求彭生以除耻,齐人杀彭生。《诗》曰:"乱匪降自天,生自妇人⑩。"此之谓也。

　　颂曰:文姜淫乱,配鲁桓公。与俱归齐,齐襄淫通。俾厥彭生⑪,摧干拉胸⑫。维女为乱,卒成祸凶。

【注释】

①鲁桓公(约前731—前694):姬姓,名允(《世本》作名轨),鲁隐公之弟,春秋时期鲁国国君,前712—前694年在位。

②内乱:乱伦,家族内的淫乱私通。齐襄公(？—前686):姜姓,名诸儿,齐僖公长子,齐桓公异母兄,春秋时期齐国第十四位国君,前698—前686年在位。

③纳厉公:用武力把郑厉公送回国。厉公,即郑厉公(？—前673),姬姓,名突,亦称公子突,郑庄公次子,郑昭公异母弟,春秋时期郑国国君,前701—前697年及前680—前673年在位。

④申繻(xū):鲁国大夫,其事迹见于鲁桓、鲁庄两朝,以睿智博学见称。

⑤有家:有夫。男子有妻称为有室。

⑥渎(dú):轻慢,不恭敬。

⑦大故：指重大的事故，如父母丧，或者严重的过失及罪恶。

⑧乘之：帮助桓公等车。

⑨拉其胁：折断了他的肋骨。

⑩乱匪降自天，生自妇人：语见《诗经·大雅·瞻卬》。意谓：祸乱不是从天降，而是出自妇人。乱，祸乱。

⑪俾（bǐ）：使。

⑫摧干：折毁躯干。

【译文】

文姜，是齐侯的女儿，鲁桓公的夫人。文姜与她的哥哥齐襄公乱伦私通。桓公将要讨伐郑国，把郑厉公送回国。出发后，鲁桓公与夫人一起将要去齐国，申繻说："不能这样。女子有丈夫，男子有妻子，不相轻慢，称为有礼。改变这个规则一定会致败。而且按照礼仪，妇人没有大的变故不回娘家。"鲁桓公不听，于是与文姜一起去了齐国。文姜与齐襄公私通，鲁桓公发怒，禁止不住。文姜告诉了齐襄公，齐襄公宴请鲁桓公饮酒，灌醉了他，派公子彭生抱起鲁桓公帮他乘车，趁机折断了他的肋骨而将他杀害，鲁桓公于是死在了车上。鲁国人请求得到彭生以消耻，齐人杀死了彭生。《诗经》说："祸乱不是从天降，而是出自妇人。"说的就是这种情况。

颂说：文姜淫乱女，嫁给鲁桓公。偕夫回齐国，暗与齐襄通。齐襄派彭生，摧躯折断胸。此女行淫乱，最终成祸凶。

鲁庄哀姜

【题解】

此篇内容见载于《国语·鲁语上》《左传》《公羊传》和《史记·鲁周公世家》。哀姜乱政是导致鲁庄公去世后鲁国政局动荡的大事情，也间接促成了春秋中后期鲁国"三桓当政"的权力格局。哀姜无子，其女弟叔姜生子启方,应被优先考虑立为嗣君。可是鲁庄公偏爱公子般,季友遵从了庄公遗愿。于是哀姜与庆父发动政变,杀死公子般而立启方为闵公。之后,哀姜应无理由再次发动政变,因此她在接下来闵公被杀的阴谋中应为"知之"而非主谋。史书则将哀姜描绘为主犯之一,又仅用"庆父与哀姜淫益甚"来解释哀姜杀死闵公的原因,这恐怕不能令人信服。最终的历史结局是,庆父惹怒了季友和鲁国人,被杀,但其后嗣以及同党叔牙的子嗣被立为鲁国卿大夫,世代掌权。哀姜则被齐桓公认为有损齐国形象而被杀,也许是处罚过重,因此谥号为"哀"。刘向在编撰此传时,将原来散见于《左传》中庄公为哀姜所做的违礼之事集中了起来,又将闵公之死的主谋归于哀姜,从而使得这一形象被塑造得更加丑恶。这显然是由《列女传》的教化目的所决定的,并不一定符合历史真相。

哀姜者,齐侯之女,庄公之夫人也①。初,哀姜未入时,公数如齐,与哀姜淫。既入,与其弟叔姜俱②。公使大夫宗妇用币见③。大夫夏甫不忌曰:"妇贽不过枣、栗④,以致礼也;男贽不过玉帛、禽鸟,以章物也⑤。今妇贽用币,是男女无别也。男女之别,国之大节也。无乃不可乎⑥?"公不听,又丹其父桓公庙宫之楹⑦,刻其桷⑧,以夸哀姜⑨。哀姜骄淫,通于二叔公子庆父、公子牙⑩。哀姜欲立庆父,公薨,子般立。庆父与哀姜谋,遂杀子般于党氏⑪,立叔姜之子,是为闵公。闵公既立,庆父与哀姜淫益甚,又与庆父谋杀闵公而立庆父,遂使卜齮袭弑闵公于武闱⑫。将自立,鲁人谋之,庆父恐,奔莒⑬,哀姜奔邾⑭。齐桓公立僖公,闻哀姜与庆父通以危鲁,乃召哀姜,酖而杀之⑮,鲁遂杀庆父。《诗》云:"啜其泣矣,何嗟及矣!"⑯此之谓也。

颂曰:哀姜好邪,淫于鲁庄。延及二叔,骄妒纵横。庆父是依,国适以亡。齐桓征伐,酖杀哀姜。

【注释】

①庄公(前706—前662):姬姓,名同,春秋时期鲁国第十六任君主,鲁桓公与其正妻文姜所生嫡长子,前693—前662年在位。

②弟:同"娣(dì)",女弟,妹妹。古代贵族女子出嫁,往往以妹妹或侄女陪嫁。

③宗妇:同姓大夫之妻。币:泛指车马、皮帛、玉器等礼物。

④贽(zhì):古时初次求见人时所送的礼物,见面礼。

⑤章物:由各人所执之物类不同而显示其贵贱等差。章,同"彰"。

⑥无乃:恐怕,大概。

⑦丹其父桓公庙宫之楹:用朱漆涂饰了他父亲桓公庙的柱子。楹,堂屋前部的柱子。

⑧刻其桷(jué):雕刻桓公庙的椽(chuán)子。桷,方形的椽子。

⑨夸哀姜:向哀姜夸耀。

⑩叔:指丈夫的弟弟。

⑪党氏:鲁国大夫。

⑫卜齮(yǐ)袭弑闵公于武闱(wéi):卜齮在王宫小门处暗杀了闵公。卜齮,鲁国大夫。武闱,王宫里的小门。

⑬莒(jǔ):周代诸侯国名,己姓,地处今山东莒县一带,前431年被楚灭掉。

⑭邾(zhū):周代诸侯国名。国王曹姓,为鲁附庸,地在今山东邹县一带。

⑮酖(zhèn):毒酒,以毒酒杀人。

⑯啜(chuò)其泣矣,何嗟及矣:语见《诗经·王风·中谷有蓷(tuī)》。意谓:抽噎哭泣泪流不止,又有什么用呢? 啜,哽噎抽泣貌。何嗟

及矣，同"嗟何及矣"。嗟，悲叹声。一说句中助词。何及，言无
济于事。及，与。

【译文】

哀姜，是齐侯的女儿，鲁庄公的夫人。当初，哀姜还未嫁到鲁国时，
庄公数次前往齐国，和哀姜淫乱。哀姜嫁过来，和她的妹妹叔姜一起。
庄公让大夫的宗妇拿着币帛见她们。大夫夏甫不忌说："妇女的见面礼
不过是些大枣、栗子，用来表达礼节；男人的见面礼不过是些玉帛、禽鸟，
用来表示贵贱等差。现在妇女见面礼用币，就是男女没有差别。男女之
别，是国家的大节。这样做大概行不通吧？"庄公不听，又用丹漆涂饰了
他父亲桓公宗庙宫殿的柱子，雕刻了它的椽子，向哀姜炫耀。哀姜骄纵
淫乱，私通于两个小叔子公子庆父、公子牙。哀姜想要立庆父为君，庄公
去世后，子般即位。庆父和哀姜经过密谋，就在党氏家里杀死了子般，拥
立了叔姜的儿子，即闵公。闵公即位后，庆父和哀姜更加淫乱，哀姜又和
庆父密谋杀死闵公而拥立庆父，就派卜齮在王宫小门暗杀了闵公。庆父
想要自立为君，鲁国人谋划对付他，庆父恐惧，逃奔到了莒国，哀姜逃奔
到邾国。齐桓公拥立了鲁僖公，听说哀姜和庆父私通以危害鲁国，就召
回哀姜，用毒酒杀死了她，鲁国最后杀死了庆父。《诗经》说："抽噎哭泣
泪不止，于事又有何补益！"说的就是这种情况。

颂说：哀姜不遵礼，淫于鲁庄公。私通二小叔，骄妒又强横。依赖叔
庆父，国家将亡崩。齐桓来征伐，毒杀哀姜痛。

晋献骊姬

【题解】

骊姬是中国历史上一个有名的坏女人，其狐媚惑主、谮害申生、扰乱
晋国政治之事，在《国语·晋语》《春秋》"三传"、《史记·晋世家》均有
记载。此篇文字主要根据记录最详的《国语·晋语》剪裁而成。

　　此文删掉了《国语》中枝蔓性人物,如教骊姬谮申生的优施,也略去了晋献公打算废掉申生之后的一些具体事例,而较为集中地展现了骊姬残害申生的过程:先是以冠冕堂皇的理由游说晋献公,使得太子和二公子均出居外城,为实施阴谋开辟了空间;接下来,骊姬表面上称赞申生,又指出"为父"与"为民"的矛盾,以女性的柔弱伪装激起了献公对申生的戒备之心;在条件成熟之后,骊姬以胙肉有毒诬陷申生,将之致以死地。但是,公道自在人心,骊姬的阴险狡诈最终也没有带来福报,而是导致自己和姊妹二人所生之子均被杀死。此文线索清晰,重点突出,细节生动,把骊姬心口不一、损人利己的丑恶形象表现得生动完整。千百年来,声名狼藉的骊姬一直被人唾弃,例如唐代岑参《骊姬墓下作》曰"浍水日东注,恶名终不流"。

　　骊姬者,骊戎之女①,晋献公之夫人也②。初,献公娶于齐,生秦穆夫人及太子申生;又娶二女于戎,生公子重耳、夷吾。献公伐骊戎,克之,获骊姬以归,生奚齐、卓子。骊姬嬖于献公③,齐姜先死,公乃立骊姬以为夫人。骊姬欲立奚齐,乃与弟谋曰④:"一朝不朝,其间用刀⑤。逐太子与二公子而可间也⑥。"于是骊姬乃说公曰:"曲沃,君之宗邑也⑦;蒲与二屈⑧,君之境也。不可以无主。宗邑无主,则民不畏;边境无主,则开寇心。夫寇生其心,民嫚其政⑨,国之患也。若使太子主曲沃,二公子主蒲与二屈,则可以威民而惧寇矣。"遂使太子居曲沃,重耳居蒲,夷吾居二屈。

　　骊姬既远太子,乃夜泣,公问其故,对曰:"吾闻申生为人,甚好仁而强⑩,其宽惠而慈于民,今谓君惑于我,必乱国,无乃以国民之故行强于君⑪。君未终命而殁⑫,君其奈何？胡不杀我？无以一妾乱百姓。"公曰："惠其民而不惠其父乎？"骊姬曰："为民与为父异。夫杀君利民，民孰不戴？苟父利而得宠⑬，除乱而众说⑭，孰不欲焉？虽其爱君，欲不胜也⑮。若纣有良子，而先杀纣，毋彰其恶⑯，钧死也⑰，毋必假手于武王以废其祀。自吾先君武公兼翼⑱，而楚穆弑成⑲，此皆为民而不顾亲。君不早图，祸且及矣。"公惧曰："奈何而可？"骊姬曰："君何不老而授之政⑳？彼得政而治之，殆将释君乎？"公曰："不可，吾将图之。"由此疑太子。

【注释】

①骊戎：古戎人的一支，国君姬姓，在今陕西西安临潼区一带。一说在今山西析城、王屋两山之间。

②晋献公：姬姓，名诡诸，曲沃（今山西闻喜）人。春秋时期晋国第十九任君主，晋武公之子，前676—前651年在位。

③嬖（bì）：宠爱，受宠爱。

④弟：同"娣"，指女弟，妹妹。

⑤一朝不朝，其间用刀：一个早晨不朝拜君王，就有被杀的危险。

⑥间：离间，挑拨使人不和。

⑦宗邑：宗庙所在的城邑。

⑧蒲：春秋晋邑，在今山西隰县西北。二屈：春秋晋邑，在今山西吉县东北。一说"二屈"当作"北屈"。

⑨嫚（màn）：轻视，侮辱。

⑩强：刚强，坚决，强横。

⑪行强：行篡逆之事。

⑫殁（mò）：死。

⑬父：《国语·晋语》作"交"，字形近而致误，交，俱。

⑭说(yuè)：同"悦"，高兴，愉快。

⑮欲不胜(shēng)：贪欲不能够克制。胜，禁得起、承受得了。

⑯彰：彰显。

⑰钧死：同样的死。

⑱武公兼翼：武公即曲沃武公、晋武公，名称，庄伯之子，曲沃桓叔成师之孙。自前740年桓叔初封曲沃起，经过六十七年的反复攻战，曲沃武公在前679年杀死缗侯，取得了曲沃代（伐）翼的胜利，史称武公代翼。武公代翼后周王收受贿赂，敕封武公做了晋侯，这反映了周室衰落、无力驾驭诸侯的历史状况。

⑲楚穆弑成：楚成王四十六年（前626），太子商臣发动政变，逼得自己的父亲楚成王自缢而亡，太子商臣继位，是为楚穆王。此事发生在晋献公身后，不可能被骊姬引用，此处表达显然有虚构意味。

⑳老：告老退位。

【译文】

骊姬，是骊戎的女儿，晋献公的夫人。当初，献公从齐国娶妻，生了秦穆夫人和太子申生；又从戎人那里娶了两个女子，生下公子重耳、夷吾。献公讨伐骊戎，攻克后，俘获骊姬带回晋国，生下了奚齐、卓子。骊姬受宠于献公，齐姜早死，献公就立骊姬为夫人。骊姬想要立奚齐为太子，就和她的妹妹密谋说："一个早上不朝拜君王，其间就蕴含着被杀的危险。驱逐太子和两位公子离开王宫，然后就可以离间了。"于是骊姬就劝说献公："曲沃，是国君宗庙所在的城邑；蒲和二屈，是国君的边境。不可以没有主管的人。宗庙所在的城邑没有主管，民众就不会畏惧；边境没有主管，就会引起敌寇入侵之心。敌寇生了入侵之心，民众轻慢政令，是国家的祸患。如果让太子主管曲沃，两位公子主管蒲和二屈，那就可以威压民众、让敌寇惧怕了。"于是献公派太子居于曲沃，重耳居于蒲城，夷吾居于二屈。

骊姬把太子赶开后，就在夜里哭泣。献公问她什么缘故，骊姬回答说:"我听说申生为人很仁义,性格刚强果断,对百姓宽惠慈爱,现在他说您被我迷惑,一定会扰乱国家,大概会因为国家民众的缘故,对您实行暴力行为。您未到寿终就亡没,该怎么办呢? 为什么不先杀死我,不要因为一个妾扰乱百姓。"献公说:"会宽惠待民而不会宽惠对待父亲吗?"骊姬说:"为民众和为父亲有所不同。杀死国君而有利于民,民众谁会不拥戴? 如果对双方都有利而获得荣耀,除去祸乱而民众喜悦,谁不愿意呢? 太子虽然爱您,但是经不住欲望的诱惑。假如纣有个好儿子,先把纣杀了,不彰显他的恶行,一样是死,就不会假借周武王之手而断绝宗祀。从我们先君武公代翼,到楚穆弑杀成王,这都是为了民众而不顾亲情。您如果不早些谋划,灾祸就来了。"献公害怕地说:"怎么办才好呢?"骊姬说:"您为何不告老退位而把政事交给太子呢? 他得到了政治权力而治理国家,大概就会放开您吧?"献公说:"不可以,我将要考虑一下。"从此开始猜疑太子。

骊姬乃使人以公命告太子曰:"君梦见齐姜,亟往祀焉①。"申生祭于曲沃,归福于绛②。公田不在③,骊姬受福,乃置鸩于酒,施毒于脯④。公至,召申生,将胙⑤。骊姬曰:"食自外来,不可不试也。"覆酒于地,地坟⑥,申生恐而出。骊姬与犬,犬死;饮小臣,小臣死之。骊姬乃仰天叩心而泣,见申生哭曰:"嗟乎! 国,子之国,子何迟为君? 有父恩忍之⑦,况国人乎? 弑父以求利,人孰利之?"献公使人谓太子曰:"尔其图之。"太傅里克曰:"太子入自明,可以生,不则不可以生。"太子曰:"吾君老矣。若入而自明,则骊姬死,吾君不安。"遂自经于新城庙⑧。公遂杀少傅杜原款;使阉楚刺重耳⑨,重耳奔狄;使贾华刺夷吾⑩,夷吾奔梁⑪。尽逐群公子,乃立奚齐。

献公卒,奚齐立,里克杀之;卓子立,又杀之;乃戮骊姬^⑫,鞭而杀之。于是秦立夷吾,是为惠公。惠公死,子圉立,是为怀公。晋人杀怀公于高梁^⑬,立重耳,是为文公。乱及五世然后定。《诗》曰:"妇有长舌,惟厉之阶^⑭。"又曰:"哲妇倾城^⑮。"此之谓也。

颂曰:骊姬继母,惑乱晋献。谋谮太子,毒酒为权^⑯。果弒申生,公子出奔。身又伏辜,五世乱昏。

【注释】

①亟(jí):急迫。

②归福于绛:把祭过神灵沾上福气的酒肉送到绛。绛,地名。春秋时期晋国都城,在今山西绛县,位于山西南部,运城东北部。

③田:打猎,后作"畋"。

④脯(fǔ):干肉。

⑤胙(zuò):古代宗庙祭祀时所用的肉。

⑥坟:隆起。

⑦忍:残忍。

⑧自经于新城庙:在新城庙上吊自杀。新城,春秋时晋国曲沃之别称,因新为太子之城,故称新城,地在今山西闻喜东北。

⑨阉楚:即寺人披,字伯楚。

⑩贾华:晋大夫。

⑪梁:国名。又称少梁国(或称东梁国),是春秋时期诸侯国之一,国都少梁(今陕西韩城)。前821年,周宣王封秦仲(嬴仲)的少子嬴康(史称少子康)为梁伯,建立了梁国(又称东梁国)。前640年,秦穆公灭亡了梁国。

⑫戮（lù）：通"僇"，羞辱。

⑬高梁：春秋晋邑，在今山西临汾东北。

⑭妇有长舌，惟厉之阶：语见《诗经·大雅·瞻卬》。意谓：妇女的长舌头，是灾祸的阶梯。长舌，古人认为长舌善谗。维，是。阶，阶梯，根源。

⑮哲妇倾城：语见《诗经·大雅·瞻卬》。意谓：美女会亡国。哲妇，美貌的女子。倾城，指覆国，亡国。

⑯权：计谋。

【译文】

骊姬就派人以献公的名义告诉太子说："君王梦见了齐姜，赶快去祭祀一下吧。"申生在曲沃祭祀，把祭过神灵沾上福气的酒肉送到绛。献公外出田猎不在宫里，骊姬接受了酒肉，就把毒药倒进酒中，在干肉上涂了毒药。献公回来后，召来申生，将要享用祭祀过宗庙的酒肉。骊姬说："从外面拿过来的食物，不可以不验试。"她把酒倒在地上，地面隆起，申生恐惧地逃出了王宫。骊姬把胙肉给狗吃，狗死了；让小仆人喝酒，小仆人也死了。于是骊姬仰天拍胸嚎啕大哭，见到申生哭着说："哎呀！国家，是你的国家，你为何还嫌迟迟当不上君主呢？有父亲恩情的人你还残忍对待，何况对国家百姓呢？杀死父亲来求得好处，别人谁还会对你好呢？"献公派人对太子说："你考虑一下吧。"太傅里克说："太子到宫里辩明自己，可以活下来，不然就活不了。"太子说："我的国君老了。如果到宫里辩明自己，骊姬就会死，我的父亲就不能安生。"于是太子在新城宗庙里上吊自杀。献公就杀死了太子少傅杜原款，派寺人披去刺杀重耳，重耳逃奔到了狄；派贾华去刺杀夷吾，夷吾逃奔到了梁。献公把公子们都驱逐到国外，于是立了奚齐为太子。

献公去世后，奚齐立为国君，里克杀死了他；卓子立为国君，里克又杀了他；里克又羞辱骊姬，用鞭子抽死了她。于是秦国拥立夷吾，即晋惠公。惠公去世后，子圉即位，即为怀公。晋国人在高梁杀死了怀公，立重耳为君,即为文公。祸乱殃及五世才安定。《诗经》说:"妇女长舌头,实为灾祸梯。"又说:"美女毁掉城。"说的就是这种情况。

颂说:骊姬作继母,惑乱晋献公。谗言害太子,下毒酒肉中。果然杀申生,公子尽逃命。自身终伏罪,五世晋不宁。

鲁宣缪姜

【题解】

此篇材料主要来源于《左传·成公十六年》《左传·襄公九年》。缪姜在《左传》中被称为"穆姜"。"缪"和"穆"虽在有的文献中可通,例如秦穆公在《史记·秦本纪》中作"秦缪公"。但这两个字毕竟是两种含义不同的谥号,《逸周书·谥法解》云"布德执义曰穆""名与实爽曰缪",《史记·蒙恬列传》也说"昔者秦穆公杀三良而死,罪百里奚而非其罪也,故立号曰'缪'",可以看到"缪"被认为是个恶谥。刘向显然也认为"缪""穆"有别,此篇集中写了缪姜"聪慧而行乱"的性格特点,正与"缪"的谥号内涵一致。聪明博学却不能够明智正义,名实不符,这是刘向将缪姜列入"孽嬖"的原因。值得一提的是,缪姜对《易》卦的解说,是关于《易》学早期发展的重要史料。

缪姜者[①],齐侯之女,鲁宣公之夫人[②],成公母也[③]。聪慧而行乱,故谥曰缪。初,成公幼,缪姜通于叔孙宣伯[④],名乔如。乔如与缪姜谋去季、孟而擅鲁国[⑤]。晋、楚战于鄢陵[⑥],公出佐晋。将行,姜告公:"必逐季、孟,是背君也!"公辞以晋难,请反听命。又货晋大夫[⑦],使执季孙行父而止之,许杀仲孙蔑,以鲁士晋为内臣[⑧]。鲁人不顺乔如,明而逐之[⑨]。乔如奔齐,鲁遂摈缪姜于东宫[⑩]。

【注释】

①缪（mù）姜：也作"穆姜"，姜姓，齐国女子，鲁宣公夫人。

②鲁宣公：姬姓，名倭，鲁文公之子，母敬嬴，春秋时期鲁国君主之一。前608—前591年在位。

③成公（？—前573）：姬姓，名黑肱，鲁宣公之子，春秋时期鲁国君主，前608—前591年在位。

④叔孙宣伯：姬姓，叔孙氏，名侨如，谥宣，又被称为叔孙宣子、叔孙侨如，是叔孙庄叔的儿子，叔孙豹和叔孙穆叔的哥哥。鲁成公时，叔孙宣伯为卿。

⑤季、孟：即季孙氏、孟孙氏，他们和叔孙氏并称"三桓"，分别为鲁桓公之子季友、庆父、叔牙的后裔，春秋后期实际掌握了鲁国的政治权力。穆姜时当政的季、孟分别为季孙行父（季文子）、仲孙蔑（孟献子）。

⑥鄢（yān）陵：在今河南鄢陵，前575年（周简王十一年）晋国和楚国为争夺中原霸权，在鄢陵地区发生战争。

⑦货：贿赂。

⑧士：通"事"，侍奉。

⑨明：通"盟"，结盟。

⑩摈（bìn）缪姜于东宫：把缪姜囚禁在东宫。摈，抛弃，排除。东宫，鲁国别官。

【译文】

　　缪姜，是齐侯的女儿，鲁宣公的夫人，鲁成公的母亲。她聪明博学，却生活淫乱，所以谥号为缪。当初，鲁成公年幼，缪姜和叔孙宣伯私通，宣伯名乔如。乔如和缪姜谋划挤走季文子、孟献子而专权鲁国。晋国和楚国在鄢陵交战，鲁成公出兵帮助晋国。临行前，缪姜对成公说："一定要赶走季、孟，他们背叛了君主！"成公用晋国危难为说辞，请求回国后听从母命。缪姜又贿赂晋国大夫，让他们逮捕季孙行父并将他拘留下来，许诺杀死仲孙蔑，让鲁国像内臣一样侍奉晋国。鲁人不顺从乔如，结盟后驱逐了他。乔如逃奔到齐国，鲁国就把缪姜囚禁到了东宫。

　　始往，缪姜使筮之①，遇《艮》之六②。史曰③："是谓《艮》之《随》。《随》，其出也④。君必速出。"姜曰："亡是⑤。于《周易》曰'《随》，元亨利贞，无咎'⑥。元，善之长也；亨，嘉之会也⑦；利，义之和也⑧；贞，事之干也。终故不可诬也⑨，是以虽《随》无咎。今我妇人而与于乱，固在下位，而有不仁，不可谓元；不靖国家，不可谓亨；作而害身，不可谓利；弃位而放⑩，不可谓贞。有四德者，《随》而无咎。我皆无之，岂《随》也哉？我则取恶，能无咎乎！必死于此，不得出矣。"卒薨于东宫。君子曰："惜哉！缪姜虽有聪慧之质，终不得掩其淫乱之罪。"《诗》曰："士之耽兮，犹可说也。女之耽兮，不可说也⑪。"此之谓也。

　　颂曰：缪姜淫洪⑫，宣伯是阻⑬。谋逐季孟，欲使专鲁。既废见摈，心意摧下。后虽善言，终不能补。

【注释】

①筮（shì）：古代用蓍（shī）草占卜的一种活动。

②《艮》之六："六"《左传》作"八"。《周易》某卦的一爻或数爻发生变化，就会成另一卦，从《艮》卦变为《随》卦，是除第二爻不变外其他爻均发生了变化。

③史：在王左右的史官，担任祭祀、星历、卜筮、记事等职。

④《随》，其出也：《随》卦乃随人而行，有出走之象。

⑤亡是："亡"通"无"，无是言，无此事。

⑥元亨利贞，无咎：《周易·随卦》卦辞。

⑦亨，嘉之会也："亨"即"享"，凡嘉礼必有享。享有主有宾，故曰"会"。

⑧利，义之和也：按照古人的义利观，行公利为义，行私利为利。利之和为公利，故缪姜以为义。

⑨故：同"固"。诬：欺骗。

⑩放：《左传》作"姣"，盖字形近而误。此时缪姜为太后，按照当时观念应为未亡人，不该再修饰打扮，缪姜与叔孙侨如私通，不守太后本分而装饰容貌。

⑪"士之耽（dān）兮"几句：语见《诗经·卫风·氓》。意谓：男人若是沉溺于情感，还可以解脱。女人若是沉溺于情感，就不可以解脱。耽，迷恋，沉溺，贪乐太甚。说，通"脱"，解脱。

⑫泆（yì）：放荡，放纵。

⑬是阻：王照圆注引郝懿行之说，认为"阻"乃"怚（jù）"字之误。怚，骄傲。

【译文】

刚到东宫的时候，缪姜让人卜筮，占得《艮》卦变为六。史官说："这就是所谓《艮》变为《随》。《随》是出走的意思。您一定能快速出去。"缪姜说："不是这样。这个卦象，《周易》里说'《随》卦，元、亨、利、贞，没有灾祸。'元，是最高的善；亨，嘉礼中的主宾相会；利，是正义的融洽；贞节，是做事的主干。说到底，固然不可以欺骗，所以尽管得到《随》卦也没什么妨害。现在我身为妇人而参与动乱，本身就在下位，而没有仁德，不可以称作元；不能够安定国家，不可以称作亨；做事害了自身，不可以称作利；不守本位而修饰容貌，不可以称作贞洁。有这四种德行，《随》卦没有妨害。我都没有，怎能符合《随》卦卦义呢？我自己作恶，能够没有灾祸吗？一定会死在这里，不能够出去了。"她最终死在了东宫。君子说："可惜啊！缪姜虽然有聪慧的天性，终究不能够掩盖她淫乱的罪恶。"

《诗经》说："男人若是沉溺于情感，还可以解脱。女人若是沉溺于情感，就不可以解脱。"说的就是这种情况。

颂说：缪姜淫纵又放荡，宣伯也是性骄横。谋划驱逐季、孟孙，欲使宣伯专鲁政。缪姜被废又囚禁，心意后悔又伤痛。后来虽然有善言，终究不能出东宫。

陈女夏姬

【题解】

《左传》中的夏姬，关联了诸多军国大事，又让数位贵族男性沉迷，是一位颇有传奇色彩的女人。她先嫁子蛮，子蛮死；再嫁陈大夫夏御叔，生子徵舒，不幸御叔又过早离世。夏姬寡居后或是自愿，或是被迫，又与陈灵公、公孙宁、仪行父三人私通。这导致夏徵舒发动了政变，杀陈灵公自立。楚庄王定陈，杀死了夏徵舒，也被夏姬美色吸引。申公巫臣劝说楚庄王应以国家声望为重，放弃夏姬，又打消了子反对夏姬的占有欲。夏姬最终被赐予了连尹襄老，但连尹襄老第二年又死于晋、楚之战，夏姬被襄老之子占有。最终是申公巫臣拯救了夏姬，先让夏姬以迎接连尹襄老之尸的名义回到郑国娘家，七年后他又借着出使齐国的方便携夏姬逃往晋国。但是事情还没有结束，放弃了夏姬的子反深感受到申公巫臣的愚弄，于是灭掉了巫臣之族。巫臣为了复仇，搅动紧邻楚国的吴国，使后者不断骚扰楚国，子重、子反等人疲于奔命。总之，围绕着夏姬之美的是一次又一次的灾难和罪孽：克夫、杀子、亡国、灭族、叛国，甚至引起了吴、楚关系的裂变并进而改变了当时的国际格局。问题是，《左传》所载可信吗？

其中，最让人怀疑的是，申公巫臣带夏姬私奔晋国的时候，夏姬至少已年过半百，她依然拥有无敌的魅力？顾栋高在《春秋大事表》中引用姜宝的评论曰"左氏好纪异闻，喜谈女德"，说到底，《左传》用夏姬关联和阐释诸多军国大事,不过是表现了一种传奇化的史学倾向而已。

　　此文在编撰《左传》以及《国语》中的相关史料时,为了弥补时间跨度过长的问题,干脆就说夏姬"内挟伎术,盖老而复壮者。三为王后,七为夫人。公侯争之,莫不迷惑失意",是邪非邪? 这种说法,仅使当时流行的红颜祸水论听起来更加合理而已,与历史真相恐怕距离较远。但刘向的解说对后世产生了重要影响,例如清代艳情小说《株林野史》干脆就将夏姬变为一个诡异的房中术传播者了。

　　陈女夏姬者①,陈大夫夏徵舒之母,御叔之妻也②。其状美好无匹,内挟伎术③,盖老而复壮者。三为王后,七为夫人,公侯争之,莫不迷惑失意。夏姬之子徵舒为大夫,公孙宁、仪行父与陈灵公皆通于夏姬④,或衣其衣⑤,以戏于朝。泄冶见之⑥,谓曰:"君有不善,子宜掩之。今自子率君而为之⑦,不待幽闲⑧,于朝廷以戏士民,其谓尔何?"二人以告灵公,灵公曰:"众人知之吾不善⑨,无害也;泄冶知之,寡人耻焉。"乃使人徵贼泄冶而杀之⑩。灵公与二子饮于夏氏,召徵舒也,公戏二子曰:"徵舒似汝。"二子亦曰:"不若其似君也。"徵舒疾此言⑪。灵公罢酒出,徵舒伏弩厩门⑫,射杀灵公。公孙宁仪、行父皆奔楚,灵公太子午奔晋。

【注释】

①陈女夏姬:夏姬是郑穆公的女儿,因为嫁给陈国司马夏御叔为妻,所以称为陈女夏姬。

②御叔之妻:此四字据梁端本补。

③伎术:即技术,这里指养生术。

④公孙宁、仪行父:陈国大夫。陈灵公(? —前599):妫姓,名平国,

　　陈共公之子,陈成公之父,春秋时期陈国第十九任国君,前613—
　　前599年在位。

⑤或衣其衣:王照圆曰:"《穀梁传》'或衣其衣'下有'或衷其襦'四
　　字,此脱去之。"

⑥泄冶:陈国大夫。

⑦率:诱导。

⑧幽闲:幽暗空闲之地。

⑨之:王照圆曰:"'之'字衍。"

⑩徵贼:王照圆曰:"'徵'疑'微'字之误,微,隐也。"

⑪疾:憎恶。

⑫弩(nǔ):一种利用机械力量射箭的弓。厩(jiù):马棚。

【译文】

　　陈女夏姬,是陈大夫夏徵舒的母亲,夏御叔的妻子。她的容貌漂亮
无比,又内凭养生术,大概能使人从衰老而重返少壮。她三次为王后,七
次为夫人,公侯争着追求她,没有不心乱意迷的。夏姬的儿子徵舒是大
夫,公孙宁、仪行父与陈灵公都和夏姬私通,有的穿着她的衣服,有的穿
着她的内袄,在朝廷开着玩笑。泄冶看见了,对公孙宁、仪行父说:"国君
有不好的行为,你们应该掩盖起来。现在你们自己就诱导君王做不好的
事情,甚至都不到昏暗空闲的地方,而是在朝廷当着士民的面开玩笑,这
叫人怎么说你们呢?"两人把这些话告诉了灵公,灵公说:"众人知道我
的不好,没什么关系;泄冶知道了,我感到很羞耻。"就派人暗地里把泄
冶杀了。灵公和公孙宁、仪行父在夏姬那里喝酒,召来夏徵舒,陈灵公和
两位大夫开玩笑说:"徵舒长得像你们。"两位大夫也说:"比不上更像您
啊。"徵舒憎恶这些话。灵公喝完酒出来,徵舒拿着弓弩埋伏在马棚门口,
射死了陈灵公。公孙宁仪、行父都逃往楚国,灵公太子午逃到了晋国。

　　其明年,楚庄王举兵诛徵舒,定陈国,立午,是为成公。

庄王见夏姬美好,将纳之。申公巫臣谏曰[①]:"不可。王讨罪也,而纳夏姬,是贪色也。贪色为淫,淫为大罚。愿王图之。"王从之,使坏后垣而出之[②]。将军子反见美[③],又欲取之。巫臣谏曰:"是不祥人也。杀御叔,弑灵公,戮夏南,出孔仪,丧陈国。天下多美妇人,何必取是!"子反乃止。庄王以夏姬与连尹襄老[④],襄老死于邲[⑤],亡其尸。其子黑要又通于夏姬。巫臣见夏姬,谓曰:"子归,我将聘汝。"及恭王即位[⑥],巫臣聘于齐,尽与其室俱,至郑,使人召夏姬曰:"尸可得也。"夏姬从之。巫臣使介归币于楚[⑦],而与夏姬奔晋。大夫子反怨之,遂与子重灭巫臣之族[⑧],而分其室。《诗》云:"乃如之人兮,怀昏姻也。大无信也,不知命也[⑨]。"言嬖色殒命也。

颂曰:夏姬好美,灭国破陈。走二大夫,杀子之身。殆误楚庄,败乱巫臣。子反悔惧,申公族分。

【注释】

①申公巫臣:芈姓,屈氏,名巫,一名巫臣,字子灵,春秋时期楚、晋国大臣。

②垣:墙。

③将军子反:即后文的"大夫子反",即公子侧,芈姓,熊氏,名侧,字子反,是春秋时期楚国的重要人物,楚穆王之子,楚庄王之弟。

④连尹:古代楚官名。

⑤邲(bì):古地名,在今河南荥阳以北。前597年,楚庄王领兵在此大败晋军,连尹襄老死于此战。

⑥恭王(前600—前560):芈姓,熊氏,名审,楚庄王之子,春秋时期

楚国国君,前590—前560年在位。

⑦使介归币于楚:派副手把齐国送的礼物带回楚国。介,副手。归币于楚,把齐国送的礼物带回楚国。

⑧子重(? —前570):芈姓,熊氏,名婴齐,字子重,楚穆王之子,楚庄王之弟,楚共王的叔父。春秋时期楚国令尹。

⑨"乃如之人兮"几句:语见《诗经·鄘风·蝃蝀(dì dōng)》,《毛诗》"兮"作"也"。意谓:像这样的人,坏了婚姻义。信用全不讲,也不听父母。乃如之人,像这样的人。怀,古与"坏"通用,败坏,破坏。一说思。昏姻,婚姻。大,太。信,贞信,贞节。命,父母之命。

【译文】

第二年,楚庄王发兵诛杀徵舒,安定了陈国,拥立太子午,就是陈成公。楚庄王看到夏姬美貌,将要纳娶。申公巫臣进谏说:"不行。王讨伐罪人,而纳娶夏姬,是贪图美色。贪图美色是淫乱,淫乱是大的惩罚。愿君王考虑一下。"王听从了谏言,派人毁坏后墙让夏姬逃了出去。将军子反看见美人,也想娶她。巫臣劝说道:"这是个不吉祥的人。她导致了御叔死亡,灵公被弑,夏南被戮,公孙宁、仪行父逃亡,陈国丧乱。天下那么多美女,何必一定要娶她呢!"子反就打消了念头。楚庄王把夏姬赏给了连尹襄老,襄老在邲之战中死亡,尸体没有找到。襄老的儿子黑要又和夏姬私通。巫臣见到夏姬,对她说:"你回到娘家,我将要聘娶你。"等到楚恭王即位后,巫臣到齐国聘问,把家室财产都带上了,到了郑国,派人招呼夏姬说:"可以得到襄老的尸体。"夏姬答应了。巫臣派副手把齐国送的礼物带到楚国,而与夏姬私奔到了晋国。大夫子反怨恨,就和子重一起灭掉巫臣家族,瓜分了他的财产。《诗经》说:"像这样的人,坏了婚姻义。信用全不讲,也不听父母。"说的就是贪图美色导致丧命啊。

颂说:夏姬容貌美,灭国败坏陈。二大夫逃亡,杀死亲子身。迷误楚庄王,又扰乱巫臣。子反悔又惧,申公之族分。

齐灵声姬

【题解】

此篇材料主要来源于《左传·成公十七年》《左传·成公十八年》《左传·襄公十九年》，但对声姬结局的描述却有不同。《左传》中，齐庄公继位后杀死的是戎子，而非声姬。戎子曾劝齐灵公废掉太子光（即后来的齐庄公）而立公子牙，所以被杀。《左传》并无声姬被杀的记录。此篇虚构其悲惨的人生结局，显然是为了突出善恶报应的道德教化之意。

声姬者，鲁侯之女，灵公之夫人①，太子光之母也②，号孟子。淫通于大夫庆克，与之蒙衣乘辇而入于闳③。鲍牵见之④，以告国佐⑤。国佐召庆克，将询之。庆克久不出，以告孟子曰："国佐非我⑥。"孟子怒。时国佐相灵公，会诸侯于柯陵⑦。高子、鲍子处内守⑧，及还，将至，闭门而索客⑨。孟子诉之曰⑩："高、鲍将不内君⑪，而欲立公子角⑫，国佐知之。"公怒，刖鲍牵而逐高子、国佐⑬，二人奔莒。更以崔杼为大夫，使庆克佐之。乃帅师围莒，不胜。国佐使人杀庆克。灵公与佐盟而复之⑭，孟子又诉而杀之。及灵公薨，高、鲍皆复，遂杀孟子，齐乱乃息。《诗》云："匪教匪诲，时维妇寺⑮。"此之谓也。

颂曰：齐灵声姬，厥行乱失⑯。淫于庆克，鲍牵是疾。谮诉高鲍，遂以奔亡。好祸用亡⑰，亦以事丧。

【注释】

①灵公（？—前554）：王照圆曰："'灵'上脱'齐'字。"齐灵公，姜

姓,吕氏,名环,齐顷公之子,春秋时期齐国国君,前581—前554
年在位。

②太子光(?—前548):齐灵公之子,春秋时期齐国第二十五任国
君,前554—前548年在位。谥号齐庄公,为与齐前庄公(齐成公
之子)区分,也称为齐后庄公。

③蒙衣乘辇而入于闳(hóng):穿着妇女的衣服盖着头乘坐辇车进
入宫中夹道门。辇,古代用人拉的车,后来多指皇帝、皇后坐的
车。闳,宫中夹道门。

④鲍牵:春秋时期齐国人,鲍叔牙曾孙,鲍国之兄,谥庄子。

⑤国佐(?—前573):一作国差。春秋时期齐国上卿,国归父之子,
谥武,称国武子。

⑥非:非难,责怪。

⑦相:相礼。柯陵:郑国地名。在今河南许昌南,临颍北。

⑧高子:指高无咎,齐国的公族,与国氏为周天子策命世袭的齐国上卿。

⑨索客:检查旅客。

⑩诉:诬陷。

⑪内(nà):同"纳",接纳。

⑫公子角:春秋时期齐国公子,齐顷公之子。

⑬刖(yuè):古代一种砍掉脚的酷刑。

⑭盟而复之:结盟而恢复了国佐的职位。

⑮匪教匪诲,时维妇寺:语见《诗经·大雅·瞻卬》。意谓:并非另
有他人指使君王做坏事,就是那近侍和妇女。匪,不可。教诲,教
导。寺,昵近。寺人,内侍。

⑯失:通"泆(yì)",放荡,淫乱。

⑰好祸:乐祸。

【译文】

声姬,是鲁侯的女儿,齐灵公的夫人,太子光的母亲,号为孟子。她

和大夫庆克淫乱私通，曾经让庆克穿着妇女的衣服，盖着头和她一起乘坐辇车进入宫中夹道门。鲍牵看见了，就把此事告诉了国佐。国佐将要召来庆克，询问他。庆克长久不出门，告诉孟子说："国佐责怪我。"孟子发怒。当时国佐相礼齐灵公，在柯陵参加诸侯会盟。高子、鲍子留守国内，等到齐灵公返程将要到达国都的时候，高子、鲍子关闭城门检索宾客。孟子诬陷说："高子、鲍子不想接纳国君进城，而想要立公子角为君，国佐知道这个事情。"齐灵公大怒，砍掉了鲍牵的脚，驱逐了高子、国佐，二人逃奔到莒国。齐灵公另外任用崔杼为大夫，派庆克辅佐。于是齐灵公帅师包围莒国，不能胜利。国佐派人杀了庆克。灵公和国佐结盟后恢复了他的职位，孟子再次诬陷而杀死了他。等到灵公去世后，高子、鲍子都恢复了职位，就杀死孟子，齐国的内乱才平息。《诗经》说："指使君王做坏事的，就是那近侍和妇女。"说的就是这种情况。

颂说：齐灵夫人曰声姬，行为放纵又淫佚。暗里私通齐庆克，鲍牵撞见惹憎疾。声姬诬陷高、鲍子，遂使他们逃奔莒。好乱乐祸害别人，最终也致自身死。

齐东郭姜

【题解】

此篇材料主要来源于《左传·襄公二十五年》《左传·襄公二十七年》《史记·齐太公世家》等。东郭姜的人生经历与夏姬有些类似，都是因为貌美早寡，就成了大夫及国君的猎艳对象，并由此导致了重大的政治变故。东郭姜的命运更加悲惨，因为儿子被杀而上吊自杀，让人慨叹。这类女性经常被正统学者视为祸水而痛加批判，但实际上，她们只是不能主宰自己命运的弱者而已。引发政治灾难的往往是那些沉溺于欲望的权贵人物，而非这些女性。这一点，是要明确的。

　　齐东郭姜者，棠公之妻①，齐崔杼御东郭偃之姊也②。美而有色。棠公死，崔子吊而说姜③，遂与偃谋娶之。既居，其室比于公宫④，庄公通焉⑤，骤如崔氏⑥。崔子知之。异日，公以崔子之冠赐侍人。崔子愠⑦，告有疾，不出。公登台以临崔子之宫，由台上与东郭姜戏。公下从之，东郭姜奔入户而闭之。公推之曰："开余。"东郭姜曰："老夫在此，未及收发⑧。"公曰："余开崔子之疾也⑨，不开？"崔子与姜自侧户出，闭门，聚众鸣鼓。公恐，拥柱而歌。公请于崔氏曰："孤知有罪矣，请改心事吾子⑩。若不信，请盟。"崔子曰："臣不敢闻命。"乃避之。公又请于崔氏之宰曰⑪："请就先君之庙而死焉。"崔氏之宰曰："君之臣杼有疾不在，侍臣不敢闻命。"公逾墙而逃，崔氏射公，中踵⑫，公反堕，遂弑公。

【注释】

①棠公：春秋时齐国堂邑大夫。棠，在今山东聊城西北。

②崔杼（？—前546）：姜姓，崔氏，谥武，又称崔子、崔武子，春秋时期齐国大夫，齐丁公的后代。他在齐执政二十多年，骄横异常，使齐国政局动荡。御：车夫。

③说（yuè）：同"悦"，喜欢。

④比：邻近。

⑤庄公：即太子光，齐灵公之子。谥齐庄公。详见上篇注②。

⑥骤：屡次，多次。

⑦愠（yùn）：含怒，怨恨。

⑧收发：梳头。

⑨开：梁端云："'开'当作'问'。"字形近致误。

⑩吾子:古时对人的尊称,相当于"您"。

⑪宰:家臣。

⑫踵(zhǒng):脚后跟。《左传》《史记》作"股"。

【译文】

齐东郭姜,是棠公的妻子,齐国崔杼车夫东郭偃的姐姐。她容貌美艳。棠公去世,崔杼前去吊丧而喜欢上了东郭姜,就和东郭偃谋划娶了她。到了崔家后,他们的房屋临近王宫,齐庄公私通东郭姜,数次到崔家。崔杼知道了这件事情。有一天,齐庄公把崔杼的冠赏赐给了侍者。崔杼恼怒,就声明生病,不出门。齐庄公登上高台,以靠近崔杼房屋,在台上挑逗东郭姜。齐庄公走下台,走过来,东郭姜逃入户内关闭了房门。齐庄公推门说:"给我开门。"东郭姜说:"老头子在家,我也没有梳头。"齐庄公说:"我来探望崔子的病,不开门吗?"崔杼和东郭姜从侧门出来,关闭了大门,聚集兵众,敲起战鼓。齐庄公恐惧,抱着柱子歌唱。齐庄公向崔杼请求说:"我知道自己有罪了,请让我改正错误侍奉您吧。您如果不信任,就请结盟。"崔杼说:"我不敢接受您的命令。"就躲起来了。齐庄公又请求崔杼家臣说:"请让我到先君宗庙里去死吧。"崔氏家臣说:"您的大臣崔杼生病不在,侍臣我不敢听命。"齐庄公跳墙逃跑,崔杼向他射箭,射中了脚后跟,齐庄公掉下墙,就杀死了他。

先是时,东郭姜与前夫子棠毋咎俱入,崔子爱之,使为相室①。崔子前妻子二人,大子城、少子强②。及姜入后,生二子明、成③。成有疾,崔子废成而以明为后④。成使人请崔邑以老⑤,崔子哀而许之。棠毋咎与东郭偃争而不与。成与强怒,将欲杀之,以告庆封⑥。庆封,齐大夫也,阴与崔氏争权,欲其相灭也。谓二子曰:"杀之。"于是二子归杀棠毋咎、东郭偃于崔子之庭。崔子怒,诉之于庆氏曰:"吾不肖,有子不能教也，以至于此。吾事夫子，国人之所知也，唯辱使者⑦，不可以已。"庆封乃使卢蒲嫳帅徒众⑧，与国人焚其库厩，而杀成、姜⑨。崔氏之妻曰："生若此，不若死。"遂自经而死。崔子归，见库厩皆焚，妻子皆死，又自经而死。君子曰："东郭姜杀一国君而灭三室⑩，又残其身，可谓不祥矣。"《诗》曰："枝叶未有害，本实先败⑪。"此之谓也。

　　颂曰：齐东郭姜，崔杼之妻。惑乱庄公，毋咎是依。祸及明成，争邑相杀。父母无聊⑫，崔氏遂灭。

【注释】

①相室：治理家族事务的人。

②城：据下文及《左传》《史记》，当为"成"。

③二子明、成：梁端曰："'子'上'二'字衍，'明'下又衍'成'。"

④后：后嗣，继承人。

⑤请崔邑以老：请求把崔邑用作自己养老的地方。崔邑，在今山东济阳东北。

⑥庆封（？—前538）：姜姓，庆氏，字子家，又字季，春秋时齐国大夫。

⑦辱：谦辞，表示承蒙。

⑧卢蒲嫳（piè）：春秋时齐国大夫，庆封之属臣。

⑨姜：据上文，乃"强"之误。

⑩三室：三家，即崔、棠、东郭三家。

⑪枝叶未有害，本实先败：语见《诗经·大雅·荡》。意谓：枝叶虽然暂未伤，树根已坏难长久。本，根。

⑫无聊：无所依赖。

【译文】

在这之前，东郭姜带着她和前夫所生的儿子棠毋咎一起嫁到了崔家，崔杼喜爱棠毋咎，让他处理家政。崔杼前妻生了两个儿子，大的名成，小的名强。东郭姜嫁过来后，又生下了儿子明。崔成有病，崔杼废掉了崔成而以崔明为继承人。崔成派人请求用崔邑养老，崔杼哀怜他就答应了。棠毋咎和东郭偃却力争不给。崔成和崔强发怒，想要杀掉他们，就告诉了庆封。庆封，是齐国的大夫，暗地里和崔氏争夺权力，想要让他家自相残杀。他就对崔杼的两个儿子说："杀死他们吧。"于是，崔杼的两个儿子回来后就在崔氏庭院里杀死了棠毋咎和东郭偃。崔杼发怒，向庆封诉苦说："我不才，有儿子却不能教诲，以至于发生了这样的事情。我侍奉您，国人都是知道的，承蒙您派个使者，这件事不能就此罢休。"庆封就派了卢蒲嫳率领兵众，和国人一起烧毁了崔杼的仓库、马棚，杀死了崔成和崔强。崔杼的妻子说："这样活着，还不如死了。"于是上吊自杀而死。崔杼回家后，看到仓库、马棚都被烧了，老婆孩子都死了，他也上吊自杀。君子说："东郭姜杀死了一位国君，灭掉了棠、东郭、崔三家，又残害了自身，可以算是不祥之人了。"《诗经》说："枝叶虽然暂未伤，树根已坏难长久。"说的就是这种情况。

颂说：齐国东郭姜，崔杼的妻子。迷乱齐庄公，毋咎得凭依。祸延明和成，争邑不惜死。父母无所依，崔氏绝后嗣。

卫二乱女

【题解】

此篇材料主要来源于《左传·定公十四年》《左传·哀公十五年》《左传·哀公十八年》和《史记·卫康叔世家》。刘向在编撰此文时，不动声色地对原始材料进行了改编，主要体现在：《左传》中确有蒯聩谋划杀掉南子的事实，此篇则变为南子无中生有的谮言；《左传》中并无南子、卫伯姬被杀的记录，此篇则明确记录二人均被杀。另外，刘向还抹杀了南子善于知人的特点，仅记录其违礼的行为。这些改编使得人物形象趋于脸谱化,道德说教的意味更加鲜明。

卫二乱女者,南子及卫伯姬也。南子者,宋女,卫灵公之夫人①。通于宋子朝②,太子蒯聩知而恶之。南子谮太子于灵公曰:"太子欲杀我。"灵公大怒蒯聩,蒯聩奔宋。灵公薨,蒯聩之子辄立,是为出公。卫伯姬者,蒯聩之姊也,孔文子之妻③,孔悝之母也。悝相出公。文子卒,姬与孔氏之竖浑良夫淫④。姬使良夫于蒯聩。蒯聩曰:"子苟能内我于国,报子以乘轩⑤,免子三死⑥。"与盟,许以姬为良夫妻。良夫喜,以告姬,姬大悦。良夫乃与蒯聩入舍孔氏之圃。昏时,二人蒙衣而乘,遂入至姬所。已食,姬杖戈先太子与五介胄之士,迫其子悝于厕⑦,强盟之。出公奔鲁,子路死之,蒯聩遂立,是为庄公。杀夫人南子,又杀浑良夫。庄公以戎州之乱⑧,又出奔,四年而出公复入。将入,大夫杀孔悝之母而迎公。二女为乱五世,至悼公而后定⑨。《诗》云:"相鼠有皮,人而无仪。人而无仪,不死何为?"⑩此之谓也。

颂曰:南子惑淫,宋朝是亲。谮彼蒯聩,使之出奔。悝母亦嬖,出入两君。二乱交错,咸以灭身。

【注释】

①卫灵公(前540—前493):姬姓,名元,蒯聩之父,春秋时期卫国第二十八代国君,前534—前493年在位。

②宋子朝:宋国公子,据说长相英俊,和卫灵公夫人南子有染。

③孔文子(?—前480):姓孔名圉,其子名悝(音kuī),"文"是谥号,"子"是尊称,卫国大夫,聪明好学而又谦虚,事卫灵公、卫出公。

④竖：贵族家中供役使的小臣。

⑤乘轩：乘坐大夫的车子，后用以指做官。

⑥三死：三次死罪。

⑦介胄：铠甲和头盔。介胄之士，指武士。厕：指边侧之处。

⑧戎州之乱：事见《左传·哀公十七年》。卫庄公三年（前478）派人毁平了戎州，又想要驱逐国卿石圃，石圃联合匠人攻打卫庄公，卫庄公逃到戎州己氏那里，被杀。此文言庄公出奔，疑误。

⑨悼公：姬姓，黔（又名黚、虔），卫国第33代国君，前469—前465年在位。他是卫灵公之子、卫庄公蒯聩之弟、卫出公蒯辄之叔父、卫敬公之父。悼公之前的五世，指卫灵公、出公、庄公、君起、出公（复立）。

⑩"相鼠有皮"几句：语见《诗经·鄘（yōng）风·相鼠》。意谓：看那老鼠还有皮，做人怎能没威仪。做人如果没威仪，不如早早就死去。相，视，看。仪，威仪，指人的举止作风大方正派而言，具有尊严的行为外表。一说为"礼仪"。

【译文】

卫国两个导致祸乱的女子，是南子和卫伯姬。南子，是宋国的女孩，卫灵公的夫人。她和宋国公子朝私通，太子蒯聩知道了非常厌恶。南子在灵公面前谗毁太子说："太子想要杀我。"灵公很生蒯聩的气，蒯聩逃奔到宋国。灵公去世，蒯聩的儿子蒯辄立为国君，即卫出公。卫伯姬，是蒯聩的姐姐，孔文子的妻子，孔悝的母亲。孔悝辅佐卫出公。孔文子去世后，卫伯姬和孔家仆人浑良夫淫乱。卫伯姬派浑良夫到蒯聩那里去。蒯聩说："您如果能接纳我回国，报答您做大夫，免去您三次死罪。"蒯聩和浑良夫结盟，答应让卫伯姬做他的妻子。浑良夫大喜，告诉了卫伯姬，卫伯姬也非常高兴。浑良夫就和蒯聩偷偷进入卫国，住在孔家的菜园里。黄昏时分，他们两人蒙上衣服乘车，就来到卫伯姬的住处。吃过饭后，卫伯姬拿着戈走在太子和五名武士前面，把她的儿子孔悝逼迫到角落里，强行结盟。卫出公出奔鲁国，子路死在了这次动乱里，蒯聩就立为国君，即卫庄公。他杀死夫人南子，又杀了浑良夫。庄公后来因为戎州之乱，再次出奔，四年后卫出公又进入卫国。出公将要回国时，大夫杀了孔悝的母亲迎接国君。这两个女子祸害了五代人，到卫悼公时才安定下来。《诗经》说："看那老鼠还有皮，做人怎能没威仪。做人如果没威仪，何不早早就死去？"说的就是这种情况。

颂说：南子糊涂又淫乱，与宋子朝相乱淫。谗毁卫太子蒯聩，迫使他离国出奔。孔悝母亲亦受宠，出佶入弟乱两君。两个乱女交相错，最终都是灭自身。

赵灵吴女

【题解】

此篇材料主要来源于《史记·赵世家》。在古代政治中，废立王后和太子曾引发过无数次动乱。但是，君王为何不能够吸取前人智慧而避免祸乱重演？无他，沉溺于欲望而已。君王对后妃，爱之则欲置于青云之上，厌之则弃如敝屣。在众多后妃母以子贵、子以母贵的竞争关系中，君王恩宠与否，关联着国家政治和多人的命运。英明如赵武灵王，竟然也重蹈覆辙，其命运引人无限感慨。

赵灵吴女者，号孟姚，吴广之女①，赵武灵王之后也②。初，武灵王娶韩王女为夫人，生子章，立以为后，章为太子。王尝梦见处女鼓瑟而歌曰③："美人荧荧兮④，颜若苕之荣⑤。命兮命兮⑥，逢天时而生，曾莫我嬴嬴⑦。"异日，王饮酒乐，数言所梦⑧，想见其人。吴广闻之，乃因后而入其女孟姚⑨，甚有色焉，王爱幸之，不能离。数年，生子何。孟姚数微言

后有淫意⑩，太子无慈孝之行。王乃废后与太子，而立孟姚
为惠后，以何为王，是为惠文王。

【注释】

①吴广：据说是舜之后人。舜的后人封于虞，在山西上虞城，亦称吴
　城。虞、吴音相近，故舜后也姓吴。

②赵武灵王（？—前295）：嬴姓，赵氏，名雍，先秦时期杰出的政治
　家、军事家、改革家，战国时期赵国第六代君主，前325—前298年
　在位。

③鼓瑟：弹奏瑟。瑟，古代弦乐器，像琴。现在所用的瑟有两种，一
　种有二十五根弦，另一种有十六根弦。

④荧荧：光彩照人的样子。

⑤苕（tiáo）之荣：苕开的花朵。苕，古书上指凌霄花，也叫紫葳，落
　叶藤本植物，开红花。荣，开花。

⑥命兮命兮：《史记·赵世家》作"命乎命乎"。命，命运。

⑦曾莫我嬴嬴：《史记·赵世家》作"曾无我嬴"，此句第二个"嬴"
　字衍。孟姚名娃嬴，此处"嬴"乃自指。

⑧数（shuò）：多次。

⑨因：凭借，通过。

⑩微言：暗中进言。

【译文】

　　赵灵吴女，号为孟姚，是吴广的女儿，赵武灵王的王后。当初，赵武
灵王娶了韩王的女儿作为夫人，生下了儿子章，立为王后，章为太子。武
灵王曾经梦见一位少女弹着瑟唱歌说："美女光彩照人啊，容貌像那凌霄
花。命运啊命运，逢着好时候出生，没有比得上我娃嬴的。"有一天，武
灵王喝酒喝得开心，就屡次说起了他的梦，想见到梦里的人。吴广听到
后，就通过王后献上了自己的女儿孟姚，非常漂亮，武灵王宠爱有加，不

能离开一会儿。几年后，孟姚生下儿子何。孟姚多次暗中进言说王后有淫佚的念头，太子没有慈爱孝顺的品行。武灵王就废掉了王后和太子，而立孟姚为惠后，让何做了王，何就是惠文王。

　　武灵王自号主父，封章于代①，号安阳君。四年，朝群臣，安阳君来朝。主父从旁观窥群臣宗室，见章儽然也②，反臣于弟，心怜之。是时惠后死久恩衰，乃欲分赵而王章于代，计未决而辍。主父游沙丘宫③，章以其徒作乱，李兑乃起四邑之兵击章④。章走主父，主父闭之，兑因围主父宫。既杀章，乃相与谋曰："以章围主父，即解兵，吾属夷矣⑤。"乃遂围主父，主父欲出不得，又不得食，乃探雀鷇而食之⑥，三月余，遂饿死沙丘宫。《诗》曰："流言以对，寇攘式内⑦。"言不善之从内出也。

　　颂曰：吴女苕颜，神寤赵灵。既见嬖近，惑心乃生。废后兴戎⑧，子何是成。主闭沙丘，国以乱倾。

【注释】

①代：赵地名。在今河北蔚县东北。

②儽（léi）然：颓丧疲困貌。

③沙丘宫：赵王在沙丘营建的离宫，位于今河北邢台广宗大平台村南。

④李兑：即奉阳君，战国时期赵国权臣。

⑤吾属夷矣：我们这些人都要被灭族了。属，类。夷，灭族。

⑥鷇（kòu）：须母鸟哺食的雏鸟。

⑦流言以对，寇攘（rǎng）式内：语见《诗经·大雅·荡》。意谓：进说谗言来诽谤，盗寇窃据朝廷上。寇攘，像盗寇一样掠取。式内，

在朝廷内。

⑧兴戎：引起战争。

【译文】

　　武灵王自己号称主父，把章封到了代地，号称安阳君。四年后，赵王朝见群臣，安阳君也来朝拜。主父从旁边偷偷观察群臣和宗室，看到章颓废憔悴，反而臣服于弟弟，心里可怜他。这个时候惠后已经死去很久了，恩情减损，主父就想把赵国分出一部分让章在代地做王，计划没有定下来就中止了。主父到沙丘宫游玩，章就带领他的部下作乱，李兑发动四个城邑的兵力攻打章。章逃奔到主父这里，主父关上宫门，兑就包围了主父的宫殿。杀死章后，李兑这些人一起商量说："因为章的缘故包围了主父，即使罢兵，我们这些人也是要被灭族的。"于是就围困主父，主父想要出来而不能够，又得不到食物，就找寻小雀鸟吃，三个多月后，就饿死在了沙丘宫。《诗经》说："进说谗言来诽谤，盗寇窃据朝廷上。"说的是不好的事情是从朝廷引起的。

　　颂说：吴广女儿貌若苕，神灵感悟武灵梦。见到赵王就受宠，迷乱私心便产生。武灵废后引内争，子何即位登大统。主父幽囚沙丘宫，赵国动乱几危倾。

楚考李后

【题解】

　　此篇基本取材于《战国策·楚策四》（《史记·春申君列传》同），但是省略了其中的一些内容，比如"赵人李园持其女弟，欲进之楚王，闻其不宜子，恐久毋宠。李园求事春申君为舍人"等。这些省略显然是刘向有意编裁的结果。在《战国策》《史记》中，事情的主谋是李园，其妹妹只是充当了工具人和配合者的角色。而经过刘向的加工，李园的妹妹便成了罪恶的主要谋划者。这种改编虽然更好地服务了全书宗旨，主题更加集中鲜明，但一个平民女子是否具有如此强大的政治野心和游说能力，实在是让人怀疑。

楚考李后者，赵人李园之女弟，楚考烈王之后也①。初，考烈王无子，春申君患之②。李园为春申君舍人③，乃取其女弟与春申君。知有身④，园女弟承间谓春申君曰⑤："楚王之贵幸君，虽兄弟不如。今君相楚三十余年⑥，而王无子，即百岁后⑦，将立兄弟。即楚更立君后，彼亦各贵其所亲，又安得长有宠乎？非徒然也⑧，君用事久，多失礼于王兄弟。王兄弟诚立⑨，祸且及身，何以保相印、江东之封乎？今妾知有身矣，而人莫知，妾之幸君未久，诚以君之重而进妾于楚王，楚王必幸⑩，妾赖天有子男，则是君之子为王也，楚国尽可得，孰与身临不测之罪乎！"春申君大然之⑪，乃出园女弟，谨舍之，言之考烈王。考烈王召而幸之，遂生子悍，立为太子。园女弟为后，而李园贵用事，养士欲杀春申君以灭口。及考烈王死，园乃杀春申君，灭其家。悍立，是为幽王⑫。后有考烈王遗腹子犹立⑬，是为哀王。考烈王弟公子负刍之徒闻知幽王非考烈王子⑭，疑哀王，乃袭杀哀王及太后⑮，尽灭李园之家，而立负刍为王。五年，而秦灭之。《诗》云："盗言孔甘，乱是用餤⑯。"此之谓也。

颂曰：李园女弟，发迹春申。考烈无子，果得纳身。知重而入⑰，遂得为嗣。既立畔本⑱，宗族灭弑。

【注释】

①楚考烈王（？—前238）：芈姓，熊氏，名元（一作完），战国时期楚

国君主，楚顷襄王之子，前263—前238年在位。

②春申君：即黄歇（？—前238），楚国人，春秋战国时期楚国大臣，官任相国。

③舍人：古代豪门贵族家里的门客。

④有身：指怀孕、怀胎。

⑤承间：趁机会。

⑥三十余年：《战国策》和《史记》均作"二十余年"，此误。

⑦百岁：死的讳称。

⑧非徒然也：不仅如此。

⑨诚：果真。

⑩必妾：王照圆曰："'妾'上脱'幸'字，当据《楚策》《史记》正。"

⑪大然之：非常同意她的想法。

⑫幽王：段玉裁曰："此下当脱'幽王死'三字也。"

⑬遗腹子犹立：《史记·楚世家》作"同母弟犹代立"，《史记·六国年表》作"弟郝立"。

⑭考烈王弟公子负刍：《史记》言负刍为哀王庶兄。

⑮太后：指楚考李后。

⑯盗言孔甘，乱是用餤（tán）：语见《诗经·小雅·巧言》。意谓：盗贼谗人话好听，祸乱因此得增多。孔甘，很好听，很甜。餤，原意为进食，引申为增多。

⑰重（chóng）：怀孕。

⑱畔：通"叛"。

【译文】

楚考李后，是赵国人李园的妹妹，楚考烈王的王后。当初，考烈王没有儿子，春申君很担忧。李园是春申君的门客，就把自己的妹妹献给了春申君。李园妹妹知道自己怀孕后，就找了个机会对春申君说："楚王贵重宠幸您，即使是兄弟也比不上。现在您做楚国宰相二十多年了，而楚王没有儿子,一旦去世后,将会立自己的兄弟。假设楚国改换国君后,他也会贵重自己亲近的人,您又怎么能长期受宠呢? 不仅如此,您掌握权力时间很长,对王的兄弟多有失礼行为。如果楚王的兄弟真的立为君,灾祸将会殃及你,怎么能够保有相印和江东的封地呢? 现在我知道自己怀孕了,而别的人还不知道,我受您宠幸时间不长,如果凭着您的重要地位而把我献给楚王,楚王一定会宠幸我。如果我得天幸生了儿子,那就是您的儿子做了国王,楚国的一切都可得到,这和面临不测之罪哪一个好呢?”春申君非常同意她的想法,就把李园妹妹送出,郑重地为她建立馆舍,把她介绍给了考烈王。考烈王召见李园妹妹宠幸了她,就生下儿子悍,立为太子。李园妹妹做了王后,而李园也贵重起来,有了管事的权力,豢养武士想要杀掉春申君以灭口。等到考烈王死后,李园就杀了春申君,灭掉了他的家族。悍即位,也就是幽王。幽王去世后,考烈王的遗腹子犹即位,就是哀王。考烈王的弟弟公子负刍这些人听说幽王并非考烈王的儿子,怀疑哀王,就暗杀了哀王和考李太后,消灭了李园的家族,而拥立负刍当王。五年后,秦灭掉了楚国。《诗经》说:“盗贼谗人话好听,祸乱因此得增多。”说的就是这种情况。

颂说:李园的妹妹,发迹靠春申。考烈王无子,果然得进身。知孕才侍王,儿竟登王位。行事叛根本,宗族遂灭毁。

赵悼倡后

【题解】

此篇基本内容见于《史记·赵世家》,但多了李牧的谏词和悼后嫁赵悼襄王之前的经历,可能另有史料来源。倡后貌美心恶,祸害了一个家族,俨然一朵恶之花。赵悼襄王迷醉于此花的魅力,却忽略了它的毒性,最终导致良将被杀,国家速亡,实在令人惋惜。但是把赵灭于秦,全部归因于倡后,显然也不符合历史实际情况。因为秦强赵弱,在长平之战后已为定局,被秦灭亡只是迟早的事情。

倡后者①,邯郸之倡②,赵悼襄王之后也③。前日而乱一宗之族④。既寡,悼襄王以其美而取之。李牧谏曰:"不可。女之不正,国家所以覆而不安也。此女乱一宗,大王不畏乎?"王曰:"乱与不乱,在寡人为政。"遂娶之。初,悼襄王后生子嘉为太子。倡后既入为姬,生子迁。倡后既嬖幸于王,阴谮后及太子于王,使人犯太子而陷之于罪。王遂废嘉而立迁,黜后而立倡姬为后。及悼襄王薨,迁立,是为幽闵王⑤。倡后淫洪不正,通于春平君,多受秦赂,而使王诛其良将武安君李牧。其后秦兵径入,莫能距,迁遂见虏于秦,赵亡。大夫怨倡后之谮太子及杀李牧,乃杀倡后而灭其家,共立嘉于代,七年不能胜秦,赵遂灭为郡。《诗》云:"人而无礼……不死胡俟⑥?"此之谓也。

颂曰:赵悼倡后,贪叨无足⑦。隳废后适⑧,执诈不悫⑨。淫乱春平,穷意所欲。受赂亡赵,身死灭国⑩。

【注释】

①倡:歌舞艺人。

②邯郸之倡:此四字据梁端说增补。邯郸,即今河北邯郸。

③赵悼襄王(?—前236):嬴姓,赵氏,名偃,赵孝成王之子,战国时期赵国国君,前245—前236年在位。

④日:卢文弨校改为"嫁",诚是。

⑤幽闵王:前235—前228年在位,《史记》作"幽穆王"。

⑥人而无礼、不死胡俟(sì):语见《诗经·鄘风·相鼠》,二句分属

两章，"胡"《毛诗》作"何"。意谓：人如果没有礼仪……不去死
　　还等什么呢。俟，等待。

⑦贪叨：贪婪。

⑧隳(huī)废后适(dí)：毁坏原王后和太子。隳，毁坏。适（繁体为
　　適），正妻所生的儿子，同"嫡"。

⑨悫(què)：诚实。

⑩灭国：梁端引顾广圻之说，认为应为"灭族"。

【译文】

　　倡后，是邯郸的歌舞艺人，赵悼襄王的王后。她之前嫁人祸乱了一
个家族。她寡居后，悼襄王因为她貌美而要迎娶她。李牧进谏说："不
行。女人不守正道，国家会因她颠覆不安。这个女人祸害了一个家族，
大王不害怕吗？"悼襄王说："国家乱和不乱，在于我如何当政。"就娶了
倡后。当初，悼襄王的王后生的儿子赵嘉是太子。倡后进入宫廷为姬之
后，生了儿子赵迁。倡后受宠于悼襄王之后，暗地里对悼襄王谗毁王后
和太子，派人冒犯太子而使他犯罪。于是悼襄王废掉了赵嘉而立赵迁为
太子，罢退王后而立了倡姬为后。等到悼襄王去世后，赵迁即位，就是幽
闵王。倡后淫乱不正派，和春平君私通，接受了许多秦国的贿赂，而让
赵王迁杀了优秀将军武安君李牧。后来秦国军队直入赵国，没有人能抗
拒，迁就被秦国俘虏了，赵国灭亡。赵国大夫痛恨倡后谗毁太子以及杀
死李牧，就杀死倡后灭掉了她全家，共同在代地拥立赵嘉为王，经历七
年不能战胜秦国，赵国就灭亡变为了秦郡。《诗经》说："人如果没有礼
仪……不快去死还等什么呢？"说的就是这种情况。

　　颂说：赵悼襄王妃倡后，贪得无厌不知足。毁废王后和太子，手段奸
诈不诚实。私通淫乱春平君，尽情满足心所欲。接受贿赂亡赵国，自身
被杀又灭族。

卷之八　续列女传

周郊妇人（仁智）

【题解】

此篇内容见于《左传·昭公二十六年》《左传·昭公二十九年》。作者在编撰时，梳理了相关史料，把王子朝与周敬王争夺王位的政治大事变成了叙事背景，而把叙事焦点转移到周郊妇人身上。故事又通过尹固的反衬，突出了周郊妇人胜过达官贵族的智慧。

周郊妇人者①，周大夫尹固所遇于郊之妇人也②。周敬王之时③，王子朝怙宠为乱④，与敬王争立，敬王不得入。尹固与召伯盈、原伯鲁附于子朝。《春秋》鲁昭二年六月⑤，晋师纳王⑥，尹固与子朝奉周之典籍出奔楚。数日道还，周郊妇人遇郊，尤之曰⑦："处则劝人为祸，行则数日而反，是其过三岁乎？"至昭公二十九年，京师果杀尹固。君子谓：周郊妇人，恶尹氏之助乱，知天道之不祐，示以大期⑧，终如其言。《诗》云："取辟不远，昊天不忒⑨。"此之谓也。

【注释】

①周郊：东周都城洛邑的郊区。

②尹固（？—前513）：春秋时期尹国国君，姞（jí）姓，王子朝一党。

③周敬王：名匄（gài），东周第十四任君主，周景王的儿子，周悼王的弟弟，前519—前476年在位。

④王子朝（？—前505）：姬姓，名朝，周景王姬贵庶长子，周悼王姬猛、周敬王姬匄之兄，在敬王初发动叛乱，持续了十几年，使周王室更加衰弱。怙（hù）：依靠，仗恃。

⑤二年六月：当作"二十六年"，后文"是其过三岁乎？至昭公二十九年，京师果杀尹固"是明证。

⑥晋师纳王：晋国的军队送敬王回洛邑。

⑦尤：责备，怪罪。

⑧大期：指死期。

⑨取辟不远，昊天不忒（tè）：语见《诗经·大雅·抑》，"辟"《毛诗》作"譬"，二字通。意谓："让我就近打比方，上天不会错罚赏。"忒，偏差。

【译文】

　　周郊妇人，是周大夫尹固在洛邑郊区所遇到的妇人。周敬王的时候，王子朝凭借景王的宠爱制造动乱，和敬王争夺王位，敬王不能够进入都城。尹固和召伯盈、原伯鲁党附于王子朝。《春秋》记载鲁昭公二十六年，晋国军队送敬王回洛邑，尹固和王子朝带着周王室的典籍逃奔到楚国。几天后尹固在回来的路途中，一位妇人在周洛邑的郊区遇到他，就责怪他说："在这里就劝人惹祸，出奔几天就返回，这人还能活三年吗？"到昭公二十九年，京师里的人果然杀死了尹固。君子认为：周郊妇人，厌恶尹氏帮助叛乱者，知道上天不会保佑他，告诉他死期，最终果然如她说的。《诗经》说："让我就近打比方，上天不会错罚赏。"说的就是这种情况。

陈国辩女（辩通）

【题解】

王逸注《楚辞·天问》"何繁鸟萃棘，而负子肆情"云："晋大夫解居甫聘吴，过陈之墓门，见妇人负其子，欲与之淫泆，肆其情欲。妇人则引《诗》刺之曰：'墓门有棘，有鸮萃止。'"这应为本文的故事原型，只是在流传过程中发生了一些变异：解居甫出使吴国变为了出使宋国，辩女的身份由背着孩子的妇女变为采桑女。故事的情节也更为复杂，辩女不仅歌了两章嘲弄解居甫，而且还陈述了陈国的国情，表现了忧国忧民的政治情怀，这使其聪明睿智的形象更加完满生动。

辩女者，陈国采桑之女也。晋大夫解居甫使于宋，道过陈，遇采桑之女，止而戏之曰："女为我歌①，我将舍汝！"采桑女乃为之歌曰："墓门有棘，斧以斯之。夫也不良，国人知之。知而不已，谁昔然矣②。"大夫又曰："为我歌其二。"女曰："墓门有梅，有鸮萃止。夫也不良，歌以讯止。讯予不顾，颠倒思予③。"大夫曰："其梅则有，其鸮安在？"女曰："陈，小国也，摄乎大国之间④，因之以饥馑，加之以师旅⑤，其人且亡，而况鸮乎？"大夫乃服而释之。君子谓：辩女贞正而有辞，柔顺而有守。《诗》云："既见君子，乐且有仪⑥。"此之谓也。

【注释】

①女（rǔ）：通"汝"，你。

②"墓门有棘"几句：语见《诗经·陈风·墓门》。意谓：墓门前长了酸枣树，拿起斧子砍掉它。那人不善良，国人都知晓。知道他

也不改,以前就是这德行。墓门,墓道的门,一说陈国城门。棘,酸枣树。斯,析,劈开,砍掉。夫,这个人,指所讥刺的人。不已,不止,指不改恶行。谁昔,畴昔,往昔,从前。然,这样。

③"墓门有梅"几句:语见《诗经·陈风·墓门》。意谓:墓门前长了梅树,猫头鹰在上面住。那人不是善良辈,唱歌劝他要醒悟。劝勉告诫他不顾,想起我言祸临头。梅,梅树,一说梅即棘,梅古文作"楳",与棘形近,遂致误。鸮,猫头鹰,古人认为是恶鸟。萃,集,栖息。止,语尾助词。讯,亦作"谇",告诫,劝谏。顾,管,在意。颠倒,跌倒,一说国事纷乱。予,我,一说相当于"而"。

④摄:夹,箝。

⑤加:施加,强加。

⑥既见君子,乐且有仪:语见《诗经·小雅·菁菁(jīng)者莪(é)》。意谓:已经见到那君子,快快乐乐好仪表。仪,仪容,气度。

【译文】

辩女,是陈国采桑的女子。晋大夫解居甫出使到宋国,路过陈国,遇到了采桑女子,拦住她调戏说:"你为我唱一首歌,我就放开你!"采桑女就为他歌唱道:"墓门前长了酸枣树,拿起斧子砍掉它。那人不善良,国人都知晓。知道他也不改,以前就是这德行。"大夫又说:"再给我唱一支歌。"采桑女说:"墓门前长了梅树,猫头鹰在上面住。那人不是善良辈,唱歌劝他要醒悟。劝勉告诫他不顾,想起我言祸临头。"大夫说:"梅树是有,哪里有猫头鹰呢?"采桑女说:"陈,是一个小国,夹处于大国之间,大国趁着陈国饥荒,又强加以武力来控制它。这里的人们都逃亡了,何况猫头鹰呢?"大夫听了很佩服,就放开了采桑女。君子认为:辩女贞洁正直又有口才,温柔顺从而有操守。《诗经》说:"已经见到那君子,快快乐乐好仪表。"说的就是这种情况。

聂政之姊（节义）

【题解】

此篇基本内容见于《战国策·韩策二》和《史记·刺客列传》。严遂与韩相侠累为政治死敌，于是他就到齐国找到聂政，刻意厚交，馈赠礼物。聂政感于严遂的知遇之恩，在安葬老母之后，只身仗剑进入韩国，在兵卫森严的情况下刺杀了韩相侠累。聂政的选择并不符合今人的价值观念，但其慷慨无畏的气概，令人震撼。聂政能够扬名天下，在于其姐姐不惜身家性命地哭尸。姐弟二人的壮烈行为，激起了司马迁的深切同情，他将之载入《刺客列传》，并赞叹其"立意较然，不欺其志，名垂后世，岂妄也哉"。此篇限于主题，主要描述聂政姐姐的行为，其刚勇义烈的形象丰富了中国古代女性人物的画廊。直到现代，郭沫若还以聂政姐弟的故事为原型创作了《棠棣之花》。

齐勇士聂政之姊也①。聂政母既终，独有姊在。及为濮阳严仲子刺韩相侠累②，所杀者数十人，恐祸及姊，因自披其面③，抉其目④，自屠剔而死⑤。韩暴其尸于市⑥，购问以千金⑦，莫知为谁。姊曰："弟至贤，爱妾之躯，灭吾之弟名，非弟意也。"乃之韩，哭聂政尸，谓吏曰："杀韩相者，妾之弟，轵深井里聂政也⑧。"亦自杀于尸下。晋、楚、齐、卫闻之曰⑨："非独聂政之勇，乃其姊者⑩，烈女也。"君子谓聂政姊仁而有勇，不去死以灭名。《诗》云："死丧之威，兄弟孔怀⑪。"言死，可畏之事，唯兄弟甚相怀。此之谓也。

【注释】

①聂政之姊：据《史记·刺客列传》名荣，《集解》曰：一作"嫈"。

②严仲子：严遂，字仲子（今河南濮阳西南人），韩国大臣。严遂侍
　　奉韩哀侯，与韩相韩傀（字侠累）互相忌恨，怕侠累杀他，便周游
　　列国，在齐国遇到聂政，与其交友，后来聂政帮助严遂杀死侠累。

③披：裂开。

④抉：挖出。

⑤剔：把肉从骨头上刮下来。

⑥暴（pù）：同"曝"。

⑦购：悬赏征求。

⑧轵（zhǐ）：地名。在河南济源南轵城镇。聂政一家为避仇到了齐
　　国，所以上文称"齐勇士"。

⑨晋：指三晋，战国时的韩、赵、魏。

⑩乃：而且。

⑪死丧之威，兄弟孔怀：语见《诗经·小雅·棠棣（dì）》。意谓：遭
　　遇死亡威胁，兄弟最为关心。威，畏。孔怀，很关心。

【译文】

　　聂政之姊，是齐国勇士聂政的姐姐。聂政母亲去世后，只有姐姐还
在。他为濮阳严仲子刺杀韩相侠累，一共杀了几十人，担心灾祸殃及姐
姐，就自己撕裂面孔，挖出眼睛，分解骨肉，自杀而死。韩国把聂政的尸
体陈列到市场，悬赏千金寻求线索，没有人知道他是谁。聂政姐姐说：
"弟弟很贤明，爱惜我的身躯，埋没弟弟的声名，并非他的本意。"于是聂
政姐姐到了韩国，在聂政尸体旁边痛哭，对官吏说："杀死韩相的人，是我
的弟弟，轵邑深井里的聂政。"也在尸体旁边自杀。三晋、楚国、齐国、卫
国人听到后说："不仅仅是聂政勇敢，而且他的姐姐，也是个刚烈女子。"
君子认为聂政姐姐仁爱勇敢，不逃死以埋没弟弟的声名。《诗经》说："遭
遇死亡威胁，兄弟最为关心。"说的是，死亡是最可怕的事情，只有兄弟
面对这种事情最为关心。说的就是这种情况。

王孙氏母（节义）

【题解】

此篇文献基本来源于《战国策·齐策六》，编者仅在结尾添加了评论。在国家破亡、君王被杀的时代灾难面前，王孙贾之母没有像普通妇女那样，仅以保全自己儿子性命为务，而是用母子之情类比君臣伦理，激励儿子挺身而出，为国复仇。她所表现出来的国家大义和责任担当意识，让人敬仰。

王孙氏之母者，齐大夫王孙贾之母也。贾年十五，事齐闵王^①。国乱，闵王出见弑，国人不讨贼。王孙母谓贾曰："汝朝出而晚来，则吾倚门而望汝；汝暮出而不还，则吾倚闾而望汝^②。今汝事王，王出走，汝不知其处，汝尚何归乎？"王孙贾乃入市中，而令百姓曰："淖齿乱齐国^③，弑闵王，欲与我诛之者，袒右^④！"市人从者四百人，与之诛淖齿，刺而杀之。君子谓王孙母义而能教。《诗》云："教诲尔子，式穀似之^⑤。"此之谓也。

【注释】

①齐闵王：战国时齐国国君，见卷六之《齐宿瘤女》注释。

②闾（lú）：里巷的门。

③淖（nào）齿（？—约前284）：一作"卓齿""踔（chuō）齿""悼齿"，战国时期楚国将领。楚顷襄王十五年（前284），燕国大将乐毅攻破齐国都城临淄，齐湣王逃亡。淖齿奉楚顷襄王之命率军救齐，被齐湣王任命为齐国丞相。后来杀了齐湣王，欲与燕国共分齐地，最后被王孙贾所杀。

④袒右:脱去右袖,露出右臂,古时表示参加起事的标志。

⑤教诲尔子,式穀(gǔ)似之:语见《诗经·小雅·小宛》。意谓:好好教育你们的儿子,继承祖先好风采。尔,你,你们,此指作者的兄弟。式,句首语气词。穀,善。似,借作"嗣",继承。

【译文】

王孙氏之母,是齐国大夫王孙贾的母亲。王孙贾十五岁,侍奉齐闵王。国家大乱,齐闵王逃出国都被杀,国人没有讨伐乱贼。王孙母就对王孙贾说:"你早上出去晚回来,我就靠在门边等待你;你晚上出门没有回来,我就到里巷的门口去等待你。现在你侍奉君王,君王出走,你不知他在哪里,你还回来干什么呢?"王孙贾就来到市场中,对百姓发布号令说:"淖齿扰乱了齐国,杀害了闵王,想要和我一起去杀他的,袒露右胳膊!"市场上有四百人追随王孙贾,和他一起去讨伐淖齿,最终死杀了淖齿。君子认为王孙母正义又能教导儿子。《诗经》说:"教育你们的儿子,继承祖先好德行。"说的就是这种情况。

陈婴之母(贤明)

【题解】

此篇内容见于《史记·项羽本纪》。但在原文中,主角人物是项羽,陈婴母仅是惊鸿一瞥式的小人物,此篇则以陈婴母为中心人物,突出了她的谨慎明智。这种改写,是续编《列女传》的编者刻意向原著体例靠拢的结果。

汉棠邑侯陈婴之母也。始,婴为东阳令史①,居县素信,为长者②。秦二世之时③,东阳少年杀县令,相聚数千人,欲立长帅,未有所用,乃请陈婴。婴谢不能,遂强立之,县中从之得二万人,欲立婴为王。婴母曰:"我为子家妇,闻先故不甚贵④。今暴得大名⑤，不祥。不如以兵有所属，事成犹得封侯，败则易以亡，可无为人所指名也⑥。"婴从其言，以兵属项梁⑦，梁以为上柱国⑧。后项氏败，婴归汉，以功封棠邑侯。君子曰：婴母知天命，又能守先故之业⑨，流祚后世⑩，谋虑深矣。《诗》曰："贻厥孙谋，以燕翼子⑪。"此之谓也。

【注释】

①东阳：秦朝县名。故城在今江苏盱眙马坝镇。令史：县令的属吏。

②长者：指德高望重的人。

③秦二世：即胡亥（前230—前207），嬴姓，赵氏，秦始皇第十八子，公子扶苏之弟，秦朝第二位皇帝，前210—前207年在位。

④先故：即祖考，祖先。

⑤暴：突然而且猛烈。

⑥指名：著名，其人之名受人注意。

⑦项梁（？—前208）：下相（今江苏宿迁）人，楚国名将项燕之子，西楚霸王项羽的叔父。

⑧上柱国：战国时楚、赵置，位在令尹、相国下，甚尊，多为荣誉称号。

⑨先故之业：先世故旧之业。

⑩祚（zuò）：福。

⑪贻厥孙谋，以燕翼子：语见《诗经·大雅·文王有声》，《毛诗》"贻"作"诒"。意谓：留下好策略，庇荫子孙福。贻，留给。燕，安定。翼，庇护。

【译文】

　　陈婴之母，是汉朝棠邑侯陈婴的母亲。刚开始，陈婴是东阳县令的属吏，在县里素来诚信，是个宽厚长者。秦二世的时候，东阳县的年轻人杀死了县令，几千人聚集到一起，想要立个首领，没有合适的人选，就请求拥立陈婴。陈婴谢绝说自己才能不够，年轻人就强行拥立他，县里追随他的逐渐有了两万人，想要立陈婴为王。陈婴母亲说："我做你家的媳妇，听说祖先一直不是很显贵。现在突然得到大名气，不吉祥。不如把军队归属于别人，事情成功还可以得到封侯，失败了也容易逃亡，可以不被别人注意。"陈婴听从了母亲的话，带领军队归附于项梁，项梁让他做了上柱国。后来项氏兵败，陈婴归汉，因为功劳被封为棠邑侯。君子说：陈婴的母亲懂得天命，又能够保守祖先旧业，造福后世，谋划思考很深刻啊。《诗经》说："留下好策略，庇荫子孙福。"说的就是这种情况。

王陵之母（节义）

【题解】

此篇主要内容见于《史记·陈丞相世家》及《汉书·张陈王周传》。但编者删去了王陵最初无意追随刘邦及因此而晚封的内容，将王陵后来的显赫与母亲的舍生明志关联得更为紧密，从而突出了王陵母亲的远见卓识和深明大义。这使王陵母亲形象的教化意义更强。

汉丞相安国侯王陵之母也①。陵，始为县邑豪②，高祖微时兄事陵③。及高祖起沛，陵亦聚党数千④，以兵属汉王。项羽与汉为敌国⑤，得陵母，置军中。陵使至，则东向坐陵母⑥，欲以招陵。陵母既而私送使者泣曰："为老妾语陵⑦，善事汉王。汉王长者，无以老妾故怀二心。言妾已死也。"乃伏剑而死⑧，以固勉陵。项羽怒，烹之。陵志益感，终与高祖定天下，位至丞相，封侯，传爵五世。君子谓王陵母能弃身立义，以成其子。《诗》云："我躬不阅，遑恤我后⑨。"终身之仁也。陵母之仁及五世矣。

【注释】

①安国：地名。在今河北安国。

②县邑：县城。

③高祖：即刘邦（前256，一说前247—前195），字季，沛丰邑中阳里人（今江苏丰县），汉朝开国皇帝，前202—前195年在位。

④聚党：聚众。

⑤项羽（前232—前202）：姬姓，项氏，名籍，字羽，泗水郡下相县（今江苏宿迁）人，秦朝末年政治家、军事家，楚国名将项燕的孙子。

⑥东向坐陵母：让王陵的母亲面向东坐，以示敬重。东向坐，在古代礼仪中，东向坐通常被视为尊贵的坐法。

⑦老妾：旧时老妇对自己的谦称。

⑧伏剑：以剑自刎。

⑨我躬不阅，遑恤（xù）我后：语见《诗经·邶风·谷风》。意谓：我自身尚不被容纳，哪里顾得上走后的事情呢？躬，自身。阅，容纳。遑，暇，来不及。恤，忧，顾及。后，指走后的事。

【译文】

王陵之母，是汉朝丞相安国侯王陵的母亲。王陵，当初是县里的豪绅，高祖在卑微时，像对待兄长那样侍奉王陵。高祖在沛县起兵后，王陵自己也聚集党羽几千人，带领军队归属于汉王。项羽和汉王为敌对国，他得到了王陵的母亲，拘留在军中。王陵的使者到了，就让王陵的母亲朝东坐着，想以此招降王陵。之后王陵母亲私下送走使者时哭着说："请替我告诉王陵，要小心地侍奉汉王。汉王是个宽厚的长者，不要因为我的缘故而有三心二意。就说我已经死了。"说罢就用剑自刎而死，用来坚定王陵的心意。项羽发怒，烧煮了王陵的母亲。王陵更为母亲的行为所感动，最终和高祖一起安定了天下，官位至丞相，封侯，爵位传了五世。君子认为王陵的母亲能够舍生立义，来成就她的儿子。《诗经》说："我身尚不容，哪顾身后事？"说的是自己一生的仁德。王陵母亲的仁德泽及了五世。

张汤之母（仁智）

【题解】

　　此篇内容取材于《史记·酷吏列传》及《汉书·张汤传》。张汤是汉武一朝著名的酷吏，其最为人诟病的是从君不从法，充当了汉武帝酷暴政策的执行者。但张汤做官廉洁，最终因其曾经挫辱三长吏而被他们构陷致死，有冤枉的成分在内。面对这样的儿子，张汤母亲曾经屡次责备批评，难免失望，但在儿子遭受不公被冤身死的情况下，又能以薄葬的方式打动汉武帝，最终为儿子复了仇。这样一位贤明刚强又足智多谋的母亲形象，让人肃然起敬。

　　汉御史大夫张汤之母也①。汤以文法②，事汉孝武帝③，为御史大夫，好胜陵人。母数责怒，性不能悛改④。后果为丞相严青翟及三长史所怨⑤，会赵王上书言汤罪，系廷尉⑥。丞相及三长史共致其罪⑦，遂自杀。昆弟、诸子欲厚葬之。母曰："汤为天子大臣，被恶言而死⑧，亦何厚葬？"载以牛车，有棺而无椁⑨。天子闻之曰："非此母不生此子。"乃尽案诛三长史⑩。丞相严青翟自杀。君子谓：张汤母能克己感悟时主。《诗》云："彼美孟姜，德音不忘⑪。"此之谓也。

【注释】

①御史大夫：汉朝官名。地位仅次于丞相，主管弹劾、纠察及掌管图籍秘书，与丞相、太尉并称为三公。

②文法：指法令条文。

③汉孝武帝：即刘彻（前156—前87），汉景帝刘启与王皇后之子。他是西汉第七位皇帝，前141—前87年在位，杰出的政治家、军事

家、战略家、文学家。

④悛（quān）改：悔改。

⑤三长史：即朱买臣、王朝、边通三人。长史，西汉时丞相、太尉、御史大夫属官均设长史，相当于秘书长或幕僚长，后历代相沿。

⑥系廷尉：被廷尉拘囚。廷尉，汉朝中央政府中最高的司法审判机构的长官，九卿之一。

⑦致：上奏，上告。

⑧被恶言：蒙受无理中伤的言论。被，遭受，蒙受。

⑨椁（guǒ）：古代套在棺材外面的大棺材。

⑩案诛：查明罪行而处以死刑。

⑪彼美孟姜，德音不忘：语见《诗经·郑风·有女同车》。意谓：那个美丽的姑娘，声誉美好人难忘。孟姜，姜姓长女，后来孟姜也作为美女的通称。德音，好名声，亦指好品德。

【译文】

张汤之母，是汉朝御史大夫张汤的母亲。张汤因为熟悉法律条文，事奉汉孝武帝，做了御史大夫。他性格好强，盛气凌人。母亲屡次责怪生气，张汤天性如此，不能悔改。后来张汤果然被丞相严青翟和三长史怨恨，正好赵王上书指责张汤的罪过，张汤被拘禁于廷尉府。丞相和三长史一起上奏张汤的罪过，张汤就自杀了。张汤的兄弟、儿子们想要厚葬他，张汤母亲说："张汤身为天子大臣，蒙受恶言而死亡，又何必厚葬呢？"就用牛车拉着张汤的尸体，只有棺材而没有外椁。天子听到后说："不是这样的母亲，生不出这样的儿子。"于是查明三长史的罪行而将他们都处以死刑。丞相严青翟自杀。君子认为：张汤母亲能够克制自己的情感而让当时的皇帝感悟。《诗经》说："那个美丽的姑娘，声誉美好人难忘。"说的就是这种情况。

隽不疑母（母仪）

【题解】

此篇内容见于《汉书·隽疏于薛平彭传》。汉武帝末年，郡国盗贼蜂起，汉武帝派暴胜之逐捕盗贼、督课郡国。隽不疑当时仅为郡文学，见到暴胜之后进谏说："凡为吏，太刚则折，太柔则废，威行施之以恩，然后树功扬名，永终天禄。"由此打动暴胜之，避免了激化矛盾，稳定了社会形势。而隽不疑之所以能够主张为政要施之以恩，与其母亲的教育分不开。本篇塑造了隽不疑母亲仁爱好生的贤明形象，亲切生动，对现代家庭教育不无启发。

汉京兆尹隽不疑之母也①。仁而善教。不疑为京兆尹，行县录囚徒还②，其母辄问所平反，活几何人。即不疑多所平反③，母喜笑，饮食言语异于他时。或无所出④，母怒，为之不食。由是故不疑为吏，严而不残⑤。君子谓不疑母能以仁教。《诗》云："昊天疾威，敷于下土⑥。"言天道好生⑦，疾威虐之行于下土也。

【注释】

①京兆尹：官名。秩中二千石，西汉京兆尹具有地方行政官员与中央朝官的双重性质，在管理京畿地区的各方面行政事务的同时，还有参与国家政务的权力。隽（juàn）不疑：字曼倩，勃海郡（治今河北沧州东）人，西汉著名官员，当时任京兆尹。

②录囚徒：是指上级司法机关对在押囚犯的复核审录，以检查下级司法机关对案件的审判是否有失公正，并纠正冤假错案。

③即不疑多所平反：此七字及上句"活几何人"原脱，据梁端及萧道

管本补。

④出：囚徒平反后被放出。

⑤严而不残：原作"不严不残"，据王照圆说依据《汉书》改。

⑥旻（mín）天疾威，敷于下土：语见《诗经·小雅·小旻》，《毛诗》
　　"旻"作"旻"，此处可能形近而误。意谓：苍天太暴虐，灾难降人
　　间。旻天，秋天，此指苍天、皇天。疾威，暴虐。敷，布施。下土，
　　人间。

⑦好（hào）生：爱惜生命而不嗜杀。

【译文】

隽不疑母，是汉朝京兆尹隽不疑的母亲。她有仁德，又会教育。隽
不疑做京兆尹，到下属县邑覆核在押囚犯的审判记录回来，他的母亲总
会问他平反了多少人。如果隽不疑平反的人多，母亲就欢喜高兴，吃饭
说话都和平时不同。有时隽不疑没有平反放出囚犯，母亲就发怒，因此
而不吃饭。由此缘故，隽不疑做官，严厉而不残暴。君子认为隽不疑的
母亲能够用仁德教化。《诗经》说："苍天憎暴虐，因其害人间。"说的是
天道爱惜生命而不嗜杀，憎恶威虐的行为流行于人间。

汉杨夫人（贤明）

【题解】

此篇基本内容见于《汉书·公孙刘田王杨蔡陈郑传》。杨敞夫人，
是司马迁的女儿。在面临霍光废立皇帝的大事面前，杨敞夫人表现出了
惊人的魄力和果断，远胜其做过丞相、位为列侯的丈夫。可以想象，她平
日受到了父亲司马迁的言传身教。非此父不能养此女，司马迁父女的刚
烈勇敢一脉相承。

杨夫人者，汉丞相、安平侯杨敞之妻也①。汉昭帝崩②，

昌邑王贺即帝位，淫乱，大将军霍光与车骑将军张安世谋③，欲废贺更立帝。议已定，使大司农田延年报敞④。敞惊惧，不知所言，汗出浃背⑤，徒曰"唯唯"而已⑥。延年出更衣⑦，夫人遽从东厢谓敞曰⑧："此国之大事，今大将军议已定，使九卿来报君侯⑨。君侯不疾应，与大将军同心，犹与无决⑩，先事诛矣。"延年从更衣还，敞、夫人与延年参语许诺⑪，请奉大将军教令。遂共废昌邑王，立宣帝。居月余，敞薨，益封三千五百户。君子谓敞夫人可谓知事之机者矣⑫。《诗》云："展彼硕女，令德来教⑬。"此之谓也。

【注释】

①安平：县名。在今河北安平。杨敞（？—前74）：弘农华阴（今陕西华阴）人，赤泉侯杨喜的玄孙。杨敞初仕西汉大将军霍光的幕府，得霍光欣赏，历任军司马、大司农、丞相，获封安平侯。《汉书》有传。

②汉昭帝：即刘弗陵（前94—前74），西汉第八位皇帝，前87—前74年在位，汉武帝刘彻少子，母为钩弋夫人赵氏。

③大将军霍光：武帝时的将军都是领兵出征，并不过多参与朝廷政治，到霍光才用大司马大将军的名义当政，权力在宰相以上。从此，大将军实为中朝官领袖。霍光（？—前68），字子孟，河东郡平阳县（今山西临汾）人，西汉时期权臣、政治家，大司马霍去病异母弟，《汉书》有传。车骑将军，古代的高级将军官名，主要掌管四夷屯警、征伐背叛、京师兵卫、迎来送往等礼制性活动。张安世（？—前62），字子孺，京兆杜陵（今陕西西安）人。西汉大臣，御史大夫张汤的次子，"麒麟阁十一功臣"之一。《汉书》有传。

④大司农：是朝廷管理国家财政的官职，为九卿之一。田延年，被霍

光重用，担任长史，又出为河东太守，后因立宣帝之功为大司农。《汉书》有传。

⑤浃（jiā）：湿透。

⑥唯唯：回应而不置可否貌。

⑦更衣：更换衣服，上厕所的委婉说法。

⑧遽（jù）：急忙，匆忙。

⑨君侯：汉时对列侯的尊称，后泛指尊贵者。

⑩犹与：同"犹豫"。

⑪参语：三人共同说话。

⑫机：关键。

⑬展彼硕女，令德来教：语见《诗经·小雅·车舝（xiá）》，《毛诗》"展"作"辰"。意谓：那个女孩确实很美好，会以德行来教导。展，信，确实。令德，美德。

【译文】

杨夫人，是汉丞相、安平侯杨敞的妻子。汉昭帝去世后，昌邑王刘贺登上帝位，荒淫混乱，大将军霍光和车骑将军张安世谋划，想要废掉刘贺改立皇帝。讨论决定后，霍光派大司农田延年通报杨敞。杨敞又惊又怕，不知道该说些什么，汗出淋漓湿透了后背，只能说"哦哦"而已。田延年出去上厕所，杨敞夫人急忙从东厢房对杨敞说："这是国家的大事，现在大将军已经商定，派九卿来报告您。您不快点答应，表示和大将军同心，犹豫不决，就事先被杀了。"田延年上完厕所回来，杨敞、夫人和田延年三人说话，许下诺言，请求听从大将军的命令。于是一起废掉昌邑王，拥立汉宣帝。一个多月后，杨敞去世，加封三千五百户。君子认为杨敞夫人可以称得上懂得事情的关键了。《诗经》说："那个女孩确实很美好，会以德行来教导。"说的就是这种情况。

霍夫人显（孽嬖）

【题解】

此篇内容见于《汉书·霍光传》和《汉书·外戚传》。霍光以忠厚谨慎获得了汉武帝的信任，与金日磾(mì dī)等人一起辅佐八岁的昭帝即位，后又废掉昌邑王，拥立汉宣帝，人臣之贵，一时无二。但与金日磾对家人严加管束不同，霍光的谨慎仅限于自身，其妻子儿女依仗权势多有非法之事。最终，霍光去世三年，霍家覆灭，而金日磾的后人富贵七代，绵延久长。两相对比，更让人看到霍光妻子之贪婪放纵、愚蠢短视，后人当思鉴之。

霍夫人显者，汉大将军博陆侯霍光之妻也①。奢淫虐害，不循轨度②。光以忠慎受孝武皇帝遗诏，辅翼少主③。当孝宣帝时④，又以立帝之功，甚见尊宠，人臣无二。显有小女字成君，欲贵之，其道无由。会宣帝许后当产，疾，显乃谓女监淳于衍曰⑤："妇人娩乳大故⑥，十死一生。今皇后当娩身，可因投药去之。使我女得为后，富贵共之。"衍承其言，捣附子⑦，碎太医大丸中⑧，持入，遂药弑许后。事急，显以情告光，光惊愕。业已治衍，奏，因令上署勿论⑨。显遂为成君衣，补治入宫具，果立为后。

【注释】

①博陆：《汉书·霍光传》载汉武帝封霍光为博陆侯，博陆二字取博大而平之意，并无此县，霍光封地在北海、河间、东郡。

②轨度：指规范法度。

③辅翼：辅佐，辅助。少主：指汉昭帝，即位时年仅八岁。

④孝宣帝：即刘询（前91—前48），原名刘病已，字次卿，西汉第十位
　皇帝，前74—前48年在位，汉武帝刘彻曾孙，戾太子刘据之孙，史
　皇孙刘进之子。

⑤女监：负责护理的女子。《汉书》作"女医"。

⑥娩乳：产子也。大故：大事。

⑦附子：中药名。别名铁花、五毒，有毒。

⑧大丸：一种药丸。

⑨勿论：不追究，不谈。

【译文】

　　霍夫人显，是汉朝大将军博陆侯霍光的妻子。她奢侈淫乱，酷虐残
害，不遵守法度。霍光因为忠诚谨慎，接受了汉武帝的遗诏，辅佐少主昭
帝。孝宣帝时期，霍光又因为拥立皇帝的功劳，非常受到尊宠，人臣当中
没有第二个人受此恩遇。显有个小女儿，名字叫成君，她想要尊贵女儿，
没有合适的途径。正好赶上宣帝的皇后许后要生孩子，生病了，显就对
女医淳于衍说："妇女生孩子是大事情，十死一生。现在皇后当分娩，可
以趁机投药杀死她。假设我的女儿能够成为皇后，与你共享富贵。"淳
于衍听信了这样的话，捣碎有毒的附子，把粉末掺进太医的大药丸，拿进
宫中，于是就药杀了许后。后来事情形势危急，显就把实情告诉给了霍
光，霍光非常吃惊。当时已经治了淳于衍的罪过，上奏了，霍光就让宣帝
在奏疏上批示不再追究。显就给成君制作了衣服，添置了入宫所需的东
西，成君果然被立为皇后。

　　是时，许后之子，以正适立为太子①。显怒，欧血不食
曰②："此乃帝在民间时子，安得为太子？即我女有子，反当
为王耶？"复教皇后，令毒杀太子。皇后数召太子食，保阿
辄先尝之③。光既薨，子禹嗣为博陆侯。显改更光时所造茔

而侈大之，筑神道④，为辇阁⑤，幽闭良人、奴婢⑥。又治第宅，作乘舆辇⑦，尽绣绲靴⑧，黄金涂，为荐轮⑨，侍婢以五采系挽显游戏⑩，又与监奴冯子都淫乱⑪。禹等纵弛日甚。宣帝既闻霍氏不道，又弑许后事泄，显恐怖，乃谋为逆，欲废天子而立禹。发觉，霍氏中外皆腰斩⑫，而显弃市⑬，后废处昭台宫。《诗》云："废为残贼，莫知其尤⑭。"言怃于恶⑮，不知其为过。霍夫人显之谓也。

【注释】

①正适（dí）：嫡子。适，繁体为"適"，通"嫡"。

②欧（ǒu）：同"呕"，吐。

③保阿：古代抚养教育贵族子女的妇女。

④神道：寺、庙、陵、祠碑等参拜场所前的道路。

⑤辇（niǎn）阁：阁道，古代架木于花园苑囿中以行车的通道。

⑥良人：美人。

⑦乘（shèng）舆：旧指皇帝或诸侯所用的车舆。

⑧尽："尽"的繁体。《汉书·霍光传》作"畫"字，形近致误。绲（yīn）：通"茵"，垫子或褥子。靴（fú）：车具，车轼上供人凭附的铺垫物。

⑨为：《汉书·霍光传》作"韦"，音同而误，熟牛皮。荐：垫。

⑩系挽：带子拉。

⑪监奴：为权贵豪门监管家务的奴仆头子。

⑫中外：指中表之亲，即自己与姑母、舅父的子女的亲戚关系。腰斩：是古代酷刑，是指用重斧从腰部将犯人砍作两截。

⑬弃市：是在人众集聚的闹市，对犯人执行死刑。

⑭废为残贼，莫知其尤：语见《诗经·小雅·四月》。意谓：肆无忌惮为残害，还不知道是犯罪。废，大。残贼，残害。尤，错，罪过。

⑮忕（shì）：习惯于。

【译文】

当时，许后生的儿子，因为是嫡子被立为太子。显大怒，吐血不吃饭，说："这是皇帝在民间时生的儿子，哪里能立为太子？假使我女儿生了儿子，反而当被立为诸侯王吗？"显就再次教导皇后，让她毒死太子。皇后几次召来太子吃饭，保母总要先尝一下。霍光去世后，儿子霍禹继承为博陆侯。显就改造霍光时所修建的坟茔，改得奢侈宏大，修筑了神道，铺设了阁道，把一些美人、奴婢幽禁在那里。她又建造了新的宅第，制造了皇帝才能乘的车子，车座和车轼上铺了有装饰的垫子，黄金涂饰，车轮用熟牛皮垫起来，侍女们用五采带子拉车载着显到处游玩，显还和管家奴仆冯子都私通淫乱。霍禹等人一天比一天放纵堕落。宣帝已经知道了霍氏种种不规矩的事情，杀死许后的事情也泄露了出去，显恐惧，就谋划造反，想要废掉天子而立霍禹为皇帝。阴谋被发现，霍氏一家以及中表亲都被腰斩，显被处死在闹市，皇后也被废处在昭台宫。《诗经》说："肆无忌惮为残害，还不知道是犯罪。"说的是习惯于作恶，不知道是错误的。霍夫人显就是这种情况。

严延年母（仁智）

【题解】

此篇内容采自《汉书·酷吏传》。严延年是西汉昭、宣时期的官吏，为官虽然能够摧折豪强，扶助贫弱，但终究酷虐好杀，有违仁德。母亲的劝诫，出自善良恻隐之天性，又有敬畏天道的朴素情感，看似柔弱，实则充满了智慧。可惜，严延年没有听取，或者即使听取也已晚矣，最终导致了杀身之祸。如何处理好为政中的德、刑关系，是官员面临的重要问题，严延年母亲的言论对后人也富有启迪意义。

　　河南太守东海严延年之母也①。生五男,皆有吏材,至二千石②,东海号曰"万石严妪"③。延年为河南太守,所在名为严能。冬月④,传属县囚,论府下,流血数里,河南号曰"屠伯"⑤。其母常从东海来,欲就延年腊⑥。到洛阳,适见报囚⑦,母大惊,便止都亭⑧,不肯入府。延年出至都亭谒,母闭阁不见⑨。延年免冠顿首阁下,母乃见之,因责数延年曰⑩:"幸备郡守,专治千里,不闻仁义教化,有以全安愚民,顾乘刑罚多刑杀人⑪,欲以致威,岂为民父母之意哉?"延年服罪,顿首谢,因为御归府舍⑫。母毕正腊已⑬,谓延年曰:"天道神明,人不可独杀。我不自意老当见壮子被刑戮也!行矣! 去汝东海⑭,扫除墓地耳⑮。"遂去,归郡,见昆弟宗族,复为言之。后岁余,为府丞所章⑯,结延年罪名十事⑰,下御史案验⑱,遂弃延年于市。东海莫不称母贤智。君子谓严母仁智信道。《诗》云:"心之忧矣,宁自全矣⑲。"其严母之谓也。

【注释】

①河南:指河南郡,治所在洛阳,辖今河南西部一带。太守:汉朝一郡的最高行政长官,除治民、进贤、决讼、检奸外,还可以自行任免所属掾史。东海:郡名。治所在郯(tán)县(今山东郯城),辖今山东临沂南部与江苏东北部一带。严延年(?—前58):字次卿,东海下邳(pī)(今江苏邳州南)人,西汉河南太守,生平事迹见于《汉书·酷吏传》。

②二千石:汉官秩,又为郡守(太守)的通称,汉郡守俸禄为两千石,即月俸百二十斛,因有此称。

③严妪(yù)：严老太太。妪，老年妇女的通称。

④冬月：指农历十一月。

⑤屠伯：即屠夫，喻指酷吏。

⑥腊：腊祭，古代农历十二月合祭众神的祭祀。

⑦报囚：判决囚犯。

⑧都亭：都邑中的传舍。

⑨阁(gé)：大门旁的小门。

⑩责数：责备数落。

⑪顾：反而。

⑫御：驾车。

⑬正腊：指冬至后第三个戌日举行的祭祀，因为此日为腊日，故称。

⑭东海：王照圆曰："'海'当作'归'，见《汉书》。"

⑮扫除墓地：打扫墓地。意谓准备办丧事。

⑯为府丞所章：被府丞上奏告发。府丞，太守的属官。章，章奏，上书言事。

⑰结：正其罪。

⑱御史：这里指御史中丞，御史大夫的副手，负责协助御史大夫监督和弹劾百官。

⑲心之忧矣，宁自全矣：语见《诗经·大雅·瞻卬》，"全"《毛诗》作"今"，此误。此句诗意谓：心里忧愁，难道是始于今日吗？宁，岂，难道。

【译文】

严延年母，是河南太守东海人严延年的母亲。她生了五个儿子，都有做官的才干，到了二千石的级别，东海人称呼她为"万石严老太"。严延年做河南太守，治理地方有严峻能干之名。十一月，下属县邑押解囚犯，到太守府附近处决，流血几里，河南人称他为"屠夫"。延年的母亲从东海过来，想在延年家举行腊祭。到了洛阳，正好看见处决囚犯，他母亲大吃一惊，就停在都邑传舍，不肯进入太守府。严延年出府到传舍拜见，母亲关了小门不见他。严延年在门边摘冠叩头谢罪，母亲才见了他，就责备数落严延年说："你有幸做了郡守，负责治理千里之地，没有听到你的仁义教化，用来保全安定普通百姓，反而凭借刑罚多杀人，想要以此树立威风，这难道是做民众父母的意思吗？"严延年承认罪过，叩头道歉，母亲就因此坐车回到太守府舍。母亲完成正腊祭祀后，对严延年说："天道有神明，人不可以擅杀。我没有想到年老了，会看到正当壮年的儿子被有罪处死！走了！离开你回到东边的家乡，准备为你办丧事罢了。"严延年的母亲就离开了，回到家乡，见到兄弟宗亲，再次说了这些事情。一年多后，严延年被府中属吏上章告发，罗列他十项有罪的行为，经过御史中丞查验后，就在闹市把他处死了。东海人没有不称赞严延年母亲贤明有智慧的。君子认为严母仁爱有智，诚信正义。《诗经》说："心里忧愁啊，哪里始于今？"说的就是严延年母亲这种情况。

汉冯昭仪（节义）

【题解】

　　此篇内容见于《汉书·外戚传》。冯昭仪在变故起于仓促之际，以身挡熊，其勇敢无畏的气魄，让人肃然起敬。苏轼《留侯论》曰"天下有大勇者，卒然临之而不惊，无故加之而不怒。此其所挟持者甚大，而其志甚远也"，冯昭仪堪当此论。

　　汉冯昭仪者①，孝元帝之昭仪②，右将军、光禄勋冯奉世之女也③。元帝二年，昭仪以选入后宫，始为长使，数月为美人，生男，是为中山孝王，美人为婕妤。建昭中④，上幸虎圈斗兽，后宫皆从。熊逸出圈，攀槛欲上殿，左右贵人、傅昭仪皆惊走⑤，而冯婕妤直当熊而立，左右格杀熊。天子问婕妤："人情皆惊惧，何故当熊？"对曰："妾闻猛兽得人而止，妾恐至御坐，故以身当之。"元帝嗟叹，以此敬重焉。傅昭仪等皆惭。明年，中山王封，乃立婕妤为昭仪，随王之国，号中山太后。君子谓昭仪勇而慕义。《诗》云："公之媚子，从公于狩⑥。"《论语》曰："见义不为，无勇也⑦。"昭仪兼之矣。

【注释】

① 冯昭仪：即冯媛（？—前6），上党潞县（今山西长治潞安区）人，冯奉世长女，汉元帝刘奭之妃，汉平帝刘衎的祖母。昭仪，中国古代后宫嫔御的一种，始置于西汉元帝时期，为仅次于皇后的位号。下文中"长使""美人""婕妤""贵人"都为汉元帝后宫美人嫔妃的位号。

② 孝元帝：即刘奭（前74—前33），汉宣帝刘询与嫡妻许平君所生之子，西汉第十一位皇帝，前48—前33年在位。

③ 右将军：中国古代军事武官的官职名称，战国已有，秦因之，汉不常置，金印紫绶，位次上卿。光禄勋：古代官名。九卿之一，秦汉负责守卫宫殿门户的宿卫之臣，后逐渐演变为总领宫内事务。冯奉世：西汉大臣，《汉书》有传。

④ 建昭：汉元帝的第三个年号，共使用5年，即前38—前34年。

⑤ 傅昭仪皆惊走：王照圆曰："昭仪下脱'等'字。"

⑥ 公之媚子，从公于狩：语见《诗经·秦风·驷驖》，国君喜爱的亲信，跟随国君去打猎。媚子，指秦君喜爱的儿子；一说亲信，被宠爱的人。狩，冬猎。古代帝王打猎，四季各有专称，《左传·隐公五年》曰："故春蒐（sōu），夏苗，秋狝（xiǎn），冬狩。"

⑦ 见义不为，无勇也：语见《论语·为政》。

【译文】

汉冯昭仪，是孝元帝的昭仪，右将军、光禄勋冯奉世的女儿。元帝二年，昭仪被选入后宫，一开始是长使，几个月后为美人，生了儿子中山孝王之后，美人升为婕好。建昭年间，元帝到虎圈观看斗兽，后宫嫔妃都跟随。熊逃出了兽圈，攀上围槛想要窜上大殿，元帝旁边的贵人、傅昭仪等人都受惊逃跑，而冯婕好正对着熊跟前站立，旁边的武士格斗杀死了熊。天子问冯婕好说："人们都害怕，你为什么挡熊呢？"冯婕好说："我听说凶猛的野兽逮住人就会停下来，我担心它到了您的座位，所以用自身去挡它。"元帝感叹，因此敬重冯婕好。傅昭仪等人都觉得惭愧。第二年，中山王受封，就立婕好为昭仪，跟随中山王到了封国，称号中山太后。君子认为冯昭仪勇敢无畏，追慕道义。《诗经》说："国君喜爱的人，跟随国君去打猎。"《论语》说："见到正义的事情而不做，不够勇敢。"冯昭仪可谓义勇兼而有之啊。

王章妻女（仁智）

【题解】

此篇基本内容见于《汉书·赵尹韩张两王传》。在王章的生命陷入低谷、困厄消沉之时，其妻慷慨勉励，终于激起了丈夫的奋发之志，堪称贤内助。但是，在王章身为京兆尹，准备弹劾帝舅王凤时，妻子又出来阻拦，理由是应当知足，不可忘了贫贱之时，此时的王章妻子显然是将个体家庭的富贵置于国家命运之上了。王章妻子有这样的想法，原属人之常情，并不奇怪，奇怪的是班固作为史学大家，评论王章曰"王章刚直守节，不量轻重，以陷刑戮，妻子流迁，哀哉"，实在有点难逃"叙世教则贵取容而贱直节"（傅玄语）之讥了。

王章妻女，汉京兆尹王仲卿之妻及其女也①。仲卿为书生,学于长安,独与妻居。疾病,无被,卧牛衣中^②,与妻诀^③,泣涕。妻呵怒曰^④:"仲卿,尊贵在朝廷,谁愈于仲卿者？今疾病困厄,不自激昂,乃反涕泣,何鄙也^⑤！"后章仕宦至京兆尹。成帝舅大将军王凤秉政专权,章虽为凤所举,意不肯附。会有日食之变,章上封事^⑥,言凤不可任用。事成当上,妻止之曰:"人当知足,独不念牛衣中流涕时耶？"章曰:"非女子所知！"书遂上,天子不忍退凤,章犹是为凤所陷^⑦,事至大逆^⑧,收系下狱。章有小女,年十二,夜号哭曰:"平日坐狱上闻呼囚^⑨,数常至九,今八而止。我君素刚^⑩,先死者必我君也。"明日问之,果死。妻子皆徙合浦^⑪。凤薨后,成都侯王商为大将军,闵章无罪^⑫,白还其妻子财产田宅^⑬,众庶给之^⑭。君子谓王章妻知卷舒之节^⑮。《诗》云:"昊天已威,予慎无罪^⑯。"言王为威虐之政,则无罪而遭咎也^⑰。

【注释】

①京兆尹:三辅之一,西汉时秩中二千石,具有地方行政官员与中央朝官的双重性质,在管理京畿地区的各方面行政事务的同时,还具有参与国家政务的权力。王仲卿:即王章,西汉官员,《汉书》有传。

②牛衣:用麻或草织的给牛保暖的护被。

③诀:告别,分别(多指不再相见的离别)。

④呵怒:犹怒斥。

⑤鄙:见识浅薄,行为低下。

⑥封事:指密封的奏章。在古代,为了防止奏章内容泄漏,臣子们会将奏章用皂囊封缄,然后呈递给皇帝,这种做法称为"封事"。

⑦犹：同"由"。

⑧大逆：古代称危害君父、宗庙、宫阙等罪行为"大逆"，为"十恶"之一。

⑨平日：《汉书》作"平生"，误。坐狱：坐监狱。

⑩我君素刚：我父亲向来刚强。君，指父亲。

⑪合浦：郡名。辖地在广西东南、广东西南一带，治所在今广西合浦。

⑫闵：同"悯"，怜悯。

⑬白：禀告。

⑭众庶给之：据《汉书》，王章家属还故乡后，"时萧育为泰山太守，皆令赎还故田宅"。这里"众庶给之"，应为百姓觉得王章冤屈，在其家属赎还财产时，他们积极相助。众庶，众民，百姓。

⑮卷舒：屈伸。

⑯昊天已威，予慎无罪：语见《诗经·小雅·巧言》。意谓：苍天太暴虐，我实无罪过。威，暴虐，威怒。慎，确实。

⑰遘（gòu）：遇到，遭遇。

【译文】

王章妻女，是西汉京兆尹王仲卿的妻子和他的女儿。仲卿早年是书生，在长安学习，独自和妻子一起居住。王章生病了，没有被子，躺在给牛保暖的护被中，与妻子诀别，哭泣。妻子怒斥说："仲卿，在朝廷尊贵的人，谁比你仲卿更强呢？现在生病困苦，你不自激励奋进，反而哭泣，多么浅鄙啊！"后来，王章做官做到了京兆尹。成帝的舅舅、大将军王凤主政擅权，王章虽是王凤推荐，内心不肯附和他。正好赶上有日食灾变，王章想上呈秘密奏疏，说王凤不可以被任用。王章写成奏疏后要上报，妻子制止他说："人应当知足，你难道不记得在牛衣中哭泣时的境况吗？"王章说："这不是女子所能懂的。"就上了奏疏，天子不忍心罢退王凤，王章因此被王凤陷害，以致被扣上了大逆的罪名，逮捕关押到监狱。王章有个小女儿，时年十二岁，半夜大哭说："平时传呼狱中罪犯，听到呼喊囚犯的数字常到九人,现在到八就停了。我父亲向来刚强,最早死去的肯定是我父亲。"第二天问询,王章果然死了。妻子儿女都被流放到合浦郡。王凤去世后,成都侯王商做了大将军,哀悯王章没有罪过,禀告皇帝后,召还了他的妻子儿女,归还他家的财产田宅,百姓也感于王章冤屈积极促成了这件事情。君子认为王章妻子懂得屈伸之节。《诗经》说:"苍天太暴虐,我实无罪过。"说的是君王为政酷虐,就会无罪而遭遇祸患。

班女婕妤(辩通)

【题解】

　　此篇内容见于《汉书·外戚传》。班婕妤自爱自重,遵守妇道,依礼侍奉君王,却逃脱不了其他女子的嫉妒谗害。通达的鬼神论为班婕妤消除了无妄之灾,但后宫的惊涛骇浪随时可能吞没这个秀外慧中的女子。后来,班婕妤选择侍奉太后终老一生,虽然得以善终,但终究太过孤寂了。一篇《自悼赋》,文辞清丽,故作旷达,以安天乐命自勉,字里行间却是无尽的愁绪与幽怨。

　　班婕妤者,左曹越骑班况之女①,汉孝成皇帝之婕妤也②。贤才通辩。始选入后宫,为小使③,俄而大幸④,为婕妤。成帝游于后庭,尝欲与婕妤同辇,辞曰:"观古图画,贤圣之君皆有名臣在侧,三代之末主乃有女嬖⑤。今欲同辇,得无似之乎?"上善其言而止。太后闻而喜曰:"古有樊姬⑥,今有班婕妤。"每诵《诗》及《窈窕》《德家》《女师》之篇⑦,必三复之。每进见上疏,依古礼。自鸿嘉之后⑧,成帝稍隆于女宠。婕妤进侍者李平,平得幸,立为婕妤。帝曰:"始卫皇后亦从微起⑨。"乃赐平姓曰卫,所谓卫婕妤也。其后,赵飞燕姊妹有宠,骄妒,谮诉婕妤云⑩:"挟邪诅祝⑪。"考问班婕妤,曰:"妾闻'死生有命,富贵在天'⑫,修正尚未蒙福⑬,为邪欲以何望? 且使鬼神有知,不受不臣之诉;如其无知,诉之何益? 故弗为也。"上善其对而怜闵之⑭,赐黄金百斤。

【注释】

①左曹越骑:即左曹越骑校尉,西汉置,属光禄勋,为越骑长官,掌宿卫屯兵或奉命征伐。

②汉孝成皇帝:即刘骜(ào,前51—前7),字太孙,汉元帝子,前33—前7年在位。

③小使:"小"为"少"误,少使,妃嫔的称号,为妃嫔当中的第十一等级。

④俄而:不久,顷刻。

⑤三代:指夏、商、周三代。

⑥樊姬:楚庄王的夫人,见本书卷二之《楚庄樊姬》。

⑦《窈窕》《德家》《女师》之篇:"家"为"象"之误,据颜师古《汉书》注,这些篇目为古代箴戒之书。

⑧鸿嘉:汉成帝刘骜的第四个年号,共计4年,即前20—前17年。

⑨卫皇后:即汉武帝皇后卫子夫,原为平阳公主家里的歌女,后入宫被立为皇后。

⑩谮(zèn)诉:谗毁攻讦。

⑪诅祝:祈求鬼神加祸于敌对的人。

⑫死生有命,富贵在天:语见《论语·颜渊》,是子夏对司马牛说的话。

⑬修正:善良正直。

⑭闵:同"悯"。

【译文】

班婕妤，是左曹越骑校尉班况的女儿，汉孝成皇帝的婕妤。她贤能有才，通达博辩。她刚选入后宫，是少使，不久受到宠幸成为婕妤。成帝到后庭游玩，曾经想和班婕妤同车，班婕妤推辞说："观看古代的图画，圣贤君王都有名臣在他旁边，夏、商、周三代的亡国之君旁边才有宠爱的女子。现在你想和我同车，不是有点相似吗？"成帝赞称此言，就不再请求了。太后听到后高兴地说："古代有樊姬，现在有班婕妤。"她每次诵读《诗经》以及《窈窕》《德象》《女师》这些篇目，一定会再三重复。每次进见皇帝和上疏，她都依照古礼。从鸿嘉年间开始，成帝渐渐喜好女色。班婕妤进献了侍女李平，李平得到宠幸，被立为婕妤。成帝说："之前的卫皇后，也是起于微贱。"就赐李平姓卫，就是卫婕妤。后来，赵飞燕姐妹受宠，骄傲嫉妒，诬陷班婕妤说："心怀邪念，祈祷神灵加害君主。"成帝审问班婕妤，班婕妤回答说："我听说'死生有命，富贵在天'，善良正直还得不到福祐，干坏事想要期待什么呢？况且假设鬼神有灵，不会接受不遵臣道的人的诉求；如果鬼神无知，祈祷又有什么好处呢？所以不做这样的事情。"成帝称赞她的回答，又怜悯她，赏赐给她一百斤黄金。

时飞燕骄妒。婕妤恐久见危，求供养皇太后于长信宫，上许焉。婕妤退处东宫，作赋自伤曰："承祖考之遗德兮①，荷性命之俶灵②。登薄躯于宫阙兮，充下陈于后庭③。蒙圣皇之渥惠兮④，当日月之盛明。扬光烈之翕赫兮⑤，奉隆宠于增城⑥。既过幸于非位兮，窃庶几乎嘉时⑦。每寤寐而累息兮，申佩离以自思⑧。陈女图而镜鉴兮⑨，顾女史而问《诗》⑩。悲晨妇之作戒兮，哀褒艳之为尤⑪。美皇、英之女舜兮⑫，荣任、姒之母周⑬。虽愚陋其靡及兮⑭，敢舍心而忘兹？历年岁而悼惧兮，闵繁华之不滋⑮。痛阳禄与柘观兮⑯，仍襁褓而离灾⑰。岂妾人之殃咎兮⑱，将天命之不可求？白日忽以移光兮，遂奄莫而昧幽⑲。犹被覆载之厚德兮⑳，不废捐于罪尤㉑。奉供养于东宫兮㉒，托长信之末流。供洒扫于帷幄兮㉓，永终死以为期。愿归骨于山足兮㉔，依松柏之余休㉕。"重曰㉖："潜玄宫兮幽以清㉗，应门闭兮禁闼扃㉘。华殿尘兮玉阶苔，中庭萋兮绿草生㉙。广屋荫兮嵰帷暗，房栊虚兮风泠泠㉚。感帷裳兮发红罗㉛，纷悴憭兮纨素声㉜。神眇眇兮密靖处㉝，君不御兮谁为荣？俯视兮丹墀㉞，思君兮履綦㉟。仰视兮云屋㊱，双涕下兮横流。顾左右兮和颜㊲，酌羽觞兮销忧㊳。惟人生兮一世，忽壹过兮若浮。已独向兮高明㊴，处生民兮极休㊵。勉娱精兮极乐㊶，与福禄兮无期。《绿衣》兮《白华》㊷，自古兮有之。"至成帝崩，婕妤充奉园陵，薨，因葬园中。

君子谓班婕妤辞同辇之言，盖宣后之志也㊸；进李平于同列，樊姬之德也；释诅祝之譖，定姜之知也㊹；求供养于东宫，寡李之行也㊺。及其作赋，哀而不伤，归命不怨。《诗》云："有斐君子，如切如磋。如琢如磨，瑟兮僴兮，赫兮咺兮，有斐君子，终不可谖兮㊻。"其班婕妤之谓也。

【注释】

①祖考：祖先。班婕妤的祖父班回，曾经以茂材为长子令；父亲班况，曾为左曹越骑校尉。考，死去的父亲。

②俶灵：美好。

③下陈：宫中地位低下的侍女，这是班婕妤自称。

④渥惠：深厚的恩惠。

⑤翕（xī）赫：盛大之貌。

⑥隆宠：深重的宠爱。增城：汉成帝后宫之一的宫名，班婕妤居住。

⑦庶几：差不多。嘉时：好时光。

⑧佩离：古时候女子出嫁时系的佩巾。离，同"缡"。

⑨女图：旧时用来劝诫女子的图画集。监，通"鉴"。

⑩女史：后宫里掌管书写一类事的女官。

⑪褒：褒姒，周幽王的宠妃，周幽王因宠幸她而"烽火戏诸侯"，最后导致西周灭亡。详见本书卷七《周幽褒姒》。艳：通"阎"，指褒姒的美艳。

⑫皇、英：指娥皇、女英。详见本书卷一《有虞二妃》。女：用作动词，指嫁人。

⑬任：太任，周文王之母。姒（sì）：太姒，周武王之母。详见本书卷一《周室三母》。

⑭乎：王照圆曰："'乎'当作'兮'，字形之误耳。"

⑮闵：同"悯"。怜惜。蕃华：大好青春年华。滋：增益。

⑯阳禄、柘（zhè）观：观，《汉书·外戚传》作"馆"，阳禄、柘馆皆为馆舍名，在上林苑中。

⑰仍襁褓（qiǎng bǎo）而离灾：这句叙述作者自己不幸的孕育经历。据《汉书·外戚传》，班婕妤"再就馆，有男，数月之"。班婕妤两次怀孕生子，都从增成舍搬出，进入阳禄馆、柘馆，可惜幼子几个月便夭折了。离，通"罹"，遭受。

⑱殃咎：灾祸。

⑲晻（àn）莫：即"暗暮"，黑夜即将降临。昧幽：昏黑，幽暗。

⑳覆载：天地覆载，本指人生活在天地之间，这里指笼罩于皇恩之中。

㉑废捐：废弃。罪尤：罪过。

㉒东宫：指太后居住的长信宫。

㉓帷幄：宫中的帷幕。

㉔山足：山陵脚下。

㉕余休：余荫。

㉖重：赋中常见于尾段的一种措辞，表示对前文内容进一步描写。

㉗玄宫：幽暗的宫室。

㉘应门：宫中的正门。闼扃（tà jiōng）：门栓。

㉙萋：草茂盛的样子。

㉚房栊：稀疏的栏杆。泠泠（líng）：本指流水声，文中借指清幽的声音。

㉛感：同"撼"，动摇。

㉜悴偬（cuì cài）：衣服相摩擦发出的声音。

㉝眇眇：遥远的样子。

㉞丹墀（chí）：宫殿前涂以红色的石阶。

㉟履綦（qí）：鞋带或鞋子上的饰物。

㊱云屋：高高的屋子。

㊲和颜：强作笑脸。

㊳羽觞：鸟形酒杯，有头、尾、羽翼。

㊴高明：地位尊贵。

㊵休：美善。

㊶勉：努力，尽量。娱精：娱乐的氛围，使欢乐。

㊷《绿衣》：《诗经·邶风》中的一首，《毛诗序》曰："《绿衣》，卫庄姜伤己也。妾上僭，夫人失位而作是诗也。"《白华》：《诗经·小雅》中的一篇，为周人刺幽王宠溺褒姒而作。

㊸宣后：指周宣姜后。详见本书卷二之《周宣姜后》。

㊹定姜：指卫姑定姜。详见本书卷一之《卫姑定姜》。

㊺寡李："李"当为"孝"之误，形近致误。寡孝即陈寡孝妇。详见本书卷四之《陈寡孝妇》。

㊻"有斐君子"几句：语见《诗经·卫风·淇奥》，《毛诗》"斐"作"匪"，通。意谓：那君子文采斐然，学问切磋更精湛，品德琢磨更

良善。神态庄重胸怀广，地位显赫很威严。那个有文采的君子，一见难忘记心里。斐，有文采的样子。切磋，本义是加工玉石骨器，引申为讨论研究学问。切，治骨曰切。磋，治象牙曰磋。琢磨，本义是玉石骨器的精细加工，引申为学问道德上钻研深究。琢，治玉曰琢。磨，治石曰磨。瑟，仪容庄重的样子。僩（xiàn），神态威严；一说宽大的样子。赫，显赫。一说光明的样子。咺（xuān），有威仪的样子；一说心胸宽广的样子。谖（xuān），忘记。

【译文】

当时赵飞燕骄妒。班婕妤担心时间长了会被她危害，就请求到长信宫供养皇太后，成帝答应了。班婕妤退居东宫后，作赋自伤说："我承奉祖先的美德啊，保持着高尚的品德。微贱之身被选入皇宫啊，补充在后宫嫔妃的下层。承蒙圣皇的厚恩啊，如同日月灿烂盛明。弘扬家族的荣耀啊，在增城承受皇帝之宠。受宠已超名位本分啊，那却是一生最乐时。日里夜里我常叹啊，手拿佩巾自沉思。对着宫里画像来镜鉴啊，时向女史请教《诗》。感叹禁止妇人干政的戒律啊，可恨褒姒艳妻的过失。赞美那娥皇、女英的美德啊，以周母太任、太姒为楷模。虽说我愚陋赶不上她们啊，又怎敢放弃内心的努力？多年来我一直恐惧啊，忧虑茂盛的年华不能延续。伤痛阳禄和柘馆的遭遇啊，襁褓之婴连遭灾。难道是我惹下了祸害？大概是命里注定不可求。太阳忽然照射到他处啊，于是黄昏幽暗就来临。我仍然被恩泽覆盖啊，没有因罪过而被弃。甘愿在东宫日日侍奉啊，自请位在长信宫末流。勤力洒扫寝室啊，直到生命的死期。希望埋骨于山脚下啊，坟墓依傍在松柏下。"重说："隐居的宫室啊幽暗又冷清，大门不开小门紧闭。华殿落满灰尘啊台阶上长青苔，荒芜的庭院绿草萋萋。宽广的房屋卧室冷清清啊，窗棂里寒风吹个不停。风吹动帷幕啊又摇动红绸衣，白色的绢服摩擦有声。神思恍惚啊居处静寂，皇帝不再来啊为谁饰容？俯看殿前红色的台阶啊，想起皇帝留下的脚印。仰望这般冷寂的宫室啊，忍不住两眼泪如泉涌。看到旁人啊强带笑容，举起精美的酒杯借酒消愁。人生这一世啊，就像浮云匆匆而过。我已经独享了高贵和灿烂，拥有了世人眼中最好的境况。自我勉励啊理应知足，享受欢乐富贵没有止境。《绿衣》《白华》两首诗，自古以来有此情。"成帝去世后，班婕好到园陵守护，去世后，就安葬在园中。

君子认为班婕好推辞与成帝同车的话语，大概有周宣姜后的志向；进献李平和自己同列，具有楚庄樊姬的德行；解释被诬陷诅咒的谗言，有卫姑定姜的智慧；请求到东宫供养太后，具有陈寡孝妇的品行。她作的赋，悲哀而不自伤，归结于命运而不怨恨。《诗经》说："那君子文采斐然，学问切磋更精湛，品德琢磨更良善。神态庄重胸怀广，地位显赫很威严。那个有文采的君子，一见难忘记心里。"大概说的就是班婕好这样的人吧。

汉赵飞燕（孽嬖）

【题解】

此篇内容采自《汉书·外戚传》。赵飞燕姐妹专宠后宫，盛极一时，最终成帝去世后她们都走向覆灭。成帝惑于赵氏姐妹，居然不顾江山社稷和人伦天性，亲手杀子，真可谓千古奇闻。后来汉室选择定陶王刘欣入继大统，即汉哀帝，他却沉溺于董贤之恋，依然没有儿子。虽然西汉灭亡并非仅仅因为皇帝没有儿子，但是这种情况给王莽篡汉创造了千载难逢的历史机遇，则是无可置疑的。

赵飞燕姊娣者，成阳侯赵临之女[①]，孝成皇帝之宠姬也。飞燕初生，父母不举[②]，三日不死，乃收养之。成帝常微行出[③]，过河阳主[④]，乐作。上见飞燕而悦之，召入宫，大幸；有女弟，复召入，俱为婕好，贵倾后宫，乃封父临为成阳侯。有顷，立飞燕为皇后，其娣为昭仪。飞燕为后而宠衰，昭仪宠无比。居昭阳舍，其中廷彤朱⑤，殿上漆⑥，砌皆铜沓⑦，黄金涂⑧，白玉阶⑨，壁往往为黄金釭⑩，函蓝田璧玉⑪，明珠翠羽饰之⑫，后宫未尝有焉。姊娣专宠，而悉无子。娇媚不逊，嫉妒后宫。

【注释】

①成阳：县名。在今河南信阳东北。

②不举：不抚养。

③微行：谓帝王或有权势者隐匿身份，易服出行或私访。

④河阳：《汉书·外戚传》作"阳阿"，然《汉书·五行志》、荀悦《汉纪》亦作河阳。

⑤中廷彤朱：中庭地面饰成红色。彤朱，朱红色。

⑥漆：《汉书·外戚传》"漆"上有"槃"字。

⑦砌皆铜沓：门槛装上铜套。砌，门槛。铜沓，铜套。

⑧黄金涂：中庭之路用黄金装饰。

⑨白玉阶：殿上台阶用白玉装饰。

⑩壁往往为黄金釭（gāng）：《汉书·外戚传》"壁"下有"带"字，王照圆曰："壁中横木如带，以黄金饰其外，如釭形，因谓之釭。故服虔注曰：'釭，壁中之横带也。'缘服此注有'带'字，而流俗传写，《汉书》遂衍作'壁带'，误矣。"黄金釭，黄金制的环状饰物，套在壁带上。

⑪函：含。璧玉：《汉书·外戚传》无"玉"字。

⑫翠羽：翠绿色的羽毛，如绿孔雀的羽毛，翠鸟的羽毛。

【译文】

赵飞燕姊妹，是成阳侯赵临的女儿，孝成皇帝宠爱的姬。赵飞燕刚生下来时，父母不抚养，三天没有死，才收取抚养。成帝常常易服出行，一次经过河阳公主家，演奏音乐。成帝看见了赵飞燕，喜欢她，召她入宫，非常宠幸；赵飞燕有个妹妹，也召入宫，都做了婕妤，在后宫中最为尊贵，就封了她们的父亲赵临为成阳侯。没多久，成帝立赵飞燕为皇后，她的妹妹为昭仪。赵飞燕做皇后之后而受宠略衰，昭仪受宠无比。她居住在昭阳宫，宫中的厅堂刷上红漆，殿上也涂了漆，门槛上有铜套，又用黄金涂路，台阶用白玉装饰，壁中横木露出的部分往往套上黄金环，镶嵌着蓝田壁，用明珠翠羽装饰，这在后宫中未曾有过。赵飞燕姐妹专享宠爱，却都没有生儿子。她们十分娇媚，不恭顺，嫉妒后宫中其他女子。

帝幸许美人，有子。昭仪闻之，谓帝曰："常给我从中宫来①，今许美人子何从生？"怼②，手自捣③，以头击柱，从床上自投地，涕泣不食，曰："今当安置我？我欲归尔④！"帝曰："我欲语之，反怒为？"亦不食。昭仪曰："陛下自如是，不食为何？陛下常言'约不负汝'，今许美人有子，竟负约，谓何⑤？"帝曰："约以赵氏，故不立许氏，使天下无出赵氏之上者。无忧也！"乃诏许氏夫人，令杀所生儿，革箧盛缄之⑥，帝与昭仪共视，复缄，封以御史中丞印，出埋狱垣下。

中宫史曹宫⑦，字伟能，御幸生子。帝复用昭仪之言，勿问男女杀之。宫未杀，昭仪怒。掖庭狱丞籍武因中黄门奏事曰⑧："陛下无继嗣，子无贵贱，唯留意！"帝不听。时儿生八九日，遂取去杀之。昭仪与伟能书及药，令自死。伟能得书，曰："果欲姊娣擅天下！且我儿额上有壮发⑨，似元帝。今儿安在？已杀之乎？"乃饮药死。自后御幸有子者，辄死，或饮药自堕⑩，由是使成帝无嗣。成帝既崩，援立外蕃，仍不繁育⑪。

君子谓赵昭仪之凶嬖，与褒姒同行；成帝之惑乱，与周幽王同风。《诗》云："池之竭矣，不云自滨？泉之竭矣，不云自中⑫？"成帝之时，舅氏擅外⑬，赵氏专内，其自竭极，盖亦池泉之势也。

【注释】

①绐（dài）我从中宫来：欺骗我说从皇后所居住的宫中过来。绐，欺哄，欺骗。中宫，皇后所居。

②怼（duì）：怨怒。

③捯：同"捣"，捶，筑。

④归尔：归于地下，即死去。

⑤谓何：为何，为什么。

⑥革箧（qiè）盛缄：皮革小箱子盛起捆扎。箧，小箱子。缄，封闭，捆扎。

⑦中宫史：汉代皇后的侍读官。曹宫：即曹伟能，曾学《诗》，教皇后。

⑧掖庭狱丞：官名。汉置，掌管宫中的诏狱，由宦官出任，为掖庭丞之一。中黄门：居禁中在黄门之内给事之宦官，秩比百石。

⑨壮发：额前丛生突下之发。

⑩堕：堕胎。

⑪援立外蕃，仍不繁育：以定陶王继嗣，即汉哀帝，依然不生子。

⑫"池之竭矣"几句：语见《诗经·大雅·召旻》，《毛诗》"滨"作"频"，通。意谓：池水枯竭非一天，岂不开始在边沿？泉水枯竭源头断，岂不开始在中间？竭，干枯。

⑬舅氏：指成帝的舅舅王凤、王商等。

【译文】

成帝幸临许美人，有了儿子。昭仪听说后，对成帝说："你经常欺骗我说从皇后宫中过来，现在许美人的儿子怎么生出来的？"怨怒，用手自捶打，用头撞柱子，从床上投到地下，哭泣不吃饭，说："现在怎么安置我？我要死了！"成帝说："我有意告诉你，你反而生气？"也不吃饭。昭仪说："陛下自然可以这样，为什么不吃饭呢？你经常说'约定不辜负你'，现在许美人有了儿子，你终究负约了，为什么呢？"成帝说："约定立赵氏，所以不立许氏，一定会使天下没有超出赵氏地位之上的。不要忧虑了！"于是成帝下诏许氏夫人，命令杀死所生的儿子，用皮革箱子盛藏密封，成帝和昭仪一起验视，重新封好，盖上御史中丞的印章，拿出去埋葬在监狱墙壁下。

中宫史曹宫，名字叫伟能，受到宠幸生下孩子。成帝再次因为昭仪之言，不问男女杀死他。曹宫未杀子时，昭仪发怒。掖庭狱丞籍武通过中黄门上奏说："陛下没有继承人，孩子无论贵贱，还请多留意！"成帝不听。当时儿子生下来有八九天，就被夺去杀死了。昭仪给伟能书信和药物，命令她自杀。伟能得到书信后，说："果然想姐妹专擅天下！而且我的儿子额头下有一丛头发，像元帝。现在儿子在哪里？已经杀死了吗？"于是喝药自杀。从此以后，被宠幸有孩子的人，总会死去，或者喝药自己堕胎，由此使得成帝没有嗣子。成帝去世后，让诸侯王继嗣，继嗣者仍然不生儿子。

君子认为赵昭仪的凶恶受宠，和褒姒是同样的行为；成帝的迷惑淫乱，和周幽王同一作风。《诗经》说："池水枯竭非一天，岂不开始在边沿？泉水枯竭源头断，岂不开始在中间？"成帝的时候，舅舅们在外擅权，赵氏在宫中专宠，最终自己枯竭，大概也是池泉这样的变化势头。

孝平王后（贞顺）

【题解】

此篇内容见于《汉书·外戚传》。在王莽通往权力巅峰的历程中，女儿成了他的一个手段和祭品,当然,这祭品还包括他的儿子王获、王宇、侄子王光等。女儿成了傀儡皇帝平帝的皇后,不久又陷入夫死国亡的困境。但她的生命意识终究是觉醒了,不再遵从父亲再嫁的安排,最后又投火而死捍卫了自己的尊严。平后的所作所为,虽无力回天,但刚烈贞勇,在历史的舞台上留下了自己独有的光彩。

汉孝平王后者,安汉公、太傅、大司马王莽之女,孝平皇帝之后也①。为人婉瘱有节行②。平帝即位,后年九岁。莽秉政,欲只依霍光故事③,以女配帝。设诈以成其礼,讽皇太后遣长乐少府、宗正、尚书令纳采④,太师、大司徒、大司空以下四十人皮弁素积⑤,而告宗庙。明年春,遣司徒、司空、左右将军奉乘舆法驾⑥,迎皇后于安汉公第。司徒授玺绶⑦,登车称警跸⑧,时自上林延寿门入未央前殿⑨。群臣就位行礼毕,大赦天下,赐公卿下至趋宰、执事⑩,皆有差。后立岁余,平帝崩。后数年,莽篡汉位,后年十八。自刘氏废,常称疾不朝会。莽敬惮哀伤,意欲嫁之,令立国将军孙建世子豫将医往问疾⑪。后大怒,答鞭旁侍御,因废疾⑫,不肯起,莽遂不敢强也。及汉兵诛莽,燔烧未央⑬,后曰:"何面目以见汉家!"自投火中而死。君子谓平后体自然贞淑之行,不为存亡改意,可谓节行不亏污者矣。《诗》曰:"髧彼两髦,实惟我仪。之死矢靡他⑭!"此之谓也。

【注释】

①孝平皇帝:即刘衎(héng,前9—6),原名刘箕子,汉元帝刘奭(shì)之孙,中山孝王刘兴之子,西汉第十四位皇帝,前1—6年在位。

②婉㜅（yì）："㜅"旧误为"淑"，从梁端本改。婉㜅，温顺娴静。

③只：《汉书·外戚传》无此字，疑误。

④讽：下级对上级以委婉曲折的言语进行规劝或暗示。长乐少府：官名。西汉平帝元始四年（后4）改长信少府置，秩二千石，掌皇太后宫中事务。宗正：官名。掌管王室亲族的事务。尚书令：始于秦，西汉沿置，本为少府的属官，负责管理少府文书和传达命令，汉沿置，职轻而权重；西汉成帝时，随着朝廷的政务越来越繁琐，尚书的权力日益庞大。纳采：古代汉族婚姻风俗，"六礼"中的第一礼。男方欲与女方结亲，遣媒妁往女家提亲，送礼求婚。得到应允后，再请媒妁正式向女家纳"采择之礼"。初议后，若女方有意，则男方派媒人正式向女家求婚，并携带一定礼物，故称。

⑤四十人：《汉书·外戚传》作"四十九人"。皮弁（biàn）：古冠名。用白鹿皮制成。素积：亦作"素绩"，腰间有褶裥（zhě jiǎn）的素裳，是古代的一种礼服。

⑥司徒、司空：二"司"字上当有"大"字。乘舆（shèng yú）：古代特指天子和诸侯所乘坐的车子。法驾：天子车驾的一种。天子的卤簿分大驾、法驾、小驾三种，其仪卫之繁简各有不同。法驾，皇帝乘金根车（车多用金装饰，故称金根车），驾六马，有五时副车，皆驾四马，侍中参乘，属车三十六乘。

⑦玺绶：古代印玺上所系的彩色丝带，借指印玺。

⑧警跸（bì）：指古代帝王出入时，于所经路途侍卫警戒，清道止行。

⑨上林：即上林苑，是汉武帝刘彻于建元三年（前138）在秦代的一个旧苑址上扩建而成的宫苑，规模宏伟，宫室众多，有多种功能和游乐内容，今已无存，地跨长安区、鄠邑区、咸阳、周至县、蓝田县五区县境，纵横340平方公里。未央：未央宫，是西汉帝国的大朝正宫，是汉高祖七年（前200）萧何在秦章台的基础上建造而成的，遗址在今西安西北郊汉长安故城内西南隅。

⑩趋宰:《汉书·外戚传》作"驺宰",两者音近字通。驺宰,官名。汉置,为驺之长,掌驾御或骑从。

⑪豫:《汉书·外戚传》作"襐(xiàng)饰",疑此处"襐"形近误为"豫",又脱掉"饰"字。襐饰,盛饰。一说为首饰。

⑫废疾:《汉书·外戚传》作"发病"。

⑬燔(fán):焚烧。

⑭"髧(dàn)彼两髦(máo)"几句:语见《诗经·鄘风·柏舟》,《毛诗》"惟"作"唯","他"作"它",义通。意谓:垂发齐眉少年郎,是我倾慕的对象,至死不会变主张。髧,头发下垂貌。两髦,男子未行冠礼前,头发齐眉,分向两边状。惟,乃,是。仪,配偶。之死,到死。之,到。矢靡他,没有其他。矢,通"誓",发誓。靡他,无他心。

【译文】

汉孝平王后,是安汉公、太傅、大司马王莽的女儿,孝平皇帝的王后。她为人温顺娴静又有节义。平帝即位时,平后九岁。王莽主持朝政,想依照霍光先例,把女儿许配给皇帝。他暗用机诈完成了婚礼,先是暗示皇太后派长乐少府、宗正、尚书令举行纳采之礼,又让太师、大司徒、大司空以下四十人戴着鹿皮冠,穿着素礼服,告于宗庙。第二年春天,皇太后派遣大司徒、大司空、左右将军随从皇帝的车驾仪仗,到安汉公的府第迎接皇后。大司徒将玺印交给皇后,皇后登车,警戒禁止路上行人,当时是从上林苑的延寿门进入未央宫的前殿。群臣站在各自位置上行完礼后,大赦天下,赏赐公卿百官以至于骑从长、打杂的人,都多少有份。平后立了一年多后,平帝去世。几年后,王莽篡夺汉位,当时平后十八岁。从刘氏被废后,平后常常声言生病不参加朝会。王莽敬重畏惧,又哀伤女儿的境况,想要改嫁她,命令立国将军孙建的儿子盛饰带着医生,前去探问疾病。平后大怒,鞭打旁边的侍从,于是得了重病,不肯起床,王莽也就不敢再勉强。等到汉兵杀了王莽之后,火烧未央宫,平后说:"有什么脸面来见汉家人呢！"就自己跳入火中被烧死。君子认为平后秉承自然贞淑的品行，不因为存亡而改变意愿，可以算是节行没有亏欠的人了。《诗经》说："垂发齐眉少年郎，是我倾慕的对象，至死不会变主张！"说的就是这种情况。

更始夫人（孽嬖）

【题解】

此篇基本内容见于《后汉书·刘玄刘盆子列传》。范晔《后汉书》虽成书于刘宋时期，但其主要材料来自《东观汉记》。《东观汉记》作为东汉官方修撰的史书，对两汉之际的史事记载难免有意识形态的干预。尤其是对于杀死光武帝哥哥刘伯升的更始帝刘玄，史书难免有所丑化。此篇又抽取其中更始夫人的内容，把更始帝法网堕坏、最终败亡的原因归咎于韩夫人，恐怕多是想当然耳。

汉更始韩夫人者，更始皇帝刘圣公之夫人也①。佞谄邪媚，嗜酒无礼。初，王莽之末，更始以新市、平林、下江之众起②，自立为更始将军，兵威日盛，遂自立为帝，以绍汉统③。及申屠建讨莽④，首诣宛⑤，更始视之曰："不如此，当与霍光等。"韩夫人曰："不如此，帝那得之？"其佞巧得更始意如此。更始既堕于政事，而韩夫人嗜酒淫色，日与更始醉饱沈湎⑥。乃令侍中于帱幕之内诈为更始⑦，与群臣语。群臣知非更始声，莫不怨恨。尚书奏事⑧，韩夫人曰："帝方对我饮乐，正用是时来奏事！"由是，纲纪不摄，诸侯离畔。赤眉入关不能制⑨，乃将妻子，奉天子玺绶，降于赤眉，为赤眉所杀。《诗》曰："彼昏不知，一醉日富⑩。"其更始与韩夫人之谓也。

【注释】

①更始皇帝刘圣公：即刘玄（？—25），字圣公，南阳郡蔡阳（今湖北枣阳）人，汉景帝刘启之子长沙定王刘发的后代，汉光武帝刘秀的族兄。

②新市、平林、下江之众：17年，因为旱灾，百姓饿殍遍野，新市（今湖北京山县三阳店）人王匡、王凤聚饥民七八千人举行起义，称"新市军"。22年，平林（今湖北随州古城畈）人陈牧、廖湛聚集饥民一千多人，响应新市军举行起义，号称"平林军"。22年7月，平林军和新市军联合，统称"绿林军"，共两万多人。绿林军进攻随县城受挫，便商定将绿林军分为新市、平林、下江三部，分别向东北方向进军。他们都尊奉刘玄。

③绍：继续。

④申屠建（？—25）：荆州人，新莽末年绿林起义军将领。初为起义军绣衣御史。后来率起义军攻入武关，占领长安。24年，刘玄封申屠建为平氏王。后谋劫帝南下，谋泄，被刘玄诱入殿中杀害。

⑤首诣宛：王莽的头颅被传送到宛城。宛，今河南南阳。

⑥沈湎：沉溺，耽于，指潜心于某事物或处于某种境界或思维活动中，深深迷恋着，无法自拔。

⑦侍中：秦汉之际，侍中原本是皇帝身边的小臣，负责的事情相当繁杂，然而因为他们常在皇帝身边，逐渐成了皇帝的顾问，并且地位也逐渐提升。

⑧尚书：始于秦，西汉沿置，本为少府的属官，掌文书及群臣章奏。汉武帝时以宦官担任，汉成帝改用士人。

⑨赤眉：指汉末以樊崇等为首的农民起义军，因以赤色涂眉为标志，故称。

⑩彼昏不知，一醉日富：语见《诗经·小雅·小宛》，"一"《毛诗》作
"壹"，通。意谓：可是那些糊涂蛋，每饮必醉日更甚。昏，愚昧。
不知，愚昧无知的人。壹醉，每饮必醉。富，盛，甚。

【译文】

　　汉更始韩夫人，是更始皇帝刘圣公的夫人。她阿谀奉承，邪恶妖媚，
喜欢喝酒，没有礼仪。当初王莽末期时，更始皇帝刘玄靠着新市、平林、
下江的农民军起义，自立为更始将军，部队声威与日俱盛，就自立为皇
帝，来继续汉朝的皇统。后来申屠建讨伐王莽，将王莽的头传送到南阳，
更始帝看着说："不篡位，应该与霍光相同。"韩夫人说："王莽不篡位的
话，您哪能得皇帝位？"韩夫人的谗佞巧言使更始帝欢心，都如此类。更
始帝已经荒堕政事，韩夫人又嗜酒好色，每天和更始帝沉湎于美酒佳肴。
于是他们命令侍中在帷幕之内，扮作更始帝，和群臣说话。群臣知道不
是更始帝的声音，没有不怨恨的。尚书上奏政事，韩夫人说："皇帝正和
我饮酒作乐，怎么在这时候来奏事！"因此，更始政权法纪不张，诸侯背
叛。赤眉军进入关中后，更始帝不能抵制，就带着妻子儿女，捧着天子玺
印，投降了赤眉军，后来被赤眉军杀死。《诗经》说："可是那些糊涂蛋，每
饮必醉日更甚。"说的就是更始帝和韩夫人的情况啊。

梁鸿之妻（贤明）

【题解】

　　此篇基本内容见于《后汉书·隐逸列传》。梁鸿与孟光的婚姻基础
是德行才学上的相互尊重和追慕，因而不以外在处境的穷通贫富改易态
度，即使梁鸿身杂仆役之中，孟光依然敬爱有加。这种相濡以沫、安贫乐
道的夫妻生活模式，最为稳固和温馨，千百年来传为美谈，良有以也。

　　梁鸿妻者，右扶风梁伯淳之妻①，同郡孟氏之女也②。

其姿貌甚丑,而德行甚修③。乡里多求者,而女辄不肯。行年三十,父母问其所欲,对曰:"欲节操如梁鸿者。"时鸿未娶,扶风世家多愿妻者④,亦不许。闻孟氏女言,遂求纳之。孟氏盛饰入门,七日而礼不成。妻跪问曰:"窃闻夫子高义,斥数妻⑤。妾亦已偃蹇数夫⑥。今来而见择,请问其故。"鸿曰:"吾欲得衣裘褐之人⑦,与共遁世避时。今若衣绮绣,傅黛墨⑧,非鸿所愿也。"妻曰:"窃恐夫子不堪。妾幸有隐居之具矣。"乃更粗衣,椎髻而前⑨。鸿喜曰:"如此者,诚鸿妻也。"字之曰德曜,名孟光;自名曰运期,字俟光⑩,共遁逃霸陵山中⑪。此时王莽新败之后也。鸿与妻深隐,耕耘织作,以供衣食;诵书弹琴,忘富贵之乐。后复相将至会稽⑫,赁舂为事⑬。虽杂庸保之中⑭,妻每进食,举案齐眉⑮,不敢正视。以礼修身,所在敬而慕之。君子谓梁鸿妻好道安贫,不汲汲于荣乐⑯。《论语》曰:"不义而富且贵,于我如浮云⑰。"此之谓也。

【注释】

①右扶风:为汉代三辅之一,汉时将京兆尹、左冯翊、右扶风称三辅,治所在长安(今陕西西安西北),辖境约当今陕西秦岭以北,西安鄠邑区、咸阳、旬邑以西之地。伯淳:梁鸿字,《后汉书》作"伯鸾",生平事迹载于《后汉书·隐逸列传》。

②也:旧脱,从王照圆说补。

③修:善,美好。

④世家多愿妻:世代显贵之家多愿把女儿嫁给他。妻,将女儿嫁给他人。

⑤斥数妻：数次拒绝了别人将女儿许嫁给你的提议。

⑥偃蹇（yǎn jiǎn）：骄傲，傲慢。

⑦裘褐：粗陋衣服。

⑧黛墨：青黑色的颜料，用于画眉。

⑨椎髻（jì）：是一种椎形的发髻，男女通用。

⑩自名曰运期，字侯光：《后汉书·隐逸列传》作"乃易姓运期，名耀，字侯光"，"侯""俟"字形近而致歧。

⑪霸陵：汉孝文帝刘恒陵寝周围形成的县，在今陕西西安东北。

⑫相将：相随，相伴。会（kuài）稽：郡名。治所在吴县（今江苏苏州），辖今江苏南部、浙江北部一带。

⑬赁舂（chōng）：受雇为人舂米。

⑭庸保：受雇于人充当酒保、杂工等贱役的人。

⑮举案齐眉：案是古代一种有脚的托食物的盘子，送上饭菜时，把托盘举得同眉毛一样高，比喻夫妻相敬相爱。

⑯汲汲（jí）：形容心情急切，努力追求，热衷。

⑰不义而富且贵，于我如浮云：语见《论语·述而》。意谓：用不正当的手段获得的荣华富贵，对我来说只是天际的一片浮云，毫无意义。

【译文】

　　梁鸿妻，是右扶风梁伯淳的妻子，同郡孟氏的女儿。她的风姿容貌很丑，但是德行非常美好。乡里多有求她为妻的人，这个女子总是不答应。快要三十岁了，父母问她想要嫁给什么人，回答说："想要节操像梁鸿那样的人。"当时梁鸿还未娶妻，扶风郡世代显贵之家也多愿把女儿嫁给他，他也没有答应。梁鸿听到孟氏女孩的话，就去求娶她。孟氏盛装进入梁家门，七天而不成夫妇之礼。妻子跪地询问说："我私下里听说夫子德行高洁，数次拒绝了别人将女儿许嫁给您的提议。我也傲慢地数次拒绝了求婚之人。现在我来到你家而被挑剔，请问其中的缘故。"梁鸿说:"我想要求得穿着粗陋衣服的人,与我一起避世隐居。现在你穿着华丽的衣服,化着妆,不是我愿意看到的。"妻子说:"我私下里恐怕夫子忍受不了。幸而我有隐居的装备啊。"就换上粗布衣服,梳了椎形发髻走上前去。梁鸿高兴地说:"像这样,才是我梁鸿的妻子啊。"给妻子取字德曜,名孟光;给自己取名运期,字俟光,他们一起到霸陵山中归隐。这是王莽刚刚失败的时候。梁鸿和妻子隐居深山,耕种纺织,来供应衣食;读书弹琴,忘记了富贵生活的乐趣。后来,他们又结伴到了会稽郡,受雇为人舂米。虽然置身于杂工贱役的人群之中,每次妻子献给食物,都把托盘举得同眉毛一样高,不敢正视梁鸿。他们用礼仪修整行为,周围的人都敬重追慕他们。君子认为梁鸿的妻子安贫乐道,不热衷于追求荣华安乐。《论语》说:"用不正当的手段获得的荣华富贵,对我来说只是天际的一片浮云,毫无意义。"说的就是这种情况。

明德马后(母仪)

【题解】

此篇内容取自《后汉书·皇后纪》。马后是东汉名将马援的女儿,在马援溘然长逝、家族遭遇谗毁之时,年仅十岁的她管理家事僮仆,表现出了惊人的智慧和才干。成为皇后、皇太后之后,马后不仅对政事时有补益,还鉴取西汉外戚干政、导致灭族的历史教训,谨慎自谦,刻意抑损家族势力。马后的德行才学堪称古代后妃的典范,但即便如此,马氏豪横的记载依然见诸史端。由此可知,外戚问题是东汉政治制度的必然结果,个人靠德行和努力并不能够完全避免。

明德马后者,汉明帝之后①,伏波将军、新息忠成侯马援之女也②。少有岐嶷之性③,年十三以选入太子家④。接待同列,如承至尊⑤,先人后己,发于至诚,由此见宠。时及政事，后推心以对，无不当理；意有所未安，则明陈其故。是时，后宫未有妊育者，常言继嗣当时而立⑥，荐达左右，如恐弗及。其后宫有进见者，辄奉养慰纳之，其宠益进者，与之愈隆。是时宫中尚无人，事皆自为。舞衣袿裁成⑦，手皆瘃裂⑧，终未尝与侍御者私语，防僮御杂错，或因有所诉，恐万分见于颜色，故预绝其渐，其慎微如是。永平三年⑨，有司奏立长秋宫⑩，以率八妾⑪。上未有所言。皇太后曰："马贵人德冠后宫，即其人也！"遂登后位。身衣大练⑫，御者秃裙不缘⑬，率皆羌胡倭越⑭，未尝请旧人僮使。诸王、亲家朝请，望见后袍极粗疏，反以为绮，就视乃笑。后曰："此缯染色好⑮，故用之耳。"老人知者，无不嗟息。性不喜出入游观，未尝临御窗，又不好音乐。上时幸苑囿离宫，以故希从，辄戒言不宜晨起及禽⑯，因陈风邪雾露之戒。辞意甚备，上纳焉。

诵《易经》，习《诗》《论》《春秋》，略说大义。读《楚辞》不竟，赋诵过耳，疾浮华⑰。听言观论，辄摘发其要⑱。读《光武皇帝本纪》至于"献千里马、宝剑者，上以马驾鼓车，剑赐骑士，手不持珠玉"，后未尝不叹息。时有楚狱⑲，因证相引⑳，系者甚多。后恐有单辞妄相覆冒㉑，承间为上言之，恻然感动㉒，于是上衣夜起彷徨，思论所纳，非臣下得闻。

【注释】

①汉明帝：即刘庄（28—75），东汉王朝第二位皇帝，57—75年在位，光武帝刘秀第四子，母为光烈皇后阴丽华。

②马援（前14—49）：字文渊，扶风郡茂陵县（今陕西兴平东北）人，

中国西汉末年至东汉初年将领,东汉开国功臣,汉明帝明德皇后
马氏之父。《后汉书》有传。

③岐嶷(qí nì;又作qí yí):形容幼年才智出众、聪明特异。

④太子:指汉明帝,当时为太子。

⑤至尊:最尊贵,最崇高,用为皇帝的代称。

⑥当(dàng)时:适时,及时。

⑦袿(guī):古代妇女所穿的华丽的衣服。

⑧瘃(zhú):冻疮。

⑨永平:汉明帝刘庄的年号,使用时间为58—75年。

⑩长秋官:汉宫殿名。高帝居之,后为皇后所居,因而用以为皇后的
代称。

⑪八妾:古代诸侯一娶九女,正嫡一人,余者是妾,故曰八妾。

⑫大练:指粗帛。

⑬秃裙不缘:指裙没有贴边。

⑭羌胡倭越:皆为古代边疆少数民族。

⑮缯(zēng):丝织品的总称。

⑯晨起及禽:早晨起得像禽鸟一样早。

⑰"读《楚辞》不竟"几句:王照圆曰:"疾,恶也,言深恶赋家浮华之
辞也。《后汉书》言后好读《楚辞》,此传又言读《楚辞》不竟,未
闻其说。"

⑱擿(tī)发其要:揭露它的要旨。

⑲楚狱:楚王英之狱,《后汉书·楚王英列传》载:"有司奏英招聚奸
猾,造作图谶,擅相官秩,置诸侯王公将军二千石,大逆不道,请诛
之……楚狱遂至累年……坐死徙者以千数。"后因称冤狱为"楚
狱"。

⑳因证相引:王照圆曰"因"盖"囚"之误。

㉑单辞:无人对质的言辞,片面之词。覆冒:诬陷。

㉒恻（cè）：悲伤。

【译文】

明德马后，是汉明帝的皇后，伏波将军、新息忠成侯马援的女儿。她年少时就才智出众、聪明特异，十三岁被选入太子家。她接待地位相同之人，也好像对待皇帝一样，先人后己，发于真诚，因此受到宠爱。有时涉及政治事务，马后发心而对，没有不合乎道理的；她的内心觉得有所未安，就会明白地陈述缘故。当时，后宫还没有怀孕的人，马后经常说应当及时立继承人，推荐左右，好像恐怕来不及似的。后宫如果有进见皇帝的人，马后总是关心照料她，有获得更多宠爱的人，马后就越是善待她。当时宫中人手不多，许多事情都是皇后自己做。制作好一件歌舞穿的衣服，王后的两手都冻裂生疮了，也没有和侍御之人私下里说过。防止奴仆人多嘴杂，万一有人陈诉，担心内心好恶露在脸上，所以预先防微杜渐，她的慎微都如此类。永平三年，官员上奏应立皇后，以帅导后宫妃嫔。皇帝没有明言。皇太后说："马贵人的德行在后宫是最好的，就是她了！"于是马后就登上了皇后之位。她身穿粗帛衣服，左右侍御之人的衣裙都不贴边，大多是少数民族之人，未曾请求换成习惯用的僮仆。诸侯王、亲戚来朝请时，皇后的衣袍非常粗疏，他们以为很华丽，就近一看就笑起来了。皇后说："这种丝织品染的颜色好看，所以就用了。"老人们知道了这些事情，没有不赞叹欣赏的。她天性不喜欢外出游观，未曾靠近皇宫的窗子观览，又不喜欢音乐。皇帝有时外出到范围离宫，因此很少跟随，她总是告诫皇帝不应该起得像禽鸟一样早，以免遭受风邪雾露之害。她说的话很在理，皇帝就听取了。

马后诵读《易经》，学习过《诗经》《论语》《春秋》，略通大义。她《楚辞》没有读完，听到赋诵，厌恶它过于浮华。她听人言论，总能够揭露概括其要旨。她读《光武皇帝本纪》，读到"有人献千里马、宝剑，皇帝把马用来驾鼓车，把剑赏赐给骑士，手里不拿珠玉"时，未尝不赞叹。当时有楚王英的官司，囚犯证词相引，牵连的人很多。马后担心片面的言辞会虚妄地诬陷别人，就找机会跟皇帝说了这些，恻隐之心动于颜色。于是皇帝夜里穿衣起来徘徊，思考所纳的言论，这些都是臣下们不能够知道的。

后志在克己辅佐，不以私家干朝廷。兄为虎贲中郎①，弟黄门侍郎②，讫永平世不迁。明帝体不安，召黄门侍郎防奉参医药，夙夜勤劳。及帝崩，后作起居注③，省去防参医药事。公卿诸侯上书言宜遵旧典，封舅氏。太后诏曰："外戚横恣，为世所传，永平中常自简练，知舅氏不可恣，不令在枢机之位。今水旱连年，民流满道，至有饥饿，而施封拜，失宜，不可。且先帝言诸王财令半楚、淮阳王④，'吾子不当与光武帝子等'，今奈何欲以马氏比阴氏乎⑤？吾自束修⑥，冀欲上不负先帝，下不亏先人之德，身服大练缣裙⑦，食不求所甘，左右旁人，皆无香薰之饰，但布帛耳。如是者，欲身帅众也。以为外亲见之，当伤心自克，但反共言太后素自喜俭。前过濯龙门上⑧，见外家问起居，车如流水马如龙，苍头衣绿直领⑨，领袖正白，顾视旁御者，远不及也。亦不谴怒，但绝其岁用，冀以默止谨耳⑩。知臣莫若君，况亲属乎？人之所以欲封侯者，欲以禄食养其亲，奉修祭祀，身温饱耳。今祭祀则受大官之牲、郡国既珍、司农黍稷⑪，身则衣御府之余缯，尚未足耶？必当得一县上令？长乐宫有负言之责，内亦不愧于世俗乎？"先是时，城门越骑校尉治母丧⑫，起坟微大。后太后以为言，惶惧，即时削减成坟。上下相承，俱奉法度，王主诸家，莫敢犯禁。广平，钜鹿、乐成王入问起居，见车骑鞍勒，皆纯黑无金银采饰，马不逾六尺。章帝缘太后意，白赐钱五百万。新平主衣绀缟直领⑬，谪以不得厚赐⑭。于是亲戚被服如一⑮，教化不严而从，以躬亲率先之故也。置织室、蚕室濯龙中，后亲往来，占视于内⑯，以为娱乐。教诸小王，试其诵论，衎衎和乐⑰。日夕论道，以终厥身。其视养章帝过所生。章帝奉之，竭尽孝道。

　　君子谓德后在家则可为众女师范，在国则可为母后表仪。《诗》云："惟此惠君，民人所瞻。秉心宣猷，考慎其相⑱。"此之谓也。

【注释】

①虎贲中郎：应为虎贲中郎将，这里指马廖。虎贲中郎将在西汉平帝元始三年（3）前后置，统领虎贲禁兵，主宿卫，秩比二千石，隶属光禄勋，东汉因之。

②黄门侍郎：指马防、马光，其为皇帝近侍之臣，传达诏令。

③起居注：是中国古代记录帝王的言行录，该史书体例由明德皇后开创。

④先帝言诸王财令半楚、淮阳王：明帝说自己的儿子封诸侯王仅得光武之子楚王刘英、淮阳王刘延的一半。财，通"才"，仅。

⑤阴氏：指光武帝皇后阴丽华一族。

⑥束修：检束修洁。

⑦缣（jiān）：细密的绢。

⑧濯（zhuó）龙：汉代宫苑名。在河南洛阳西南角。

⑨苍头：指奴仆，因以深青色巾包头，故称。直领：王照圆曰："《后汉书》作'褠'字，褠，臂衣也，以缚左右臂，令操事便也。此'直'疑'褠'字之误，'领'字涉下句'领袖'而衍耳。"

⑩讙（huān）：喧哗，议论纷纷。

⑪受大官之牲、郡国既珍、司农黍稷：接受太官喂养的祭牲、郡国献上的珍宝、司农保管的粮食。大官，应为太官，太官属少府，掌皇帝膳食及燕享之事。"郡国既珍"之"既"，卢文弨校改为"之"。

⑫城门越骑校尉：指马防。越骑校尉，为五校尉之一，隶北军中候，掌宿卫兵，有司马一员。

⑬绀缟（gàn gǎo）：深青透红的丝织品。

⑭谪（zhé）：责备，指摘。

⑮被服：穿着。

⑯占视：王照圆曰："'占'与'觇（chān）'同。觇视，窥视也。"

⑰衎衎（kàn）：和乐貌。

⑱"惟此惠君"几句：语见《诗经·大雅·桑柔》，《毛诗》"猷"作"犹"，通。意谓：顺应人心的好君王，百姓拥戴又瞻仰。操心国政善谋划，考察慎选那辅相。惠君，惠，顺。顺理的君主，称惠君。宣，明。考慎，慎重考察。相，辅佐大臣。

【译文】

马后立志克制己欲辅佐皇帝，不因为个人的家庭事务干扰朝廷。她哥哥为虎贲中郎将，弟弟为黄门侍郎，终明帝一世不升官。明帝身体不适，叫来黄门侍郎马防侍奉照看，奉进医药，从早到晚非常辛苦。等到明帝去世后，马后作起居注，却略去了马防参问医药的事情。公卿诸侯上书说应该遵照旧典，封赏舅氏。太后下诏说："外戚专横骄恣，被世人所传，永平时期我常常自我约束，知道舅氏不可以放纵，不让他们在重要的官位上。现在连年水灾旱灾，流民充满了道路，以至于有忍饥挨饿的，而在此时施行封拜，不合适，不可以。而且明帝说诸子封王只能够得光武之子楚王刘英、淮阳王刘延的一半待遇，'我儿子不应当和光武帝的儿子同等'，现在哪能想让马氏与阴氏相比呢？我自己检束修整，希望能够上不辜负先帝，下不亏欠先祖的德行，身穿粗帛和细绢做成的衣裙，吃饭不求甘美，左右侍奉的人，都没有香熏饰品，只是布帛罢了。之所以如此，是我想亲身帅导众人。以为外亲看见了，应当痛心于奢侈而自我克制，但他们反而一起说太后素来喜欢节俭。以前经过濯龙门旁边，我看到外戚来问起居，车如流水马如龙，奴仆带着绿色袖套，领袖洁白，回头看我身边的奴仆，远远比不上他们。我也不加治罪和发怒，只是断绝了他们一年的费用，希望不必张扬，就可以停止他们的欢乐喧哗。了解臣下的莫过于君主，更何况是亲戚呢？人们之所以想要被封侯，只不过是想要用俸禄奉养双亲，供奉祭祀，自身求得温饱。现在外戚祭祀就接受太官喂养的祭牲、郡国献上的珍宝、司农保管的粮食，身上穿着国库中多余的丝帛，还不够吗？难道一定要得到一个县令才罢休吗？长乐宫要负起言论的责任，心里想想不愧对世人吗？"在这之前，城门越骑校尉马防办理母亲丧事，修起的坟垄略微高大。后来太后问起此事，他十分惶恐害怕，立即削减了已经修好的坟墓。从此，上下相承，都遵守法度，王侯公主诸家，没有敢违背禁令的。广平、钜鹿、乐成王入宫问安，章帝看到他们的车骑马鞍，都是纯黑色的而没有金银采色装饰，骑的马不超过六尺。章帝依照太后的意思，说赏赐他们钱币五百万。新平公主穿着青红色的丝织衣服，直领，就进行批评，新平公主没有得到厚赐。于是亲戚们穿着如一，教化不严厉但都听从，是因为马后亲身做表率的缘故。马后在濯龙宫中设置了织布室、养蚕室，亲自前来，探视里面，以此为娱乐。她教导诸位小王，考查他们诵论，安闲和乐。早晚论道，以终此身。她养育章帝胜过亲生。章帝奉养她，尽力遵行孝道。

　　君子认为德后在家可以作为女性师法的榜样，在国可以作母后的仪表。《诗经》说："顺应人心的好君王，百姓拥戴又瞻仰。操心国政善谋划，考察慎选那辅相。"说的就是这种情况。

梁夫人嫕(辩通)

【题解】

此篇内容主要取自《后汉书·梁统列传》。和帝生母梁后虽也出身于豪族，但在窦后的压制下，仅因家人私相庆贺其生子，就导致满门获罪。这种残酷，远超时下流行的宫斗剧。幸好，梁后姐姐梁夫人忍辱负重，以一封饱含血泪的辩冤疏，使得梁氏重见天日。梁氏家族命运的戏剧性转化，都与皇权密切相关，"抗之则在青云之上，抑之则在深渊之下"，岂虚也哉？

梁夫人嫕者①，梁竦之女②，樊调之妻③，汉孝和皇帝之姨④，恭怀皇后之同产姊也⑤。初，恭怀后以选入掖庭，进御于孝章皇帝，有宠，生和帝，立为太子，窦后母养焉⑥。和帝之生，梁氏喜相庆贺，闻窦后⑦。窦后骄恣，欲专恣，害外家，乃诬陷梁氏。时竦在本郡安定，诏书收杀之，家属移九真⑧。后和帝立，窦后崩，诸窦以罪恶诛放。嫕从民间上书自讼曰："妾同产女弟贵人，前充后宫，蒙先帝厚恩，得见宠幸⑨。皇天授命，育生明圣，托体陛下⑩。为窦宪兄弟所谮诉而破亡，父竦冤死牢狱，体骨不掩，老母孤弟，远徙万里。独妾脱身，窜伏草野，尝恐没命，无由自达。今遭陛下神圣之德，揽统万机，宪兄弟奸恶伏诛，海内旷然⑪，各得其所。妾幸苏息⑫，拭目更视，敢昧死自陈：父既湮没⑬，不得复生，母垂年七十，弟棠等远在绝域⑭，不知死生。愿乞母弟还本郡，收葬竦枯骨。妾闻文帝即位，薄氏蒙达⑮；宣帝继统，史氏复兴⑯。妾自悲既有薄、史之亲，独不得蒙外戚余恩。"章疏上，天子感悟，使中常侍、掖庭令杂讯问^⑰，知事明审^⑱，引见。嫕对上泣涕，赏赐累亿。嫕既素有节行，又首建此事，上嘉宠之，称梁夫人，擢嫕夫樊调为郎中，迁羽林郎将。恭怀后遂乃改殡于承光宫，葬西陵；追谥竦为褒亲愍侯，征还母及弟等；及既到，皆封侯，食邑五千户。

君子谓梁夫人以哀辞发家，开悟时主，荣父之魂，还母万里，为家门开三国之祚^⑲，使天子成母子之礼。《诗》云："世之不显，厥犹翼翼。思皇多士，生此王国^⑳。"此之谓也。

【注释】

①嫕（yì）：性情和善可亲，此处用于人名。

②梁竦（sǒng，23—83）：字叔敬，安定郡乌氏县（今宁夏固原）人。东汉文学家、易学家，九江太守梁统之子，汉和帝外祖父。

③樊调：南阳人。

④汉孝和皇帝：即刘肇（79—106），汉章帝刘炟（dá）第四子，东汉第四位皇帝，88—106年在位。

⑤同产：同母。

⑥窦后母养：窦后当作自己的儿子抚养。窦后，汉章帝皇后。

⑦闻：被……闻知。

⑧九真：郡名。位于今越南中部。

⑨宠幸：原作"龙乘"，据黄嘉育本改。

⑩托体：委身。

⑪海内旷然：海内安静。

⑫苏息：死里逃生，从困厄中缓解。

⑬湮（yān）没：被掩盖，死的讳称。

⑭绝域：极其遥远的地方。

⑮文帝即位，薄氏蒙达：汉文帝即位后，尊生母薄姬为皇太后，封舅舅薄昭为轵侯，追尊薄姬之父为灵文侯。

⑯宣帝纪统，史氏复兴：史良娣为宣帝祖母，宣帝即位后，舅舅史恭的三个儿子以旧恩受封为侯。

⑰杂：共同。

⑱明审：明确属实。

⑲为家门开三国之祚：据《后汉书·梁统传》，和帝封梁竦三子为侯：梁棠为乐平侯，棠弟梁雍为乘氏侯，雍弟梁翟为单父侯。

⑳"世之不（pī）显"几句：语见《诗经·大雅·文王》。意谓：累世尊显又荣光，深谋远虑又恭敬。贤士英才真是多，降生周国很荣幸。不，同"丕"，大。厥，其。犹，同"猷"，谋划。翼翼，恭谨勤勉貌。思，语首助词。皇，美，盛。生，产生，出现。

【译文】

　　梁夫人嫕，是梁竦的女儿，樊调的妻子，汉孝和皇帝的姨妈，恭怀皇后的同母姐姐。当初，恭怀后被选入后宫，侍奉孝章皇帝，受到宠爱，生下了和帝，被立为太子，窦后把他当作自己的儿子抚养。和帝出生的时候，梁氏家族高兴地相互庆贺，被窦后知道了。窦后骄横专恣，想要加害其他外家，就诬陷梁氏。当时梁竦在老家安定郡，诏书逮捕杀害，家属被流放到九真郡。后来和帝即位，窦后去世，窦氏家族因罪被杀或流放。梁嫕从民间上书辩冤说："我同母妹妹梁贵人，之前充于后宫，蒙受先帝厚恩，得受宠幸。皇天降命，生育明圣之君，就是陛下。我家被窦宪兄弟谮言谗害而破亡，父亲梁竦含冤死于牢狱，尸骨不被掩埋，年老的母亲和孤弱的弟弟，被远远地流放于万里之地。只有我在灾祸中脱身，流窜潜藏在民间，曾经担心死去，没有办法把情由报告给皇帝。现在幸遇陛下神圣有德行，总揽万机，窦宪兄弟因为奸恶被杀，海内安静，各得其所。我也有幸死里逃生，擦亮眼睛重看世事，斗胆冒死陈述：父亲已经去世，不可重生，母亲年近七十岁，弟弟梁棠等人远在万里之外，不知死活。愿乞求母亲弟弟回到老家，收取埋葬梁竦的枯骨。我听说文帝即位，薄氏蒙福；宣帝登上大统，史氏再次兴旺。我自己悲哀家中有薄、史这样的亲戚关系，却单单不能够蒙受外戚的恩泽。"

梁嫕的奏疏呈上后，天子感悟，派中常侍、掖庭令共同审问，知道情况属实，引见了她。梁嫕对着皇帝痛哭流涕，受到赏赐超过一亿钱。梁嫕平日就有气节德行，又是最先讲明此事，皇帝褒奖尊宠她，称为梁夫人，提拔梁嫕的丈夫樊调为郎中，又升他为羽林郎将。恭怀后的灵柩就被改停于承光宫，安葬在西陵；追谥梁竦为褒亲愍侯，征还了梁嫕的母亲和弟弟等人；等到回来后，就封他们为侯，食邑五千户。

君子认为梁夫人以悲哀的文辞阐明了家事，让当时的皇帝开悟，父亲的灵魂得到荣耀，使母亲从万里之外回来，给家族开创了三侯国，让天子履行了母子之礼。《诗经》说："累世尊显又荣光，深谋远虑又恭敬。贤士英才真是多，降生周国很荣幸。"说的就是这种情况。

中华经典名著
全本全注全译丛书
（已出书目）